WORLD

高职高专“十四五”国际商务专业核心课规划教材
上海高等职业教育市级精品在线开放课程配套教材

市场营销

（第三版）

于丽艳　刘　丽　章雪莉　主　编
晋　媚　沈小芳　副主编

上海财经大学出版社
SHANGHAI UNIVERSITY OF FINANCE & ECONOMICS PRESS

图书在版编目(CIP)数据

市场营销 / 于丽艳, 刘丽, 章雪莉主编. --3 版. 上海：上海财经大学出版社, 2025. 1. -- (高职高专“十四五”国际商务专业核心课规划教材). -- ISBN 978-7-5642-4460-6

Ⅰ. F713.50

中国国家版本馆 CIP 数据核字第 2024UX7271 号

□ 责任编辑　李成军
□ 封面设计　张克瑶

市 场 营 销

（第三版）

于丽艳　刘　丽　章雪莉　主　编
晋　媚　沈小芳　副主编

上海财经大学出版社出版发行
（上海市中山北一路 369 号　邮编 200083）
网　　址：http://www.sufep.com
电子邮箱：webmaster@sufep.com
全国新华书店经销
上海叶大印务发展有限公司印刷装订
2025 年 1 月第 3 版　2025 年 1 月第 1 次印刷

787mm×1092mm　1/16　18 印张　461 千字
印数：12 001—16 000　　定价：55.00 元

第三版前言

2016 年，《市场营销》教材首次出版，2020 年《市场营销》(第二版)教材出版。《市场营销》(第三版)是上海市高水平高职专业群“跨境贸易”专业群新形态一体化教材，也是上海高等职业教育市级精品在线开放课程“市场营销”课程的配套教材。

党的二十大报告强调，要充分发挥市场在资源配置中的决定性作用，建设现代化产业体系，坚持把发展经济的着力点放在实体经济上。运用市场营销工具精准施策，拓展和扩大市场，是实现供给侧改革和构建国内国际双循环格局的重要组成部分。同时，随着“三教改革”的深入和市场营销环境的变化，广大教师和学生对教材内容和教学资源也提出了更高的要求。本次修订突出了以下几个方面的特色：

第一，以营销实践能力培养为核心，凸显技能型人才培养特色。基于高职人才培养定位，结合行业企业对营销技能型人才岗位在知识、技能和素养方面的具体要求，设计了以项目为引领、以任务为驱动的教学内容。注重将营销理论与职业能力培养紧密联系，教学内容与职业岗位标准紧密结合，遵循“做中学、学中做”的一体化设计原则，培养学生在营销活动中发现问题、分析问题、解决问题的能力，适应企业对营销人员培养的需求。

第二，德技并修，全面融入课程思政。根据 2019 年发布的《教育部关于职业院校专业人才培养方案制订与实施工作的指导意见》文件中关于课程思政的要求，通过知识目标、能力目标、素质目标三维学习目标的构建以及“思政园地”栏目的开发，引入企业真实案例，增加中国知名企业和品牌的案例，同时将二十大报告内容融入教材，确保教材内容具有较强的时代性和指导性，引导学生发现营销工作的价值，激发学生对营销工作的信心和热情，培养学生的家国情怀和职业素养。

第三，配套数字化资源，建设新形态一体化教材。教材编写团队建设的市场营销在线开放课程获得 2023 年度上海高等职业教育市级精品在线开放课程立项，在课程建设过程中，开发了大量与教材相配套的数字化资源，如微课视频、教学动画、电子课件、案例库、习题库、试卷库、在线测试等，方便教师和学生在线学习和使用。

教材编撰者均为有企业工作经验的“双师型”教师，走访和听取了行业企业专家的意见，确保教材的实用性和先进性。教材各项目编写工作分工如下：项目一由于丽艳、刘丽编写，项目

三、项目五由于丽艳编写，项目二由章雪莉、刘丽编写，项目六、项目十由章雪莉编写，项目四、项目九、项目十一由沈小芳编写，项目七、项目八、项目十二由晋媚编写。于丽艳负责最后的统稿、定稿。

上海中船海洋动力部件有限公司张兴悦担任教材主审，对本书提出了许多宝贵意见。本书在编写过程中，参考了兄弟院校的相关教材和有关专家的论著，并得到了上海信若洁科技有限公司总经理、上海市职业技能鉴定中心考评员江梅女士，上海闵行职业技术学院沈力老师以及上海财经大学出版社的大力支持，还得到上海工商外国语职业学院同仁的支持和协助，在此一并表示感谢。

由于本书的编者水平和实践经验有限，书中难免有一些疏漏和不足之处，恳请广大读者不吝赐教，以便再版时充实和完善。

编者

2024 年 9 月

目　录

项目一　市场营销认知

学习目标

知识目标

1. 掌握市场营销的相关概念；
2. 了解市场营销在国内外的发展阶段；
3. 了解市场营销观念的演变过程。

能力目标

1. 能够分析不同营销观念的优劣；
2. 能够运用现代市场营销观念指导企业开展营销活动。

思政目标

1. 培养学生的营销职业理想和信念，树立职业自豪感；
2. 培养学生严谨、认真的工作作风。

案例导入

营销的底层逻辑是什么？

关于营销的底层逻辑，我们可以尝试将这两个字拆解来方便理解："营"代表价值的打造和创新；"销"则是通过建立消费者的认知促进销售。因此，营销的本质在于基于为消费者创造的价值，在消费者心中塑造认知，进而实现产品销售。所以，营销＝创造价值＋建立认知。

创造价值的三个环节：

(1)价值发现。识别并"发现"那些尚未被创造的价值。这一过程标志着营销实践的起点，明确品牌应当追求的核心价值。

(2)价值洞察。除了深入挖掘内部资源，还需要将视线转向外部：直接面对目标市场和用户群体，开展细致的用户洞察研究，更深入地理解用户需求，进而验证或调整发展构思。

(3)价值表达。品牌的各个方面，包括名称、标志、标语、产品以及内容都应成为展示价值的工具，这些元素必须一致地反映相同的价值观。

建立认知的三个环节：

(1)价值交互。如何让用户更深刻地理解品牌的价值,从而促使他们选择品牌产品或服务。为此,需要主动与用户沟通和互动,涉及构建销售渠道、打造信息交流平台、策划发展策略、执行品牌传播以及管理用户关系等。"交互"的本质在于通过互动来推动品牌的持续成长。

(2)价值植入。旨在增强品牌在消费者心中的"心理显著性"。企业通过一系列精心策划的行动,将品牌象征的价值深植于消费者意识之中,从而建立并维护卓越的品牌形象。

(3)价值交付。致力于从企业活动中剔除任何可能对用户造成损害的要素。企业通过不断优化和净化品牌价值,同时积极适应市场的动态需求,推动品牌在创新上与时俱进,确保核心价值的持续发展。

"价值交付"环节被置于"建立认知"的最后阶段,这归因于品牌向消费者提供价值的效果(比如用户体验的优与劣)直接决定了消费者对品牌的感知。

总结来说,在"建立认知"这件事情上,价值交互、价值植入是用沟通、传播来建立认知,而价值交付则是通过提升用户体验,优化、净化品牌价值来巩固品牌认知。

资料来源:根据网络资料整理。

在市场经济日益发展和市场竞争日益激烈的今天,市场营销在企业的生产经营活动中占有极其重要的地位。正确运用市场营销所提出的原理、方法和技巧,企业可以最少的人力、物力、财力获得最大的经济效益和社会效益。市场营销的核心就是研究消费者需求,只有满足消费者需求的产品才会有市场。因此,要认识市场营销的内涵,必须掌握其本质。

任务一　认识市场与市场营销

最初,许多学者把市场营销学翻译成"市场学",内容与西方的市场营销学基本相同,但增加了一些具有我国特色的内容。市场与市场营销是市场营销学中的核心概念,本任务重点介绍市场及市场营销的内涵。

一、市场

(一)市场的含义

微课视频

充分发挥市场在资源配置中的决定性作用

"市场"(market)这个词在当今社会已经非常普及,比如市场经济、市场机制、市场需求、市场管理、服装市场、电器市场、市场分析等,但要问起"市场是什么意思",似乎又不太能说得清楚。"市场"在不同历史时期、不同使用场合大致有以下三种含义:

1. 市场是商品交换的场所

市场起源于古时人类对于固定时段或地点进行交易的场所的称呼,狭义的市场是指买卖双方进行商品交换的场所,比如北京东直门蔬菜市场、上海七浦路服装市场等。在这里,市场是一个地理概念,是一个看得见的有形市场。

2. 市场是各种主体之间交换关系乃至全部经济关系的总和

简而言之,市场就是交换关系。一种交换关系的发生需要三个要素:买方、卖方、交换内容(物品、条件、场地等)。一个有物品需要卖出去的卖方,一个需要把物品买进来的买方,在合适的交换条件下,交换才能顺利完成。这是一个无形的市场,亚当·斯密称之为"看不见的手"。

3. 市场表现为对某种或某类商品的消费需求

这种含义在市场营销中运用得十分普遍。生产经营者需要准确判断自己产品的消费需求情况，以便根据消费者的需要进行恰当的营销活动。因此，在这里，“市场＝需求”。我们也经常把这两个词连在一起使用，即市场需求。美国著名的营销学专家杰罗姆·麦卡锡在其《基础营销学》(*Basic Marketing*)一书中指出：市场是指一群具有相同需求的潜在顾客，他们愿意以某种有价值的东西来换取卖主所提供的商品或服务，这样的商品或服务是满足需求的方式。

从需求和购买者的角度来认识市场，将更有利于企业判断和把握市场机会，而对市场机会的把握是企业生存发展的命脉。

微课视频

小小打火机
打出大市场

锦囊妙计

欲擒故纵的销售技巧

欲擒故纵，“擒”是目的，“纵”是手段。怎样运用“纵”的手段呢？诀窍是：当你和顾客交谈时，可以表现出一种漫不经心的态度，就是说对能否向他推销出商品表现得毫不在意。这种态度能够引起顾客的兴趣。其原因是：如果推销员在推销时并不认真推销，顾客就会认为推销员推销的商品市场前景看好，“皇帝的女儿不愁嫁”，或者认为推销员怠慢自己。前一种心理，会调动起他的购买欲；后一种心理，会增强他的表现欲，他会想方设法让他人看到推销员是怎样失职的，也就是说想表现自己作为一名重要人物是怎样被漫不经心的推销员怠慢的。但不管什么心理，给推销员带来的都是成功的机会。

这种谋略尤其适用于那些刚愎自用、自以为是的顾客，所以，推销员要注意学会使用这一谋略。

(二)市场的构成要素

现代市场营销主要是从卖方的角度研究买方市场，其市场的构成有三个主要因素：人口、购买力、购买欲望，即市场的构成要素可以用一个等式描述：

市场＝人口＋购买力＋购买欲望

1. 人口

人口是构成市场的最基本要素，消费者人口的多少决定了市场潜在的规模和容量的大小，而人口的构成及其变化影响市场需求的构成和变化。因此，人口是市场三要素中最基本的要素。

2. 购买力

购买力是指消费者支付货币以购买商品或服务的能力，是构成现实市场的物质基础。一定时期内，消费者的可支配收入水平决定了购买力水平的高低。购买力是市场三要素中最物质的要素。

3. 购买欲望

购买欲望是指消费者购买商品或服务的动机、愿望和要求，是由消费者心理需求和生理需求引发的。产生购买欲望是消费者将潜在购买力转化为现实购买力的必要条件。

市场的这三个要素相互制约、缺一不可，它们共同构成企业的微观市场，而市场营销学研究的正是这种微观市场的消费需求。当上述三个要素同时具备时，该市场就是现实的市场；而当后两个要素不能同时具备时，就只能称为潜在的市场。因此，一旦后两个要素同时具备，潜在市场就可以转化为现实市场。

运用该公式，营销人员就可以简便、有效地分析本企业产品现实的和潜在的需求状况，这对正确制定营销决策具有重要意义。

(三)市场的类型

1. 按照购买者的购买目的和身份划分

(1)消费者市场，又称生活资料市场、最终产品市场，由那些为满足生活消费需要而购买商品的所有个人和家庭构成。

(2)生产商市场，又称生产者市场或工业市场，由那些购买货物和劳务并用来生产其他货物和劳务以出售、出租给其他人的个人或组织构成。

(3)中间商市场，又称转卖者市场。中间商市场的主体包括各种批发商和零售商。批发商是指以进一步转卖或加工生产为目的的整批买卖产品和劳务的个人和组织，不会将商品大量卖给最终消费者。零售商是指将产品和劳务直接卖给最终消费者的个人和组织。

(4)政府市场。政府市场是指因政府消费而形成的一个特殊市场，是国内市场的一个重要组成部分。在许多国家，政府组织是商品和服务的主要购买者。

2. 按照市场供需对比情况划分

(1)卖方市场。卖方市场是由于市场供不应求，买方之间展开竞争，卖方处于有利的市场地位，即使抬高价格，也能把商品卖出去，从而出现某种商品的市场价格由卖方支配的现象。这种状况的出现可能是因为在现行的价格水平下某种商品的供给远小于需求，也可能是因为发生严重的自然灾害、替代品稀缺等因素而导致某种产品短缺。这种提价可以一直进行到供求关系在某种价格水平下重新达到平衡为止。

(2)买方市场。买方市场就是价格及其他交易条件主要决定于买方的市场。由于市场供过于求，卖方之间展开竞争，为了减少自己的过剩存货，不得不接受较低的价格。这样就出现了某种商品的市场价格由买方起支配作用的现象。买方市场的存在决定了生产和价格长期运动的方向，预示着生产或价格的下降或两者同时下降，这种情况一直持续到供求关系在某种价格水平上重新相对平衡为止。

在现实的市场活动中，通常把卖方市场和买方市场划分为以下三个层次：总体的买方市场和卖方市场，局部的买方市场和卖方市场，单个商品的买方市场和卖方市场。

在市场经济条件下，一般都把形成有限的买方市场作为市场发育和运行的目标。这是因为有限的买方市场与生产过剩危机不同，它比卖方市场对社会经济的发展具有更多积极的影响。随着市场经济的发展，20 世纪末我国已基本由商品相对短缺的卖方市场进入商品比较丰富的买方市场。

3. 按照市场上的竞争状况划分

(1)完全竞争市场。完全竞争是经济学中理想的市场竞争状态，也是几个典型的市场结构之一。完全竞争的结果符合帕累托最优。一般来说，如果市场中的买方和卖方规模足够大，并且每个个人(包括买方和卖方)都是价格接受者，而且不能单独影响市场价格，那么这样的竞争性状态被称为完全竞争；同时，也称这样的市场为完全竞争市场。更加微观地说，完全竞争是指在市场上的产品是同质的、信息是完全的，生产者可以自由地进出这个市场。此外，也有学者认为，不管市场规模如何，只要市场中的个人认为或者相信市场价格是给定的并且个人不能影响市场价格，这样的状况就可以判断为竞争性的。

知识窗

帕累托最优

帕累托最优(Pareto optimality)又称帕累托效率(Pareto efficiency),是指资源分配的一种理想状态。假定固有的一群人和可分配的资源,从一种分配状态到另一种状态的变化中,在没有使任何人境况变坏的前提下,使得至少一个人变得更好。帕累托最优是公平与效率的“理想王国”。

(2)垄断竞争市场。垄断竞争是经济学中比较典型的市场结构之一,并在以下条件下产生:市场中具有众多的生产者和消费者;消费者具有明确的偏好;商品和服务是“非同质的”;自由进入。进行垄断性竞争的企业在短期具有垄断性质,而在长期则是零利润和生产能力过剩的。

目前,我国房地产市场就属于垄断竞争市场。企业虽然都是生产和销售同种产品(即商品房),但每个企业开发的楼盘都或多或少与其他楼盘有所差别,不存在绝对相同的楼盘。

(3)寡头垄断市场。寡头垄断是指一种由少数卖方(寡头)主导市场的市场格局。在这种市场状态下,每个寡头都关注其他寡头的行为。寡头垄断市场的一个显著特征就是寡头们相互影响。一个寡头厂商做出的决策影响其他寡头厂商。因此,在做战略规划时,要考虑其他市场参与者对此决策可能会做出的回应。

(4)完全垄断市场。完全垄断是指在某个市场上只有一个卖方。在垄断市场上,卖方能够随意调节价格与产量。一般认为,形成垄断的基本原因是进入壁垒,如政策壁垒、技术壁垒、资源壁垒等;也就是说,垄断者能在市场上保持唯一卖方的地位是因为其他企业不能进入市场并与之竞争。进入壁垒产生垄断的原因包括:第一,资源形成垄断。关键资源由一家企业拥有。第二,政府创造垄断。政府给予一家企业排他性地生产某种产品或劳务的权力。第三,自然形成垄断。只有一个生产者的情况下,自然资源的投入和产出更有效率。

4. 按照交易对象的具体内容划分

(1)商品市场。即从事商品交易的市场,如大米市场、钢铁市场、建材市场、农产品市场、房地产市场等。

(2)技术市场。即从事技术交易的市场,如高新技术交易市场、专利市场等。

(3)劳动力市场。即从事劳动力资源交易的市场,如人才市场、劳务市场等。

(4)金融市场。即从事金融产品和服务的市场,如融资市场、证券交易市场、保险市场、外汇交易市场。

(5)信息市场。即信息类产品的交易市场。就目前情况看,能够成为商品的信息主要一部分是科技信息、经济信息、文化信息等;另一部分信息,如密级较高的政府信息和军事信息,政府、企业内部的经济信息以及大众传播的公共信息(如新闻)等都不会成为商品。

5. 按照市场的地理位置或商品流通的区域划分

(1)国内市场。比如,可以根据大的区域,分为北方市场、南方市场,东部市场、中部市场、西部市场等;还可以分为城市市场、农村市场。在城市市场中,可以分为一线城市市场、二线城市市场、三线城市市场等。

(2)国际市场。即向全球交易的市场。它包括全球性市场、区域市场和国别市场等。区域市场如欧洲市场、东亚市场、中东市场、非洲市场等。国别市场指的是面向某个具体国家交易的市场，如德国市场、美国市场、俄罗斯市场、日本市场等。

6. 按照市场的时间标准不同划分

（1）现货市场。现货也称实物，是指可供出货、储存和制造业使用的实物商品。现货交易中通行的是一手交钱、一手交货的交易方式，或者采取以货易货的交易方式。现货市场是指依法设立的，由买卖双方进行公开的、经常性的或定期性的商品现货交易活动，具有信息、物流等配套服务功能的场所或互联网交易平台。

（2）期货市场。期货就是一种合约，一种将来必须履行的合约，而不是具体的货物。合约的内容是统一的、标准化的，唯有合约的价格会因各种市场因素的变化而发生大小不同的波动。这种合约对应的“货物”称为标的物，通俗地讲，期货要炒的“货物”就是标的物，它是以合约符号来体现的。例如，CU0602 是一个期货合约符号，表示 2006 年 2 月交割的合约，标的物是电解铜。

期货市场是市场经济发展到一定历史阶段的产物，是市场体系中的高级形式，市场经济的完善离不开期货市场的发展。在现代市场经济中，期货市场具有相当重要的地位，它同现货市场一起构成了现代市场经济运行和发展的重要条件。中国期货法配套制度逐步完善，近期研究修订了《期货交易所管理办法》等配套法规文件；品种注册制全面落地，当前总品种数达到131 个，覆盖农产品、金属、能源、化工、航运、金融等国民经济主要领域；市场运行质量稳步提升，2023 年 1 至 11 月，我国期货市场累计成交量 78.1 亿手，成交额 520.5 万亿元，同比分别增长 27.9%、6.9%，商品期货市场成交量在全球总量中占比超过七成。

知识窗

中国主要的期货市场

中国的期货市场目前共有 4 个：

1. 上海期货交易所。交易品种：黄金、铜、铝、锌、天然橡胶、燃料油等。

2. 大连商品交易所。交易品种：大豆、玉米、豆粕、豆油、棕榈油、聚乙烯等。

3. 郑州商品交易所。交易品种：PTA、菜籽油、强麦、普麦、白糖、棉花、早籼稻、甲醇、玻璃、动力煤、粳稻等。

4. 中国金融期货交易所。交易品种：股指期货等。

资料来源：根据网络资料整理。

二、市场营销

（一）市场营销的含义

关于市场营销的含义，不同的学者有不同的观点，我们可以从狭义与广义两个角度理解。

1. 从狭义角度看

市场营销是指企业以顾客需求为出发点，组织品牌推广与产品销售活动，以实现提升形象和销售产品的一项经营管理工作。这个定义与企业的实际营销工作任务比较接近，容易理解。

在这个定义里，市场营销的活动是从产品生产出来开始，即把企业已经做好的产品怎样销售出去。至于企业应该生产什么样的产品以及如何生产产品，这都不需要市场营销部门考虑。问题在于，如果企业生产的产品不符合消费者需要，比如质量、款式、品牌、价格等满足不了消费者的要求，即使市场营销部门非常努力，销售效果也不会理想。比如开服装店，进货与卖货同样重要，甚至更重要，因为你进的货如果不能满足消费者的需求，就很难卖出去，所以服装店老板主要负责进货，把销售方面的事情交给店里的营业员。

2. 从广义角度看

市场营销是指企业以顾客需求为出发点，有计划地组织各项经营活动，为顾客提供满意的商品或服务，从而实现企业经营目标的一种过程。根据这个定义，市场营销可以看作一个综合的经营管理过程，贯穿于企业经营活动的全过程，包括产品的研发、生产、销售等产前、产中、产后环节。该定义所体现的是整体市场营销的理念，强调的是在企业生产经营的过程中都要以顾客需求为出发点：在产品研发阶段，要根据顾客需求设计开发；在产品生产阶段，要根据顾客需求生产，产品的质量标准要满足目标顾客的需求；在产品销售阶段，要根据顾客的需求，通过适当的渠道、适当的价格、适当的方式把产品卖给顾客。

延伸阅读

学者们对“市场营销”的解释

在市场营销学发展的过程中，学者们提供了很多对市场营销含义的不同见解。

1. 美国市场营销协会下的定义是：营销是创造、沟通与传送价值给顾客，以及经营顾客关系以便让组织与其利益关系人受益的一种组织功能与程序。

2. 现代营销学之父、著名市场营销学专家、美国管理科学联合市场营销学会主席、美国西北大学凯洛格管理学院终身教授菲利普·科特勒下的定义是：市场营销是个人和集体通过创造产品和价值，并同别人交换，以获得其所需所欲之物的一种社会和管理过程。除此之外，菲利普·科特勒对市场营销还有另外一个定义：市场营销是指企业的这种职能——认识目前未满足的需要和欲望，估量和确定需求量大小，选择和决定企业能最好地为其服务的目标市场，并决定适当的产品、劳务和计划（或方案），以便为目标市场服务。

3. 杰罗姆·麦卡锡于1960年也对微观市场营销下了定义：市场营销是企业经营活动的职责，它将产品及劳务从生产者直接引向消费者或使用者以便满足顾客需求及实现公司利润，同时也是一种社会经济活动过程，其目的在于满足社会或人类需要，实现社会目标。

（二）一些概念之间的区分

1. 营销与销售

营销（marketing）和销售（selling）有很大的区别。营销活动既发生在生产之后，也发生在生产之前。营销不仅包括将其最终产品推销给顾客，也包括市场研究、产品设计、定价等售前活动和收集顾客使用产品后的意见以作为市场研究和产品开发时的参考等售后活动。因此，销售只是市场营销中的一项内容。

在实际工作中，市场营销经常被界定为更小的工作范围，即把从事市场调研、市场分析、市场营销方案策划与执行等工作任务划定为市场营销部的工作任务范围，而把从事直接产品销售的工作任务划分出去,作为销售部的工作任务,形成了营销部与销售部这两条业务线。

2. 营销、推销、促销

在市场营销学发展的过程中,人们一直比较关注营销与推销(promote sales)之间的关系。学者们普遍认为推销不是营销,而仅仅是市场营销的内容之一。著名管理学家彼得·德鲁克曾经指出:“可以设想,某些推销工作总是需要的,然而营销的目的就是要使推销成为多余,营销的目的在于深刻地认识和了解顾客,从而使产品或服务完全地适合它的需要而形成产品自我销售,理想的营销会产生一个已经准备来购买的顾客,剩下的事就是如何便于顾客得到产品或服务……”菲利普·科特勒认为:“营销最重要的内容并非推销,推销只不过是营销冰山上的顶点……如果营销者把认识消费者的各种需求、开发适合的产品以及定价、分销和促销等工作做得很好,这些产品就会很容易地被销售出去。”

促销(promotion)与推销的含义比较接近。促销是营销者向消费者传递有关本企业及产品的各种信息,说服或吸引消费者购买其产品,以达到扩大销量的目的。常用的促销手段有广告、人员推销、网络营销、营业推广和公共关系等。

在很长一段时间里,推销给人们的感觉是推销员使出浑身解数,把一些消费者并不太愿意购买的产品“强卖”给消费者,致使许多消费者对推销员的印象不太好,对他们往往敬而远之。因此,在目前实际的营销工作中,“推销员”这个称呼常常被“业务员”“营销员”等称呼所代替。

在实际的营销工作中,我们使用“营销”这个词所代表的含义经常不同。一般情况下,我们理解营销的含义是指狭义层面的,即指企业组织的市场推广与产品销售活动。广义层面的营销更多体现在理念层面上,即企业整体应该树立以顾客需求为中心的管理理念,各个部门都要把如何满足顾客需求作为自己工作的出发点。在某些场合,比如在“营销业务员”这个称呼中,“营销”被理解为“销售”“推销”。

任务二　市场营销学的产生和发展

市场营销学于20世纪初期产生于美国。随着社会经济及市场经济的发展,市场营销学发生了根本性的变化,从传统市场营销学演变为现代市场营销学,其应用从营利性组织扩展到非营利性组织,从国内扩展到国外。当前,市场营销学已成为同企业管理相结合,并同经济学、行为科学、人类学、数学等学科相结合的应用型管理学科。

一、市场营销学的研究内容

市场营销学是研究企业如何以消费者和用户的需求为出发点来组织企业的整体营销活动,即根据顾客的欲望与需求,生产适销对路的商品和劳务,并通过交换转移到客户手中。市场营销学是研究这一全过程的管理学科。

从企业营销业务流程看,完整的市场营销活动过程应该包括下面几个阶段:

第一阶段:发现市场机会。这是企业营销活动的开始。企业的任务是为消费者提供符合他们需要的产品与服务。对企业而言,首要任务是搞清楚消费者的需求还有哪些需要得到满足,而那些没有得到满足的需求就是企业的市场机会。

第二阶段:确定目标顾客。不同消费者的需求是有差异的。企业的产品不可能满足所有消费者的需求,应根据一定的标准细分消费者群体,选择其中具有相同需求特性的消费者作为自己的目标顾客。

第三阶段：实施营销策略。在目标顾客确定后，企业就根据目标顾客的需求特点生产产品，确定合理的价格，建立通畅的销售渠道，组织行之有效的促销活动，使消费者能够以“合理的价格”在“方便的地点”购买到“满意的产品”。

根据上述市场营销业务流程，市场营销学的研究内容包括：

（一）消费者需求分析

主要研究消费者需求的特点、消费者的购买行为等。系统分析消费者，寻找消费者未被满足的现实需求以及未被发现的潜在需求，从而为企业寻找到合适的市场机会。

（二）目标市场确定

主要研究如何确定企业所要进入的市场。由于不同消费者的需求存在较大的差异性，一种产品不可能满足所有消费者的需求，因而企业必须选择一部分需求接近和相似的消费者作为营销对象，并为该产品确定合适的市场定位，以提高营销的针对性和精准性。

（三）营销组合策略实施

通常，企业在营销过程中可以控制的主要因素包括产品（product）、价格（price）、渠道（place）和促销（promotion）。因此，针对特定目标市场，企业要制定的具体营销手段（即策略）主要包括产品策略、价格策略、渠道策略以及促销策略，这些具体策略的组合构成营销组合，即所谓的4P。

微课视频

认识市场营销与营销组合

（1）产品策略，即企业为目标市场提供合适供应物的关键因素——产品的有关策略，主要包括产品种类、质量、设计、性能、规格、产品线的宽度与深度、品牌名称、包装、安装、说明书、服务、保修以及退货等具体因素的决策安排。

（2）价格策略，即企业提供给目标市场的产品与服务如何定价的策略，主要包括价格水平、折扣与折让、付款期限以及信用条件等具体因素的决策安排。

（3）渠道策略，即企业如何使产品到达目标市场顾客手中的有关策略，主要包括市场划分、覆盖面、分销渠道、存货、中间商类型、位置以及仓储与物流等具体因素的决策安排。

（4）促销策略，即向市场传播企业及其产品的相关信息以促进顾客购买产品等相关活动的策略，主要包括广告、人员推销、营业推广以及公共关系等具体内容的决策安排。

延伸阅读

只有4P吗？

很多营销大师注意到自20世纪60年代以来，有一些4P以外的因素对企业营销越来越重要，需要企业予以高度重视。

菲利普·科特勒认为，4P应该增加第5个P——政治（politics）和第6个P——公众意见（public opinion）。

政治行为可以对企业的营销产生巨大的影响。例如，法律禁止香烟做广告显然会影响香烟的销售。企业营销人员可以利用政治活动影响市场需求。

公众的倾向与态度会影响他们对某些产品的兴趣与选择，企业营销人员可以通过适当的努力影响人们的观念与选择。

费斯·鲍普康恩（Faith Popcorn）认为，如果对女性顾客进行营销（她认为80%的购买决定是由女性做出的)，应该加入第 7 个 P——政策(policy)。

政策是女性特别关注的行为。例如，企业决策者的个人道德观、企业怎样对待其所有雇员、企业怎样对待女性雇员和管理层员工、女性和拥有企业管理权的少数员工的数量、企业高层管理人员的薪水与额外津贴、收入最高的男女员工的薪水差距、企业对公益事业的赞助、企业的环境记录、企业的分销政策以及企业对外部资源的政策等。

拉尔斯·特维德(Lars Tvede)认为还应该有第 8 个 P——节奏(pace)。

节奏是至关重要的时间尺度。它是对企业产品的生产周期时间的规定。

雅虎公司直销部副总裁塞斯·戈丁在 2001 年提出了新的 4 个 P：许可(permission)、范例(paradigm)、转嫁(passalong)和实践(practice)。

许可是一种针对有购买欲望的人的营销技巧，通过运用预知的信息、个人信息和一些相关信息来进行。

范例是一种终结现行行业规则并创造新规则的实践，而新规则会使竞争对手不复存在。

转嫁是帮助你的顾客向其他消费者介绍你的产品，即提供所谓的“创意病毒”。

实践是通过检测、调节和改进产品供给，以比竞争对手发展和变化得更快。

资料来源：约瑟夫·H. 博耶特，杰米·T. 博耶特. 经典营销思想[M]. 杨悦，译. 北京：机械工业出版社，2004：11—13。

二、市场营销学的产生和发展

(一)西方市场营销学的产生与发展

以美国为代表的西方市场营销学自 20 世纪初诞生以来，其发展经历了以下几个阶段：

1. 萌芽阶段(1900—1920 年)

1902 年，美国密歇根大学等一批院校的经济系开设了市场学课程。哈佛大学教授哈格蒂走访了大企业主，了解他们如何进行市场营销活动，并于 1912 年出版了第一本销售学教科书，它是市场营销学作为一门独立学科出现的里程碑。

2. 功能研究阶段(1921—1945 年)

这一阶段以营销功能研究为特点。1932 年，克拉克和韦尔达对美国农产品营销进行了全面的论述，指出市场营销的目的是“使产品从种植者那儿顺利地转到使用者手中”。这一过程包括七种市场营销功能：集中、储藏、财务、承担风险、标准化、推销和运输。克拉克在市场营销功能研究上有所创新，他把市场营销功能归结为交换功能、实体分配功能、辅助功能等，并提出推销是创造需求的观点，这是市场营销学核心理论的雏形。

3. 形成和巩固时期(1946—1955 年)

1952 年，范利、格雷斯和考克斯等人全面阐述了以下几点内容：市场营销如何分配资源、指导资源的使用，尤其是指导稀缺资源的使用；市场营销如何影响个人分配，而个人收入又如何制约营销；市场营销还包括为市场提供适销对路的产品。梅纳德和贝克曼则提出了市场营销的定义，认为它是“影响商品交换或商品所有权转移以及为商品实体分配服务的一切必要的企业活动”。这一时期已形成市场营销的原理及研究方法，传统市场营销学已形成。

4. 市场营销管理导向时期(1956—1965 年)

罗·奥尔德逊提出了“功能主义”。约翰·霍华德率先提出从营销管理角度论述市场营销理论和应用，从企业环境与营销策略两者关系来研究营销管理问题，强调企业必须适应外部环境。麦卡锡在 1960 年对市场营销管理提出了新的见解。他把消费者视为一个特定的群体——目标市场，企业制定市场营销组合策略，适应外部环境，满足目标顾客的需求，实现企业经营目标。

5. 协同和发展时期（1966—1980 年）

这一阶段，市场营销学逐渐从经济学中独立出来，与管理学、行为科学、心理学、社会心理学等理论相结合，使市场营销理论更加成熟。

乔治·道宁于 1971 年提出了系统研究法，认为公司就是一个市场营销系统，“企业活动的总体系统，通过定价、促销、分配活动，并通过各种渠道把产品和服务提供给现实的和潜在的顾客”。他还指出，公司作为一个系统，同时又存在于一个由市场、资源和各种社会组织等组成的大系统中，它将受到大系统的影响，同时又反作用于大系统。

1967 年，美国著名市场营销学教授菲利普·科特勒出版了《营销管理：分析、计划与控制》一书，该书全面、系统地发展了现代市场营销理论。他对营销管理做了精辟的定义：营销管理就是通过创造、建立和保持与目标市场之间的有益交换和联系，以实现组织的各种目标而进行的分析、计划、执行和控制过程。他还提出，市场营销管理过程包括分析市场营销机会，进行营销调研，选择目标市场，制订营销战略和战术，制订、执行及调控市场营销计划。

6. 分化和扩展时期（1981 年至今）

在此阶段，市场营销领域又出现了大量丰富的新概念，使得市场营销学这门学科出现了变形和分化的趋势，其应用范围也在不断扩展。

1981 年，莱维·辛格和菲利普·科特勒对“市场营销战”这一概念以及军事理论在市场营销战中的应用进行了研究。1983 年，西奥多·莱维特对“市场营销战”进行了研究，提出过于强调对各个当地市场的适应性，将导致生产、分销和广告方面规模经济的损失，从而使成本增加。因此，他呼吁多国公司向全世界提供一种统一的产品，并采用统一的沟通手段。1985 年，巴巴拉·本德·杰克逊提出了“关系营销”“协商推销”等新观点。1986 年，菲利普·科特勒提出了“大市场营销”这一概念，提出企业如何打进被保护市场的问题。其间，“直接市场营销”也成为引人注目的问题，其实质是以数据资料为基础的市场营销。由于事先获得信息和电视通信技术方面的发展，直接市场营销才成为可能。

进入 20 世纪 90 年代，关于市场营销、市场营销网络、政治市场营销、市场营销决策支持系统、市场营销专家系统等新的理论与实践问题开始引起学术界和企业界的关注。进入 21 世纪，互联网的发展应用推动着网上虚拟交易的发展，也推动着基于互联网的网络营销的发展。

（二）市场营销学在中国

西方营销理论从 20 世纪 70 年代末、80 年代初开始引入中国，经过四十多年的发展，已从单纯的理论学习阶段步入需要全面创新和拓展的时代。很多学者都对之做出了阶段性划分，如吴建安教授把市场营销学在中国的传播和应用划分为以下三个阶段：

1. 启蒙阶段（1978—1983 年）

这一阶段主要是通过翻译、考察及邀请专家的形式，系统介绍和引进国外的市场营销理论。这是营销中国化非常重要的基础性工作，但由于当时社会条件的限制，参与研究者少，研究领域较窄，对西方营销理论的认识也相对肤浅。

2. 广为传播阶段（1984—1994 年）

1984 年 1 月，全国高等院校市场学研究会成立，大大促进了营销理论在全国范围内的传播，营销学开始得到高校教学的重视，有关营销学的著作、教材和论文在数量和质量上都有了很大的提高。在这一阶段，营销理论、策略和方法的研究和应用，在中国得到了长足的进步与发展。

3. 深入拓展阶段(1995—2000年)

这一阶段是以1995年在北京召开的"第五届市场营销与社会发展国际会议"为标志，该阶段的重要特征是国际学术交流进一步加强、国家领导人在政府文件和报告中强调营销管理工作以及硕士、博士等高层次营销人才培养不断推进等。

2000年后，中国的市场营销学迈入了自我创新阶段。这个阶段的重要特征是，国外学者对中国市场和中国市场营销感兴趣的程度与重视程度开始超过中国学者对国外理论的感兴趣程度和重视程度，这迫使中国学者要拿出自己的东西。自我总结和自我创新成为中国营销学研究的新需要。近年来，国际顶尖营销学者纷纷在中国讲学、培训甚至合伙创办公司，开发中国营销个案和探索中国营销规律成为国内外学界和业界共同努力的课题。

任务三 市场营销管理理念

现代市场营销学有强烈的"管理导向"，即从管理决策的角度研究营销者(企业)的市场营销问题。企业对其产品有某种理想的需求水平，但是随时都有可能出现没有需求、充分需求、不规则需求或过量需求的情况，因此，营销管理部门必须找到解决这些不同需求状况的方法。营销管理部门不但要负责寻找和增加需求，而且要负责改变甚至减少需求。

一、市场营销管理

微课视频

市场营销观念

市场营销管理是指企业为实现其目标，创造、建立并保持与目标市场之间的互利交换关系而进行的分析、计划、执行与控制过程。市场营销管理的基本任务就是为达到企业目标，通过营销调研、计划、执行与控制来管理目标市场的需求水平、时机和构成。换言之，营销管理的实质是需求管理。在营销计划与执行中，管理者必须对目标市场、市场定位、产品开发、定价、分销渠道、信息沟通与促销做出系统决策，以保证营销管理任务的实现。

企业市场营销管理的任务会随着目标市场的不同需求状况而有所不同。企业通常会对目标市场设定一个预期交易水平，即"预期的需求水平"。然而，期望往往与现实不一致，实际需求水平可能低于或高于期望。营销者必须善于应付各种不同的需求状况，调整相应的营销管理任务。

下面是八种典型的不同需求状况及其相应的营销管理任务。

1. 负需求

负需求即绝大多数人不喜欢，甚至花费一定代价也要回避某种产品(如高胆固醇食品等)的需求状况。对于负需求市场，营销管理的任务是"改变市场营销"，即分析市场为什么不喜欢这种产品，通过重新设计产品、降低价格和更积极促销的营销方案，改变市场的信念和态度，将负需求转变为正需求。

2. 无需求

无需求即目标市场对产品毫无兴趣或漠不关心的需求状况，比如对某些陌生的新产品，与消费者的传统观念、习惯相抵触的产品，被认为无价值的废旧物资，等等。面对无需求市场，营销管理的任务是设法把产品的好处和人的自然需要、兴趣联系起来。

3. 潜在需求

潜在需求即现有产品或劳务尚不能满足的、隐而不现的需求状况，如人们对无害香烟、节能汽车和癌症特效药品的需求。在潜在需求情况下，营销管理的任务就是致力于市场调研和新产品开发，有效地满足这些需求。

4. 下降需求

下降需求即市场对一个或几个产品的需求呈下降趋势的情况。营销管理者要分析需求衰退的原因，决定能否通过开辟新的目标市场、改变产品特色，或采用更有效的促销手段来重新刺激需求，扭转其下降趋势。

5. 不规则需求

不规则需求即市场对某些产品（服务）的需求在不同季节、不同日期，甚至一天的不同时间呈现出很大波动的状况，如对旅游、宾馆、公园、公共汽车、博物馆等的服务需求就是不规则需求。市场营销管理的任务就是通过灵活定价、大力促销及其他刺激手段来改变需求的时间模式，努力使供需在时间上协调一致。

6. 充分需求

充分需求即某种产品或服务的需求水平和时间与预期相一致的需求状况。这时，营销管理的任务是密切注视消费者偏好的变化和竞争状况，经常测量顾客满意程度，不断提高产品质量，设法保持现有的需求水平。

7. 过量需求

过量需求即某产品（服务）的市场需求超过企业所能供给或愿意供给水平的需求状况。在过量需求的情况下，营销管理的任务是实施“低营销”，即通过提高价格、合理分销产品、减少服务和促销等手段，暂时或永久地降低市场需求水平。

8. 有害需求

有害需求即市场对某些有害物品或服务（如烟、酒、毒品、色情电影和书刊等）的需求。对此类需求，营销管理的任务是“反市场营销”，宣传其危害性，劝说消费者放弃这种爱好和需求。对于烟酒等商品，应大幅度提高价格，以减少购买机会；而对于毒品、淫秽书刊等，则应杜绝生产经营，采取适当措施来消灭需求。

二、市场营销管理理念

市场营销管理理念也称市场哲学，是企业开展市场营销活动的指导思想。市场营销管理理念在市场营销实践的基础上产生并不断发展和演进，经历了由“以生产为中心”转变为“以顾客为中心”，从“以产定销”转变为“以销定产”的过程。市场营销管理理念经历了以下几个发展阶段：

（一）生产观念

生产观念（production concept）是一种最古老的营销管理理念。生产观念认为，消费者总是喜欢随处买到价格低廉的产品，企业应当集中精力提高生产效率和扩大分销范围，增加产量、降低成本。以生产观念指导营销管理活动的企业，称为生产导向企业，其典型口号是：“我们生产什么，就卖什么。”

生产观念在西方盛行于19世纪末20世纪初。当时，资本主义国家处于工业化初期，市场需求旺盛，整个社会产品供应能力相对不足。企业只要提高产量、降低成本，便可获得丰厚利润。因此，企业的中心问题是扩大生产物美价廉的产品，而不必过多关注市场需求差异。在这种情况下，生产观念为众多企业所接受。

除了物资短缺、产品供不应求的情况之外，还有一种情况也会导致企业奉行生产观念。这就是某种具有良好市场前景的产品，技术含量和生产成本很高，必须通过提高生产率、降低成本来扩大市场。例如，福特汽车公司1914年开始生产的T型车(一种4缸、20马力的低价汽车)，就是在福特的“生产导向”经营哲学(使T型汽车生产效率趋于完善，降低成本，使更多人买得起)指导下创造出奇迹的。到1921年，福特T型车在美国汽车市场上的占有率达到56%。

生产观念是一种重生产、轻市场的观念。在物资紧缺的年代也许能“创造辉煌”，但随着生产的发展、供求形势的变化，这种观念必然使企业陷入困境。如福特汽车公司在其T型车长足发展，并宣称“不管顾客需要什么颜色的汽车，我只有一种黑色的”之后不久，便陷入困境，几乎破产。

(二)产品观念

产品观念(product concept)认为，消费者最喜欢高质量、多功能和具有某些特色的产品。因此，企业管理的中心是致力于生产优质产品，并不断精益求精。

持产品观念的公司假设购买者欣赏精心制作的产品，相信他们能鉴别产品的质量和功能，并愿意出较高价格购买质量上乘的产品。这些公司的经理人员常迷恋自己的产品，而不太关注其在市场上是否受欢迎。他们在设计产品时只依赖工程技术人员而极少让消费者介入。

产品观念和生产观念几乎在同一时期流行，与生产观念一样，产品观念也是典型的“以产定销”观念。由于过分重视产品而忽视顾客需求，这两种观念最终将导致“营销近视症”。例如，铁路行业以为顾客需要火车而非运输，忽略了航空、公共汽车、卡车以及管道运输的日益增长的竞争；计算尺制造商以为工程人员需要计算尺而非计算能力，忽视了袖珍计算器的挑战，只致力于大量生产或精工制造、改进产品，而忽视市场需要，其最终结果是产品被市场冷落，经营者陷入困境甚至破产。

(三)推销观念

推销观念(selling concept)认为，消费者通常有一种购买惰性或抗衡心理，若听其自然，消费者就不会大量购买本企业的产品，因而营销管理的中心是积极推销和大力促销。执行推销观念的企业，称为推销导向企业，其口号是：“我们卖什么，就让人们买什么。”

推销观念盛行于20世纪三四十年代。这一时期，由于科技进步，科学管理和大规模生产得到推广，商品产量迅速增加，整个社会已经由商品不足进入商品过剩，卖主之间的市场竞争日益激烈。1929年爆发的资本主义世界空前严重的经济危机，前后历时5年，堆积如山的货物卖不出去，许多企业纷纷倒闭，市场极度萧条。这种现实使许多企业家认识到，企业不能只集中力量发展生产，即使有物美价廉的产品，也必须保证这些产品能被人购买，企业才能生存和发展。

在推销观念指导下，企业相信产品是“卖出去的”而不是“被买去的”。他们致力于产品的推广和广告活动，以求说服甚至强制消费者购买。他们聘用了大批推销专家，做大量广告宣传，夸大产品的“好处”，对消费者进行无孔不入的促销信息“轰炸”，迫使人们购买。

与前两种观念一样，推销观念也是建立在以企业为中心——“以产定销”——而不是满足消费者真正需要的基础上。

(四)市场营销观念

市场营销观念(marketing concept)认为，企业的一切计划与策略应以消费者为中心，正确确定目标市场的需要与欲望，比竞争者更有效地提供目标市场所需要的产品。

市场营销观念形成于 20 世纪 50 年代。第二次世界大战后，随着第三次科学技术革命的兴起，西方各国企业更加重视产品的研究和开发。产品技术不断创新，新产品竞相上市。大量军工企业转向民用品生产，使社会产品供应量迅速增加，许多产品供过于求，市场竞争进一步激化。同时，西方各国政府相继推行高福利、高工资、高消费政策，社会经济环境出现快速变化。消费者有较多的可支配收入，企业在满足消费者需求与愿望的同时，也实现企业的利润目标。然而，往往出现这样的现象，即在满足个人需求时，与社会公众的利益发生矛盾，企业的营销努力可能不自觉地造成社会的损失。虽然市场营销观念也强调消费者的利益，不过它认为谋求消费者的利益必须符合企业的利润目标，当二者发生冲突时，保障企业的利润要放在第一位，因为利润才是资本主义企业生产的根本目的。

推销观念与市场营销观念的比较如图 1—1 所示。

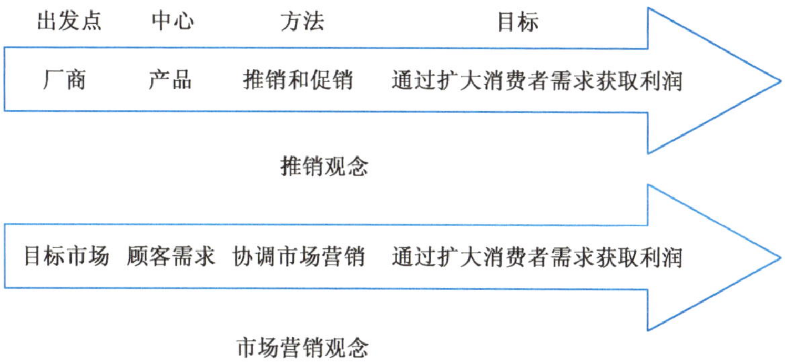

图 1—1　推销观念和市场营销观念的比较

(五)社会营销观念

社会营销观念(social marketing concept)以实现消费者满意以及消费者和社会公众的长期福利作为企业的根本目的与责任。理想的市场营销决策应同时考虑消费者的需求与愿望，消费者和社会的长远利益，企业的营销效益(如图 1—2 所示)。

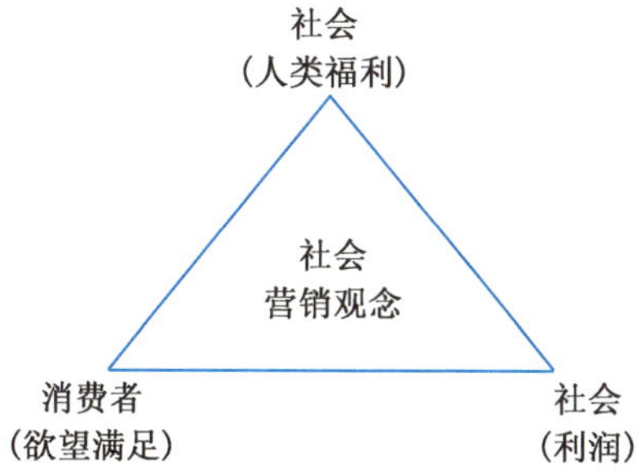

图 1—2　社会营销观念的三种基本考虑

对于市场营销观念的三个重点(顾客导向、整体营销、顾客满意和盈利率)，社会营销观念都做了修正。一是以消费者为中心，采取积极的措施，如供给消费者更多、更快、更准确的信息，改进广告与包装，增强产品的安全感和减少环境污染，增进并保护消费者的利益。二是进行整体营销活动，视企业为一个整体，全部资源统一运用，更有效地满足消费者的需要。三是求得顾客的真正满意，视利润为顾客满意的一种报酬，视企业的满意利润为顾客满意的副产品，不是把利润摆在首位。上述修正同时要求企业改变决策程序。在市场营销观念指导下，决策程序一般是先决定利润目标，然后寻求可行的方法来达到利润目标；社会市场营销观念则要求，决策程序应先考虑消费者与社会的利益，寻求有效地满足与增进消费者利益的方法，然后再考虑利润目标，看看预期的投资报酬率是否值得投资。这种决策程序的改变并没有否定利益目标及其价值，只是将消费者利益置于企业利润目标之上。

上述五种市场营销管理理念的对比如表 1—1 所示。

表 1—1　　市场营销管理理念对比一览

营销理念	应用时期	产品要求	经营思想	市场情况	理念导向
生产观念	工业化初期	无差别	生产什么 就卖什么	供<求 卖方市场	生产导向时期
产品观念	工业化初期	提高质量	生产什么 就卖什么	供<求 卖方市场	生产导向时期
推销观念	20 世纪三 四十年代	降低成本， 大力推销	推销什么 就买什么	供>求 买方市场	生产导向时期
市场营销观念	20 世纪 50 年代	注重顾客需求	顾客需要 即企业任务	供>求 竞争激烈	市场导向时期
社会营销观念	20 世纪 70 年代	社会利益，顾客 需求，公司利益	更好地满足 目标市场需求	保持企业与消费者、 社会利益的一致	市场导向时期

项目回顾

1. 市场是指商品经济中生产者与消费者之间实现产品(服务)价值，满足需求的交换关系、交换条件和交换过程。市场营销是指个人和群体通过创造并同他人交换产品和价值以满足需求和欲望的一种社会与管理过程。

2. 市场营销学于 20 世纪初创建于美国，后来传到欧洲、日本和其他国家，在实践中不断完善和发展。1978—1983 年是市场营销学被引进中国的启蒙阶段。作为一门应用型经济管理学科，市场营销学在其发展过程中不断吸纳经济学、管理学、社会学、行为学等多门学科的相关理论，形成了自己的理论体系。

3. 市场营销管理是指企业为实现其目标，创造、建立并保持与目标市场之间的互利交换关系而进行的分析、计划、执行与控制过程。市场营销管理的基本任务，就是为达到企业目标，通过市场调研、计划、执行与控制来管理目标市场的需求水平、时机和构成。换言之，营销管理的实质是需求管理。

4. 有五种可供选择的理念指导企业进行市场营销活动，它们分别是生产观念、产品观念、推销观念、市场营销观念和社会营销观念。

思政园地

讲好中国故事，传播好中国声音

党的二十大报告指出，加快构建中国话语和中国叙事体系，讲好中国故事、传播好中国声音，展现可信、可爱、可敬的中国形象。

当今世界，中国对世界的影响之深远、世界对中国的关注之高前所未有，软实力成为影响我国国际地位提升的重要因素。讲好中国故事，讲好中国式现代化的故事，围绕中国式现代化进行话语阐释和叙事传播，既是我们全社会坚定道路自信、理论自信、制度自信和文化自信的重要途径，也是我们扩大中华文化影响力、促进人类文明交流互鉴的现实要求，更是我们打破西方话语霸权、推动形成客观公正积极健康的全球舆论生态的必然选择。

党的十八大以来，以习近平同志为核心的党中央高度重视构建中国话语、中国叙事体系和中国共产党国际形象的传播。2022 年 2 月 4 日，北京冬奥会开幕。中国特色的开幕式表演、热情洋溢的志愿者、“绿色、共享、开放、廉洁”的办奥理念……向世界展现了中国追求开放、包容、和谐的特征，也让一些对华不友善的“杂音”自动销声。据统计，北京冬奥会全球转播观众人数超过 20 亿，世界各地观众在由国际奥委会授权的频道上观看了总计 7 130 亿分钟的冬奥会报道，比 2018 年平昌冬奥会增加了 18%。北京冬奥会、冬残奥会“思想＋艺术＋技术”的融合传播，向世界呈现了一个真实、立体、全面的中国。2022 年 10 月，在国际空间站执行任务的意大利女航天员萨曼莎・克里斯托弗雷蒂在社交媒体上发布了一组太空摄影作品，并配以中国古代著名书法家王羲之所著《兰亭集序》中描绘宇宙景观的古文，引发了国内外网友的热议。这些都为我们向国际社会讲好中国故事提供了生动案例。

当前，面对百年未有之大变局的深刻影响，“西强我弱”的国际舆论格局还没有根本改变。我们要深入学习贯彻习近平总书记关于宣传思想工作的重要论述，坚守中华文化立场，精心提炼中华文明的精神标识和文化精髓，加快构建中国话语和中国叙事体系，提高讲好中国故事的质量；同时，我们要加强全媒体传播体系建设，积极开拓传播渠道，遵循国际传播规律，生动讲好构建人类命运共同体的故事，及时澄清谬误，解疑释惑，为全面建设社会主义现代化国家提供有力舆论支持，让世界看到、听到新时代的中国。

资料来源：陈歧岳. 讲好中国故事，传播好中国声音[EB/OL]. https://baijiahao.baidu.com/s?id=1758261528864951449&wfr=spider&for=pc，2024 年 6 月 10 日。

议一议：

1. 新的历史时期，“讲好中国故事，传播好中国声音”有什么重要意义？
2. “讲好中国故事，传播好中国声音”，中国企业应该怎么做？

项目测试

一、单选题

1. 市场营销管理的实质是（　　）。

A. 刺激需求　　B. 需求管理　　C. 生产管理　　D. 销售管理

2. 市场营销的核心是（　　）。

A. 生产　　B. 分配　　C. 交换　　D. 促销

3. 从营销学的角度而言，企业市场营销的最终目标是（　　）。

A. 满足消费者的需求和欲望　　B. 获取利润

C. 求得生存和发展　　D. 把商品推销给消费者

4. 1960 年，美国营销学者（　　）将诸多市场营销因素概括为产品、定价、分销和促销四类。

A. 菲利普・科特勒　　B. 西奥多・莱维特

C. 杰罗姆·麦卡锡　　D. 尼尔·博登

5. 最容易导致企业出现市场营销近视症的营销观念是(　　)。

A. 生产观念　　B. 产品观念　　C. 推销观念　　D. 市场营销观念

二、判断题

1. 消费者之所以购买商品,根本目的在于获得并拥有产品本身。(　　)
2. 市场营销就是推销和广告。(　　)
3. 粮食、棉花、西瓜等农产品市场大多属于完全竞争市场。(　　)
4. 从企业实际的营销经验看,维系老顾客要比吸引新顾客花费更高。(　　)
5. 产品观念出现于买方市场状态下。(　　)

能力训练

案例研讨

为发烧而生,小米手机的差异化营销策略

小米手机作为国产智能手机的重要代表发展十分迅速,诞生于2011年的小米手机已经拥有了大量粉丝,并占领了一定的市场份额。小米手机以“高配置、低价格”作为核心卖点,质优价廉的定位让其获得了受众的肯定,并成功占领了消费者心智。

小米手机的快速成长离不开其成功的营销方式,小米率先创建“粉丝文化”,为其吸纳了大批忠实消费者。小米还采用饥饿营销,充分调动了消费者的购买欲望,同时让小米的话题性与关注度不断上升。小米手机在微博、论坛等社交平台的营销做得也十分到位,消费者在社交平台的互动提升了小米的人气。

一、产品定位差异化策略

(一)市场定位——为发烧而生

市场定位是指企业根据目标市场同类产品的竞争情况,研究消费者的偏好与需求,从而为自身产品进行别具一格的形象塑造,使之与竞争产品之间形成鲜明的差别,以此来占领消费者的心智。

智能手机市场定位需要充分分析消费者,挖掘消费者的潜在需求。小米手机关注到消费者对手机配置与产品性能的需求,将小米手机定位为“为发烧而生”,突出小米手机配置高、产品性能好等特征,从而满足智能手机“发烧友”的需求。

小米手机“发烧友”概念的提出,使其具有了鲜明的品牌个性,这种独具一格的差异化定位为小米手机吸纳了大量忠实“粉丝”,这为小米手机“粉丝营销”创造了条件。

小米手机定位的“手机发烧友”是一群对智能手机具有狂热爱好的人,他们对各种手机的相关数据十分熟悉,对手机的各项功能了如指掌,更乐于充分使用手机的多项功能。“手机发烧友”多为年轻消费者,他们对新鲜科技感兴趣,并具有极强的好奇心和探索欲。

因此小米手机将目标市场锁定为20到45岁之间的智能手机爱好者,这一消费群体具备一定的消费能力,而且是智能手机“发烧友”的集中人群。“为发烧而生”的市场定位使小米手机形成了一定的品牌影响力,并成功占领了消费者的心智,唤起了消费者的心理共鸣,提升小米手机的市场竞争力。

（二）核心卖点——高配置、低价格

“高配置、低价格”是小米手机的核心卖点，高性价比成为小米手机的标签。小米手机“高配置、低价格”基于其“为发烧而生”的市场定位，也是其产品差异化策略的重要体现。

小米手机拥有一支专业的研发团队，他们自主开发了 MIUI 操作系统、米聊社区平台，为消费者提供了舒适、人性化的产品体验。近几年小米开始了对智能手机的技术核心——芯片的研发。小米手机的低成本源于其采购渠道与营销模式，小米手机具有优质的配件采购渠道，这大大降低了生产成本。

小米手机采用轻资产模式，根据消费者的订单生产与销售产品，这能够有效控制产品的库存，降低成本。此外，小米手机借助电商平台优势进行“线上”销售，节约了实体店面带来的高额成本。

低成本是小米手机低售价的基础，而销量大是小米手机低售价的目的。小米手机采用“薄利多销”的方式，降低单个产品利润，通过增加产品销售量获得收益。

二、产品功能差异化策略

国内智能手机一般使用 Android 系统，对 Android 系统进行优化，提升产品品质，树立产品个性成为当前国内智能手机行业关注的问题。为了解决这一问题，小米手机基于 Android 系统深入优化开发出 MIUI 系统，以中国人的行为习惯作为设计原则，专注打造带给用户舒适体验的手机操作系统。

MIUI 系统的应用使小米手机在产品功能上实现了差异化，形成了鲜明的品牌特色。

三、产品设计差异化策略

（一）产品设计差异化

如今消费者不仅关注手机的质量，还十分重视手机设计，特别是年轻消费者对外形时尚的手机更为偏爱。小米手机外形设计整体风格简约大方，不同型号的小米手机在外形和颜色设计上存在一定的差异。

产品外形设计是凸显产品差异化的最直观环节，小米手机在产品设计上融入了浓郁的品牌特色，增强了小米手机品牌辨识度。小米手机外形设计一直随着科技进步和市场流行趋向进行优化与升级，例如小米 5s Plus 正面 2.5D 玻璃下是 5.7 英寸高色饱屏幕，背部采用 3D 金属材质，弧形收边设计更贴合手掌。

此外，小米手机特有的米键是一个自定义功能键，你可以一键拍照、上网、发微博，这大大提升了消费者的产品体现，给用户提供了更大的自由空间。小米十分重视与“米粉”的互动，并结合粉丝提出的建议不断优化产品设计。

（二）产品包装差异化

包装如同附着于产品表面的衣服，包装设计营销会影响产品的销售。为了树立小米手机品牌的形象，突出与竞争对手之间存在的差别，小米手机采用了类似包装策略。

小米手机所有包装均采用浅色全木浆进口牛卡纸制作，纸盒上方印有小米 LOGO，小米手机包装盒看似单薄却能承受重达 85 千克以上的压力，从而保证手机在运输过程中的安全。类似包装策略便于消费者识别商品，同时还能节约包装设计和生产成本。

除了类似包装策略之外，小米手机包装还采用了等级包装策略，对不同系列的手机进行了包装区分。例如小米青春版手机，在产品包装上印有明显的“青春”二字。等级包装策略能够表现出商品的特点，易于形成系列化产品，同时方便消费者选择和购买。

小米还会将不同规格的产品包装放置在一个包装盒内，这是配套包装策略的体现。配套包装能够保证产品包装的安全和统一，便于企业管理，同时也会方便消费者购买、使用和携带。为了带给消费者更多的惊喜，提升消费者的消费体验，小米手机还会在包装盒中送上赠品。

小米手机差异化包装策略符合了品牌风格，同时有利于小米手机与竞争对手形成差别。

四、市场推广差异化策略

(一)粉丝营销

粉丝经济是建立在粉丝和被关注者之间的经济行为，是一种通过提升用户黏性并以口碑营销形式获取经济利益与社会效益的商业运作模式。随着互联网的发展，粉丝与被关注者之间的距离被拉近，而实现粉丝经济变现的途径也日益丰富。

小米手机“为发烧而生”的市场定位对粉丝经济的挖掘十分有利，“发烧友”手机定位充分激发了粉丝的积极性和认同感。据统计，小米粉丝重复购买 2 至 4 台小米手机的比例占全部用户的 42%，可见粉丝群体成为小米手机的主要用户。

小米粉丝营销除了通过产品定位强化用户认同感之外，还十分重视与粉丝的互动，小米主张“与粉丝交朋友”，从而让小米形成了一种粉丝文化。

(二)饥饿营销

饥饿营销是指企业有意降低商品产量，控制供求关系，制造供不应求的假象，从而推动商品的销售，赚取更高额的利润。饥饿营销的应用首先要求企业提供的产品具有一定的核心竞争力，这样的商品才能真正获得消费者的青睐，这也是进行饥饿营销的首要条件。

此外，还需要大力宣传推广产品，吸引消费者的眼球，这是饥饿营销的关键步骤。小米手机的迅速发展离不开其差异化的营销模式，其中饥饿营销有效提升了小米的知名度和市场占有率。

小米手机的产品质量本身具备一定的号召力，吸引大批忠实粉丝，这为小米手机饥饿营销打下了基础。小米手机在产生之前，小米公司高调宣传推广 MIUI 和米聊，并获得了一定的关注度。

小米手机问世之后严格控制产品的受量，通过预定、秒杀等形式销售，从而造成了小米手机供不应求的景象。起初购买小米手机需要在小米官网预约，并在规定时间抢购，由于手机供货量有限，短短几分钟就被抢购一空。

这种营销模式刺激了消费者的购买欲，唤起了消费者的好奇心，似乎能够买到一台小米手机就是某种身份的象征。

资料来源：吴 Kan 财. 为发烧而生，小米手机差异化是如何形成的[R/OL]. https://baijiahao.baidu.com/s?id=1751792140716943398&wfr=spider&for=pc,2024 年 6 月 10 日，有删改。

思考与分析：

1.“小米”与传统手机厂商的做法分别体现了何种营销观念？请阐述你的理由。

2. 你认为“小米”的挑战有哪些，该如何应对。请提出你的建议和设想。

实践训练

市场营销:认知与体验

<table>
<tr><td>训练名称</td><td colspan="2">市场营销:认知与体验</td><td>训练类别</td><td>小组训练</td></tr>
<tr><td>训练目的</td><td colspan="4">实际认知与体验市场营销</td></tr>
<tr><td rowspan="4">训练方案</td><td>训练步骤</td><td colspan="2">训练内容</td><td>时　间</td></tr>
<tr><td>1. 准备</td><td colspan="2">搜集身边或知名企业营销的案例</td><td rowspan="3">与本项目教学时间同步,课外完成</td></tr>
<tr><td>2. 分析思考</td><td colspan="2">通过对企业的分析,体会营销观念对企业发展的重要性及营销观念是否在发展、如何发展以及现代营销观念在企业中的应用、现代营销观念与传统营销观念的区别</td></tr>
<tr><td>3. 形成报告</td><td colspan="2">将案例分析结果形成文字报告或 PPT,以小组为单位汇报</td></tr>
<tr><td>考核方式</td><td colspan="4">依据学生提交的报告和汇报展示综合评定成绩</td></tr>
</table>

项目二　市场营销环境分析

学习目标

知识目标

1. 理解市场营销环境的含义及特点；
2. 了解微观市场营销环境的主要内容；
3. 了解宏观市场营销环境的主要内容。

能力目标

1. 能够准确地评估不同微观环境因素对企业营销活动的具体影响，为制定合适的营销策略提供依据；
2. 能够熟练运用 SWOT 分析方法，深入剖析企业的营销环境。

思政目标

1. 培养学生坚守诚信、公正、法治的原则，践行社会主义核心价值观；
2. 在全球化背景下，培养学生的国际视野，关注国际市场动态，了解不同国家和地区的文化和商业惯例，为互惠互利的合作打下基础。

案例导入

俄乌冲突对国际天然气市场的影响及形势预判

2022 年，俄乌冲突的爆发对全球天然气市场带来了颠覆性影响，在供应偏紧的情况下，地缘政治冲突加剧了市场的恐慌情绪，造成国际天然气价格大幅飙升。欧洲严重依赖俄罗斯天然气，俄罗斯管道气的减少导致欧洲迫切需要增加进口天然气来弥补，全球天然气贸易格局因此产生新的变化。2022 年，全球液化天然气(Liquefied Natural Gas)新增供应有限，LNG 产量 4 亿吨，增量 1 656 万吨，同比增长 4.3%，较 2021 年增加 2 697 万吨(同比增长 7.5%)，水平大幅下降。在供应偏紧叠加地缘政治冲突影响下，全球天然气市场价格屡创新高。欧洲为弥补俄罗斯管道气的减少，不惜高价进口 LNG，欧洲天然气价格指数(Title Transfer Facility)相较东北亚 LNG 现货价格溢价一度高达 28 美元/百万英热单位。在欧洲气价拉动下，东北亚现货价格大幅上涨。2022 年，东北亚现货平均到岸价(安迅思 EAX 指数)为 34.75 美元/

百万英热单位，欧洲 TTF 平均价格为 40.45 美元/百万英热单位，美国北美天然气价格指数（Henry Hub，HH）平均价格为 6.54 美元/百万英热单位，分别同比上涨 140%、203% 和 76%。

资料来源：高珊珊. 俄乌冲突对国际天然气市场的影响及形势预判[J]. 当代石油石化，2023，31(6)：14—18。

任务一　市场营销环境认知

企业总是在一定的外界环境条件下开展市场营销活动，而这些外界环境条件是不断变化的。一方面，它给企业带来了新的市场机会；另一方面，它又给企业造成了某种威胁。因此，市场营销环境对企业的生存和发展具有重要意义。

一、市场营销环境的含义

市场营销环境是指在企业营销部门外部的不可控制的因素和力量，这些因素和力量是影响企业营销活动及其目标实现的外部条件。

营销环境包括微观环境和宏观环境两个方面。微观营销环境又称直接营销环境或作业环境，是指直接影响与制约企业的营销活动，多半与企业具有或多或少的经济联系，直接影响企业营销能力的各种参与者，包括企业本身、市场营销渠道、企业、顾客、竞争者以及社会公众。宏观营销环境又称间接营销环境，一般以微观环境为媒介影响和制约企业的营销活动，在特定的场合，也可直接影响企业的营销活动，包括人口、经济、政治法律、科学技术、社会文化及自然地理等因素。

微观环境因素与宏观环境因素共同构成多因素、多层次、多变的企业市场营销环境的综合体。在一般情形下，宏观环境因素决定微观环境因素，宏观环境常常通过微观环境作用于企业的营销活动。宏观环境中的五个不同方面因素又相互作用，制约和影响企业营销活动。微观环境也对宏观环境有重要的反作用。

延伸阅读

延伸阅读

毕业生在求职时经常会发现市场对人才、岗位的需求都在不断变化，前几年热门的专业和岗位或许因为市场实际需求或人才饱和而只招少量的人，而前几年无人问津的岗位却可能因为人才的断层、在岗人员的离退休等因素而变得热门起来。这些都是因为环境发生变化而带来的相应变化。

二、市场营销环境的特点

（一）客观性

企业总是在特定的社会经济和其他外界环境下生存、发展的。企业只要从事市场营销活动，就将面对各式各样的环境条件，也将受到各种各样环境因素的影响和制约。

知识窗

企业的市场营销环境是客观存在和不可控制的,企业的营销者应该怎样对待这种“不可控制性”呢? 怎样适应环境呢?

菲利普·科特勒的“大市场营销”(mega marketing)理论认为:企业在策略上应协调使用经济、心理、政治和公共关系等手段,为企业消除某些市场障碍,为企业从事营销活动创造一个宽松的外部环境。就微观环境而言,企业应按市场营销的双赢原则,不仅为企业自己,也应为顾客、供应商和营销中间商带来利益,并造福于社会公众。对于竞争者,也应是互相学习、互相促进。

(二)差异性

市场营销环境的差异性表现在两个方面:一方面,不同国家或地区之间,宏观环境存在广泛的差异,不同的企业的微观环境也千差万别;另一方面,同一因素即便在同一区域对不同企业的影响也会不同。

延伸阅读

麦当劳与印度

麦当劳是全球大型跨国连锁餐厅,1940 年创立于美国,在世界上大约拥有 3 万家分店,主要售卖汉堡包以及薯条、炸鸡、汽水、冰品、沙拉、水果等快餐食品。

20 世纪 90 年代后期,麦当劳开始在印度开设餐厅。尽管印度并不发达,但其拥有的大量相对富裕的中产阶级(估计人数为 1.5 亿～2 亿)吸引了麦当劳。然而,麦当劳在印度遇到了前所未有的挑战。数千年来,在印度文化中,牛是受人尊崇的。而麦当劳却是世界上最大的牛肉使用者。一家靠牛肉创造财富的公司如何在印度生存呢? 用猪肉代替? 然而,在印度有 1.4 亿穆斯林,而穆斯林是禁食猪肉的。这样就只剩鸡肉和羊肉了。麦当劳为应对这一食物文化困境,发明了印度版的巨无霸——邦主汉堡,这是用羊肉做的一种汉堡。菜单上的其他一些产品也与当地人的情感相吻合,如“MeAloo Tikki Burger”,这是用鸡肉做的。所有的食品都严格地按素食和非素食区分开来,以适应印度当地有许多素食者的特点。正如麦当劳印度分部的负责人所言:“我们必须彻底改造我们自己,以适应印度人的味觉。”

(三)多变性

市场营销环境是一个动态的系统。构成营销环境的诸因素都受众多因素的影响,每一个环境因素都随着社会经济的发展而不断变化。

(四)相关性

市场营销环境是一个系统,在这个系统中,各因素之间相互影响、相互制约,某一因素的变化会带动其他因素的相互变化,形成新的营销环境。例如,价格不但受市场供求关系的影响,而且受科技进步及国家政策的影响。因此,要充分注意各种因素之间的相互作用。

任务二 微观市场营销环境

微课视频

微观市场营销环境

企业的微观营销环境包括企业内部环境、营销渠道、顾客、竞争者和公众等。营销活动能否成功，除营销部门本身的因素外，还要受这些因素的直接影响。

一、企业内部环境

企业内部环境是指企业内部的物质、文化环境的总和，包括企业资源、企业能力、企业文化等因素，也称企业内部条件。即组织内部的一种共享价值体系，包括企业的指导思想、经营理念和工作作风。

一方面，企业为开展营销活动，必须设立某种形式的营销部门，营销部门不是孤立存在的，它还面对其他职能部门以及高层管理部门。企业营销部门与财务、采购、制造、研究与开发部门之间既有多方面的合作，也存在争取资源方面的矛盾。这些部门的业务状况如何、它们与营销部门的合作以及它们之间是否协调发展，对营销决策的制定与实施影响很大。

另一方面，企业文化是近年来日益受到重视的内部要素，是管理人员与职工共同拥有的一系列思想观念与企业的管理风貌，包括价值标准、经营哲学、管理制度、思想教育、行为准则、典礼仪式以及企业形象等。

锦囊妙计

谷歌的企业文化

企业文化魅力通常来说是一个企业发展的风向标，是独一无二的。为了让员工舒心、把爱好变成创造力，谷歌做了几个激发创造力的举措，总结出谷歌的“四化”。讲到谷歌的企业文化魅力，好的文化一定要能够发挥人才的潜能，而扼杀创造力的第一杀手就是束缚。

1. 办公环境亲人化

谷歌办公楼随处散落着健身设施、按摩椅、台球桌、帐篷等有趣的东西。整个办公空间采用了不同的色调搭配，明亮鲜活。这些都让人感到轻松自在。除此之外，每名新员工都将得到100美元，用于装饰办公室，可以在自己的办公室中“恣意妄为”。这才叫“我的地盘我做主”，好的办公环境就是要激发人的效能，只有让人感到舒适，才会产生更好的创意和想法。

2. 人员自由流动化

从创立之初，谷歌就规定管理层不能限制员工在公司内部自由流动，员工可以自由到一个新的部门做自己喜欢的事情。“一个想法有人支持就可以去做”，这种宽松的政策和环境使得Gmail、谷歌地图等深受用户好评的产品诞生成为可能。

3. 20%时间私有化

谷歌允许每位工程师拥有20%的自由支配时间。这也是谷歌引以为傲的地方。这是他们公认的谷歌的一个小秘诀。谷歌的企业文化魅力是鼓励创新，即使每项工程都要有计划、有组织地实施，公司还是决定留给每位工程师20%的私有时间，让他们做自己认为更重要的事情。许多好项目都源自这20%的时间。

4. 内部沟通扁平化

谷歌公司人人平等，管理职位更多是强调服务，工程师们受到更多尊敬。每个人距离总裁的级别可能不超过3级，人人不仅可公平享受办公空间，更具备零距离接触高层反馈意见的机会。每逢周五，谷歌的两位创始人以及首席执行官都会与员工共进午餐，以满足员工提出的种种“非分”要求。一般情况下，两位创始人都会满足员工的过分要求。

可见，谷歌的文化光芒是人性，充分尊重人性，道法自然，结果自然是会吸引和留住更多人才，创造出顶尖的技术，持续通过伟大的商业模式获得最高价值的收益，持续成为互联网世界最有价值的品牌之一。

资料来源：佚名.谷歌的企业文化魅力四射[EB/OL]. https://www.yjbys.com/hr/qiyewenhua/1744663.html,2024年6月10日，有删改。

二、营销渠道

(一)供应商

供应商是指向企业及其竞争者提供生产经营所需资源的企业或个人，包括提供原材料、零配件、设备、能源、劳务及其他用品等。供应商对企业营销业务有实质性影响：其所供应的原材料数量和质量将直接影响产品的数量和质量；所提供的资源价格会直接影响产品成本、价格和利润；供货商稳定、及时地供应原材料是企业营销活动顺利进行的前提。

企业对供应商的影响力要有足够的认识，尽可能与其保持良好的关系，开拓更多的供货渠道，甚至采取逆向发展战略，兼并或收购供应商企业。企业应与供应商保持密切联系，及时了解供应商的变化与动态，使货源的供应在数量、时间和连续性上都能得到切实的保证。企业要注意价格变化趋势，特别是对原材料和主要零部件的价格现状及趋势要做到心中有数，要能应变自如。对供货质量，不仅要注意商品本身的质量，还应包括各种售前、售后服务水平。根据不同供应商所供货物在营销活动中的重要性，企业对为数较多的供应商可以进行等级分类，以便合理协调、抓住重点、兼顾一般。

企业对于供应商的基本策略可从以下几个方面考虑：一是加强现有供应商的稳定性；二是适当采取多供应商策略，以降低供应商风险，保持企业生存弹性；三是加强对供应商的管理，提升供应商质量；四是在条件允许的前提下，基于企业自身水平与实际能力，可考虑企业的纵向发展，即兼并与收购供应商。

(二)营销中间商

营销中间商主要是指协助企业促销、销售和经销其产品给最终购买者的机构，包括中间商、实体分配公司、营销服务机构和财务中介机构。

1. 中间商

中间商是协助企业寻找顾客或直接与顾客交易的商业性企业或个人，包括商人中间商和代理中间商。中间商对企业产品从生产领域流向消费领域具有极其重要的影响，其销售效率、服务质量直接影响企业的产品销售，如房产中介。

2. 实体分配公司

实体分配公司主要是指储运公司，它是协助厂商储存并把货物运送至目的地的仓储公司。实体分配包括包装、运输、仓储、装卸、搬运、库存控制和订单处理等方面，其基本功能是调节生产与消费之间的矛盾，解决产销时空背离的矛盾，提供商品的时间效用和空间效用，以适时、适地、适量地把商品提供给消费者，如顺丰快递。

3. 营销服务机构

营销服务机构主要有营销调研公司、广告公司、传播媒介公司和营销咨询公司等，范围比较广泛。这些公司帮助生产企业向恰当的市场推出和促销其产品，如广告公司为企业制作广告、传播媒介公司为企业传播产品信息等。企业可自设营销服务机构，也可委托外部营销服务机构代理有关业务，并定期评估其绩效，促进其提高创造力、质量和服务水平，如奥美广告公司。

4. 财务中介机构

财务中介机构是厂商融资或分担货物购销储运风险的机构，如银行、信用公司、保险公司等。财务中介机构不直接从事商业活动，但对工商企业的经营发展至关重要。在现代经济生活中，企业与财务中介机构关系密切，如企业间的财务往来要通过银行结算、企业财产和货物要通过保险取得风险保障等。贷款利率与保险费率的变动也会直接影响企业成本，信贷来源受到限制更会使企业处于困境，这些都会影响企业的日常运转。因此，企业必须与财务中介机构建立密切的关系，以保证企业融资渠道的畅通。

三、顾客

企业的一切经营活动都是以满足顾客的需求为中心的，因此，顾客是企业最重要的环境因素。顾客是企业服务的对象，也是企业的目标市场。顾客可能是具有消费需求的自然人，也可能是企业等非自然人，我们可从不同的角度以不同的标准划分。对于国内顾客市场，按照购买动机可分为消费者市场、生产者市场、中间商市场、政府市场和非营利组织市场。

分析顾客，营销者应该主要分析顾客的数量、购买力、需求特点和购买行为等内容。

四、竞争者

企业不可能独占市场，一定会面对形形色色的竞争对手。在竞争性的市场上，除来自本行业的竞争者外，还有来自代用品生产者、潜在加工者、原材料供应商和购买者等多种力量的竞争者。按照企业在目标市场上的地位和角色，可把竞争者分为市场领先者、市场挑战者、市场跟随者、市场补缺者。企业应密切注视竞争者的任何细微变化，明确自身的角色和地位，了解对本企业形成威胁的主要竞争者的营销战略和营销活动的变化以及力量对比情况，知己知彼，扬长避短，制定相应的营销策略，以获取竞争优势。

从顾客做出购买决策的过程分析，还可将竞争者分为愿望竞争者、一般竞争者、产品形式竞争者、品牌竞争者。

（一）愿望竞争者

愿望竞争者即提供不同产品，以满足不同需求的竞争者。例如，出售旅游产品与出售电子产品企业之间的竞争。

（二）一般竞争者

一般竞争者即满足同一种需求的不同产品之间的竞争者，如航运和客运之间的竞争。

（三）产品形式竞争者

产品形式竞争者即生产同种产品，但提供不同规格、型号、款式的竞争者，如苹果手机与华为手机。

（四）品牌竞争者

品牌竞争者即产品相同，规格、型号也相同，但品牌不同的竞争者，如王老吉和加多宝。

五、公众

公众是指对企业实现营销目标的能力有实际或潜在利害关系和影响力的团体或个人。公众对企业的生存和发展可以产生巨大的影响，公众可能有增强企业实现其目标的能力，也有可能会产生妨碍企业实现其目标的能力。因此，企业应采取积极措施，树立良好的企业形象，力求保持与主要公众之间的良好关系。企业的公众主要有：

（一）融资公众

融资公众是指那些关心和影响企业融资能力的金融机构，体现信用体系对企业的影响，主要有银行、投资公司、证券公司、保险公司等。

（二）媒介公众

媒介公众是指那些联系企业和外界的大众媒介，体现传播渠道对企业的影响，主要有报纸、杂志、广播电台和电视台等。企业应与媒体建立友善关系，争取更多、更好的有利于本企业的新闻、特写以及社论。

（三）政府公众

政府公众是指与企业营销活动有关的各级政府机构部门。企业营销的成败在一定程度上取决于政府的支持。企业在制定营销计划时，必须考虑各级政府的方针与政策，妥善处理好与各级政府的关系。

（四）社团公众

社团公众主要有保护消费者权益的组织、环保组织及其他群众团体等。企业营销活动关系到社会各方面的切身利益，必须密切注意来自社团公众的批评和意见。例如，“大自然保护协会”（TNC）、“野生动物保护学会”（WCS）等一些民间的组织就是专门监督企业是否有危害社会公众的行为。

（五）社区公众

社区公众主要是指企业所在地邻近的居民和社区组织。他们对企业的态度会影响企业的营销活动。

（六）一般公众

一般公众是指上述各种关系公众之外的社会公众。一般公众虽然不会有组织地对企业采取行动，但企业形象会影响他们的惠顾。

（七）内部公众

内部公众是指企业内部全体员工，主要有中高层领导、管理人员、职工。处理好内部公众关系是搞好外部公众关系的前提，如工会的力量。

延伸阅读

微观营销环境影响案例——蒙牛乳业

蒙牛是一家总部位于内蒙古的乳制品生产企业，主要业务是制造液体奶、冰激凌和其他乳制品。

2011 年 12 月 24 日，蒙牛被抽查出牛奶中黄曲霉毒素 M1 不符合标准的规定。超标的产品为蒙牛集团眉山公司 2011 年 10 月 18 日生产的 250ml/盒包装的纯牛奶产品和福建长富乳品有限公司一个批次的长富纯牛奶。被检测出黄曲霉毒素 M1 实测值为 1.2 微克/千克，国家规定的最高值为 0.5 微克/千克，蒙牛该批次产品超标 140%。对此，12 月 25 日蒙牛在其官网承认这一检测结果并“向全国消费者郑重致歉”，此外，表示对该批次全部产品进行了封存和销毁。

2011 年 12 月 23 日蒙牛当日股价 26.3 港元，当蒙牛致癌新闻曝光后第一个交易日，蒙牛当日收盘股价为 18.02 港元，下跌 33.29%。蒙牛乳业的总股本为 17.6 亿股，即蒙牛乳业在金融市场因“致癌门”导致市值蒸发，直接损失高达近 145.73 亿港元，相当于近 120 亿元人民币。

导致此次事件发生的根本原因就是企业本身出现的问题、公众对其的看法以及顾客对其态度的改变等微观营销环境所致。

资料来源：根据网络资料整理。

任务三　宏观市场营销环境

微课视频

宏观市场营销环境

宏观市场营销环境是指对企业营销活动造成市场机会和环境威胁的主要社会力量，包括人口、经济、自然、政治法律、科学技术、社会文化等因素。

一、人口环境

人口是构成市场的第一位因素。市场是由具有购买欲望和支付能力的人构成的，人口的多少直接影响市场的潜在容量。人口的规模、年龄结构、性别结构、地理分布、婚姻状况、人口密度及文化教育等特性会对市场格局产生深刻影响，并直接影响企业的市场营销活动和企业的经营管理。特别是我国目前城市人口密集、沿海城市密集、农村人口不足、内陆人口不足、城市人口老龄化、男女比例不均衡等问题都会影响企业营销活动的宏观影响环境。

（一）人口总量

一个国家或地区总人口数量的多少是衡量市场潜在容量的重要因素。我国有 14 亿人口，无疑是一个巨大的市场。目前世界人口环境正发生明显的变化，表现为：全球人口的持续增长，美国等发达国家人口出生率下降，而发展中国家出生率上升，90%的新增人口在发展中国家。这些变化既给企业的营销带来了机遇，同时也给企业的营销造成了环境威胁。

（二）人口结构

人口结构主要包括人口的年龄结构、性别结构、家庭结构、社会与民族结构。

1. 年龄结构

不同年龄的消费者对商品的需求不一样。目前，我国不少城市，特别是北上广这类一线城市，已经出现人口老龄化现象，而且人口老龄化速度大大快于西方发达国家，这将会带来我国银色市场的形成与扩大。

与此同时，中国从 2022 年起出现人口负增长的现象，人口负增长对消费品市场的影响主要体现在以下几个方面：消费需求结构的变化，如老年消费品需求增加、需要更加关注年轻消费者的需求变化；对消费市场总体规模的影响，如消费品市场的总体规模增长可能放缓、消费动力减弱等；市场细分与差异化竞争，如出现消费品市场细分加剧、企业差异化竞争加剧等现象；对特定行业的影响，如实体零售业将面临更大的挑战、健康产业将迎来发展机遇等。

2. 性别结构

人口的性别不同，其市场需求也有明显的差异，反映到市场上，就会出现男性用品市场和女性用品市场。

3. 家庭结构

家庭是购买、消费的基本单位。家庭的数量直接影响消费者对某些商品的采购数量和兴趣。目前，世界普遍呈现家庭规模缩小、数量增加的趋势，越是经济发达地区，家庭规模就越小。家庭数量的剧增必然会引起对炊具、家具、家电和住房等需求的迅速增加。

4. 社会与民族结构

近几年，我国人口进一步向经济发达区域、大都市圈城市群集聚，东北、西北地区人口持续流出。因此，企业需要关注人口的迁移情况。我国是一个多民族的国家，民族不同，其生活习惯、文化传统也不同。企业营销活动要注意，满足不同民族的需求。

(三)地理分布

人口在地理上的分布影响市场需求的异同。居住于不同地区的人群，由于地理环境、气候条件、自然环境、风俗习惯的不同，消费需求的内容和数量也有所不同，会导致企业营销的差异。同时，人口城市化和区域性转移，也会引起社会消费结构的变化，从而带来企业营销环境的变化。

二、经济环境

经济环境对企业营销活动的影响主要表现在消费者收入与支出状况、经济发展状况等因素。

(一)消费者收入与支出状况

市场不仅需要人口，还需要购买力。实际经济购买力取决于现行收入、价格、储蓄、负债和信贷。营销者可以通过市场调研或其他方法了解客户或潜在消费者的大致收入与支出状况。

1. 消费者收入

在研究收入对消费需求的影响时，常使用以下指标：

(1)人均国内生产总值，即一般价值形态的人均 GDP。它是一个国家或地区的所有常住单位在一定时间内(如 1 年)，按人口平均所生产的全部货物和服务的价值，超过同期投入的全部非固定资产货物和服务价值的差额。GDP 总额反映了全国市场的总容量、总规模。人均 GDP 则从总体上影响和决定消费结构和消费水平。

(2)个人收入，即城乡居民从各种来源所得的收入。各地区居民收入总额可用来衡量当地消费市场的容量，个人收入多少反映了购买力水平的高低。

(3)个人可支配收入，即从个人收入中扣除缴纳税收和其他经常性转移支出后所余下的实际收入，也就是可用于个人消费或储蓄的部分，它构成了实际购买力。

(4)个人可任意支配收入，即个人可支配收入减去用于维持个人与家庭生存不可缺少的费用(如房租、水电、食物、燃料、衣着等开支)后剩余的部分。这部分收入是消费需求中变化最活跃的因素，一般用于购买高档耐用消费品，它是影响非生活必需品和劳务销售的主要因素。

对绝大部分商品品种而言，消费者是用个人可任意支配收入部分来支付的。

2. 消费者支出模式和消费结构的变化

随着消费者收入的变化，消费者支出模式会发生相应变化，继而一个国家或地区的消费结构也发生变化。

知识窗

食物支出占总支出的比例称为恩格尔系数。经济学家经常用恩格尔系数来反映消费支出的变化。恩格尔系数表明，在一定条件下，当家庭收入增加时，收入中用于食物开支部分的增长速度要小于用于教育、医疗、享受等方面的开支增长速度。一般认为，恩格尔系数越大，生活水平越低；反之，恩格尔系数越小，生活水平越高。

恩格尔系数 R＝消费支出中用于食物部分/消费总支出

其中，$R\geqslant60\%$，贫困；$50\%\leqslant R<60\%$，温饱；$40\%\leqslant R<50\%$，小康；$30\%\leqslant R<40\%$，富裕；$R<30\%$，很富裕。

3. 消费者的储蓄和信贷

消费者的购买力还受储蓄和信贷的直接影响。储蓄的形式可以是银行存款，可以是购买债券，也可以是手持现金。较高储蓄率会推迟现实的消费支出，加大潜在的购买力。

信贷是金融和商业机构向有一定支付能力的消费者融通资金的行为，主要形式有短期赊销、分期付款、消费贷款等。消费信贷的规模与期限在一定程度上影响某一时限内的现实购买力的大小，也影响提供信贷商品的销售量。例如，住房抵押贷款利率不断提高/下降，在一定程度上限制/增加了住房需求量和住房供给量。

(二)经济发展状况

企业的市场营销活动受到一个国家或地区经济发展状况的制约，在经济全球化的条件下，国际经济形势也是企业营销活动的重要影响因素。

1. 经济发展阶段

经济发展阶段的高低直接影响企业市场营销活动。美国学者罗斯托根据他的“经济成长阶段”理论，将世界各国的经济发展归纳为五种类型：(1)传统经济社会；(2)经济起飞前的准备阶段；(3)经济起飞阶段；(4)迈向经济成熟阶段；(5)大量消费阶段。不同发展阶段的国家在营销策略上也有所不同。以分销渠道为例，国外学者认为：发展阶段越高的国家，其分销途径越复杂；进口代理商的地位随经济发展而下降；制造商、批发商与零售商的职能逐渐独立，不再由某一分销路线的成员单独承担；批发商的其他职能增加，只有财务职能下降；小型商店的数目下降，商店的平均规模在增加；零售商的职能上升。随着经济发展阶段的上升，分销路线的控制权逐渐由传统权势人物移至中间商，再至制造商，最后大零售商崛起，控制分销路线。

2. 经济形势

国际经济形势对企业的营销活动也产生很大的影响。例如，1997 年，发生在中国周边国家的金融风暴席卷东南亚各国以及我国香港和台湾地区，北上韩国，并撼动了日本，导致日本经济增长趋缓、货币贬值、利率上升。为挽救经济，在泰国，政府号召人民“使用国产产品，避免出国旅游”；而在韩国，一些爱国者自觉弃用进口商品。总之，经济形势是复杂多变的，对企业而言，总是机遇与挑战并存，企业应认真研究，力求正确认识与判断，制订相应的营销战略与计划。

三、自然环境

自然环境主要是指营销者需要或受营销活动影响的自然资源，营销活动要受自然环境的影响，也对自然环境的变化负有责任。营销管理者当前应注意自然环境面临的难题和趋势，如多种资源短缺、环境污染严重、能源成本上升等。企业在营销战略中实行生态营销、绿色营销等，都是维护全社会长期利益的必然要求。

锦囊妙计

海马汽车的绿色低碳发展之路

2024年6月5日是第53个世界环境日，旨在号召公众共同保护生态环境，为建设美丽中国贡献力量。提及环境保护，绕不开汽车领域近年来快速发展的新宠——氢能。氢能不仅具有环保无污染的特点，而且能量转换率高和加注便捷快速。

海马汽车2013年开始投资研发绿色、低碳、环保的氢燃料电池汽车，去年携手丰田合作打造了旗下首台氢燃料电池汽车“海马7X-H”。

氢燃料电池汽车海马7X-H，开启零碳绿色新生活

氢能对于实现全球能源转型和应对气候变化具有至关重要的作用，全球各国正大力发展氢能产业并出台支持政策，包括直接投资、税收抵免、固定补贴等。去年，海南省发布《海南省氢能产业发展中长期规划（2023—2035年）》，指出氢能是海南建设国家生态文明试验区、打造清洁能源岛建设升级版的重要载体，并提出在汽车等交通领域实现氢能应用示范与推广。

海马汽车是海南唯一拥有乘用车及新能源汽车生产资质的企业。作为一辆获得14项发明专利的氢燃料电池汽车，海马7X-H以氢气为能源，经氢氧化学反应生成水，产生电能驱动汽车，真正实现了零排放，是绿色出行的代表，也是真正意义上的环保。

布局全产业链零碳排放汽车生态体，海马汽车助力可持续发展

近些年来，海马汽车在布局氢燃料电池汽车的同时，也将可持续发展理念贯彻到全产业链零碳排放汽车生态体中，旨在通过整合产品研发、汽车制造、商业运营、能源供应等产业链条，以实现“零碳”目标。

当然，制定目标只是第一步，如何实现目标才是关键。此前，随着海马7X-H率先在海口城区、机场、高铁站、码头和环岛旅游公路开展网约车出行服务，以及应用于公务租赁、会务接待、预约体验和公众科普等场景，一系列示范运营工作打通了海马7X-H商业运营各基础环节、拉动了上下游产业的形成和发展。

随着氢燃料电池汽车技术的不断成熟和市场应用的逐步拓展，绿色低碳的新时代正悄然到来。海马7X-H以其零排放、高能效和快速加注等优势，为解决环境污染和能源危机提供了切实可行的方案。

资料来源：砍柴网. 海马汽车持续贡献“氢能力”，促进汽车行业绿色低碳发展[R/OL]. https://baijiahao.baidu.com/s? id=1800910265037327265&wfr=spider&for=pc，2024年6月4日，有删改。

四、政治法律环境

（一）政治环境

政治环境是指企业市场营销的外部政治局势以及国家方针政策的变化对市场营销活动带来的或可能带来的影响。政治稳定，生产发展，人民安居乐业，就会给企业造成良好的营销环境；反之，则会对企业产生不良影响。各个国家在不同时期，根据不同需要颁布的一些经济政策以及制定的经济发展方针，不仅影响本国企业的营销活动，而且影响外国企业在本国市场的营销活动。例如，进口限制、高额税收政策、价格管制、外汇管制、国有化政策等都或多或少地给企业的营销活动带来机会或者威胁。

（二）法律环境

法律环境是指国家或地方政府颁布的各项法规、法令和条例等。法律环境对市场消费需求的形成和实现具有一定的调节作用。企业研究并熟悉法律环境，既可保证自身严格依法管理和经营，也可运用法律手段保护自身的权益。

各个国家的社会制度不同、经济发展阶段和国情不同，体现统治阶级意志的法制也不同，从事国际市场营销的企业，必须学习和研究有关国家的法律制度和有关的国际法规、国际惯例和准则，并在实践中遵循。

知识窗

世界贸易组织的《关税与贸易总则》第六条规定："倾销是指一国产品以低于正常价格进入进口国市场，并使进口国市场已建立的产业受到实质性伤害或对其构成威胁，或实际上使进口国产业延迟建立。"这种倾销是应该被谴责的，反倾销法也就是针对这种倾销行为的。

五、科学技术环境

现代科学技术是社会生产力中最活跃和决定性的因素。它作为重要的营销环境因素，不仅直接影响企业内部的生产经营，而且同时与其他环境因素相互作用，影响企业的营销活动。例如，移动互联网的出现，完全改变了人们的生活和消费习惯，足不出户就能买到自己想要的产品和服务。企业也不得不在网络平台花费更多的营销经费，甚至超过了传统的线下营销费用。

延伸阅读

每一种新技术都是一种"创造性破坏"因素。传真机危害了邮政行业，复印机损害了复写纸行业，电视拉走了电影的观众，数码相机取代了胶卷。与此同时，一些新的技术也填补了部分技术缺口。可能人们并不爱喝冷冻干燥的咖啡，防汗除臭剂可能并不吸引人，然而，它们却创造了新的市场和新的投资。

六、社会文化环境

社会文化主要是指一个国家、地区的民族特征、价值观念、生活方式、风俗习惯、宗教信仰、伦理道德、教育水平、语言文字等的总和。主体文化是占据支配地位、起凝聚整个国家和民族作用、由千百年的历史所形成的文化，包括价值观、人生观等；次级文化是在主体文化支配下所形成的文化分支，包括种族、地域、宗教等。

文化对所有营销参与者的影响是多层次、全方位、渗透性的。它不仅影响企业营销组合，而且影响消费心理、消费习惯等，这些影响多半是通过间接的、潜移默化的方式进行的。这里主要分析以下几个方面：

（一）教育水平

教育程度不仅影响劳动者收入水平，而且影响消费者对商品的鉴赏力，影响消费者心理、购买的理性程度和消费结构，从而影响企业营销策略的制定和实施。

（二）宗教信仰

人类的生存活动充满了对幸福、安全的向往和追求，在生产力水平低下、人们对自然现象和社会现象迷惑不解的时期，这种追求容易带有盲目崇拜的宗教色彩。沿袭下来的宗教色彩，逐渐形成一种模式，影响人们的消费行为。

（三）价值观念

价值观念是指人们对社会生活中各种事物的态度和看法。在不同的文化背景下，价值观念差异很大，影响消费需求和购买行为。对于不同的价值观念，营销管理者应研究并采取不同的营销策略。

知识窗

不同国家的时间观念

时间观念是价值观念的重要组成部分，也是重要的文化特征。有些国家时间观念很强，"时间就是金钱"的谚语就是很好的说明。还有一些国家则缺乏时间观念：尼日利亚关于时间的谚语是"不是时钟发明了人类"；西班牙的谚语是"跑得快，死得快"。了解时间观念的差异对营销决策是有益的，在时间观念强的地区，营销人员必须准时，讲究效率；在时间观念弱的国家，则要做好打"持久战"的准备。

（四）消费习俗

消费习俗是指历代传递下来的一种消费方式，是风俗习惯的一项重要内容。消费习俗在饮食、服饰、居住、婚丧、节日、人情往来等方面都表现出独特的心理特征和行为方式。

（五）消费流行

由于社会文化多方面的影响，消费者会产生共同的审美观念、生活方式和情趣爱好，从而导致社会需求的一致性，这就是消费流行。消费流行在服饰、家电和某些保健品方面，表现最为突出；在时间上有一定的稳定性，但有长有短；在空间上有一定的地域性，同一时间内，不同地区流行的商品品种、款式、型号、颜色可能不尽相同。

任务四　国际营销宏观环境

当企业开展国际市场营销时，必须充分注意国际营销环境的特殊性。在国际营销中，无论是经济环境、政治法律环境还是社会文化环境，都与国内市场营销有差异。注意到这些特殊差异，企业才可能根据国际市场的实际情况做出合理的营销决策。

一、国际营销的经济环境

国际市场营销人员应认真研究各国的经济制度、经济发展水平、经济特征、自然资源、经济基础结构、外汇汇率等，这些经济环境因素的不同会导致市场需求等因素的不同。

（一）经济制度

目前世界上主要有两种经济制度，即以私有制为主体的经济制度和以公有制为主体的经济制度，介于这两者之间还有一些混合的经济制度。在不同的经济制度下，企业及市场受到的宏观管理和控制可能不同，所以从事国际营销的企业要了解各国特别是营销市场所在国的经济制度。

（二）经济发展水平

按照国民经济发展水平的不同，可以将世界上的国家分为原始农业型、原料输出型、工业发展中型和工业发达型四大类。这四类国家各自的出口产品类型与优势均不相同。因此，企业如果决定进入某一个国家的市场，就必须了解这个国家的国民经济发展情况。例如，工业发达型国家凭借自身的经济技术优势，着重于开发高技术产品进入国际市场；而工业发展中型国家则可依靠其劳动力优势，开发劳动密集型产品进入国际市场。因此，一般来说，企业如果要开发高技术产品进入工业发达型国家或劳动密集型产品进入工业发展中型国家，均应谨慎行事。

（三）经济特征

企业进行国际营销要考虑营销市场所在国的总人口、人口增长率、人口区域分布、人口年龄结构、人口性别结构及家庭数目等特征。另外，还要考虑这个国家人口的收入因素。国家的收入标志着国家的经济实力和水平；个人的收入则构成了消费的基础。从不同角度所取得的收入指标对于企业规划国际营销活动、评估消费者需求与销售潜力都有重要意义。

（四）自然资源

自然资源的分布对国际营销的影响也是一个不可忽视的问题。资源分布不均对消费结构和对外贸易中的进出口商品结构都有重大影响。因此，企业利用当地资源优势发展生产并占领相对应的国际市场是非常明智的。

（五）经济基础结构

经济基础结构指的是一国的基础设施与结构、资源供应、交通运输和通信设施、商店、银行、金融结构、经销组织等作为国民经济基础的结构状况。一国的基础设施数量越多，业务量越大，业务水平越高，整个经济的运行就越顺利、有效。不了解一国的经济基础结构，企业就无法顺利开展国际营销活动。

（六）外汇汇率

货币兑换率或者说一个国家对另一个国家货币的价格，是由政府根据供求关系和当时的经济状况决定的。一个国家货币对另一个国家货币的比率定得太低，那么该国必须为进口支付更多的本国货币，会给一些依赖进口原料和生产零件的国家造成很大的困难。反之，如果汇率过高，通常也会给出口国带来困难，因为这使得出口国的商品在进口国市场上的价格上升，从而直接影响商品在国际市场上的竞争能力。因此，一国的外汇汇率及外汇管理对企业国际营销影响极大。

二、国际营销的政治法律环境

国际营销的政治法律环境，对于企业进口和商业投资的影响程度差异很大。因此，企业国际营销人员在研究是否进入某国进行市场营销活动时，必须对该国以下情况有所了解。

（一）政局的稳定性

政局的稳定与政策的连续性是增强投资者信心的重要因素。一个国家政局稳定，可以使该国的经济政策持续稳定，有利于企业进行国际营销；政局动荡会影响经济发展，从而给从事国际营销的企业造成严重损失。

(二)涉外法规

东道国的涉外法规可以约束企业的国际营销活动。不同国家的涉外法规有很大的不同，企业在进入该国开展国际营销活动前，必须先了解东道国相关法律法规的性质与具体内容。

(三)贸易壁垒

为了保持国家的贸易平衡，各国往往对其进出口货物采取各种直接或间接限制的措施，这些措施有可能对企业的国际营销产生制约或负面影响。

(四)行政效率

这主要是指当地政府是否建立了行之有效的外事制度协助外商投资建厂，包括是否简化海关手续、提供市场咨询及其他有助于发展的措施。东道国行政效率的不同以及行政办事方式的不同，可以从技术层面影响企业的国际营销活动。

三、国际营销的社会文化环境

由于社会文化环境的影响，各国购买者往往会有其独特的购买方式与消费偏好，这就决定了企业的国际营销策略不应该千篇一律，而是要做好适应当地市场的“本土化”工作。国际营销的社会文化环境主要包括以下因素：

(一)教育水平

一个国家的教育水平与其经济发展密切相关，教育水平决定人们的文化程度。由于各国的经济水平不同，教育水平不同，因此，各国人民的文化水平也就存在差异，而文化水平又对国际营销中的商品选择、推销宣传、消费者是否接受新产品和新技术有很大的影响。

(二)语言文字

各国、各民族一般都有自己的语言和文字，不同的语言和文字必然要给商品销售带来一定的困难。国际营销人员对销售对象的语言不精通，就无法销售和宣传，也就不能很好地激发销售对象的购买欲望。

(三)宗教

世界上的许多国家和民族都有自己的宗教信仰。宗教在有些国家中起着主宰人们生活的作用，使人们形成了难以动摇的生活习惯。营销人员如果在宗教色彩浓厚的国家忽视宗教因素，只会四处碰壁。

(四)民族

民族是历史上形成的人的稳定的共同体，一般有共同的语言、共同的居住地、共同的经济生活和表现在文化上的共同心理素质。不同的民族具有不同的民风、民俗，而一地的民风民俗又可以在很大程度上决定人们的消费习惯、消费方式。因此，国际营销人员的“本土化”营销努力必须充分考虑市场所在地的风俗民情。

(五)价值观念

价值观念是一种能明确或含蓄地影响个人和集团选择行为方法与行为目的的基本观念。不同地区、不同民族由于文化背景不同，可以有不同的价值观念，从而造就人们不同的审美标准及消费习惯。

任务五　市场营销环境分析与对策

微课视频

市场营销
环境分析

一、环境威胁与市场机会

市场营销环境通过对企业构成威胁或提供机会而影响营销活动。

环境威胁是指环境中不利于企业营销的因素及其发展趋势，对企业形成挑战，对企业的市场地位构成威胁。

市场机会是指由环境变化造成的对企业营销活动富有吸引力和利益空间的领域。

二、威胁与机会的分析、评价

企业面对威胁程度不同和市场机会吸引力不同的营销环境，需要通过环境分析来评估机会和威胁，以确定是否做出反应及反应的程度等。企业一般采用“威胁分析矩阵图”和“机会分析矩阵图”来分析和评价营销环境。

（一）环境威胁分析

对环境威胁的分析，可采用“威胁分析矩阵图”（见图 2－1）分析法。一般着眼于两个方面：一是分析威胁的潜在的严重性，即影响程度；二是分析威胁出现的可能性，即出现概率。

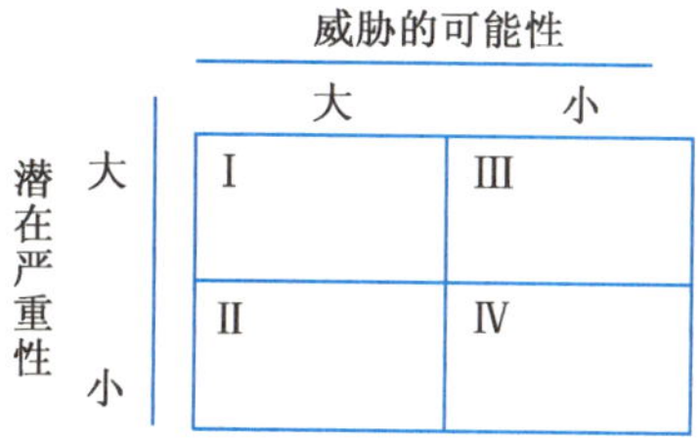

图 2－1　威胁分析矩阵图

在环境威胁矩阵图的四个区域中，Ⅰ区域出现威胁的可能性和其潜在的严重性都比较大，是企业实现营销目标的主要障碍，应予以高度重视；Ⅱ区域潜在的严重性小，但出现的可能性大；Ⅲ区域潜在的严重性大，但出现的可能性小；Ⅳ区域潜在的严重性和出现威胁的可能性都比较小，一般不构成对企业的威胁。

（二）环境机会分析

对环境机会的分析，一般采用“机会分析矩阵图”（见图 2－2）分析法。

在环境机会分析图中，横轴代表成功的可能性（企业优势），纵轴表示潜在的吸引力（营利性）。在图 2－2 中的四个区域中，Ⅰ是最好的营销机会，其潜力和成功的可能性都比较大，企业应抓住这一机会；Ⅱ和Ⅲ区域，各有优势和不利的方面，企业应具体分析；Ⅳ区域潜在吸引力和成功的可能性都比较小，没有机会。

（三）综合分析

在营销的过程中，当某一环境发生变化时，往往既是威胁，又是机会。这需要将二者结合起来分析，得出“机会—威胁分析矩阵图”。根据“机会—威胁分析矩阵图”，可得到四种不同类型的业务，即理想业务、冒险业务、成熟业务、困难业务。企业一般都会通过 SWOT 分析法综

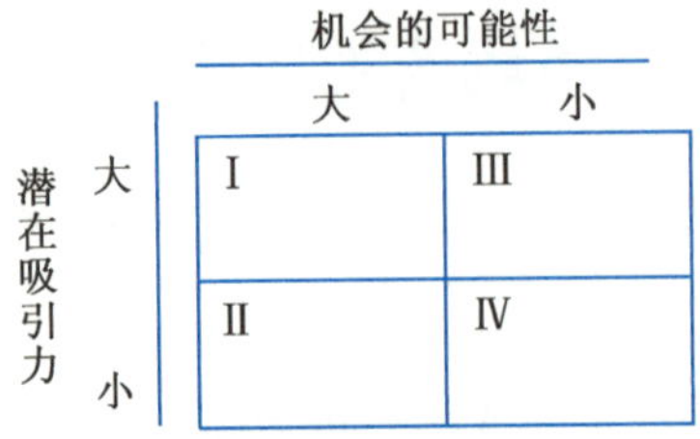

图 2—2 机会分析矩阵图

合分析和判断，并最终得出相应的结论。

SWOT 分析法是用来确定企业自身的竞争优势、竞争劣势、机会和威胁，从而将公司的战略与公司内部资源、外部环境有机地结合起来的一种科学的分析方法。SWOT 四个英文字母分别代表 Strength、Weakness、Opportunity 和 Threat。意思分别为：S 为强项、优势；W 为弱项、劣势；O 为机会、机遇；T 为威胁、对手。该方法将企业所处的环境，从优势、劣势、机会、威胁四个角度分析，用以评价企业所面临的状况。从整体看，SWOT 可以分为两个部分：第一部分为 SW 分析，主要用来分析内部条件；第二部分为 OT 分析，主要用来分析外部条件。

SWOT 分析法从某种意义上来说隶属于企业内部分析方法，即根据企业自身的既定内在条件分析。SWOT 分析有其形成的基础。著名的竞争战略专家迈克尔·波特提出的竞争理论从产业结构入手对一个企业"可能做的"方面进行了透彻的分析和说明，而能力学派管理学家则运用价值链解构企业的价值创造过程，注重对公司的资源和能力的分析。SWOT 分析是在综合前面两者的基础上，以资源学派学者为代表，将公司的内部分析与产业竞争环境的外部分析结合起来，形成了自己结构化的平衡系统分析体系。

与其他的分析方法相比较，SWOT 分析从一开始就具有显著的结构化和系统性的特征。就结构化而言，首先，在形式上，SWOT 分析法表现为构造 SWOT 结构矩阵，并对矩阵的不同区域赋予不同的分析意义。其次，在内容上，SWOT 分析法的主要理论基础也强调从结构分析入手分析企业的外部环境和内部资源。

SWOT 分析法常常被用于制定集团发展战略和分析竞争对手情况，在战略分析中，它是最常用的方法之一。SWOT 分析主要有以下几个方面的内容：

1. 分析环境因素

运用各种调查研究方法，分析出公司所处的各种环境因素，即外部环境因素和内部能力因素。外部环境因素包括机会因素和威胁因素，它们是外部环境对公司的发展直接有影响的有利和不利因素，属于客观因素；内部环境因素包括优势因素和劣势因素，它们是公司在其发展中自身存在的积极和消极因素，属于主动因素。在调查分析这些因素时，不仅要考虑历史与现状，而且要考虑未来发展问题。

优势是组织机构的内部因素，具体包括：有利的竞争态势、充足的资金、良好的企业形象、技术力量、规模经济、产品质量、市场份额、成本优势、广告攻势等。

劣势也是组织机构的内部因素，具体包括：设备老化、管理混乱、缺少关键技术、研究开发落后、资金短缺、经营不善、产品积压、竞争力差等。

机会是组织机构的外部因素，具体包括：新产品、新市场、新需求、外国市场壁垒解除、竞争对手失误等。

威胁也是组织机构的外部因素，具体包括：新的竞争对手、替代产品增多、市场紧缩、行业政策变化、经济衰退、客户偏好改变、突发事件等。

SWOT 方法的优点在于考虑问题全面，是一种系统思维，而且可以把对问题的“诊断”和“开处方”紧密结合在一起，条理清楚，便于检验。

2. 构造 SWOT 矩阵

将调查得出的各种因素根据轻重缓急或影响程度等排序方式，构造 SWOT 矩阵。在此过程中，将那些对公司发展有直接、重要、大量、迫切和久远影响的因素优先排列出来，而将那些间接、次要、少许和短暂影响的因素排列在后面。

3. 制订行动计划

在完成环境因素分析和 SWOT 矩阵的构造后，便可以制订出相应的行动计划。制订计划的基本思路是：发挥优势因素，克服弱点因素，利用机会因素，化解威胁因素；考虑过去，立足当前，着眼未来。运用系统分析的综合分析方法，将排列与考虑的各种环境因素相互匹配起来加以组合，得出一系列公司未来发展的可选择对策。

企业运用 SWOT 分析法必须遵循的简单规则是：

(1)必须对公司的优势与劣势有客观的认识。

(2)必须区分公司的现状与前景。

(3)必须考虑全面。

(4)必须与竞争对手比较，比如优于或是劣于你的竞争对手。

(5)保持 SWOT 分析法的简洁化，避免复杂化与过度分析。

(6)SWOT 分析法的使用因人而异。

三、企业营销对策

教学动画

市场营销环境分析的变迁

在环境分析与评价的基础上，企业对威胁与机会水平不等的各种营销业务要分别采取不同的对策。

(一)对环境威胁的对策

一是促变，即企业采取措施抑制或扭转不利因素的发展，化不利为有利，促进环境因素转变。例如，因木材资源减少，威胁到木器加工企业的生产，企业可主动与林业部门联营，实现林业生产—木材供应—木器生产一条龙。木器加工企业扶植林业生产，增加木材资源供应，就是一种促变对策。

二是减轻，即企业主动调整营销计划，改变经营战略，适应市场环境变化，减轻环境威胁的严重程度。比如，面临木材资源短缺的企业，还可以改进木材加工工艺，增用辅料或代用材料，减少木材消耗，也可以开展综合利用，提高木材利用率，以减轻资源短缺带来的困难。

三是转移，即企业将部分资金转移到其他部门，实行多元化经营，也可以全部转产或者全部采用新材料代替木材作原材料，等等。

(二)把握市场机会的对策

一是准确把握时机选择。如果看准了市场环境趋势，就应该果断行动。

二是慎重行事。必须准确地预测市场需要和估价企业的能力，否则，从表象出发，难免导致决策失误。

三是逐步到位。实施决策应分步骤，边试验、边总结，以进一步摸清市场环境，然后全面实施。

如果再细化企业所面对的不同业务，相应的策略可以是：

（1）面对理想业务，即高机会水平和低威胁水平的业务，企业应抓住机遇，迅速行动。

（2）面对冒险业务，即高机会水平和高威胁水平的业务，企业应结合自身情况，争取发展。

（3）面对成熟业务，即低机会水平和低威胁水平的业务，企业应作为常规业务发展。

（4）面对困难业务，即低机会水平和高威胁水平的业务，企业应结合实际，努力改变或者立即转移。

项目回顾

1. 市场营销环境是存在于企业营销部门外部的不可控制的因素和力量，这些因素和力量是影响企业营销活动及其目标实现的外部条件。

2. 市场营销环境的基本特征有客观性、差异性、多变性和相关性。

3. 微观营销环境包括企业内部环境、市场营销渠道企业、顾客、竞争者以及社会公众；宏观营销环境包括人口、经济、政治法律、科学技术、社会文化及自然地理等因素。

4. 国际营销宏观环境包括国际营销的经济环境、国际营销的政治法律环境、国际营销的社会文化环境。

5. 环境对企业营销活动的影响，可分为环境威胁与环境机会，企业通过环境分析评估环境威胁与环境机会。

思政园地

深企聊营商丨党的二十大报告对营商环境与创新发展是这样说的……

2022 年 10 月 19 日，在党的二十大召开之际，市优化营商环境改革工作领导小组办公室第五期“深企聊营商”征求意见座谈会暨第十八期深商新会员资源链接会在深商服务中心举行，深圳市发展和改革委员会有关部门领导，深圳南方诚通物流有限公司总经理，深商会联合党委书记、常务会长，以及竹云科技、巴夏智能家居、爱特爱全优润滑技术、华亦发展、盛世吴业文化、深源投资、厦门国际银行珠海分行、亚太鹏盛税所、东讯精密、鹏城城乡建设运营等 20 多位新会员代表出席，就党的二十大、深圳营商环境、行业创新发展等展开交流。

党的二十大报告中提出，要营造市场化、法治化、国际化一流营商环境。作为国内市场主体规模最大、民营经济最活跃的城市之一，深圳始终坚持把优化营商环境作为“一号改革工程”，近年来连续出台了营商环境系列改革政策，从先行先试到全面落地，改革举措在全市“遍地开花”，为经济发展带来了众多新变化。

发改委有关部门领导表示，政府每年都要推出一批改革事项，涉及企业在生产经营活动中的方方面面。我们希望通过“深企聊营商”的形式，把企业发展中遇到的问题纳入改革清单，逐步推进改革，解决企业在生产经营中碰到的困难、堵点、痛点。

资料来源：佚名. 党的二十大报告对营商环境与创新发展是这样说的[R/OL]. http://m.shenshang.org/p/1221.html，2024 年 6 月 10 日，有删改。

议一议：

1. 深圳在优化营商环境方面已经取得了哪些显著成效？这些成效是如何促进深圳经济发展的？

2. 未来，政府部门应该如何进一步深化营商环境改革，以更好地适应国内外经济形势变化和市场需求的发展？

项目测试

一、单选题

1. 与企业紧密相连，直接影响企业营销能力的各种参与者，被称为（　　）。

A. 营销环境　B. 宏观营销环境　C. 微观营销环境　D. 营销组合

2. 企业的微观环境包括营销中介企业、顾客、竞争者、社会公众和（　　）。

A. 企业本身　B. 国外消费者　C. 人口　D. 社会文化

3.“在家购物”的不断发展，主要是由于（　　）。

A. 科学技术的发展　B. 政治和法律环境的改善

C. 经济发展水平的提高　D. 人口环境的变化

4. 世界性的“禁烟运动”对烟草公司造成了极大的威胁。烟草公司大力宣传在公共场所设立单独的吸烟区来应对，这种对策是（　　）。

A. 反抗　B. 减轻　C. 转移　D. 保持

5. 威胁水平高而机会水平低的业务是（　　）。

A. 理想业务　B. 冒险业务　C. 成熟业务　D. 困难业务

二、多选题

1. 企业市场营销中的宏观环境包括（　　）。

A. 人口和经济环境　B. 自然和技术环境　C. 政治和法律环境　D. 社会和文化环境

E. 竞争和公众环境

2. 微观环境指与企业紧密相连，直接影响企业营销能力的各种参与者，包括（　　）。

A. 企业本身　B. 营销中介企业　C. 顾客　D. 竞争者

E. 社会公众

3. 企业对面临的环境威胁可供选择的对策有（　　）。

A. 反抗　B. 减轻　C. 保持　D. 收割

E. 转移

4. 市场营销环境的特征是（　　）。

A. 客观性　B. 差异性　C. 多变性　D. 稳定性

E. 相关性

5. 直接或间接影响社会购买力的因素有（　　）。

A. 消费者收入　B. 价格水平　C. 储蓄　D. 信贷

E. 市场规模大小

三、判断题

1. 微观环境与宏观环境之间是一种并列关系，微观营销环境并不受制于宏观营销环境，各自独立地影响企业的营销活动。（　　）

2. 同一国家不同地区的企业之间营销环境基本上是一样的。（　　）

3. 恩格尔系数越大，生活水平越低；反之，恩格尔系数越小，生活水平越高。 （ ）
4. 文化对市场营销的影响多半是通过直接的方式来进行的。 （ ）
5. 微观环境直接影响与制约企业的营销活动，故也称直接营销环境。 （ ）

能力训练

案例研讨

迈上2 000万辆台阶，中国新能源汽车如何“一路疾驰”

中国汽车工业在实现高质量发展的道路上蹄疾步稳，连续8年稳居全球新能源汽车产销规模第一。新能源汽车为中国汽车产业转型升级、高质量发展提供了全新“赛道”。

政策市场双重支撑，产业发展迈上新高

新能源汽车的“中国速度”——2020年9月，我国新能源汽车生产累计突破500万辆，2022年2月突破1 000万辆，而实现第二个1 000万辆，仅用1年零5个月。

成绩的背后是政策与市场的双重支撑。很多业内人士不约而同地谈到，新能源汽车能够在10余年时间实现高速增长，充分体现了我国产业转型中的政策力度。

据工业和信息化部统计，近年来，各部门先后推出70余项支持措施，各地结合自身实际出台配套政策。从实施产业技术创新工程到组建动力电池等国家制造业创新中心，一系列举措让产业发展方向更明确、步伐更坚定。

把市场优势转为产业优势。近年来，从针对购买新能源汽车的财政补贴政策到大力推动新能源汽车下乡，来自消费端的支持充分调动了产业转型的积极性。市场的快速拓展带动产业链创新。

“我们已发布麒麟电池结构，续航可以实现1 000公里以上。里程焦虑将不再是影响产业发展的核心问题。”宁德时代新能源科技股份有限公司首席科学家说，从材料体系到电池结构，高速增长的市场推动动力电池行业走向前沿。

“我国已在‘三电’技术领域逐步建立起竞争优势，实践证明市场的培育让新能源汽车产业体系加快完备。”中国汽车工业协会常务副会长说，近段时间，激发消费潜力、加强产业配套能力建设等方面政策密集推出，将进一步稳定市场预期，推动产业高质量发展。

加快突破关键技术，巩固产业链优势

“2021年，我第一次参加论坛的闭门会，参会的中国主机厂商里约50%是我们的客户。2022年是70%，这次闭门会上比例进一步提升。”国产车规级AI芯片厂商地平线创始人感慨地说，得益于主机厂商的支持和产业的大发展，企业不断向技术前沿突破。

技术创新是产业发展的核心竞争力。经过多年培育，我国在新能源汽车领域拥有较为完备的产业体系和技术优势。然而换道超车，更要坚持创新。加强对关键、前沿技术领域的布局刻不容缓。

“基础软件、操作系统等都需要进一步突破，关键核心技术攻关依然任重道远。”重庆长安汽车股份有限公司总裁表示，能否提供符合消费者预期的产品，能否在技术路线的稳定上给用户创造更大的价值，都是产业在转型升级过程中要高度关注的问题。

加强产业链协同创新。“过去竞争靠的是专项技术。今天，则更多要靠‘链’。”零跑汽车高级副总裁说，数字时代，依托集成创新巩固和扩大产业链优势，对新能源汽车在未来实现“领跑”至关重要。

“建立汽车芯片、应用软件和操作系统等多领域协同并进的模式是产业转型升级的关键。”中国汽车工业协会副秘书长认为，主机厂商、软件企业、科研院所等要共建共享共性技术平台，提升供应链的稳定性和竞争力。

用开放生态加强技术合作。通用汽车（中国）有关负责人表示，面对技术变局，外资企业积累的品牌优势更要与本土化的创新相结合。

坚定“品牌向上”，向价值链上游进发

我国新能源汽车自主品牌不断壮大。随着市场份额持续提升，怎样实现可持续发展，如何在更广阔的市场提高认知度，成为下一步产业升级的重点。

严把质量关。坚定走质量可靠的路线，是塑造品牌形象的关键。要通过持续加大技术创新、提升数字化智能化制造能力等，不断增强产品的可靠性。

提升用户体验。当前汽车行业，硬件是厂商跟用户交互的端口。但未来，一定是依托软件、依托订阅式的服务。车企要更深入洞察用户需求，在产品开发上更加精细化、科学化，推动交互式体验的提升，从而实现品牌调性的差异化。

做好价值创造。深入每个市场，体现品牌价值。这不仅要求车企拥有技术和产业链优势、数字化营销渠道，更要在市场特别是海外市场上做好长期布局，“把品牌生态带出去，全价值链竞争”。

此外，目前产业仍存在锂、镍、钴等原材料依赖进口的现象，新能源汽车在高速发展过程中也要警惕产能过剩和结构性矛盾等风险。要着眼长远，补齐短板，维护好良性的行业秩序，让产业发展行稳致远。

资料来源：新华网，http://www.news.cn/2023-07/11/c_1129743596.htm，有删改。

思考与分析：

1. 中国新能源汽车何以领跑全球？
2. 中国新能源汽车快速发展的“诀窍”是什么？举例说明。

实践训练

<table>
<tr><td>训练名称</td><td colspan="2">SWOT 分析</td><td>训练类别</td><td>个人训练</td></tr>
<tr><td>训练目的</td><td colspan="4">了解如何运用 SWOT 分析</td></tr>
<tr><td rowspan="4">训练方案</td><td>训练步骤</td><td colspan="2">训练内容</td><td>时　间</td></tr>
<tr><td>1. 准备</td><td colspan="2">仔细阅读实践训练所附资料，并通过各种途径进一步搜寻相关资料。了解市场营销环境的定义，熟悉宏观和微观市场营销环境的组成，掌握 SWOT 的分析方法</td><td rowspan="3">与本项目教学时间同步，课外完成</td></tr>
<tr><td>2. 分析思考</td><td colspan="2">学习资料后分析自我，根据自己的实际情况思考未来五年的发展计划，这五年里自己需要改进的地方是什么？需要学习的地方是什么？将来可能遇到的困难是什么？将来自己的职业方向是什么？</td></tr>
<tr><td>3. 形成报告</td><td colspan="2">将上述 SWOT 分析形成文字报告</td></tr>
<tr><td>考核方式</td><td colspan="4">依据学生提交的报告评定成绩</td></tr>
</table>

实践训练资料

如何利用SWOT分析进行职业生涯规划

我们来具体研究一下如何对个人做SWOT分析。通过SWOT分析，我们可以了解自己的能力、职业偏好和职业机会。如果你认真细致地对自己进行SWOT分析，那么会明确地知道自己的优点和弱点以及职业生涯中的机会和威胁所在。

SWOT分析可分为以下四步：

(1)分析自己的优点和不足。你可以用一张A4纸在正面列出自己的优点和长处，包括性格、技能、学习经历等，越多越好，并对其重要性排序。在纸的反面，列出自己的缺点和不足，同样也是越多越好，也对其排序。排出你最强的五项优点和最大的五项不足，这样就可以明确了解自己的优点和缺点。当然，你也可以让父母、朋友等熟悉你的人为你做分析，这样会更全面和客观。对于你的缺点和不足，你可以考虑是改进它们使之不再成为短板，还是说放弃这些你所不擅长的技能所要求的职业。如果你跑得只比乌龟快，那你还是放弃做刘翔第二的梦想吧；如果你想成为律师，就要先通过司法考试。

(2)进行行业分析和职业研究。根据自己的优点和缺点，选择一两个你感兴趣的行业和职业进行研究，研究它们所面临的机会和威胁。行业的选择对个人非常重要，俗话说“男怕入错行，女怕嫁错郎”，要选择有发展前景的行业而不是那些夕阳产业。另外一个是职业的选择，虽然大学的时候学的专业对找工作有很大的影响，但是专业不对口的情况也非常常见，选择自己喜欢并且有“钱途”和“前途”的职业。做行业分析和职业分析是比较辛苦的工作，需要花大量的时间搜集资料、整理资料，进行分析，不过功课做得越多越深，对自己今后的发展越有利。

(3)为自己制订五年规划。列出你最希望实现的目标，如职位、薪水、技能，并通过这些目标激励自己今后努力工作。无论你希望达到什么目标，都应该通过五年工作让自己在所在行业成为“专家”级别的人物。

(4)制订行动计划。有一篇文章《想象五年之后的你》，大致的意思是如果你五年后想成为什么样的人，那么在第四年的时候，你应该已经成为什么样的人并在做什么？在第二年的时候，你应该已经成为什么样的人并在做什么？在第一年的时候，你应该已经成为什么样的人并在做什么？在半年的时候，你在做什么？一个月的时候，你在做什么？今天你在做什么？也就是说，宏伟的计划和目标必须一步一步地积累才能实现，要把长期目标化解为短期目标，难度大的事情化为难度小的事情去做，只有这样一步一步地积累，五年之后，你才能实现自己的五年规划。

项目三　市场调研与市场预测

学习目标

知识目标

1. 了解市场营销信息的特点和作用；
2. 掌握市场营销信息调研的主要内容和调研方法；
3. 了解市场预测的方法。

能力目标

1. 能够设计市场调研方案和调查问卷并实施市场调研；
2. 能够依据调研数据和结果撰写调查报告；
3. 能够依据市场调研分析的结果，运用科学的方法预测市场需求。

思政目标

1. 培养学生的信息意识和信息安全意识；
2. 培养学生收集和整理资料的能力，以及发现问题、解决问题的能力。

案例导入

美国吉列公司如何“把刮胡刀卖给女士”

吉列(Gillette)是国际知名的剃须护理品牌，由“吉列之父”金·吉列(King Gillette)创办于1901年。到1917年，吉列品牌在美国国内的市场占有率已达80%，奠定了其在刮胡刀领域的领导地位。其产品因使男人刮胡子变得方便、舒适、安全而大受欢迎。进入20世纪70年代，吉列公司的销售额已达20亿美元，并逐渐进入国际市场，迅速成长为国际知名品牌。吉列一直是世界剃刀和刀片领域的领先品牌，其在全球市场的占有率高达65%，处于绝对领先的地位。

然而，在吉列公司的成长历程中，把“刮胡刀”卖给不长胡子的女士，成了公司的经典之作，在1974年，公司提出了面向妇女的专用“刮毛刀”。

这一决策看似荒谬，却是建立在坚实可靠的基础之上的。

吉列公司花费了一年的时间进行了周密的市场调研，发现在美国30岁以上的妇女中，有

65%的人为保持美好形象,要定期刮除腿毛和腋毛。这些妇女之中,除使用电动刮胡刀和脱毛剂之外,主要靠购买各种男用刮胡刀满足此项需要,一年在这方面的花费高达 7 500 万美元。相比之下,美国妇女一年花在眉笔和眼影上的钱仅有 6 300 万美元,花在染发剂上的钱为 5 500 万美元。毫无疑问,这是一个极有潜力的市场。

根据结果,吉列公司精心设计了新产品,它的刀头部分和男用刮胡刀并无两样,采用一次性使用的双层刀片,但是刀架则选用了色彩鲜艳的塑料,并将握柄改为弧形以利于妇女使用,握柄上还印压了一朵雏菊图案。这样一来,新产品立即显示了女性的特点。

为了使雏菊刮毛刀迅速占领市场,吉列公司还拟定几种不同的"定位观念"到消费者之中征求意见。这些定位观念包括:突出刮毛刀的"双刀刮毛",突出其创造性的"完全适合女性需求",强调价格"不到 50 美分"以及表明产品使用安全的"不伤玉腿",等等。

最后,公司根据多数妇女的意见,选择了"不伤玉腿"作为推销时突出的重点。结果,雏菊刮毛刀一炮打响,迅速畅销全球。

这个案例说明,市场调研是经营决策的前提。只有充分认识市场,了解市场需求,对市场做出科学的分析判断,决策才具有针对性,从而拓展市场,使企业兴旺发达。

在现代市场中,任何一家企业都面临着诸多外部与内部的不确定因素,无论是宏观环境还是微观环境,都给企业带来了平等面对竞争、挑战、机遇与威胁的契机,那么,如何了解企业所处的环境状态,尽可能地"知己知彼",从而"一击即中"呢?实践证明,成功的营销决策是建立在清晰、准确、及时了解与把握市场之上的,而市场调研与预测等市场研究正是企业认知市场的重要手段。在深入调研、掌握信息的基础上,科学的预测方法能够帮助营销管理者认识市场的发展规律,做出对新企业、新产品投资的决策以及制定营销组合。

任务一 市场营销信息与市场调研

从实际来看,市场营销调研的实质就是为企业营销决策提供依据而开展系统化的、客观的、科学的、有计划的信息资料收集、分析、判断、解释和传递的活动,是对信息的收集和处理。例如,企业营销环境分析、竞争分析、STP 研究、目标用户购买行为模式分析等,都应当建立在客观研究市场营销信息的基础之上。

一、市场营销信息

市场营销调研主要是要获取对企业营销决策有价值的信息。市场营销信息是指一定时间和条件下,经过加工整理,被市场营销者接受,对其完成市场营销任务有使用价值的情报、资料和消息。所有的市场营销活动、经营决策都以信息为基础而展开。

(一)市场营销信息的特点

1. 时效性

市场是不断变化的,这就决定了市场营销信息作为市场变化的反映,必然是具有一定时效性的,当市场变化发生后,之前的市场营销信息的价值就会大幅降低。

2. 不确定性

人们认为市场的变化大趋势是可以预期的,但在这个变化的过程中,往往伴随着很多不确定性,从而导致市场营销信息存在不确定性,信息可能随时都会变化,难以很精准地把握。

3. 复杂性

市场的变化是复杂的，是由多种因素共同作用的结果，因此，市场营销信息往往只能反映相对的局部状况，要真实反映实际，往往需要整合不同的营销信息，从而发现其中的相互关系，才能发现原委。

4. 多样性

企业营销活动会涉及方方面面，因而市场营销信息的来源是多样化的。这种多样化一方面使企业在决策时得到更多的支撑，另一方面也增加了企业处理营销信息的难度。

（二）市场营销信息的作用

1. 市场营销信息是企业经济决策的前提和基础

营销活动是企业面对市场变化做出的主动的积极反应，因此，在企业决策过程中，无论是对于企业的营销目标、发展方向等战略问题的决策，还是对于企业的产品、定价、销售渠道、促销措施等战术问题的决策，都必须首先建立在准确获得市场营销信息的基础上。

2. 市场营销信息是制订企业营销计划的依据

市场需求处在不断变化中，而且这种变化往往是频繁的、快速的。企业要想生存与发展，必须积极应对市场变化，制订与调整符合当下市场变化的营销计划，这就需要有准确、及时的市场营销信息作为基础。

3. 市场营销信息是实现营销控制的必要条件

由于市场环境的不断变化，企业在营销活动中必须随时注意市场的变化，进行信息反馈，以此为依据修订营销计划，有效控制企业的营销活动，使企业的营销活动能按预期目标进行。

4. 市场营销信息是内外协调的依据

企业营销活动中需要不断根据市场的变化调节企业自身，而这个调节的依据就是基于企业对市场信息的把握。

由此可见，市场营销信息不仅是企业战略性问题决策的依据，同时也是日常战术性问题决策必不可少的依据。

二、市场营销信息的系统化管理

市场营销信息对于企业的发展有着非常强的引导性，但同时市场营销信息又非常复杂、繁多，如何及时、准确获得精确的分析，并最终成为企业决策的依据，这就需要企业建立一套完整的市场营销信息管理系统。

菲利普·科特勒为市场营销信息系统（marketing information system，MIS）所下的定义是：能够为营销决策者及时、准确地收集整理、分析评估并分送转达所需信息的人员、设备和程序，为企业制订或修改市场营销计划，执行和控制市场营销活动等决策提供参考依据。

由于企业所处的环境和条件不同，不同的企业会构架不同的市场营销信息系统，但从整体而言，有效的市场营销信息系统一般包含四个子系统：内部记录系统、营销情报系统、营销调研系统、营销决策支持系统（见图 3－1）。

（一）内部记录系统

内部记录系统用于记录企业在生产经营过程中所产生的、能反映企业经营状况全貌的信息。这是企业营销管理者经常要使用的最基本的信息系统，主要包括提供商品、财务、人员、原材料等方面的信息，从而整合资源、优化管理、提升效率。

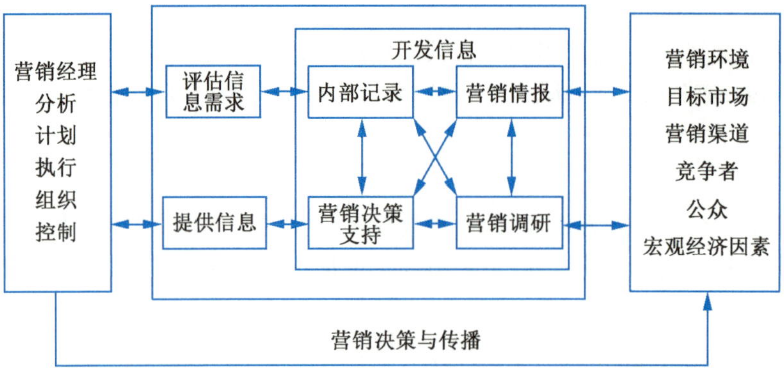

图 3—1 营销信息系统

（二）营销情报系统

营销情报系统用于企业获取外部市场环境中所发生的有关动态的信息，是常态化获得日常市场信息的程序和来源，由企业营销人员主动从零售商、渠道商、中间商、情报供应商等各种途径获得。情报信息也存在一定的真伪性，企业可能会误导竞争对手而故意释放虚假情报。

（三）营销调研系统

营销调研系统是企业系统地设计、收集、分析和提供数据资料以及提出与公司所面临的特定的营销状况有关的调查研究结果的组织机构。通常是针对某个确定的问题开展有针对性的市场研究，并对研究结果提出正式报告，供决策者参考。营销调研系统更为深入、具体化地研究市场信息，如市场需求量的测量、市场占有率分析、销售分析等。在实施时，企业可以运用自身资源组织实施，也可以委托专业的第三方调研机构组织实施。

（四）营销决策支持系统

营销决策支持系统是更为专业化的营销信息处理系统，其主要是依托先进的统计程序和数学模型，分析处理营销信息，寻找信息背后存在的规律与趋势，从中挖掘出更精准的研究结果，供决策使用，是对信息管理系统的进一步提升。通常由资料库、统计库和模型库组成。其中，资料库主要存有大量信息，统计库主要是用统计分析从数据中提取的有意义的信息，而模型库主要是各种营销决策问题的数学模型，如新产品销售预测模型、竞争策略模型等。

三、市场营销信息调研的主要内容

从研究内容的归属分类，市场营销信息调研主要包含以下几个方面：

（一）环境调研

环境调研主要包括经济环境、人口环境、技术、政治、法律、社会、文化乃至自然环境等研究，这些对于企业的长远战略发展、经营方向的战略调整、开拓新的业务领域和区域有着极为重要的意义。

（二）目标市场调研

目标市场调研主要包括市场潜力调研、市场规模调研、市场份额调研、市场特征调研、市场发展趋势调研及市场细分调研。市场往往是在快速变化的，因此，对于目标市场的调研还应该动态化、常态化、系统化与战略化。

（三）目标用户调研

目标用户调研主要包括消费者需求调研、购买心理调研、购买模式和购买行为、影响消费者购买决策因素、满意度组成、消费者需求变化趋势等。只有充分认识用户，才能制定具有竞争力的营销活动来针对性地满足用户需求。

（四）营销组合调研

传统的“4P”营销组合策略包括产品策略、价格策略、渠道策略与促销策略。该组合策略从企业的维度反映了产品进入市场前应当明确的四个具体的调研重点。每一个策略包含更为复杂、细分、具体化的内容。例如，产品调研内容主要包括产品核心、产品特色、产品特征、产品设计等；价格调研内容主要包括定价、折扣、付款方式、利润率等；渠道调研内容主要包括广告媒介选择、广告效果评价、广告策划、广告成本预算等；促销调研内容主要包括广告投入、人员销售、促销优惠、宣传模式等。

（五）竞争者调研

企业的决策应当是具有应对性的，也就是说，不能只从自身的维度考虑，必须兼顾竞争对手的存在与影响。只有比竞争者更好地满足消费者，才能有更强的竞争力，因此，通过调研竞争者来足够了解对手是非常重要的，主要包括竞争者战略和战略目标、竞争者市场、竞争者核心能力、竞争者产品及其营销策略调研等。

市场营销调研的内容虽然众多，但被各企业关注与重视的程度是不一样的，这与企业实际的决策活动需要紧密相关，事实上，企业往往很难非常全面地做调研，因为市场调研所需要的投入往往会比较大，大多数企业还是应当有针对性、有选择性地开展相关调研。

任务二　市场调研流程与方法

市场营销调研是一个扫描与诊断市场、发现问题与市场契机并寻找应对解决策略的重要途径与手段，是企业营销决策的重要依据，也是一个系统化、科学化、严谨化地收集、整理和分析市场营销信息的过程。

一、市场调研流程与方法

微课视频

调查问卷的设计

（一）明确调研目的

市场营销调研的核心目的是为营销活动的决策提供依据，寻求解决之道。因此，开展调研首先要明确调研的目的，究竟要解决什么问题。例如，当甲企业计划推出一个新产品时，市场上又已经有类似的产品，企业要不要继续推出这一个新产品呢？这就是调研的目的。

（二）将调研目的转化分解成调研问题

当明确目的之后，我们就需要将目的分解成若干个具体的问题，也就是为达到调研目的，具体要调研哪些方面的问题。

事实上，与调研目的相关的问题往往会涉及很多，直接影响问题的核心因素往往只有少数几个，因此，通常企业首先只调研几个最重要的核心问题。例如，针对甲企业新产品是否要推出，将涉及环境、竞争者、目标市场大小等大的方面，而对各方面的调研又有侧重性，如环境调研的重点可能是关注政策，竞争者调研专注竞争对手产品的核心竞争力，对目标市场大小调研可能关注差异化市场大小。

问题的确定会直接影响调研内容、方法、对象、技术、程度等调研方案的设计，因此，这个环节非常重要。然而，对于哪些是核心问题的鉴别，需要调研人员具有洞察力、识别力以及一定的调研经验。

在定义市场营销调研问题的过程中，应注意下面几个问题。

(1)发现收集信息的原因，即回答：为什么要收集信息？要利用这些信息论证什么问题？决策需要什么样的依据？哪些是最需要的信息？

(2)确定信息是否已经存在，即回答：所要收集的信息是否存在？现有的信息能否满足所界定的问题的需要？是否需要收集原始数据？

(3)确定所界定的问题能否找到答案。要考虑实际取得资料的可能性，即营销调研的问题能否得到解决，所需要的数据是否一定存在及能被收集到。

(4)定义的市场营销调研问题应该具体、明确，范围不能太宽，也不能太窄，这样才有助于有效地收集高质量的信息。定义的问题范围太宽，不能为后续调研提供指导；范围太窄，又可能无法满足科学决策的需要。

延伸阅读

企业推出新产品前的市场调研

企业在推出新产品之前，需要调研并明确以下问题：

(1)市场上是否对这种产品有明显的需求。

(2)企业是否有充足的财力设计、制作该产品，并支持该产品渡过初期销售阶段。

(3)确定最佳产品设计方案。

(4)确定最佳产品销售定价。

(5)促销活动及促销费用预算。

(6)确定产品单价与利润之间的关系。

(7)产品的生命周期如何变化。

(8)产品要达到的质量等级标准。

(9)企业有哪些竞争对手，其实力如何。

(10)推出的新产品对现存的生产线将产生的影响等。

资料来源：根据相关资料整理。

(三)选择调研路线

市场营销调研是一个科学化的工作，调研过程的严谨性也就决定了最后调研成果的价值，因此，必须有严谨的调研路线。

客观理论是调研人员组织调研和解释调研结果的基础，是与决策相关的管理学、市场营销学以及其他相关学科的成熟理论。调研时所采用的理论应该得到决策者的认可。

事实证据可以用多种方法获得，但是，在获得证据的过程中需要注意：证据的质量能否得到决策者的认可；要考察二手数据的可靠性；专家的意见是否具有权威性；所获一手数据是否具有代表性。

分析模型是将客观理论与事实证据相衔接，用于分析与验证问题的重要基础，分析模型应当选用有理论基础的、成熟的、经验证的、被公众认可的模型，包括文字模型、图示模型及用数学式反映变量之间的数量关系的数学模型。

延伸阅读

常见的市场调研相关理论有马斯洛需求理论、4P营销组合策略理论、USP理论、马太效应理论等。常见的战略调研理论有安迪·格鲁夫六力分析模型、战略地位与行动评价矩阵/SPACE矩阵等；环境研究有IE内部—外部矩阵、IFE内部因素评价矩阵等；竞争调研有附加价值矩阵、竞争优势因果关系模式等。事实上，调研理论与模型正在不断地增加，许多知名市场调研公司，如AC尼尔森、麦肯锡等也在不断研究与创新一些新的分析模型。

（四）设计调研方案

调研方案是指针对调研的目的，根据调研路线将调研过程具体化。

1. 细化调研内容

针对调研的问题，根据所确定运用的调研理论与模型，明确具体要调研的内容。由于每次调研的内容都是有限的，不可能面面俱到，因此，调研方案首先一定要明确解决哪些具体问题，这样才能针对某一个具体的问题开展较为深入的调研。比如，消费者调研常见内容包括对消费心理、消费动机、消费决策及消费者分布与特性的调研等。各调研大类下属的调研内容非常多，因此，必须根据企业实际调研问题的需要，有针对性地选择部分具体调研内容来开展深入的调研。

延伸阅读

营销渠道调研常见内容包括：对经销商和对行业及几大主要品牌的看法，经销商对企业产品、品牌、营销方式、营销策略的看法、意见和建议，企业产品的经销网络状态，企业产品主要竞争者的经销网络状态，各品牌产品的销售业绩，各品牌产品的进货渠道、方式，经销商对各品牌POP广告的认知和态度，消费者的购买行为、品牌偏好，各品牌促销人员的认知和态度等。

媒体调研常见内容包括：广告效果调研，如针对观众对广告内容的意见、广告内容的反应、广告内容的信任程度、广告文案的记忆、广告标题和商标的记忆、广告图案的记忆的调研；电视收视率调研，即成员开机率、地区开机率、各台各节目收视率和性别、年龄的收视率以及职业、教育程度的收视率；媒体接触率调研，如媒体的接触动机、媒体的接触时间、媒体的接触阶层、媒体的信任程度；报纸、杂志阅读率调研，如阅读的注意率，阅读的联想率，阅读的精读率，标题的了解程度和文句、图案的了解程度。

行业调研常见内容包括对市场容量与潜力、行业的营销特点、行业的竞争状况、市场的品种优势和劣势及品种发展趋势的调研。

竞争者调研常见内容包括：主要竞争企业的产品与其品牌的优势和劣势，主要竞争企业的营销方式与营销策略，主要竞争企业的市场概况，主要竞争企业的管理模式，主要竞争企业的促销手段和内容。

2. 确定资料收集方式

按照资料获取方式可以将资料的来源分为两大类：一手资料与二手资料。

一手资料是指为解决当前特定的市场营销调研问题而收集的信息(数据)。收集一手数据的方法主要有以下几种：

(1)观察法。即通过观察相关的人、行为和环境以获得有关的信息的方法。例如，超市会通过观察顾客的行走轨迹来分析顾客的购买习惯，设计导向路线，从而优化货品的摆放布局，增加销量；交警通过观察高峰期车流量情况来调整高峰期各方向红绿灯时间的长度等。观察法在实施时可以借助观察设备，但要注意有针对性地选择是否需要告知观察对象、是否需要控制观察环境以控制研究变量等。

(2)实验法。即通过控制若干影响因素中的一两个因素，将其置于一定的条件下进行小规模实验，并尽可能排除一切非实验因素的影响，以研究某市场现场在这些因素影响下的变动情况。例如，许多国产手机品牌在推出新产品前，会邀请目标用户，将手机进行伪装(避免品牌的影响)，采用盲测的方式让用户比较不同手机的手感、系统流畅度、人机互动等方面，从而选择优化改进的方向。该方法的成本相对较高，且实验样本相对有限，样本量相对目标用户量而言占比较低，对于变量的控制也存在一定的难度，因此，结果会存在一定的偏差。

(3)调研法。调研法是以询问调研对象为手段，获得调研对象的行为、意向、态度、感知、动机以及生活方式等原始数据的方法。常见的调研方式有网络调研、电话/邮件访问、面对面访问、问卷调研等。

通常而言，观察法适用于试探性调研，实验法适用于因果关系探寻调研，而调研法适用于结论性调研。各种调研方法各有利弊，究竟选择何种方式，还是要根据调研的实际需要来确定。

微课视频

问卷星如何创建、发布问卷

需要注意的是，根据调研对象的覆盖面，可分为普查和抽样调查。通常情况下，企业选择抽样调研，需要抽样对象具有代表性，抽样数量要达到一定的规模。常见的抽样方式有简单随机抽样、机械抽样、分层抽样和整体抽样等。

二手资料主要是指已经存在的、为某种目的而收集起来的资料。其来源有很多，如数据库资料、文献、论文、公告、出版物、网络、行业报告等。二手资料获取相对容易、成本低，但也存在不少缺点，如资料的真实可靠性、资料的时效性、资料的适用性需要研究者慎重对待。

3. 确定具体实施计划

在明确资料收集方法并进行相应的方法设计后，就需要进一步制订可实施的计划安排，包括时间、地点、人员、过程、费用预算等，将具体实施的各种细节进行计划安排。

(五)收集数据资料

收集数据主要是按照之前设定的方法，根据具体实施计划来收集相关数据资料。该阶段是市场调研的重要环节。

通常情况下，收集数据一般包含两个阶段：试调研阶段与全面调研阶段。试调研阶段主要是在小范围内实施方案，目的是发现可能出现的问题，及时对方案进行调整优化，如问卷优化、时间优化、调研地点优化、结果与效果是否如预期等。

(六)整理分析数据，撰写调研报告

调研人员要对收集的大量信息资料进行分类整理、审核、检验、加工，排除无效数据，以更好地利用这些数据。数据分析的方法有很多，大致可分为描述性分析与探索性分析。描述性分析是指反映事实状态的分析，比如市场占有量、竞争对手分布等；探索性分析是指寻找相关因素之间的规律，如价格与销量之间的影响、增值服务对顾客忠诚度的影响等。研究人员可以利用统计技术和成熟的统计软件准确、快捷地整理和分析数据。在得到分析结果的基础上，形

成调研报告，根据同一数据的整理和分析结果，调研人员可以做出不同的解释，衍生出不同的营销结论。调研报告的质量取决于调研人员的专业知识、统计学知识、营销水平和其他边缘学科知识。

二、调研报告的撰写

调研报告是市场营销调研成果的集中体现，应该把整个调研过程、分析结果、结论和建议以书面报告的形式提交给管理决策层和相关部门。

（一）调研报告的基本结构

调研报告通常由三部分组成，即前言部分、主体部分和结尾部分。

1. 前言部分

标题页：主要包括调研报告的题目、计划执行者或组织者信息、报告提供对象的名称、报告公布日期。

授权书：专业委托的调研报告往往会有委托方写给被委托调研项目执行部门的授权。

提交信：在较为正式的市场调研报告中，应该安排提交信，即报告撰写者以个人名义向报告提供对象个人写的一封信，主要是汇报调研情况和一般的调研结果。

目录：一般的调研报告都需要编写目录，有助于读者快速了解整个报告的知识框架，目录一般到二级目录即可，太详细反而会造成困扰。

概要：概要是报告的核心，是在完成书面调研报告主体部分的基础上对调研报告的高度概括和提炼。事实上，许多高层管理者通常先阅读报告的概要，才会决定是否继续读下去。

2. 主体部分

引言：调研报告的开头部分，包括市场调研的背景资料及相关信息，如企业市场环境、存在的问题、研究目的等。

调研方法：主要是描述本次调研运用的方法，以帮助阅读者更好地理解研究的可靠性。

调研过程：主要是描述调研设计的本质、抽样计划以及数据收集和分析的过程。

调研结果和局限性：针对调研课题、目标，依据研究人员设定的方案，对调研数据处理得到结果。事实上，由于受到客观条件、资源等的影响，所有的调研都很难做到十全十美，调研的局限性是客观存在的，只要适当说明供决策者参考即可。

调研结论和建议：结论是指对调研结果的意见，而建议是提议应采取的相应行动，这是研究者对调研结果的主动认知。需要指出的是，结论无论好坏都应该是客观的、真实的，而建议首先应当是符合实际的、可操作的。

3. 结尾部分

结束语：简单总结整个调研过程。

附录：一般包括信息资料来源、调研提纲、调研问卷或量表、数据计算公式、统计表、专业技术资料、参考文献、观察记录表、名次注释等。

由于调研报告的大小、形式、委托等具体情况的不同，各部分的具体组成内容可能会有所差异。

锦囊妙计

市场调研报告的撰写应当支撑依据清晰，应用的理论与模型得到公众认可。尽量以事实数据为支撑,能用图表就不用表格,能用表格就不用段落,能用数字就不用文字,尽可能让阅读者在第一时间捕捉到重要信息,大段的文字不仅容易让人产生疲劳感,难以掌握要点,也容易让人误解。

(二)撰写调研报告的注意事项

1. 客观、公正

市场调研的目的是反映事实的真相,所以调研结果无论是否符合企业的预想,首先要做到的就是以调研资料为基础,真实、客观地反映实际情况,不能为了迎合企业而隐瞒事实,更不能主观修改与臆断。只要调研的方案设计合理且过程严谨,企业是否接受调研结果与建议,属于企业决策层面的行为。

2. 有针对性

调研报告的阅读对象不同,对调研报告的形式和内容的要求也就不同。市场调研报告要使用清楚明白、富有说服力的文字。既要考虑阅读者可能在什么环境下阅读报告,又要知晓阅读者会如何使用这个报告。撰写调研报告之前,要先考虑读者的主张和经验。有时候,撰写者必须适应有几种不同技术水平和对项目有不同兴趣的读者,可将报告分成几个不同的部分或干脆完全针对对象分别撰写整个报告。

3. 注重质量

调研报告应当强调专业化、质量化,而非一定要追求长篇大论。只要能将事实描述清楚、得出的结论合理、提出的建议有依据、能反映研究的过程是可靠的即可。有的调研报告一味追求篇幅,反而影响了报告的质量。

任务三　市场预测

市场预测是市场调研的发展与延续,是市场分析调研的结果。所谓市场预测,就是运用科学的方法,调查研究影响市场供求变化的诸因素,分析和预见其发展趋势,掌握市场供求变化的规律,为市场营销决策提供可靠依据。

一、市场预测的内容

市场预测的内容相当广泛,从不同方面、不同角度预测,包含的内容会有所不同。从销售预测这个角度出发,市场预测的主要内容有以下几个方面:

(一)市场需求预测

重点从市场潜力、销售前景入手预测。公司必须全面调研市场产品销售潜力,从政治、人口、文化、消费习惯、销售渠道特点、品牌基础等方面预测产品的销售前景。

(二)市场购买力预测

重点预测当地现有的经济水平、购买力水平、潜在的购买力水平及消费结构情况。及时了解各项政府政策因素对购买力的影响,增强预测的前瞻性、准确性。

(三)新产品开发预测

消费者需要研究中结合公司现状预测新产品的开发方向、结构变化,并注重对竞争对手产品的分析,及时开发市场需要的产品,保证公司建立具有综合竞争力的产品线。

（四）产品资源预测

预测产品供应市场的可能来源及供应量，能否保证新产品投入市场后的上游原料供应，能否创建/收编上游原料供应链，保证竞争优势，同时也要考虑竞争产品对资源的需求。

（五）产品价格变动趋势预测

产品价格变动趋势预测主要是预测产品价格涨落及其发展趋势。一般有两种途径：一种是根据产品成本构成因素及其变化趋势，预测价格的变化趋势；另一种是根据供求关系对价格的影响，预测价格的变动趋势。

（六）产品库存预测

预测产品库存情况，充分了解经销商、批发商等的库存，建立淡、旺季安全库存，以此为依据建立自有的各时期安全库存，同时要结合生产能力并考虑竞争因素。对于特殊市场行情要及时调整库存数量。

（七）市场占有率预测

预测产品上市销售后在市场上占有的比重、变化情况和发展趋势。这是某些公司中规定与销售任务同等重要的指标，决定产品在市场的地位，体现公司持续发展力、竞争力，对于整体产品线的综合开发也有着重要作用。

（八）产品生命周期预测

预测产品市场发展水平处在产品生命周期何种阶段，并针对产品处在导入期、成长期、成熟期、衰退期不同的生命周期阶段，制定不同的应对方法，保证产品充分完成公司的使命，达到各项目标。

（九）营销效果预测

预测市场产品各个时期经销的营销效果。保证公司追求的品牌、利润、销量等各项目标顺利实现。

二、市场预测的步骤

预测应该遵循一定的程序和步骤，以使工作有序化、统筹规划和协作。市场预测的过程大致包含以下几个步骤：

（一）确定预测目标

确定目标就是明确要预测什么，达到什么目标。预测目标一般根据企业要解决的问题确定，包括预测的项目（即要解决的具体问题）、地域范围要求、时间要求、各种指标及其准确性要求等。预测目标是其他预测步骤的依据。

（二）搜集资料

市场预测必须充分搜集资料，有了充足的资料，才能为市场预测提供分析、判断的可靠依据。在市场预测计划的指导下，调研和搜集预测有关的资料是市场预测的重要一环，也是预测的基础性工作。

（三）选择预测方法

根据预测的目标以及各种预测方法的适用条件，选择合适的预测方法。有时可以运用多种预测方法预测同一目标。预测方法的选用是否恰当，将直接影响预测的精确性和可靠性。运用预测方法的核心是建立描述、概括调研对象特征和变化规律的模型，根据模型计算或者处理，即可得到预测结果。

(四)预测分析和修正

分析判断是综合分析调研搜集的资料,并通过判断、推理,使感性认识上升为理性认识,从事物的现象深入事物的本质,从而预计市场未来的发展变化趋势。在分析评判的基础上,通常还要根据最新信息评估和修正原预测结果。

(五)编写预测报告

检验、评价预测结果之后,应编写预测报告。一般要求预测结果简单明了,并要求对预测过程、预测指标、资料来源等做出简明的解释和论证。预测报告应及时传递给决策者,以便决策之用。

三、市场预测的方法

市场预测的方法归纳起来分为两大类:定性预测法和定量预测法。

(一)定性预测法

定性预测法又称经验预测法。它是指由一些熟悉业务知识、经验丰富并具有综合分析判断能力的人员,根据已经掌握的历史资料和现实情报,运用自己的知识经验和判断能力,对市场未来趋势做出判断和推测。其特点是主要靠经验判断未来,有时也以一些量化分析作为判断的辅助手段。这种方法适用范围广、成本低、费时少,但受预测者的主观因素影响大,较难提供准确数据作为依据的预测值。在数据资料较少或不准的情况下,多采用此法。下面介绍常用的几种定性预测方法。

1. 领导人员判断法

它是指由企业负责市场营销工作的经理,召集有关营销人员共同分析,经过充分讨论,广泛交换意见,然后从多种意见或方案中,由领导者选择一个或几个较理想的方案来预测。

2. 营销人员估计法

它是指由专业营销人员通过会议或书面的形式,对某一种商品的市场需求趋势做出个人的估计,再用加权平均的方法计算出预测结果。一般而言,将每个人的估计值汇总整理,分为最乐观估计值、最客观估计值和最悲观估计值三类,并计算各类数据值的平均数,再用加权平均公式计算出预测值。加权平均公式为:

$$\text{预测值}=\frac{a_1\times\text{最乐观估计值}+a_2\times\text{最客观估计量}+a_3\times\text{最悲观估计值}}{a_1+a_2+a_3}$$

式中,a_1、a_2、a_3 均为权数。

3. 专家意见法

(1)专家会议法。它是根据预测的目的和要求,邀请有关的专家(如产品设计、产品推销、经济管理专家),就产品本身情况、市场动态、产品适用情况等技术经济问题,通过会议讨论、分析,做出判断,综合专家意见,最后做出预测结论。

(2)专家函询法。专家函询法又称德尔菲法。它是针对要预测的目标问题,请有关专家进行背靠背的函询预测,若第一轮预测的结果差异较大,则综合各专家预测的意见并以不记名的形式反馈给各专家,进行第二轮预测,不断反复,直到各位专家的预测意见接近一致为止,将此意见作为预测结果,可避免专家会议法的缺点。

4. 典型分析法

它是指为了预测某一事物,调研一定数量的具有典型性或代表性的单位、地区、市场、国家等,根据调研结果分析,从而推断出这一事物的未来发展趋势。

运用典型分析法，一般从具有以下性质的对象中抽取样本：

(1)从处于中间状态的对象中选取，如调研平均收入水平等；

(2)选择一些极端对象作为典型或代表调研；

(3)选择调研分析少数具有典型性的对象。

5. 主观概率法

主观概率法是指在没有大量实际资料的情况下，由决策者根据自己的经验和已经发生的一部分随机事件的实际情况，对未来可能发生的状况进行合理的概率估计。

6. 经验估计法

经验估计法是指凭主管人员的经验与判断能力来预测的一种方法。主管人员对处理企业内部情况和适应外界条件有丰富的经验，其预测结果往往比较符合实际情况；反之，预测结果的误差就较大。

7. 集合意见法

为了避免单纯依靠某一个人的经验预测而产生的片面性，组织有关人员共同研究预测的方法。在市场的各种因素变动剧烈时，能够考虑到各种非定量因素的作用，而使预测结果更接近现实。这种方法就是由企业经理集合有关人员分析讨论，对未来市场形势做出预测判断。具体方式有两种：一是集中企业中高层管理人员讨论预测；二是集中企业有经验的销售人员讨论预测。

这种方法的优点是：预测速度快，成本低，易于组织；能够集思广益，相互启发，避免个人判断的局限性。缺点是：预测结果容易受到讨论气氛、权威人士和当时市场形势的影响，对问题的分析缺乏系统的数据。

对于这两种预测方法，预测结果可以通过讨论的形式直接得出；也可以使用“主观概率法”，即先由专家对预测事件发生的概率做出主观的估计，然后计算它们的平均值，以此作为对事件预测的结论。

例如，某厂生产的洗衣机2016年1—6月销售增长率在6%～10%，据此预测2017年1—6月的销售增长率。参加预测的专家共5人，预测结果如表3—1所示。

表3—1　某厂洗衣机销售增长率预测

预测者预测增长率	甲	乙	丙	丁	戊	合计
5%	0.2	0.1	0.3	0.2	0.4	1.2
10%	0.6	0.5	0.4	0.5	0.4	2.4
15%	0.2	0.4	0.3	0.3	0.2	1.4
合　计	1.0	1.0	1.0	1.0	1.0	5.0

$\overline{X}=(1.2\times5\%+2.4\times10\%+1.4\times15\%)/5=10.2\%$

(二)定量预测法

定量预测法又称统计预测法。它主要是利用历史相关资料和统计数据，运用数学方法估计和计算未来变化趋势，从而确定预测值。定量预测法又分为时间序列分析法和因果关系分析法两种。

1. 时间序列分析法

时间序列是指同一变量的一组观察值，按其发生的时间先后依次排列成一数列，如某一商品逐年的销售量就是时间序列。时间序列法就是根据时间序列，运用数学方法，分析计算出来的预测值。时间序列分析法包括百分比率递增法、简单平均数法、移动平均数法、加权移动平均数法、变动趋势预测法、指数平滑法和季节指数法等。

2. 因果关系分析法

因果关系是指某一预测结果和它的影响因素的关系及相互影响程度。因果关系分析法就是通过研究已知的数据资料，分析相关变量之间的关系，从中找出事物演变的因果规律，找出原因和结果之间的联系形式，并据以预测未来的一种方法。因果关系分析法可分为：

(1)领先指标法。某些商品的销售往往同先期出现的因素关系密切，如新建住房与家具销售的关系。

(2)季节变动分析法。本方法是指某些社会现象在比较长的一段时期内，每年随着季节更换而表现出比较稳定的周期变动性。在销售上的季节变动是指在一年中的特定时间内销售额反复变动的循环性质，有个大致固定的年度循环，每年相似。具体方法是：要收集连续几年的资料，求得不同年度同一月份的平均水平，并求出季节变动比率，绘制季节变动图。

(3)消费水平分析预测法。以某一经济变量及预测消费水平的变动趋势测算目标的数值，计算公式为：$S=HG$。式中，S 为预测目标，H 为某种经济变量，G 为消费水平。例如，耐用消费品需求量=[人数(户数)×平均每人(户)需要量÷平均使用年限]。

(4)回归分析法。该方法是处理已知数据，寻求这些数据因果规律的一种数理统计法。步骤为确定回归方程和计算预测值。根据有关因素的多少和形成的线性关系，分为一元线性回归法、多元线性回归法、非线性回归法。常用的一元线性回归是指一个自变量对因变量 y 的影响，方程式为 $y=a+bx$；多元线性回归方程为：$y=a+b_1x_1+b_2x_2+\ldots+b_nx_n$。

3. 百分比率递增法

根据历史资料，用环比发展速度的序时平均计算出某种商品资源每年增长的百分比预测若干年后的期望值。计算公式为：$S=P(1+x)^n$，即预测值=基期实绩×(1+年均递增率期数)^n。

另外，可以对同一个对象运用定性或定量的方法综合运算分析预测。

项目回顾

1. 市场营销信息是指经过加工整理，被市场营销者接受，对其完成市场营销任务有使用价值的情报、资料和消息。

2. 市场营销信息管理系统是指能够为营销决策者及时、准确地收集整理、分析评估并分送转达所需信息的人员、设备和程序，为企业制订或修改市场营销计划，执行和控制市场营销活动等决策提供参考依据。

3. 市场营销调研就是运用科学的方法，有目的、有计划、系统地收集整理和分析研究有关市场营销方面的信息，提出解决问题的建议，供营销管理人员了解营销环境，发现机会与问题，作为市场预测和营销决策的依据。

4. 市场预测就是运用科学的方法，调查研究影响市场供求变化的诸因素，分析和预见其发展趋势，掌握市场供求变化的规律，为市场营销决策提供可靠依据。

5. 市场预测的内容主要包括市场需求预测、市场购买力预测、新产品开发预测与产品资源预测、产品价格变动趋势预测、产品库存预测、市场占有率预测、产品生命周期预测、营销效果预测等。

6. 市场预测的步骤包括确定预测目标、收集资料、选择预测方法、预测分析和修正、编写预测报告。

7. 市场预测的方法归纳起来分为两大类:定性预测法和定量预测法。

思政园地

开展第七次全国人口普查意义重大:摸清楚人口家底 推动高质量发展

人口普查是国之大计。当前,我国正处于“两个一百年”奋斗目标的历史交汇期,开展第七次全国人口普查,有着重大而深远的现实意义。

人口问题是关乎国家经济、社会发展的基础性问题,人口态势的发展变化影响国家经济社会发展,也与个人和家庭生活息息相关。中华人民共和国成立以来,我国共开展了六次全国人口普查,获得了大量人口基础数据,为制定国民经济和社会发展规划,促进经济社会发展和人民生活水平提高发挥了重要作用。

开展第七次全国人口普查,为编制“十四五”规划提供了重要信息支持。通过人口普查数据,全面客观反映人口现状、发展变化及存在的潜在风险隐患,深入分析人口与经济社会发展的内在关系,科学研判经济社会运行状况,对构建科学有效的统计监测评价体系,改善宏观调控和完善宏观管理具有重要意义。

开展人口普查,有利于推动经济高质量发展。当前,我国经济正处于转变发展方式、优化经济结构、转换增长动力的攻关期。及时查清人口总量、结构和分布这一基本国情,摸清人力资源结构和空间分布等方面的准确信息,才能够更加准确地把握需求结构、城乡结构、区域结构、产业结构、要素投入结构等状况,更加深刻地揭示各类生产要素、经济内生动力等变化,充分发挥人口因素在投资项目和生产力布局、城乡区域布局、可持续发展等重大决策中的基础性作用,不断健全人口与发展综合决策机制,推动实现人口与经济社会、资源环境协调发展,为深化供给侧结构性改革,推动经济高质量发展,建设现代化经济体系提供强有力的支持。

人口普查还将为完善人口发展战略和政策体系,促进人口长期均衡发展提供重要信息支持。自 2010 年第六次全国人口普查以来,我国人口发展的内在动力和外部条件发生了显著改变,出现重要转折性变化,人口总规模增长惯性减弱,劳动年龄人口波动下降,老龄化程度不断加深。开展人口普查,了解人口增长、劳动力供给、流动人口变化情况,摸清老年人口规模,有助于准确分析判断未来我国人口形势,准确把握人口发展变化的新情况、新特征和新趋势,深刻认识这些变化对人口安全和经济社会发展带来的挑战和机遇,对于调整完善人口政策,推动人口结构优化,促进人口素质提升具有重要意义。

资料来源:熊丽. 开展第七次全国人口普查意义重大——摸清楚人口家底 推动高质量发展[EB/OL]. https://www.gov.cn/xinwen/2020-11/04/content_5557154.html,2024 年 6 月 10 日,有删改。

议一议:

1. 为什么要开展人口普查? 普查与抽样调查有何不同?
2. 我国第七次人口普查调查了哪些内容?

项目测试

一、单选题

1. 以下不属于获取一手资料方法的是(　　)。

A. 观察法　　B. 实验法　　C. 问卷调研法　　D. 文献调研法

2. 由于面谈调查是直接与被调查者面对面交谈,因此调查结果容易受到(　　)因素的影响。

A. 调查人员的工作态度　　B. 费用

C. 时间　　D. 样本

3. 以下不属于市场营销信息特点的是(　　)。

A. 时效性　　B. 确定性　　C. 复杂性　　D. 多样性

二、多选题

1. 以下属于市场营销信息调研主要内容的是(　　)。

A. 环境调研　　B. 目标市场调研　　C. 竞争者调研　　D. 营销组合调研

2. 市场营销信息的作用包括(　　)。

A. 市场营销信息是企业经济决策的前提和基础

B. 市场营销信息是制订企业营销计划的依据

C. 市场营销信息是实现营销控制的必要条件

D. 市场营销信息是内外协调的依据

3. 以下属于二手资料来源的是(　　)。

A. 文献　　B. 出版物　　C. 行业报告　　D. 调查问卷

三、判断题

1. 市场营销调研的实质是为企业营销决策提供依据而开展的信息资料收集、分析、判断、解释和传递的活动。(　　)

2. 市场营销信息是指一定时间和条件下,经过加工整理,被市场营销者接受,对其完成市场营销任务有使用价值的情报、资料和消息。(　　)

3. 潜在市场规模调研属于环境调研的范畴。(　　)

4. 二手资料的真实可靠性、时效性、适用性需要研究者慎重对待。(　　)

5. 在市场调研过程中,根据研究对象的覆盖面,可以分为普查和抽样调查。(　　)

能力训练

案例研讨

新可口可乐:市场调研,失误在哪里?

一、决策背景

20世纪70年代中期以前,可口可乐公司是美国饮料市场上的“Number 1”,可口可乐占据了全美80%的市场份额,年销量增长速度高达10%。然而好景不长,70年代中后期,百事可乐的迅速崛起令可口可乐公司不得不着手应付这个饮料业“后起之秀”的挑战。

1975年全美饮料业市场份额中，可口可乐领先百事可乐7个百分点；1984年，市场份额中可口可乐领先百事可乐3个百分点，市场地位的逐渐势均力敌让可口可乐胆战心惊起来。

百事可乐公司的战略意图十分明显，通过大量动感而时尚的广告冲击可口可乐市场。

首先，百事可乐公司推出以饮料市场最大的消费群体年轻人为目标消费者群的“百事新一代”广告系列。由于该广告系列适宜青少年口味，以心理的冒险、青春、理想、激情、紧张等为题材，于是赢得了青少年的钟爱；同时，百事可乐也使自身拥有了“年轻人的饮料”的品牌形象。

随后，百事可乐又推出一款非常大胆而富创意的“口味测试”广告。在被测试者毫不知情的情形下，请他们品尝两种不带任何标志的可乐。由于百事可乐口感稍甜、柔和，因此，此番现场直播的广告中的结果令百事可乐公司非常满意；80%以上的人回答是百事可乐的口感优于可口可乐。这个名为“百事挑战”的直播广告令可口可乐一下子无力应付。市场上百事可乐的销量再一次激增。

二、市场营销调研

为了着手应战并且得出为什么可口可乐发展不如百事可乐的原因，可口可乐公司推出了一项代号为“堪萨斯工程”的市场调研活动。

1982年，可口可乐广泛地深入10个主要城市，进行了大约2 000次访问，通过调查，看口味因素是不是可口可乐市场份额下降的重要原因，同时征询顾客对新口味可乐的意见。于是，在问卷设计中，询问了例如“你想试下新饮料吗?”“可口可乐口味变得更柔和一些，您是否满意?”等问题。

调研最后结果表明，顾客愿意尝新口味的可乐。这一结果更加坚定了可口可乐公司决策者的想法——秘不示人、长达99年的可口可乐配方已不再适合今天消费者的需要了。于是，满怀信心的可口可乐公司开始着手开发新口味可乐。

可口可乐公司向世人展示了比老可乐口感更柔和、口味更甜、泡沫更少的新可口可乐样品。在新可乐推向市场之初，可口可乐公司不惜血本进行了又一轮的口味测试。可口可乐公司倾资400万美元，在13个城市中，约19.1万人被邀请参加了测试无标签的新、老可乐口味的活动。结果60%的消费者认为新可乐比原来的好，52%的人认为新可乐比百事好。新可乐的受欢迎程度一下打消了可口可乐领导者原有的顾虑。于是，新可乐推向市场只是个时间问题。

在推向生产线时，因为新的生产线必然要以不同瓶装的变化而调整，于是，可口可乐各地的瓶装商因为加大成本而拒绝新可乐。然而可口可乐公司为了争取市场，投入巨资帮助瓶装商重新改装生产线。

在新可乐上市之初，可口可乐又大造了一番广告声势。1985年4月23日，在纽约市的林肯中心举办了盛大的记者招待会，共有200多家报纸、杂志和电视台记者出席，依靠传媒的巨大力量，可口可乐公司的这一举措引起了轰动效应，终于使可口可乐公司进入变革“时代”。

三、灾难性后果

起初，新可乐销路不错，有1.5亿人试用了新可乐。然而，新可口可乐配方并不是每个人都能接受的，而不接受的原因往往并非因为口味原因，而是这种“变化”受到了原可口可乐消费者的排挤。

开始，可口可乐公司已为可能的抵制活动做好了应付准备，但不料顾客的愤怒情绪犹如火山爆发般难以驾驭。

顾客之所以愤怒是认为99年秘不示人的可口可乐配方代表了一种传统的美国精神，而热爱传统配方的可口可乐就是美国精神的体现，放弃传统配方的可口可乐意味着一种背叛。

在西雅图，一群忠诚于传统可乐的人组成“美国老可乐饮者”组织，准备发起全国范围内的“抵制新可乐运动”。在洛杉矶，有的顾客威胁说：“如果推出新可乐，将再也不买可口可乐。”即使是新可乐推广策划经理的父亲，也开始批评这项活动。

而当时，老口味的传统可口可乐则由于人们的预期会减少，而成为奇货，价格竟在不断上涨。每天，可乐公司都会收到来自愤怒的消费者的成袋信件和1 500多个电话。

为数众多的批评，使可口可乐迫于压力不得不开通83部热线电话，雇请大批公关人员安抚愤怒的顾客。

面临如此巨大的批评压力，公司决策者们不得不稍做动摇。在之后又一次推出的顾客意向调查中，30%的人说喜欢新口味可口可乐，而60%的人却明确拒绝新口味可口可乐。故此，可口可乐公司又一次恢复了传统配方的可口可乐的生产，同时也保留了新可口可乐的生产线和生产能力。

在不到3个月的时间内，即1985年4—7月，尽管公司曾花费了400万美元进行了长达2年的调查，但最终还是失算了！百事可乐公司美国业务部总裁罗杰·恩里科说：“可口可乐公司推出‘新可乐’是个灾难性的错误。”

资料来源：佚名. 新可口可乐：市场调研，失误在哪里[EB/OL]. https://wenku.baidu.com/view/484daecdadf8941ea76e58fafab069dc5022472e.html，2024年6月10日。

思考与分析：

1. 你认为可口可乐公司推出新产品时疏忽了营销调研过程的哪个环节。
2. 为什么说营销调研是一把双刃剑？

实践训练

<table>
<tr><td>训练名称</td><td colspan="2">市场调研</td><td>训练类别</td><td>小组训练</td></tr>
<tr><td>训练目的</td><td colspan="4">开发学生的市场调研能力，考查学生设计调查问卷和撰写调研报告的能力</td></tr>
<tr><td rowspan="4">训练方案</td><td>训练步骤</td><td colspan="2">训练内容</td><td>时　间</td></tr>
<tr><td>1. 准备</td><td colspan="2">围绕“大学生”这一主题，分组设计一个调研问题，并设计调查问卷，开展实地调研</td><td rowspan="3">与本项目教学时间同步，课外完成</td></tr>
<tr><td>2. 分析思考</td><td colspan="2">调查问卷设计与调研过程是否科学合理？</td></tr>
<tr><td>3. 形成报告</td><td colspan="2">根据上述分析思考以及调研结果撰写调研报告</td></tr>
<tr><td>考核方式</td><td colspan="4">依据各小组提交的调研报告和成果汇报情况评定成绩</td></tr>
</table>

项目四　消费者市场和购买行为分析

学习目标

知识目标

1. 理解消费者市场及其特点；
2. 掌握消费者市场的购买行为模式；
3. 掌握影响消费者购买行为的主要因素；
4. 了解消费者购买决策过程。

能力目标

1. 能够洞悉消费者需求、偏好和购买意愿；
2. 能够找出消费者在购买过程中的决策侧重点和影响因素；
3. 能够提供符合消费者需求的产品及相关营销方案。

思政目标

1. 激发学生的学习兴趣和主动性；
2. 引导学生的观察与分析能力，培养创造性思维；
3. 培养学生了解地域文化，提高文化素养。

案例导入

消费者购车心态类型

随着人们生活水平的不断提高，很多人出行基本上都是选择轿车，因为这样方便快捷。在中国，很多汽车消费者都是年轻人，他们买车主要有五大心态。

1. 望梅止渴型

这类消费者非常渴望拥有汽车，但不具备很强的消费能力，占消费者群体的绝大多数，主要受收入、停车位、消费环境和税费高等问题影响。

2. 持币待购型

这类消费者基本有购买能力，但持观望态度，准备待机而动。当前汽车品牌太多，新车型出得太快，消费者不敢轻易下决心，考虑会有一次又一次降价，并且希望降价幅度大、范围广、力度大，害怕万一买车后很快就降价，心理会很不平衡。

3. 成熟理智型

这类消费者有购买能力，除了价格以外，更注重产品的功能和服务，消费心态比较成熟。比如这类人可能会选择大空间的车型，因为随着生育政策的放松，空间大的车更能满足全家人的用车需求。

4. 财大气粗型

这类消费者特别看重面子，他们觉得知名品牌汽车更像是地位和身份的象征，所以豪华大品牌就成了首选。他们宁愿买低配版的高档车，也不买高配版的普通车。

5. 盲目跟风型

这类消费者听风就是雨，盲目轻信。比如，北京关于控制总量、购车需交牌照费等传言，形成了抢购现象。又比如哈佛、朗逸都是当年卖得最火的车，于是便成了他们的首选品牌，因为销量好，说明质量应该很好。

资料来源：根据网络资料整理。

企业营销的核心是通过满足顾客的需要而获取利润，从而求得自身的生存和发展，因此企业有效地开展市场营销活动，既要准确把握市场营销环境，又要着重研究与剖析市场需求和购买者的行为，达到企业营销与购买者购买行为的和谐统一。

营销的目的是要比竞争对手更好地满足目标顾客的需要和欲望。营销者必须充分理解消费者如何思考、如何感受和如何行动，并向每一个目标消费者提供明确的价值。本章将探讨消费者市场和个体消费者的动态购买行为。

任务一 消费者市场与消费者行为模式

一、消费者市场认知

(一)消费者市场的含义

微课视频

消费者市场认知

按照顾客购买目的或用途不同，市场可分为组织市场和消费者市场两大类。

组织市场是指以某种组织为购买单位的购买者所构成的市场，购买目的是生产、销售、维持组织运作或履行组织职能。

消费者市场又称最终消费者市场、消费品市场或生活资料市场，是指个人和家庭为了生活需要而购买产品和劳务的市场。所有类型的企业，包括生产制造企业、商业、服务业都必须研究消费者市场，因为只有消费者市场才是产品的最终归宿。在这个意义上，消费者市场是一切市场的基础，是最终起决定作用的市场。

(二)消费者市场的特点

1. 需求的无限扩展性

人类社会的生产力和科学技术总是在不断进步，消费者收入水平不断提高，对商品和劳务的需求也将不断向前发展。例如，随着生活节奏的加快，过去完全由自己承担的家务现在已经有专门的家政服务公司去做。同时，消费需求也呈现出由少到多、由粗到精、由低级到高级的发展趋势。一种需求满足了，又会产生新的需求。因此，这就要求营销者要不断开发新产品、开拓新市场。

2. 需求的差异性

消费者受到年龄、性别、生活习惯、职业、收入、受教育程度、市场环境、民族、宗教信仰等多种因素的影响而具有不同的消费需求和消费行为，因而消费者的需求存在明显的差异性，所购商品在品种、规格、质量、花色和价格等方面也就千差万别。

3. 需求的可诱导性

消费者的购买行为具有很大程度的可诱导性。这是因为消费者在决定采取购买行为时，一是不像生产者市场的购买决策那样，常常受到生产特征的限制及国家政策和计划的影响，而是具有自发性、冲动性的特点；二是消费品市场的购买者大多缺乏相应的商品知识和市场知识，其购买行为属非专业性购买，他们对产品的选择受到广告、宣传的影响较大。由于消费者购买行为的可诱导性，生产和经营部门应注意做好商品的宣传广告，指导消费，一方面当好消费者的参谋，另一方面有效地引导消费者的购买行为。

4. 需求的弹性

需求的弹性是指需求价格弹性，即价格变动对需求量的影响程度。消费品市场的需求量受价格变动的影响较大。

需求的价格弹性公式为：

$$E_d=\frac{\text{需求量变动的百分比}}{\text{价格变动的百分比}}=\frac{\frac{\Delta Q}{Q}}{\frac{\Delta P}{P}}=\frac{\Delta Q}{\Delta P}\cdot\frac{P}{Q}$$

式中：E_d 代表需求弹性系数；P 代表价格，ΔP 代表价格的变动；Q 代表需求量，ΔQ 代表需求量的变动。

当 $|E_d|>1$ 时，弹性大；$|E_d|<1$ 时，弹性小。

由于不同产品的需求价格弹性不同，因而企业在定价时对弹性大的产品可用降价来刺激需求、扩大销售，如空调、冰箱等产品；对需求弹性小的产品，如某些名、优、特、新产品，当市场需求强劲时，则可适当提价以增加收益。

5. 需求的连带性和替代性

不少消费品的需求是具有连带性的，即购买某种商品时，需附带购买一系列其他相关产品。例如，购买一台计算机，就需要有相应的软件、硬件设备。科学、合理配套这些具有密切联系的相关商品，不仅会给消费者提供方便，而且可同时扩大各种商品的销售额。当然，也有不少消费品的购买是具有替代性的，即商品间的功能相似，可以互相代替。例如，洗手液对香皂的代替、咖啡对茶的代替等。由于消费品具有替代性，消费者在有限购买力的约束下必然慎重决策满足哪些需要以及选择哪些品牌来满足需要，且经常变换决策，导致购买力在不同产品、品牌和企业之间流动。替代性往往会导致某种商品销量上升，而引起被替代商品销售量的相应减少。因此，企业需要及时掌握商品的更新换代趋势，及时调整所生产的产品品种，以满足消费者的各种需求。

6. 需求的季节性

消费需求的季节性是指消费者的需求因季节不同而不同。需求的季节性分为三种情况：一是季节性气候变化引起的季节性消费，如冬天穿棉衣、夏天穿短袖；二是季节性生产引起的季节性消费，如春夏季是蔬菜集中生产的季节，也是蔬菜集中消费的季节；三是风俗习惯和传统节日引起的季节性消费，如端午节吃粽子、中秋节吃月饼等。

（三）消费者市场的购买对象

以一定的标准分类，消费者的购买对象可以分为不同的类型。

1. 按照消费者的购买习惯划分

按照消费者的购买习惯划分，购买对象可分为便利品、选购品、特殊品和非需品。

(1)便利品。便利品又称日用品，是指消费者日常生活所需且要重复购买的商品，诸如粮食、饮料、洗发水等。消费者在购买这类商品时，一般不愿花很多的时间比较价格和质量，愿意接受其他任何代用品。因此，便利品的生产者应注意分销的广泛性和经销网点的合理分布，以便消费者能及时就近购买。

(2)选购品。选购品是指价格比便利品要贵，消费者购买时愿花较多时间比较许多家商店之后才决定购买的商品，如服装、家电等。消费者在购买前，对这类商品了解不多，因而要比较同一类型产品的价格、款式、质量等方面。选购品的生产者应将销售网点设在商业网点较多的商业区，并将同类产品销售点相对集中，以便顾客比较和选择。

(3)特殊品。特殊品是指消费者对其有特殊偏好并愿意花较多时间购买的商品，如手表、化妆品等。消费者在购买前对这些商品有了一定的认识，偏爱特定的厂牌和商标，不愿接受代用品。为此，企业应注意争创名牌产品，以赢得消费者的青睐，要加强广告宣传，扩大本企业产品的知名度。同时，要切实做好售后服务和维修工作。

(4)非需品。非需品是指消费者不知道的，或虽然知道但一般情况下不想购买的物品，如上市不久的新产品、各种保险、墓地、百科全书等。这类产品的特点决定了对它们的营销要在广告和人员推销方面花费很大力气。

2. 按照商品的有形性、耐用程度和使用频率划分

按照商品的有形性、耐用程度和使用频率划分，购买对象可分为耐用品、非耐用品和劳务。

(1)耐用品。耐用品是指能多次使用、寿命较长的商品，如电视机、冰箱、音响、计算机等。消费者购买这类商品时，决策较为慎重。生产这类商品的企业，要注重技术创新，提高产品质量。同时，要做好售后服务，满足消费者的购后需求。

(2)非耐用品。非耐用品是指使用次数较少、消费者需经常购买的商品，如食品、文化娱乐品等。生产这类产品的企业，除应保证产品质量外，还要特别注意销售点的设置，以方便消费者购买。

(3)劳务。这里的劳务是指提供出售的活动、利益或享受，如理发、美容、修理、文艺演出、娱乐活动等服务行业的产品。劳务是无形的非耐用品。劳务就地销售和就地消费的特点决定了企业要特别强调质量管理和注重信誉。

二、消费者购买行为模式

（一）消费者购买行为的内容

消费者的购买行为是指消费者在一定的购买欲望(动机)的支配下，为了满足某种需求而购买商品的活动过程。消费者购买行为的研究对象包括三层含义：第一，消费者是消费者购买行为研究的主体；第二，消费者购买商品的行为是研究的核心；第三，消费者的消费心理是消费行为研究的基本内容。

研究消费者购买行为，就是要掌握消费者如何做出决定，如何把可用的资源(如金钱、时间、努力)用于有关消费事项上；了解他们购买什么(what)、何时购买(when)、何处购买(where)、由谁购买(who)、为何购买(why)、如何购买(how)等问题，也就是要掌握消费者购买

的规律性，即 5W1H。

1. 购买什么

购买什么是对消费者购买客体或购买对象的分析。企业可以通过市场调查，研究了解消费者市场需要什么样的商品，尽量在花色、品种、质量、性能、包装和价格等方面满足顾客需要。一般情况下，消费者总是喜欢物美价廉、式样新颖和富有个性的商品。

2. 何时购买

何时购买是对消费者购买时间的分析。表面上看消费者购买商品的时间没有什么规律，但从宏观上看，还是有一定规律可循的。一般情况下，日常生活用品在工作之余和休息日购买较多；季节性商品在季节前购买较多；大部分商品的购买高峰常常出现在重大节日期间。

企业要研究和掌握消费者购买商品的时间和规律，集中力量开展促销工作。

3. 何处购买

何处购买是对消费者购买地点的分析。主要分析两个方面：一是消费者在何处决定购买；二是消费者在何处实际购买。这两种情况可以在同一个地方发生，也可以在不同地方发生。不同的商品，消费者在决定购买与实际购买的地点上有所区别，选择的购买地点也是一样的。通常，对于便利品，消费者往往在购买现场做出购买决定，而且选择就近购买；选购品和特殊品则可能由家庭成员商量决定后，到商场或他所信任和偏爱的线上或线下商店购买。企业应根据消费者购买特征，合理设置销售渠道，方便消费者购买。

4. 由谁购买

由谁购买是分析购买主体，也就是商品由谁购买的问题。由于消费者在年龄、性别、收入、职业和性格等方面不同，因而在需求与爱好上存在很大差异。由谁购买商品，从表面上看，似乎是一个人的行为，但实际上往往有好几个人参与购买活动，其中包括不同作用的五种人，即发起者、影响者、决策者、购买者和使用者（见表 4—1）。

表 4—1　消费者在购买行为过程中的角色

角　色	描　　述
发起者	首先提出购买某一商品的人
影响者	对最终购买商品有直接或间接影响的人
决策者	对整个或部分购买决策有最终决定权的人
购买者	实际从事购买商品的人
使用者	实际使用商品的人

传统观念认为，重要的角色是决策者，是家庭的权威。但是，从现今我国家庭状况来分析，独生子女所具备的特殊情况打破了传统的“权威”，在很大程度上影响了购买决策。在家庭购买决策中，五种角色地位不同，心理状态也不同，满足他们需要的方法也不同。因此，企业营销人员必须有针对性地制定与营销工作相适应的策略和方法。

5. 为何购买

为何购买是对消费者购买欲望和动机的原因分析，是消费者购买商品的初始原因和原动力。消费者在实施购买行动前，总是先产生购买欲望，当欲望强烈到一定程度时，就会产生购买动机。没有欲望和动机的购买行为几乎是不存在的。因此，分析“为何购买”的关键是对欲望和动机的分析。企业应通过对消费者的调查和预测，准确地把握和弄清消费者“为何购买”

的问题。

6. 如何购买

如何购买是对消费者购买方式和付款方式的分析。消费者采取什么方式购买，是线上购买还是线下购买，是现金支付还是分期付款，都会影响企业经营对策与经营计划的制订。企业可根据消费者的不同要求制订相应的销售策略。

(二)消费者购买行为模式概述

研究消费者的购买行为，是在市场营销观念指导下的企业营销管理的基本任务之一。消费者购买行为的形成是一个复杂的、受一系列相关因素影响的连续行为。一般来说，消费者首先受到某种刺激而产生某种需求，随后由于需求而产生购买某种商品的动机，最后导致产生某种购买行为。我们认识到购买者的起点是刺激反应模式(见图 4—1)。营销和环境的刺激进入购买者的意识，购买者的个性和决策过程导致一定的购买决定。

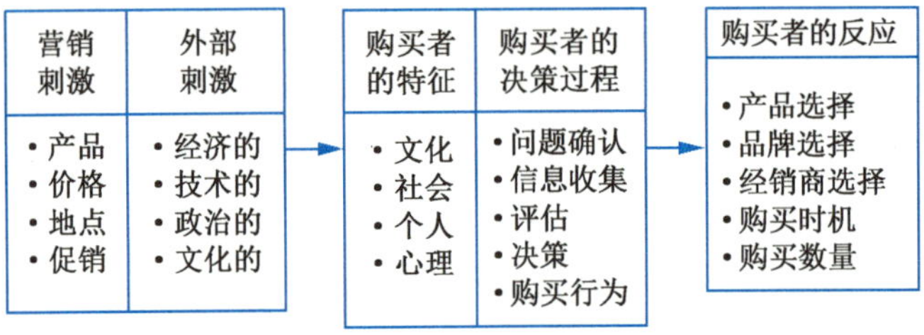

图 4—1 刺激反应模式

市场营销者的任务是要了解在外部刺激和购买决策之间购买者的意识发生了什么变化，并重点讨论以下两个问题：

(1)购买者的特征(文化、社会、个人和心理)是怎样影响购买行为的？

(2)购买者是怎样做出购买决策的？

任务二 影响消费者购买行为的主要因素

消费者生活在纷繁复杂的社会之中，购买行为受诸多因素的影响。这些因素不仅在某种程度上决定着消费者的决策行为，而且它们对外部环境与营销刺激的影响起着放大或抑制作用。影响消费者行为的主要因素主要有文化因素、社会因素、个人因素、心理因素(见表 4—2)。其中，文化因素、社会因素属于外在因素，个人因素、心理因素属于内在因素。

表 4—2 影响消费者购买行为的主要因素

文化因素	社会因素	个人因素	心理因素
文化 亚文化 社会阶层	相关群体 家庭 角色与地位	年龄和生命周期阶段 职业 经济环境 生活方式 个性和自我概念	动机 知觉 学习 态度

一、文化因素

文化因素对消费者的行为具有最广泛和最深远的影响。购买者的文化、亚文化和社会阶层对购买行为起着重要影响。

(一)文化

文化是人类欲望和行为最基本的决定因素。一般将文化划分为三个层次:物质文化、制度文化和心理文化。物质文化是指人类创造的种种物质文明,如生产和交通工具、日用器具、服饰、饮食、房屋等,是一种显性文化。制度文化是指种种制度和理论体系,如饮食习惯、建筑工艺等生活制度,婚姻形式、亲属关系等家庭制度,教育、宗教、礼仪、法律等社会制度,以及有关这些制度的各种理论体系。心理文化包括思维方式、审美情趣、宗教信仰、价值观念等。制度文化和心理文化属于隐性文化。品牌需要根据各地文化,推出适合本土文化的产品和营销策略。

锦囊妙计

海尔的全球化

海尔最初的全球化战略是通过缝隙产品进入市场,这方面有很多著名案例。比如根据尼日利亚当地经常停电、电压不稳的情况,研发出停电 100 小时不化冻的冰柜。

在日本,针对年轻用户群体对小容量洗衣机的需求,海尔打造出占用空间少的小容量洗衣机产品,迅速提升在日本市场的影响力。

针对巴基斯坦人衣着宽且长,容易粘上泥沙的特点,研发出适合清洗这类衣物的大容量洗衣机。在巴基斯坦,大学生尤其是女大学生毕业之后,根据当地的风俗习惯很快结婚成家,而洗衣机日渐成为双方家长准备的聘礼、嫁妆里最受欢迎的家电之一。从 2013 年开始,海尔开始大学生免费洗衣房项目,提高品牌知名度。其洗衣机已经连续七年稳居当地洗衣机市场首位。

资料来源:佚名.海尔全球化实践:构建互联平台,实现资源共享[EB/OL]. https://www.haier.com/press-events/news/20160202_134124.shtml,2024 年 6 月 10 日。

(二)亚文化

亚文化是指某一局部的文化现象。每一种文化都包含着能为其成员提供更为具体的认同感和社会化的较小的亚文化(subculture)群体。亚文化群体包括民族群体、宗教群体、种族团体和地理区域。许多亚文化构成了重要的细分市场,营销人员可以根据它们的需要而设计特定的方案。

锦囊妙计

日本福袋

日本商家在新年前后,将多件商品装入布袋或纸盒,进行搭配销售,这种袋子或者纸盒就称为“福袋”(ふくぶくろ)。

福袋源自明治末期日本的百货公司。每当春节过后或店铺开张吉日，日本的商店、百货公司就会出售福袋。由于必须付钱后才能打开袋子，因此在购买前，消费者根本不知道里面究竟是何物。禁不住好奇心的驱使，许多人一再解囊购买，因此，福袋的生意总是非常好，有些百货公司甚至一口气推出了几十万个福袋，赚足了钱。

虽然福袋的内容不会事先公开，但商品大致均属于一个类型。例如，家电商场售出的数码相机福袋中，往往会在数码相机之外还带有其他小型家电。从价格而言，福袋中的商品价值一般会高于其标价。例如，售价 1 万日元的福袋可能会装入标价为 1.1 万日元的商品。

资料来源：根据网络资料整理。

（三）社会阶层

社会阶层是社会学家根据职业、收入来源、教育水平、价值观和居住区域对人们进行的一种社会分类，是按层次排列的、具有同质性和持久性的社会群体。社会阶层具有以下特点：

（1）同一阶层的成员具有类似的价值观、兴趣和行为，在消费行为上相互影响并趋于一致。

（2）人们以自己所处的社会阶层来判断各自在社会中的地位。

（3）一个人的社会阶层归属不是仅由某一变量决定，而是受到职业、收入、教育、价值观和居住区域等多种因素的制约。

（4）人们能够在一生中改变自己的社会阶层归属，既可以迈向高阶层，也可以跌至低阶层，这种升降变化的程度随着所处社会层次的森严程度的不同而不同。

二、社会因素

消费者的购买行为同样受到了一系列社会因素的影响，如消费者相关群体、家庭、角色与地位。

（一）相关群体

相关群体又称参考群体或参照群体。一个人的相关群体是指那些直接（面对面）或间接影响人的看法和行为的群体。凡对一个人有着直接影响的群体称为成员群体。某些成员群体是主要群体，如家庭、朋友、邻居与同事，他们之间能频繁接触并相互影响。而某些成员群体属于次要群体，如宗教、职业和行业协会，这些一般更正式，相互影响较少。

人们还受到并不是成员的一些群体的影响，即间接相关群体。凡是一个人希望加入的群体，被称为崇拜性群体。另一种群体叫隔离群体，它是一种价值观和行为被一个人所拒绝接受的群体。

营销人员总是试图识别他们的目标顾客的相关群体。相关群体对消费者的影响至少表现在三个方面：

（1）相关群体使一个人受到新的行为和生活方式的影响。

（2）相关群体影响个人的态度和自我概念，因为人们通常希望能迎合群体。

（3）相关群体产生某种趋于一致的压力，它会影响个人的实际产品选择和品牌选择。

对受到相关群体影响大的产品和品牌制造商来说，必须想方设法接触和影响相关群体中的意见带头人。对一个特定的产品或产品种类，意见带头人非正式地对它做传播，并提供意见或信息，如讲某种品牌是最好的或对一个特定产品可以如何使用等。意见带头人分散于社会各阶层，某人在某一产品方面可以是意见带头人，但在其他产品方面也许只是意见的追随者。营销人员力图认识并掌握与意见带头人有关的一些人文统计和哲学思想的特征，确定他们使用的媒体平台，并直接向意见带头人传递信息。主流社交媒体（如小红书、微博、B站、抖音等）博主便是重要的意见领袖。

相关群体的影响在购买者征求其他人对产品的意见时是强烈的。相关群体的凝聚力越强，其沟通过程越有效，人们也就越尊敬它，它对人们在产品品牌选择方面的决策影响就会越大。

（二）家庭

家庭是社会上最重要的消费者购买组织。家庭成员之间的频繁互动使其对个体行为的影响广泛而深远。影响方式不仅是直接的，而且是潜意识的。个体的价值观、信念、态度和言谈举止无不打上家庭的烙印。不仅如此，家庭还是一个购买决策单位，家庭购买决策既制约和影响家庭成员的购买行为，反过来家庭成员又对家庭购买决策施加影响。

营销人员应仔细研究夫妻及子女在各种商品和服务采购中所起的不同作用和相互之间的影响。一般来说，典型的家庭购买类型如下：

（1）丈夫支配型，如人身保险、汽车、电视机等。

（2）妻子支配型，如洗衣机、地毯、家具、厨房用品等。

（3）共同支配型，如度假、住宅、户外娱乐等。

延伸阅读

西贝莜面村的儿童餐

2017年，西贝提出“家有宝贝，就吃西贝”的口号，并开始发展“家庭友好餐厅”战略，小朋友已经成为西贝的重点目标顾客。

该战略的提出是基于对中国家庭就餐的痛点洞察：中国饮食博大精深，但地方性饮食多以麻、辣口味为主，不符合儿童外出就餐的需求，而市场中大部分儿童餐都是作为成人餐的附属品而存在。对此，西贝与中国营养学会（注册营养师）深度合作，联合开展儿童在外就餐及其相关因素调查。同时，针对中国儿童在外就餐营养问题，西贝成立了专门的儿童餐研发团队，秉持着营养、好吃、趣味的理念以及严格的食材选用标准开发专业儿童餐菜品，“让小朋友成为餐桌的主角”，努力打造“家庭友好餐厅”。

在打造“家庭友好餐厅”的过程中，西贝以安全的菜品质量和贴心的服务赢得了越来越多家长与小朋友的喜爱，“儿童餐”业务也就逐渐演变成其品牌战略的重要落脚点。经历了多次迭代创新后，2022年，“西贝专业儿童餐”正式诞生。

随着西贝专业儿童餐在2022年六一儿童节和暑假的黄金档期全面上市，其“专业”也收获了市场的肯定。

2019年到2022年儿童餐营收增长415%。儿童餐产品在外卖销售中，更是后来居上，8月即跃居外卖产品销售榜第一名。此外，根据西贝门店端数据统计，2022年6月至8月，西贝莜面村门店累计儿童客流超159万人次，最高一天，来西贝用餐的宝贝超过3.6万人次。其间，西贝莜面村门店售出超347万份儿童餐，同比2021年增长73.5%。2023年五一假期带动餐饮热，西贝售出47万份儿童餐。

对于行业而言，未来的儿童餐竞争将是一场企业综合实力的长期比拼，修炼内功，不断增强自身的产品研发、源头采购、食品安全保障等专业能力，才能决定入局企业是否能够等待发令枪响时，飞驰向前。

资料来源：根据网络资料整理。

（三）角色与地位

个体的角色身份随着所处环境的不同而改变，在不同的环境中扮演着不同的社会角色，塑造不同的自我，具有不同的行为，但是在特定的时间内特定的角色身份将占主导地位。

三、个人因素

购买者决策也受其个人特征的影响，这些因素主要包括年龄和生命周期阶段、职业、个人经济境况、生活方式、个性和自我概念的影响。

（一）家庭生命周期和购买行为

家庭生命周期是指一个以家长为代表的家庭生活的全过程。按照年龄、婚姻、子女等状况，家庭生命周期可分为七个阶段（见表4—3）。

表4—3 家庭生命周期

序号	家庭生命周期阶段	特　征	购买和行为模式
1	单身阶段	年轻的单身者	状态：几乎没有经济负担； 消费：时髦和娱乐导向
2	新婚期	年轻、无子女	状态：购买频率高，对耐用品购买力强； 消费：购买汽车、家庭用具、耐用家具、度假等
3	满巢期一	年轻夫妻、有6岁以下的子女	状态：家庭用品采购的高峰期，流动资产少，不满足于现有经济状况，储蓄部分钱，喜欢购买新产品和广告产品； 消费：婴儿用品等
4	满巢期二	年幼的子女超过6岁	状态：经济状况较好，购买能力强； 消费：食品、生活日用品、教育
5	满巢期三	子女成年但尚未独立	状态：经济状况较好； 消费：食品、生活日用品、教育甚至子女房屋的购买
6	空巢期	年长的夫妇，子女已独立生活	状态：经济富裕有储蓄，对旅游、娱乐、自我教育尤感兴趣，愿意施舍和捐献； 消费：旅游、耐用品、家用装修用品、汽车等产品
7	孤独期	单身老人独居	状态：已经退休，需要与其他退休群体相仿的医疗用品，收入锐减，特别需要得到关注、情感和安全； 消费：有助于健康的医用护理、保健产品

（二）性别、职业和受教育程度

男性和女性在购买方式上有很大的不同。男性购买商品一般目标明确、决策果断，理智型购买居多；女性在购买中易受销售人员及他人影响，决策犹豫，但挑选仔细。

一个人的职业同样影响到他的消费模式。例如，蓝领工人的食物支出占收入比重较大，而经理、医生、律师等专业人员则将收入的较大部分用于在外用餐、购置衣服和接受各种服务。

受教育程度也影响着消费者的购买行为。一般情况下，一个人受教育程度越高，其购买行为中理性成分越大，利用其具有的知识和信息对商品做出比较客观的判断，受外界信息干扰程度小，决策能力较强。

(三)经济因素

一个人的经济环境会严重影响其产品选择。人们的经济环境包括可花费的收入(收入水平、稳定性和花费的时间)、储蓄和资产(包括流动资产比例)、债务、借款能力、花费与储蓄的态度等。经济因素对比较理性的消费者的购买行为影响更大。他们不但会考虑自己的购买力,而且会分析产品功能和价格是否统一。另外,经济学上的“最大边际效用原则”会成为他们分配支出的指导原则。

对营销某些收入敏感型产品的人员来说,应该注意目标顾客收入的变化和国家宏观经济指标的发展趋势。如果出现经济衰退,营销人员就可以采取步骤,对产品重新设计,重新定位和定价,以便继续吸引目标顾客。

(四)生活方式

人口统计特点回答了“谁”会从事哪些行为,而并未回答为什么会出现这种情况。出生于同一时代的两个人,可能购买不同的品牌,生活在不同时代的人们,也可能拥有类似的嗜好。来自相同的亚文化群和社会阶层,甚至来自相同职业的人们,也可能具有不同的生活方式。生活方式与个性有助于更好地了解消费者行为。迈克尔·所罗门提出一个营销观点:“如果你洞悉了一小块群体的个性和生活方式,那么你就很可能赢得大部分品牌使用者。”

生活方式是个体在成长过程中,在与社会诸因素交互作用下表现出来的活动、兴趣和态度模式。生活方式营销观点认为生活方式指的是消费结构,反映了个人选择如何使用时间和花钱。消费者需要获得功能性、心理性价值和货币性价值。而生活方式定位基于为消费者提供心理性价值。营销人员要研究自己的产品和品牌与具有不同生活方式的各群体之间的相互关系。

延伸阅读

生活方式品牌时代

1970 年可以看作现代品牌的分界线,1970 年前是功能性品牌时代,1970 年后是生活方式品牌时代,星巴克的出现是个分水岭。1971 年,舒尔茨创下这个咖啡品牌,除了销售咖啡,它还提供一种打发时间、与人交谈的公共空间。公平一点说,星巴克的咖啡豆采购、研磨和口味的工业化水平同麦当劳没什么区别,但产品端的消费体验变了——当咖啡馆出现时,咖啡馆文化就自动形成了。

接下来出现的品牌有很多都在启动生意时就自带文化属性:苹果(1976 年创立)向机器索要美学价值,而全食超市(1978 年创立)带着对工业化食品的反思提供所谓的有机食品……它们都不属于文化产业,却主动提供“意义”。

正如日本作家三浦展所著的《第四消费时代》中所说,我们正从追求名牌、注重质量和舒适度,过渡到回归内心满足感的阶段。新的消费观念和喜好需求更加个性化、多样化,为追求美好和幸福感消费,也更加注重情感寄托与自我表达。这让越来越多的新生活方式品牌有了成长的土壤。

Lululemon 被誉为“加拿大第一专业运动品牌”。在全球拥有将近 360 家门店,在北美,它是人们瑜珈、健身等运动的服饰首选。Lululemon 从众多体育服装品牌中脱颖而出,成为瑜伽服和健康时尚生活方式的代名词。

FREITAG诞生于1993年，平面设计师Markus和Daniel Freitag为他们的设计寻找一款具备功能性、防水且坚固的包，以便收纳他们的创作作品。那些每天从他们寓所前苏黎世十字路口经过的车辆轰轰作响，他们以此为灵感，于是用废旧卡车防水布、丢弃的自行车胎和汽车安全带开发制作了一款斜挎包。于是第一批FREITAG包在他们共用公寓的卧室里诞生了——每个包都是使用回收材料制作的，每个包都是独一无二的。无意间，兄弟俩的包在全世界掀起了一股新浪潮，从苏黎世跨越欧洲城市一直蔓延到亚洲，FREITAG成了所有都市爱好骑行自行车的个人主义者的非正式装备。

Niko and...和Muji是日本年轻人生活方式指南级品牌。2019年年底开业登陆淮海中路775号，和MUJI旗舰店拥有同一门牌号，隔街对阵。

宝格丽酒店(Bulgari)代表的是一种全新且充满生命力的城市生活方式。宝格丽集团执行副总裁Silvio Ursini采访时说道："顾客总是想要更多，但他们最想要的是沟通。15年前，我们就发现欧洲消费者不再迷信logo，他们对生活和消费的理解不再是只买贵的或奢侈的，而是想要更好的生活方式。于是，我们想，我们来设计酒店吧，意大利的生活刚好就是最悠闲的。"

小米从小米手机逐渐形成现在的AIot生态，发展智能家居，融入生活的方方面面。其成立的智能生活品牌——米家，致力于让每个人都能享受科技的乐趣，提供智能的生活方式。

生活方式品牌时代已然来到，星巴克、苹果、全食、宜家、Muji、Lululemon、FREITAG、特斯拉、Airbnb、始祖鸟、小米等都是生活方式品牌的代表者，涉及各个行业、领域、场景，它们逐渐走进人们的生活，特别是年轻人的生活。

资料来源：根据网络资料整理。

(五)个性和自我概念

每个人都有影响其自身购买行为的独特个性。个性是指一个人所特有的导致对环境产生相对持续一致反应的心理特征。一个人的个性通常可用自信、控制欲、自主、顺从、交际、保守和适应等性格特征来加以描绘。

调查发现，某些个性类型与产品或品牌选择之间关系密切。例如，计算机制造商发现很多目标顾客具有成就型导向。对于这类顾客，营销人员应该为他们设计代表成功生活方式的更为鲜明的品牌。

自我概念是个体对自身一切的看法、认识和感受的总和。每个人都会逐步形成关于自身的看法，比如是丑是美、是胖是瘦、是能力一般还是能力出众等。自我概念回答的是"我是谁"和"我是什么样的人"一类的问题，它是个体自身体验和外部环境综合作用的结果。一般认为，消费者将选择那些与其自我概念相一致的产品与服务，避免选择与自我概念相抵触的产品和服务。正是在这个意义上，研究消费者的自我概念对企业营销特别重要。

消费者不止一种自我概念，而是拥有多种类型的自我概念。例如，实际的自我概念，指消费者实际上如何看待自己；理想的自我概念，指消费者希望如何看待自己；社会的自我概念，指消费者感到别人是如何看待自己的。例如，青春期的男孩会使用诸如汽车之类的成人消费品，来显示他们正在形成的男子汉气质。

心理学家乔纳森·布朗曾提出用4个方面的"自我概念"(分别是社会维度、个人维度、集体维度和关系维度)来界定和表达自己，如表4—4所示。我们在设计和推广产品时，不光要考虑"如何极致地提供性能"以及"如何提高用户体验"，更是要考虑我给用户塑造了什么形象，即

"我的产品给用户戴上了什么帽子?"

表 4—4 心理学家乔纳森·布朗提出的 4 个方面的"自我概念"

4 种帽子	4 大维度	描述	回答的问题	获取方式
	社会维度	用社会角色来定义的自我	我拥有什么?	他人对自己身份的认同与羡慕
	个人维度	用个人的喜好、性格来定义的自我	我喜欢/不喜欢什么?	展示的形象与自我内心形象的一致性
	集体维度	用所属的集体来定义的自我	我属于什么?	集体荣誉感
	关系维度	用与他人的关系来定义的自我	我是谁的什么?	自己是否符合关系中的角色形象

锦囊妙计

我的产品给用户戴上了什么样的帽子

社会维度:消费者所拥有的财产或者所购买的商品常常被消费者看作是其本人自我意识的延伸或扩展,代表着自己的社会身份与地位。如豪华别墅、汽车、运动鞋、高尔夫球杆、电子产品、名表、珍贵的艺术品,便是给消费者戴上了极具社会身份或地位的帽子。

个人维度:"零度可乐"花费很大力气宣传"无糖和减肥",但是这样的宣传当时在美国没有多少正面作用,因为它给喝这个可乐的人戴上了一顶他不想戴的帽子"我是个胖子"。即使我真是个胖子,我也不好意思在公共场合使用减肥类的东西来强化这个印象吧?所以如果说"无糖更健康"可能就好了,毕竟"我看重健康"比"我是个胖子"这个帽子更好。

集体维度:人经常把自己放到一个集体中,然后用这个集体的某种共性来表现自己的形象。如果你的产品能够给人以"属于某个集体"的象征,而且这个人正好对这个集体存在荣誉感,那么你的产品就更加容易得到支持——你给了别人一个"属于某个集体"的帽子。如北京兴起了一家非常有意思的众筹咖啡馆"珞珈咖啡",由武大校友(武大坐落在珞珈山上)发起,并且在整个咖啡厅营造武大的校园氛围。当一个毕业多年的校友来到这个咖啡厅消费或者仅仅转发了微信上"珞珈咖啡"的文章,就相当于强化了"我属于武大"的帽子。

关系维度:作为一个人,不光是一个社会角色、一个个体角色、一个集体角色,还是一个关系角色——你是某人的朋友、恋人、子女、父母等。20 世纪 40 年代后期,速溶咖啡作为一种方便饮料刚刚进入美国市场,让生产者和经营者始料不及的是,这种被他们认为方便、省时、省力、快捷,价格也适中的新产品并不受欢迎,问津者寥寥无几。而当直接问及消费者不买这种速溶咖啡的原因时,大部分人的回答是不喜欢速溶咖啡的味道。但在蒙眼实验中,却没有人能说出速溶咖啡与用普通咖啡豆加工的咖啡在味道方面到底有什么不同。为此,生产者和经营者都感到很茫然。美国加州大学的海尔教授采用了间接的角色扮演法进行深入的调查。在调查中,他首先制定了两个购物清单(如表 4—5 所示)。除咖啡外,其余项目完全相同。把两个购物单分别发给 A、B 两组各 50 名家庭主妇,要求她们描述持有该购物单的家庭主妇的个性。调查结果发现,家庭主妇们认为,购买速溶咖啡的人一般是懒惰、浪费、不称职的主妇,而购买新鲜咖啡豆的人被认为是勤俭、善于持家、懂得生活的人。问题真正的原因是，速溶咖啡给家庭主妇们戴上了“懒惰、不称职”的帽子。

表 4—5　美国加州大学海尔教授拟定的购物清单 A 和购物清单 B

购物清单 A	购物清单 B
汉堡牛肉饼	汉堡牛肉饼
面包	面包
胡萝卜	胡萝卜
发酵粉	发酵粉
速溶咖啡	新鲜咖啡豆
桃子罐头	桃子罐头
土豆	土豆

资料来源：根据网络资料整理。

四、心理因素

一个人的购买选择受五种主要心理因素影响，即动机、知觉、学习和态度。

1. 动机

动机是一种升华到足够强度来驱动人们采取行动的需要。动机本质上是一种需要，它能够及时引导人们去探索满足需要的目标，一旦需要被满足，原有的动机消失，就会产生新的动机。可见，动机是一种被刺激的需要。心理学家曾经提出许多关于需求与动机的理论，其中在市场营销中运用最广泛的是马斯洛的需求层次理论（如图 4—2 所示）。

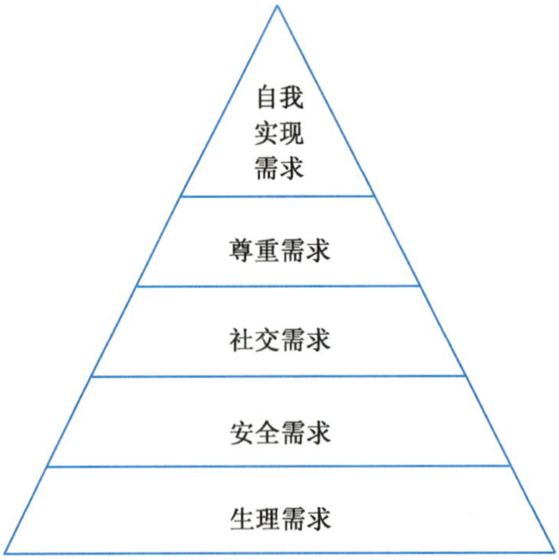

图 4—2　马斯洛的需求层次理论

马斯洛认为，人类的需求可按层次排列，先满足低级需求，然后再满足高级需求。他将这些需求按重要程度，由低到高排列，分为生理需求、安全需求、社交需求、尊重需求和自我实现需求。

生理需求：维持个体生存和人类繁衍而产生的需求，如对食物、氧气、水、睡眠等的需求。

安全需求：在生理及心理方面免受伤害，获得保护、照顾和安全感的需求，如要求人身的健康、安全和有序的环境、稳定的职业和有保障的生活等。

社交需求：希望给予或接受他人的友谊、关怀和爱护，得到某些群体的承认、接纳和重视的需求，例如，乐于结识朋友，交流情感，表达和接受爱情，融入某些社会团体并参加他们的活动，等等。

尊重需求：希望获得荣誉，受到尊重和尊敬，博得好评，得到一定的社会地位的需求。

自我实现需求：希望充分发挥自己的潜能，实现自己的理想和抱负的需求。自我实现需求是人类最高级的需求，它涉及求知、审美、创造、成就等内容。

根据消费者不同的需求特点，企业在营销中可把市场细分为若干市场，生产和出售不同品种的商品。在生产力水平较低的地方，大部分消费者为获得基本的生存资料而劳动，他们的主要需求是基本的食物、衣着、住房和其他与生存相关的商品。在这种市场上，消费者对商品的选择不是很复杂，因而需要的销售技术也比较简单。随着生产力的提高和生活条件的改善，消费的需求会不断变化，市场也会越来越复杂。特别当人们的闲暇时间增多以后，享受、发展方面的需要也就越来越多，观赏商品、礼品商品等就成了营销的发展方向。

知识窗

挖掘用户需求的方法——手段—目的链

手段—目的链(Means-End Chain)理论，最早是由心理学家米尔顿·罗克奇(Milton Rokeach)提出的，到了20世纪70年代后期，由汤姆·雷诺兹(Tom Reynolds)和丘克·吉恩格勒(Chuck Gengler)把它运用到营销学上来研究消费者的行为。手段—目的链理论阐述了个人价值影响个人行为的方法。

手段—目的链理论认为，顾客在购买产品和服务时，其出发点是实现一定的价值，为了实现这一价值需要取得一定的利益，为了实现这一利益需要购买一定的产品和服务的属性。属性包括原材料、形态、制造过程等内部属性与服务、品牌、包装和价格等外部属性。

利益包括功能利益、体验利益、财务利益和心理利益等内容。价值包括归属感、爱、自尊、成就感、社会认同、享受、安全、快乐等内容。具体地说，个人价值是人们所追求的最终目标，手段是人们实现目标的方法，在市场营销范畴中，手段就表现为产品属性及由此带来的产品利益。

这就形成一个手段—目的链：产品属性——产品利益——个人价值。

因此，定位包括价值定位、利益定位和属性定位三个方面。顾客在购买产品时，总是为了实现个人某种价值。价值是由产品和服务功能利益组合实现的，不同的顾客对产品和服务有着不同的利益诉求，而利益是由不同的产品和服务属性实现的。价值确定产品和服务带来的利益，利益确定产品和服务的属性。

该理论在产品定位、提炼产品卖点的时候非常有效。

资料来源：根据网络资料整理。

锦囊妙计

需求层次理论在营销中的应用：

1. 需求层次理论常作为市场细分的理论依据，任何一种细分都是与消费者的需求相联系的。
2. 需求层次理论用来确定产品的市场定位，立足于没有完全得到满足的需求。
3. 需求层次理论用于产品的推销，一项产品对每一级需要都具有实际的吸引力。

如上所述，由于消费者的需求千差万别，因此，消费者的购买动机也是多种多样的。具体来说有以下几种：

(1)求实动机。求实动机是消费者以追求商品的使用价值为主要特点的最普遍、最基本的购买动机。这类消费者在购买时，主要追求商品的实惠、使用方便，不太考虑商品的外形美观，不容易受社会潮流和各种广告的影响。例如，在购买服装时，不赶时髦，不太注重款式，而是注意穿着舒服、实用。

(2)求安全动机。求安全动机是消费者以追求商品使用安全为前提的购买动机。这类消费者购买商品时首要考虑的是该商品在使用过程中和使用以后，能否保证生命安全或身体健康，如交通工具、家用电器、食品、药品等均要求安全与可靠，且有利于身体健康。

(3)求廉动机。求廉动机是消费者以追求价廉物美为主要特点的购买动机。这类消费者在购买商品时特别重视商品价格的高低，对商品的花色、款式、包装及质量不太挑剔。有的消费者专门购买一些低档品及处理品等，这一般是经济收入较低或有勤俭节约习惯的消费者。

(4)求新动机。求新动机是消费者以追求商品的时尚和新颖为特点的购买动机。消费者在购买商品时特别重视商品的款式新颖、格调清新和社会流行，如在服装上讲究时髦，在家庭摆设上讲究装饰，对商品的使用程度及价格高低不太注意。这类消费者一般是经济条件较好的年轻人及处于特殊地位的消费者。

(5)求奇动机。指的是为了满足自己的好奇心而产生的购买动机。好奇之心，人皆有之。当人们对于面前的事物未知，不是很理解，觉得新鲜有趣或者感到奇怪时，就会产生想要了解它、尝试它的愿望，并进一步产生购买行为。如近几年流行的盲盒就是主要满足人们求奇的心理。

(6)求美动机。求美动机是消费者以重视商品的欣赏价值和艺术价值为主要特点的购买动机。这类消费者在购买商品时重视商品的造型、色彩和艺术美，重视对人体的美化作用，如购买服装时十分注重内衣与外衣、上装与下装的颜色相互协调，还要与自己的体型、肤色相互协调等。

(7)求名动机。求名动机是消费者以追求名牌产品、特色产品为主要特点的购买动机。这类消费者在购买商品时，十分注意商品的商标、牌号、产地、名声及购买地点。

(8)求便利动机。指的是消费者以追求商品购买和使用过程中的省时、便利为主导倾向的购买动机。在求便动机的支配下，消费者对时间、效率特别重视，对商品本身则不甚挑剔。一般而言，成就感比较强、时间成本比较高、时间观念比较强的人，更倾向于求便的购买动机。

2. 知觉

当消费者产生购买动机后，便可能会采取购买行为，但会采取何种行为，则视其对客观情景的感知如何。所谓知觉，是指个人通过视、听、嗅、触、味五大感觉功能来搜集、选择、组织并解释外界信息的过程。知觉是对初始感觉赋予了意义。

知识窗

胡萝卜为什么是橙色的呢?

荷兰皇室的颜色是橙色,荷兰人爱国情绪高涨,在17世纪初,园艺师偶然发现了基因突变引起的橙色胡萝卜,于是大规模栽培,逐渐取代了紫色胡萝卜,这就是胡萝卜是橙色的原因。除此之外,在世界杯的球场上,如果出现一群身穿橙色球衣的队员,就算你不看国旗,你也知道,这应该是荷兰队,人称"橙色军团"。荷兰人通过视觉,深深地把橙色和荷兰绑定在了一起,这就是知觉营销,除了视觉,还有听觉、嗅觉、味觉、触觉,仔细观察就会发现,生活中到处都是知觉营销。

资料来源:马丁·林斯特龙.感官品牌:隐藏在购买背后的感官秘密[M].赵萌萌,译.北京:中国财政经济出版社,2016:140。

知觉过程是一个有选择性的特殊的心理过程。知觉的这种特殊性,使消费者对不同的外界刺激甚至是相同的外界刺激的知觉会有所不同。知觉过程主要包括三个方面,即选择性注意、选择性扭曲和选择性记忆。

(1)选择性注意。在众多信息中,人们容易接受对自己有意义的信息以及与其他信息相比有明显差别的信息。从心理学的角度分析,有三种情况能引起人们的注意:一是与目前需求相关的信息或刺激物,二是预期将要出现或等待出现的信息或刺激物,三是变化大、异乎寻常的信息或刺激物。

(2)选择性扭曲。知觉不仅是对事物的感知,还包括对这一事物赋予的意义。人们往往存在用自己的知识、经验和需要来理解信息,扭曲信息以迎合自己的意愿或倾向,这就是选择性扭曲,即使人们的理解可能与原创者的预期不相吻合。因此,这种知觉可能是正确的也可能是错误的。例如,将产品标价为9.9元而不是10元,就是利用人们对小数比整数更不敏感,从而产生错觉的一种定价技巧。

知识延伸

温暖的手和冰冷的手,何者较容易获得信赖?

2010年,一篇刊登在美国《科学》期刊上的论文,耶鲁大学的约翰·巴奇博士的研究团队证实,我们的思考会受到触感影响。他们在实验中让被试者看陌生人的肖像照并评断其人格。被试者已事先分成两组,一组供应热咖啡,另一组则供应冰咖啡。

结果显示:拿到热咖啡的人比拿到冰咖啡的人,有更高的概率判断照片里的人是温暖的人,因为手心接触到的物体温度影响他们对照片中人物的人格判断。巴奇博士的研究团队进一步设计一项实验,在实验中让受试者进行投资游戏,并在被试者左手的掌心上放置冰冷的物品或温热的物品,结果受试者在收到冰冷的温度刺激情况下,投资额会变少。这也就是说:手一冷,心似乎也跟着变冷似的,对他人的信任度便随之下降。

这证实了触感影响思考和判断的结论。

资料来源：仲谷正史，筧康明，等.触觉不思议[M].台北：脸谱出版社 2017：58。

（3）选择性记忆。人们一旦形成对某一事物的知觉，就会继续以这种知觉去认识这一事物。这种特点对建立顾客忠诚非常重要，一旦顾客对某一产品产生好印象，他就会忽视竞争对手同类产品的优点，形成继续购买该产品的倾向。反之，他第一次使用该产品时印象不好，使他对产品建立好印象就难上加难了。

在消费者变得越来越挑剔、同质化商品层出不穷、广告战愈演愈烈的今天，如何让自己的产品和品牌突出重围而不陷入价格战，又让品牌产生价值而长盛不衰？知觉对于品牌工作者和营销者或能带来一些启示：通过感官提升品牌价值。如视觉帮助塑造第一印象，听觉调动情绪情感，嗅觉产生情绪和促进回忆，触觉连接心灵与世界，味觉带来撩人之味，感官塑造，可以让品牌与客户建立起具有差异化且强大的情感纽带，继而形成能积累的品牌高价值与忠诚度。比如，迪士尼是运用知觉，全面塑造感官体验的最成功的案例之一。

知识延伸

触觉营销在母婴产品中的应用

触觉影响产品体验和判断。沃尔玛旗下的英国阿斯达连锁超市非常重视触觉。他们甚至会把每种品牌的卫生纸都各撕下来一些供消费者体验和比较。这一策略使沃尔玛的收入大增，阿斯达也因此而争取到了扩店50%的福利。

无独有偶，Mothercare的母婴中心将各品牌的尿不湿打开挂在展示架，同样让消费者通过观察、触摸来感知品质。好奇纸尿裤的宣传口号便是："好得像一个拥抱"，并推出了系列产品，如好奇棉花糖系列、宣传温柔拥抱早产儿纸尿裤系列、透如柔纱暑气消的皇家御裤，都突出产品的好触感。

资料来源：根据网络资料整理。

3. 学习

消费者购买商品的动机是由需求推动形成的，而需求的形成又是比较复杂的。它既可以由内在因素激起，也可以由外在因素唤起。现代市场营销学理论认为，从心理学角度看，绝大多数购买行为受后天学习经验的影响。学习是指人们通过实践和由于经验而引起的行为改变。

在后天学习理论中，应用比较普遍的是刺激—反应理论，简称S-R模式。这种理论认为，消费者的购买动机是下列五种要素互相作用的结果：驱使力、刺激物、诱因、反应和强化。驱使力是一种"不满之感""求足之愿"，可分为原始的和学习的。人们大部分驱使力是通过后天学习产生的，如人要吃东西是由饥饿引起的，或由他人的影响而引起的。刺激物就是一种能消除或减缓驱使力紧张程度的反应，当人们的一种驱使力引向某一刺激物时就形成动机。诱因则决定着动机的方向和程度，反应是对诱因或刺激物的反作用。强化是加强刺激物—反应的关系，与物品满足程度有关。如果物品满足程度高，就会引起顾客重复购买；相反，顾客不满意，就不再继续购买。

刺激—反应理论告诉我们，一个企业要扩大销售，不仅要了解自己的产品（刺激物）与潜在消费者的驱使力的关系，而且要善于向消费者提供诱发需求的提示——适当的广告宣传手段，并且要积极进行反复宣传的强化工作，加强消费者的印象。

知识窗

S-R 模式

一个行人在路上突然感到饥饿，产生了食欲，此时他正好看到路边小吃店在卖汉堡包，于是想起麦当劳的汉堡包招贴画，随即决定去买麦当劳汉堡包来充饥。这个行人吃了汉堡包后十分满意，加深了对麦当劳汉堡包的印象，下次感到饥饿时，仍然会去买麦当劳的汉堡包。在此案例中，行人的食欲就是驱使力，小店的汉堡包是刺激，麦当劳汉堡包招贴画是提示物（诱因），行人吃后的满意度是反应，加深印象是强化。

4. 态度

态度是指对一种刺激物的见解和倾向，表现为对某人或某物的特殊感觉或所采取的某种行动，从心理学角度讲，消费者对某一种商品的态度一般是由三个因素构成的，即认识因素、情感因素、行动因素。

（1）认识因素。认识因素是指消费者对某商品的信念，包括对商品特点和评价上的信念，如认为某商品是好或是坏，是需要或是不需要。

（2）情感因素。情感因素是指消费者对商品情感上的反应，如对某商品是喜爱还是反感。

（3）行动因素。行动因素是指由不同态度引起不同的行动意向。如果态度是肯定的，其反应就是喜爱、赞扬或者购买；相反，如果持否定态度，就会对商品产生反感或放弃购买。

态度是从后天经验学习而来的，它受家庭购买习惯及同辈人的影响最大。此外，个人所属群体对态度也产生一定的影响。

态度影响消费者的购买行为。企业在市场营销中应当根据消费者的不同态度，设计不同的产品和广告来增强有利的态度，并改变不利的态度。

任务三　消费者购买决策过程

消费者购买决策过程是消费者购买动机转化为购买活动的过程。不同消费者的购买决策过程有特殊性，也有一般性。因此，营销人员应了解消费者怎样真正做出购买决策，识别购买决策的类型以及购买过程中的步骤。

一、消费者购买决策过程的参与者

微课视频

消费者购买
决策过程

消费者在购买活动中可能扮演下列五种角色中的一种或几种：

发起者：发起者是第一个提议或想到购买某种产品的人。

影响者：有形或无形影响最后购买决策的人。

决定者：最后决定整个购买意向的人，如买不买、买什么、买多少、怎么买、何时与何地买等。

购买者：实际执行购买决策的人。

使用者：实际使用和消费商品的人。

消费者以个人为单位购买时，五种角色可能同时由一人担任；以家庭为购买单位时，五种角色往往由家庭不同成员分别担任。

二、消费者购买行为类型

不同消费者购买决策过程的复杂程度不同，究其原因，受诸多因素影响，其中最主要的是参与程度和品牌差异大小。阿萨尔（Assael）根据购买者的参与程度和产品品牌差异程度区分出四种购买行为类型（见表4—6）。

表4—6　购买行为的四种类型

品牌差异程度	高度介入	低度介入
品牌差异大	复杂型购买行为	多变型购买行为
品牌差异小	协调型购买行为	习惯型购买行为

（一）复杂型购买行为

复杂型购买行为多发生在消费者初次购买单价高、品牌差别大的耐用消费品的场合。这些商品具有花钱多、偶尔购买、风险大的特点。由于多数消费者不太了解这些商品的品种、规格、性能等技术细节，因而购买时需要经历一个认识学习的过程——广泛收集信息，了解产品的性能和特点，对产品产生某种看法，最后决定购买。

这种复杂的行为经常因某些原因而简化，如工作繁忙、购买便利或者产品即将脱销，而且消费者第二次购买这类商品的行为远不如初次购买那么复杂，他们经过初次购买和使用，已对商品有了比较深入的了解，需要进一步寻找的信息是专门的和有限的，这种购买行为已转化为有限地解决问题。

（二）协调型购买行为

服装、首饰、家具和某些小家电的购买就属于协调型购买行为，这类产品价值高、不常购买，消费者看不出或不认为品牌之间有差别。由于品牌差别不明显，消费者一般不必花很多时间收集不同品牌商品的信息并进行评价，而主要关心价格是否优惠和购买时间与地点是否便利，因此，从引起需要和动机到决定购买所用的时间比较短。

消费者购买后最容易出现因发现产品缺陷或其他品牌更优而心理不平衡的现象。为追求心理平衡，消费者这时才注意寻找有关已购品牌的有利信息，争取他人支持，设法获得新的信心，以证明自己的购买选择是正确的。鉴于这种心理特点，企业一方面要通过调整价格，选择适当的售货地点和精通业务的售货员，影响消费者的品牌选择；另一方面还应以各种方式与购买者取得联系，及时提供信息，使他们对自己的购买选择感到满意。

（三）习惯型购买行为

消费者有时购买某一商品，并不是因为特别偏爱某一品牌，而是出于习惯。这种购买行为常发生在价格低廉、消费者经常购买、品牌差异小的产品购买场合。此时，消费者并未深入了解信息和评估品牌，没有经过信念—态度—行为的过程，只是习惯于购买自己熟悉的品牌，在购买后可能评价也可能不评价产品。例如，盐是一种价格低廉、品牌间差异不大的商品，消费者购买它时，大多不会关心品牌，而是靠多次购买和多次使用而形成的习惯选定某一品牌。这类产品的市场营销者可以用价格优惠、重复的电视广告、独特包装、销售促进等方式引导顾客试用、购买和续购其产品,也可通过增加购买的参与程度和品牌差异吸引消费者。

(四)多变型购买行为

消费者对很多日用消费品的购买(如牙膏、洗衣液)就属于多变型购买行为。此时,消费者购买产品有很大的随意性,并不深入收集信息和评估比较就决定购买某一品牌,在消费时才加以评估,但在下次购买时又会转换其他品牌。转换的原因是厌倦原口味或想尝试新口味,是寻求产品的多样性而不一定有不满意之处。这类产品的市场营销者或是通过占有货架,避免脱销和提醒购买的广告鼓励消费者形成习惯购买,或是以较低的价格、折扣、赠券、免费赠送样品和强调试用新产品的广告鼓励消费者改变原来的习惯型购买行为。

思考:

根据表 4—6 提到的消费者购买行为类型,考虑如下产品的购买行为各属于哪种类型,并解释原因:(1)购买一辆奔驰汽车;(2)购买一支签字笔;(3)到轮胎经销商那里买轮胎;(4)课间休息时从便利店买一瓶矿泉水。

三、消费者购买决策过程

不同购买类型反映了消费者购买决策过程的差异性或特殊性,但是消费者的购买过程也有其共同性或一般性。西方营销学者对消费者购买决策的一般过程做了深入研究,提出了若干模式,采用较多的是五阶段模式(见图 4—3)。

图 4—3　消费者购买决策过程五阶段模式

图 4—3 中的购买过程模式适用于分析复杂的购买行为,因为复杂的购买行为是最完整、最有代表性的购买类型,其他几种购买类型是越过其中某些阶段后形成的,是复杂购买行为的简化形式。模式表明,消费者的购买过程早在实际购买以前就已经开始,并延伸到实际购买以后,这就要求营销人员注意购买过程的各个阶段而不是仅仅注意销售。

(一)问题确认

问题确认是消费者购买决策过程的起点。当消费者在现实生活中感觉到或意识到实际与其需求之间有一定差距,并产生了要解决这一问题的要求时,购买的决策便开始了。消费者的这种需求的产生,既可以是人体内机能的感受所引发的,如因饥饿而引发购买食品、因口渴而引发购买饮料;又可以是由外部条件刺激所诱生的,如看见电视中的西服广告而打算自己买一套、路过水果店看到新鲜水果而决定购买等。当然,有时候消费者的某种需求可能是内外因同时作用的结果。

营销者的任务是识别引起消费者某种需求和兴趣的环境。同时,营销者通过收集消费者的信息,能识别引起消费者兴趣的最频繁的刺激,并且能开发引起消费者兴趣的营销战略。

(二)收集信息

消费者在需求出现之后,并不是马上就能满足的。他们会寻找有关满足物的信息。消费者信息的来源主要有以下四个方面:

1. 个人来源

从家庭、亲友、邻居、同事等个人交往中获得信息。

2. 商业来源

这是消费者获取信息的主要来源，其中包括广告、推销人员的介绍、商品包装、产品说明书等提供的信息。这一信息来源是企业可以控制的。

3. 公共来源

消费者从电视、广播、报纸、杂志、网络、App 等大众传播媒体所获得的信息。

4. 经验来源

消费者从自己亲自接触、使用商品的过程中得到的信息。

上述四种信息来源中，商业信息最为重要，从消费者角度看，商业信息不仅具有通知的作用，而且一般来说具有针对性、可靠性，个人和经验来源只能起验证作用；而对企业来说，商业信息是可以控制的。消费者可以通过商业信息的渠道了解该企业的产品，进而购买。

(三)方案评价

当消费者从不同的渠道获取有关信息后，便分析和比较可供选择的品牌，并对各种品牌的产品做出评价，最后决定是否购买。

消费者在购买评价过程中有以下几个准则：

(1)消费者试图满足自己的需要；

(2)消费者从产品的使用中获得一定的利益；

(3)消费者把每个产品看成一组属性的集合，每个属性都有让渡利益来满足需要的能力。

消费者对同一种产品感兴趣的属性也不同。例如，对于旅馆，可能引起消费者兴趣的属性包括位置、清洁度、气氛、费用；对于漱口剂，可能引起消费者兴趣的属性包括颜色、效力、杀菌能力、价格、味道；对于轮胎，可能引起消费者兴趣的属性包括安全、耐磨寿命、行驶质量、价格。下面我们举例说明消费者的评价方案过程。

以洗衣机为例，某消费者主要考虑的是洗衣机的四种属性：洗涤容量、功能设置、节水省电、价格。假设有四种品牌进入其评价方案，分别是 A、B、C、D，1～10 作为尺度来打分，表示消费者对品牌的产品属性的估价和信心(见表 4—7)。

表 4—7 不同品牌洗衣机属性评分

洗衣机品牌	品牌特征			
	洗涤容量	功能设置	节水省电	价 格
A	10	6	8	5
B	8	7	7	6
C	7	8	9	7
D	5	9	7	8

消费者对洗衣机的四种属性以此规定代表重要性的权数。假设洗涤容量占 20%的重要性，功能设置占 30%，节水省电占 20%，价格占 30%。然后，将权数与每种品牌的产品属性的分值相乘，再求和即得出每种品牌的总分，分别是：

A=0.2×10+0.3×6+0.2×8+0.3×5=6.9(分)

B=0.2×8+0.3×7+0.2×7+0.3×6=6.9(分)

C=0.2×7+0.3×8+0.2×9+0.3×7=7.7(分)

D＝0.2×5＋0.3×9＋0.2×7＋0.3×8＝7.5(分)

由此可以推断，得分最高的C品牌就是这个消费者的选择方案。

(四)购买决策

在评价阶段，消费者会在品牌选择集合的各种品牌之间形成偏好，但是，只让消费者对某一品牌产生偏好是不够的，真正将购买意向转为购买行动，其间还会受到以下两个方面因素的影响。

1. 他人的态度

消费者的购买意图会因他人的态度而增强或减弱。他人的态度对消费者意图影响力的强度，取决于他人态度的强弱及他与消费者的关系。一般来说，他人的态度越强，他与消费者的关系越密切，其影响就越大。例如，丈夫想买一台大屏幕的彩色电视机，而妻子坚决反对，丈夫就极有可能改变或放弃购买意图。

2. 未预期到的环境因素

消费者购买意向的形成，总是与预期收入、预期价格和期望从产品中得到的好处等因素密切相关。但是当他欲采取购买行动时，发生了一些意外的情况，如因失业而收入减少、因产品涨价而无力购买或者有其他更需要购买的东西等，这一切都会使他改变或放弃原有的购买意图。

知识窗

消费者是理性决策者吗?

人生无时无刻不在做选择，不做选择本身就是一个决定。不做选择本身就是一个选择。古典经济学的原理假定买方和卖方的行为都是理智的。卖方将自己的利润最大化，买方设法把自己的价值最大化，经济学家称之为效用。那我们真的是理性决策者吗?

请看以下几种情况，你如何选择：

情况一：

A. 你一定能赚30 000元。

B. 你有80%的概率赚40 000元，20%的概率什么也得不到。

情况二：

A. 你一定会赔30 000元。

B. 你有80%的概率赔40 000元，20%的概率不赔钱。

情况一的实验结果是，大部分人都选择A。传统经济学中的“理性人”这时会跳出来批判：选择A是错的，因为40 000×80%＝32 000(元)，期望值要大于30 000元。

情况二的实验投票结果是，大部分人愿意和命运博一博，选择B。传统经济学中的“理性人”会跳出来说，两害相权取其轻，所以选B是错的，因为(－40 000)×80%＝－32 000(元)，风险要大于－30 000元。

为什么？如何解释？行为经济学哈伯特·西蒙提出：“人们只有有限的能力获取和加工信息，他们不会努力最大化自己的利益和效用，而是用一个‘满意’的结果来安慰自己。”他成为1978年诺贝尔奖获得者。

由此可见，人不是理性的动物，而是认知吝啬者，经常依赖显而易见的表面信息和简单有效的策略评估信息并做出决策。消费者通常依据比较容易判断的线索来判断，尽管并不划算。大脑为什么吝啬？因为资源有限，大脑3磅，占体重的2%，却消耗身体20%的能源。它无法一直注意所有的信息，因此必须将常用行为习惯化来减少能源的支出，事实上，我们生活中60%是习惯化的行为。

资料来源：根据网络资料整理。

（五）购后行为

购买产品之后，就进入了买后阶段，此时，市场营销人员的工作并没有结束。消费者购买商品后，通过自己的使用和他人的评价，会对自己购买的商品产生某种程度的满意、基本满意或者不满意。

延伸阅读

你需要知道的未来三大趋势

随着世界经济形势的不断变化，未来3～5年内，中国消费市场的独特性会持续加强，因此我们对未来中国消费市场的理解必须更加深刻，操作必须更加精细，才有办法应对未来的消费趋势变化。

变化持续不断，消费市场也在不停演化，焕发生机，在大环境的变化之下，消费市场或将有以下三个值得观察的趋势。

一、产品需求更加精准

在当下消费者日渐理性，加上信息爆炸的作用下，消费者群体对于其所需的产品有着近乎全知的认识。因此产品需要更加清晰且精准地呼应消费者的需求，此外我们面对愈发精明的消费者需要做到三点：

1. 不仅要关注产品本身，还要关注产品外的消费者体验

便宜的定价只是基本，此外还需要提供给消费者一些特别的价值，不论是情绪价值还是经济价值，足够特别就更容易脱颖而出；产品要有“X价比”——不仅仅是性价比，也要有趣价比（趣味价值/价格），或者是量价比（分量/价格）等。

2. 花里胡哨的营销手法，不如好产品和好卖点

未来产品还需回归本身，需要做什么像什么，提供给消费者的风格形态也需要更加清晰精准；找准你的卖点，精准切入消费者的需求，把故事留在消费者进门后，把产品精准的卖点放在门口，这样你的产品才能在市场上吸引更多的消费者，用卖点吸引流量，用故事留住存量。

3. 回归“少即是多”思维

未来如何用更少的资源，更少的消耗，带给消费者更精准的消费体验，是非常重要的课题。面对更精明的消费者，我们需要删繁就简，精准把握，才能带来更好更“多”的产品服务。

二、中国独有的审美消费

短视频时代，简单快速的娱乐大行其道，世俗化娱乐也带来了世俗化的审美大潮，其中的消费审美开始两极分化，如何找到雅俗共赏的审美是走到消费者眼前的重要阶梯。这里有两种观察：

1. 国风审美消费开始崛起

中国传统文化的底蕴既独特又深厚，几千年的沉淀下，其独具特色和颇具鉴别度的审美消费开始被大众追捧；这不仅仅是文化自信的发展必要，也是未来中国消费市场发展的结果。

2. 老文化＋新技术，创造新价值

中国文化具有传承性，传统文化在年轻Z世代的新技术和新视角下，开始焕发“第二春”，创造顺应新时代的价值，在未来，消费中所带有的文化深度将开始被欣赏并重视。

三、治愈是新世代的关心重点

不同世代生活的环境不同，对于消费环境、消费习惯和消费重点也不同。对于新世代消费者来说，“治愈”是他们的关键词，追求自我、悦己、舒适和松弛感四合一是他们追求的重点，因此在与新世代消费者沟通时，我们要格外注意：

1. 消费者与品牌之间的信任将会越来越重要

经济环境的改变，使得一些可以给消费者片刻出逃或者是给予消费者更有力的精神文化的消费——灵性消费，开始异军突起，与之一同来的会是诈骗与纠纷，这会促使消费者重新建立信任防护机制；如何取得消费者的信任且维系信任是品牌的首要任务。

2.“新信仰消费时代”已经来临

一场3年的黑天鹅事件，使得消费者们开始不得不直面眼前的不确定性和波动性，于是提供新的信仰价值、缓解消费者压力和内心不确定感的消费热潮拉开了一个新的消费时代的序幕，我们可以将这个消费时代称为“新信仰消费时代”；虽然大家信仰各不相同，可能是买彩票、钓鱼等，但为信仰埋单愈发普遍。

资料来源：根据网络资料整理。

项目回顾

1. 消费者的购买行为受到文化因素、社会因素、个人因素、心理因素四种因素的影响。

2. 文化因素主要包括购买者的文化、亚文化和社会阶层等。

3. 社会因素主要包括消费者相关群体、家庭和角色与地位等。

4. 个人因素主要包括消费者的年龄和生命周期阶段、职业、个人经济状况、生活方式、个性和自我概念等。

5. 心理因素主要包括需求、动机、经验、态度和个性。

6. 消费者的购买行为类型有四种：复杂型购买行为、协调型购买行为、习惯型购买行为和多变型购买行为。

思政园地

增强消费对经济发展的基础性作用

党的二十大报告中提出，着力扩大内需，增强消费对经济发展的基础性作用和投资对优化供给结构的关键作用。

改革开放以来，拉动中国经济增长的首先是外需，尤其中国在加入WTO之后，拉动经济增长的“三驾马车”中，外需发挥的作用是最大的。

但从1998年的亚洲金融危机、2008年的世界金融危机，到现在面临复杂的国际环境，中国非常清醒地认识到，作为世界上最大的发展中国家，经济的基本盘不能主要依靠外需。所以早在20多年前，中国就提出要扩大内需。内需包括投资和消费，过去较长时间，我们内需的主要着力点还是在投资。投资可以拉动内需，提高GDP增长速度，但投资完结后就变成供给，长时间以投资拉动内需，必然出现较大程度的产能过剩，出现无效供给和供给不平衡。

习近平总书记在报告中提出，“江山就是人民，人民就是江山”，经济发展的目标就是要改善民生。而消费和民生的改善是直接相关的，和满足人民群众对美好生活的需要相吻合，因此要把扩大内需，特别是扩大消费作为发展经济的基本点，让消费成为拉动经济增长的“三驾马车”的第一驱动力，让经济发展惠及民生福祉。

资料来源：陈琳. 如何理解“高水平社会主义市场经济体”[R/OL]. https://baijiahao.baidu.com/s?id=1746930177783814707&wfr=spider&for=pc，2024年6月10日，有删改。

议一议：

1. 消费与民生改善有何关系？
2. 让消费成为拉动经济增长的“三驾马车”的第一驱动力，企业应该怎么做？

项目测试

一、单选题

1. 以下不是影响消费者购买行为主要因素的有（ ）。

A. 文化因素　B. 社会因素　C. 个人因素　D. 经济因素

2. 消费者对时间和金钱的态度以及消费选择的方式，即消费者对于如何生活而选择的方式，被称为（ ）。

A. 生活方式　B. 生活态度　C. 个性　D. 气质

3. 你在购买牙膏、牙刷等生活必需品时的购买决策主要依据以往的经验和习惯，较少受广告宣传和时尚的影响，在购买过程中也很少受周围气氛、他人意见的影响，你的购买类型属于（ ）。

A. 习惯型　B. 复杂型　C. 协调型　D. 多变型

4. 下列信息来源中被动获取的是（ ）。

A. 低介入度学习　B. 个人经验　C. 大众来源　D. 商业来源

5. 影响行为的非环境因素是（ ）。

A. 文化　B. 生活方式　C. 社会阶层　D. 消费者保护

二、判断题

1. 消费者是理性决策者。（ ）
2. 知觉是影响消费者行为的个人因素。（ ）
3. 需求层次理论是20世纪50年代由美国心理学家马斯洛提出的。（ ）
4. 消费者行为富有共性，原因在于任何消费者行为都受人类的个性所支配。（ ）
5. “刺激—行为”模式的顺序应该是“刺激—需要—动机—行为”。（ ）

能力训练

案例研讨

“一点点”奶茶的小“心机”

“一点点”奶茶来自中国台湾地区，原名“50岚”奶茶，品牌创立于1994年。2012年，当发现大陆“50岚”被别人抢注之后，老板重新以“一点点”的品牌注册，并在上海的亚新广场与日月光广场开始品牌打造。上海黄浦区打浦桥日月光店是他们的第一家店，“一点点”的名气也是从这家店慢慢做出来的。随后，“一点点”逐渐扩展到杭州、苏州、武汉等城市，尤其在江浙沪一带，已经成为网红，让许多年轻人趋之若鹜。那么“一点点”为什么这么火？

“一点点”这个品牌的运营，是很有“心机”的。当然，它的“心机”来源于台北十几年的奶茶连锁经验，从最初的路边摊，到遍布台北的600余家店面，它早已摸透了奶茶行业的运营以及消费者的心理。

在产品设计上，“一点点”奶茶跟其他奶茶不一样的地方是：“一点点”奶茶是可以任意选择甜度、温度、加料、混搭的。传统奶茶店都是统一的“标品”，而“一点点”是可以根据用户的习惯定制的。这种“个性化定制服务”是“一点点”奶茶出奇制胜的关键，也是奶茶行业里最大的“心机”。

为什么说“个性化定制服务”既是“一点点”奶茶出奇制胜的关键，又是奶茶行业里最大的“心机”呢？这得从四个层次分析：

1. 显人气“心机”

一般奶茶店，在用户点餐的时候，店家询问顾客：“欢迎光临，您要喝什么？您要中杯还是大杯？”询问到此结束。“一点点”则是：“欢迎光临，请问您要喝点什么？您要中杯还是大杯？请问您是要怎么做？甜度需要怎样为您调整？您要做几分甜的？温度要怎样？凉的还是热的？要不要去冰？需要加点别的吗？”如果你是第一次去“一点点”店里，当你这样被反复问到的时候，第一时间肯定就会好奇地问店员：“可以怎么做？有几分甜的？有哪些东西可以加？”那么服务员就会微笑着耐心为你解答，帮你完成第一杯“定制”。此刻你的心情绝不会是嫌店家啰唆麻烦，反而会有一种亲切感，认为这样的服务很贴心，很赞！而实际上，这就是“一点点”奶茶其中的一个“心机”：这样的做法除了能与顾客产生互动，让顾客觉得宾至如归之外，同样也拉长了点餐和制作的时间，无形中增加了顾客等待的时间，让店门口瞬间积聚人气。

2. 吧台设计“心机”

一般的奶茶店吧台都是呈“一字型”排开。所有的工具设备都在一条线上，流程就像一条流水线，务求快速出单、效率第一。而“一点点”奶茶店吧台却设计成L形或者U形，操作区相对来说更大，但制作流程所需的工具却分散。所以我们经常见到“一点点”奶茶的员工走来走去，这就很容易给人一种“很忙”的错觉，但由于区域广面积大，又让人觉得“忙中有序”。

3. 免费加料“心机”

加料免费是“一点点”奶茶的第三个小心机。免费加料的选项看似挺多，但基本上都成本不高，像珍珠、椰果、仙草、红豆等。但商家提供这些，给顾客的感觉就完全不一样，品牌的口碑就潜意识地形成了。因为别家都不提供免费加料的服务，只有“一点点”可以免费。

除了以上这些我们消费者能够看到的，当然还有一些接触不到的。比如门店不是开得越多越好，而是要结合自身去衡量。这么多的门店，能否管理得过来？中央工厂材料能不能供应得上？门店质量会不会下降？会不会有人冒充我们？所有门店的服务和流程是否统一？其实做连锁、做企业，每个环节都是息息相关的，一旦有一个环节或者一个门店出错，就会触发多米诺骨牌效应，一个接着一个倒下。“一点点”奶茶的市场营销及开店套路值得我们学习。

资料来源：根据网络资料整理。

思考与分析：

1.“一点点”奶茶是如何吸引消费者的？

2.“一点点”奶茶在运营上有哪些独到之处？

实践训练

市场营销的根本：认清消费者

<table>
<tr><td>训练名称</td><td colspan="2">消费者购买行为分析</td><td>训练类别</td><td>团队训练</td></tr>
<tr><td>训练目的</td><td colspan="4">实际体验与认知如何分析消费者购买行为</td></tr>
<tr><td rowspan="4">训练方案</td><td>训练步骤</td><td colspan="2">训练内容</td><td>时 间</td></tr>
<tr><td>1. 准备</td><td colspan="2">仔细阅读实践训练所附资料，并通过各种途径进一步搜寻相关资料</td><td rowspan="3">与本项目教学时间同步，课外完成</td></tr>
<tr><td>2. 分析思考</td><td colspan="2">(1)请列举三种李丽购买笔记本电脑的可能动机。
(2)李丽收集笔记本电脑信息的来源可能有哪些？请列举三种以上，并说出哪种信息来源对她做出购买决策影响最大。
(3)李丽的购买决策如何受到文化因素的影响？
(4)李丽所处的社会阶层如何影响她的购买决策？
(5)李丽所处的社会群体(包括家庭等)如何影响她的购买决策？
(6)李丽的年龄、职业、经济环境和生活方式如何影响她的购买决策？
(7)李丽购买笔记本电脑的行为属于哪种购买行为？请说明理由。
(8)李丽是购买决策参与者中的哪一种角色？还有哪些可能的角色会参与她的购买行为？如何参与？
(9)请根据你对李丽这类人群的了解，指出她对笔记本电脑评价的属性有哪些(比如价格、外观等)，将这些属性按照对她的重要程度排列，并说明理由</td></tr>
<tr><td>3. 形成报告</td><td colspan="2">将上述分析与思考形成文字报告</td></tr>
<tr><td>考核方式</td><td colspan="4">依据学生提交的报告评定成绩</td></tr>
</table>

实践训练资料

李丽，女，35 岁，已婚，研究生学历。李丽在上海市一家规模很大的房地产开发公司担任地区销售经理，收入较高，拥有一套位于高档社区的大面积公寓和一辆价值 20 多万元的汽车，属于典型的白领一族。李丽现在想购买一台笔记本电脑，她面临多种品牌的选择。

项目五　组织市场及购买行为分析

学习目标

知识目标

1. 了解组织市场的概念、类型和特点；
2. 掌握不同类型组织市场购买行为的分类、参与者、模式。

能力目标

1. 能够分析生产者市场的购买行为；
2. 能够分析中间商市场的购买行为；
3. 能够分析非营利组织市场、政府市场的购买行为。

思政目标

1. 培养学生的营销职业理想和信念，树立职业自豪感；
2. 培养学生严谨、认真的工作作风。

案例导入

华为采购之路是如何走向成功的

华为作为中国最具影响力的科技公司之一，其采购管理的成功之路备受业界瞩目。华为采购的成功之路，离不开其以战略为导向、严格的供应商管理、风险管理、信息化管理和人才培养等方面的综合优势。

第一，华为采购以战略为导向，将采购作为实现公司整体战略目标的重要手段。华为采购部门与业务部门密切合作，深入了解业务需求，制定符合公司战略的采购计划和采购策略。公司通过采购全球领先的技术和产品，提升核心竞争力和产品质量，进而实现可持续发展。

第二，华为采购注重供应商选择和管理，建立了严格的供应商评价和管理体系。采购部门重视供应商的质量、价格、交货期、服务等方面的表现，分类管理供应商，定期评估和考核。同时，华为采取多元化的采购策略，降低对单一供应商的依赖度，保证采购的持续性和稳定性。这种以供应商为中心的管理方式，不仅建立了长期稳定的供应链关系，还帮助华为在市场中保持领先地位。

第三，华为采购注重风险管理，建立了风险管理体系，识别和分析采购过程中的各种风险，并制定相应的风险应对措施。华为采取了多种措施，如分散采购风险、保障供应链的稳定性、优化采购流程等，以应对不可预见的市场变化和风险。这种风险管理体系的建立，有助于华为在市场竞争中保持较强的风险控制能力。

第四，华为采购注重信息化管理，通过建立采购管理信息系统，实现采购流程的数字化和自动化，提高采购效率和准确性。同时，采用云计算、大数据等技术，开展供应链管理和成本管理，优化采购流程和效益。这种信息化管理方式不仅提高了采购效率和准确性，还帮助华为实现全球采购和供应链管理的智能化和自动化。

第五，华为采购注重人才培养，建立了完善的人才管理和培养体系，通过培训、轮岗等方式，提高采购人员的专业素质和综合能力，为公司采购业务的发展提供人才支持。这种以人为本的管理方式，不仅提高了采购人员的专业素质和综合能力，还促进了公司采购业务的创新和发展。

综上所述，华为采购的成功之路离不开其战略导向、供应商管理、风险管理、信息化管理和人才培养等方面的多重优势。这些优势的有机结合，使得华为采购业务在市场竞争中保持较强的竞争力和较高的市场占有率。同时，华为采购的成功之路也为其他企业提供了有益的参考和借鉴。

资料来源：中采惠招. 华为采购之路是如何走向成功的[R/OL]. https://baijiahao.baidu.com/s?id=1763111516803522519&wfr=spider&for=pc，2024年6月10日。

任务一 认识组织市场

一、组织市场的概念和类型

组织市场是指工商企业为从事生产、销售等业务活动以及政府部门和非营利组织为履行职责而购买产品和服务所构成的市场。简言之，组织市场是以组织为购买单位的购买者所构成的市场，是与消费者市场相对而言的。就买主而言，消费者市场是个人市场，组织市场则是法人市场。组织市场包括生产者市场、中间商市场、非营利组织市场和政府市场。

（一）生产者市场

生产者市场是指购买产品或服务用于制造其他产品或服务，然后销售或租赁给他人以获取利润的单位和个人。组成生产者市场的主要产业有工业、农业、林业、渔业、采矿业、建筑业、运输业、通信业、公共事业、金融业、保险业和服务业等。

（二）中间商市场

中间商市场又称转卖者市场，是指购买产品用于转售或租赁以获取利润的单位和个人，包括批发商和零售商。

（三）非营利组织市场

非营利组织泛指具有稳定的组织形式和固定的成员，不属于政府机构和私人企业而独立运作，发挥特定社会功能，不以获取利润为目的，而以推进社会公益为宗旨的事业单位与民间团体。非营利组织市场是指为了维持正常运作和履行职能而购买产品和服务的各类非营利组织所构成的市场。

(四)政府市场

政府市场是指为了执行政府职能而购买或租用产品的各级政府部门。政府是特殊的非营利组织。政府通过税收、财政预算掌握了相当部分的国民收入,形成了潜力极大的政府采购市场。

二、组织市场的特点

与消费者市场相比较,组织市场具有自己的特点。

(一)购买者数量少、购买规模大

组织市场购买者的数量比消费者市场的购买者少很多。同时,组织市场购买者的购买规模要远远大于消费者市场的购买者。

(二)供需双方关系密切

组织市场的购买者需要有源源不断的货源,供应商需要有长期稳定的销路,每一方对另一方都具有重要的意义,因而供需双方互相保持着密切的关系。有些买主常常在花色、品种、技术规格、质量、交货期、服务项目等方面提出特殊要求,供应商应经常与买主沟通,详细了解其需要并尽最大可能予以满足,两者的关系更趋近于合作伙伴。

(三)购买者的地理位置相对集中

这是指组织市场的购买者往往集中在某些区域,以至于这些区域的业务用品购买量占据全国市场的很大比重。比如我国的北京、上海、天津、广州、沈阳、哈尔滨、武汉、大庆、鞍山等城市和江苏、浙江等地的业务用品购买量就比较集中。

(四)派生需求

派生需求也称为引申需求或衍生需求。组织市场的顾客购买商品或服务是为了给自己的服务对象提供所需的商品或服务,因此,业务用品需求由消费品需求派生出来,并且随着消费品需求的变化而变化。例如,消费者市场的皮鞋需求带来皮鞋制造商对皮革、制鞋设备等的需求,而这些需求又引发对养殖业、钢铁业等相关行业产品的需求。

(五)价格弹性小

组织市场需求的派生性决定了它的需求缺乏价格弹性;也就是说,除非原材料成本成为影响企业经营极为重要的因素,企业需要考虑成本控制,因而在意价格的变动。一般情况下,组织市场需求对价格的敏感程度较弱,这是因为决定组织市场需求量变化的主要因素是消费者市场上相应需求的变化。

(六)需求波动性

由于组织市场与消费者市场的时空差异,组织市场上的需求变化要滞后于消费者市场相应需求的变化,组织市场需求的波动幅度大于消费者市场,一些新企业和新设备尤其如此。如果消费品需求增加某一百分比,为了生产出满足这一追加需求的产品,那么工厂的设备和原材料会以更大的百分比增长。

知识窗

经济学家把这种现象称为加速效应(acceleration effect)。有时候,消费品需求仅上升10%,在一段时期内工业需求就会上升200%之多;消费品需求下跌10%,就可能导致工业需求全面暴跌。

(七)专业人员采购

组织市场的采购人员大多经过专业训练,具有丰富的专业知识,清楚地了解产品的性能、质量、规格和有关技术要求。供应商应当向他们提供详细的技术资料和特殊的服务,从技术的角度说明本企业产品和服务的优点。

(八)影响购买的人多

与消费者市场相比,影响组织市场购买决策的人较多。大多数企业有专门的采购组织,重要的购买决策往往由技术专家和高级管理人员共同做出,其他人也直接或间接地参与,这些组织和人员形成事实上的"采购中心"。供应商应当派出训练有素的、有专业知识和人际交往能力的销售代表与买方的采购人员和采购决策参与人员打交道。

(九)直接采购

组织市场的购买者往往向供应方直接采购,而不经过中间商环节,价格昂贵或技术复杂的项目更是如此。

(十)互惠购买

组织市场的购买者经常选择那些也从他们那里购物的供应商。以纸张制造商为例,他从一家化学公司那里采购生产所需要的化学物品,而这家化学公司也打算购买该纸张制造商的大量纸张。

(十一)以租代买

组织市场往往通过租赁方式取得所需产品。对于机器设备、车辆等昂贵产品,许多企业无力购买或需要融资购买,采用租赁的方式可以节约成本。

任务二　生产者市场购买行为分析

在组织市场中,生产者市场的购买行为具有典型意义,它与消费者市场的购买行为有相似性,但又有很大的差异性。

一、生产者市场购买行为的主要类型

按照购买者购买决策的难易程度,生产者市场购买行为的主要类型可分为三种:直接重购、修正重购和新购。

(一)直接重购

直接重购是指生产者用户的采购部门按照过去的订货目录和基本要求继续向原先的供应商购买产品。直接重购的产品主要是原材料、零配件和劳保用品等,当库存量低于规定水平时,就要续购。采购部门按照"供应商名单"选择供应商,名单内的供应商将尽力保持产品质量和服务质量,提高采购者的满意度。名单外供应商会试图提供新产品或满意服务,先设法以少量的订单入门,然后逐步扩大采购份额。

(二)修正重购

修正重购是指生产者用户希望修改产品规格、价格、其他条件或者供应商的情况。修正采购通常扩大了决策参与者的人数。"供应商名单"外的供应商把修正重购看成一次提供较好条件的机会,以得到一些新业务。

(三)新购

新购是指生产者用户初次购买某种产品或服务。新购往往面临着采购风险大、决策参与

人较多的情况。采购者要在一系列问题上做出决策，如产品的规格、购买数量、价格范围、交货条件及时间、服务条件、付款条件、可接受的供应商和可供选择的供应商等。新购无论是对采购者还是供应商来说，都是一次机会或挑战。

二、生产者购买决策的参与者

生产者市场购买行为的类型不同，购买决策的参与者也不一样。供应商不仅要了解影响生产者市场购买的因素及购买类型，还要知道哪些人参与了购买决策，他们在其中充当什么角色、起什么作用。

采购组织的决策单位称为“采购中心”，即所参与购买决策过程的、有某种共同目标并一起承担由决策所引发的各种风险的个人和集体。采购中心包括组织中的全体成员，他们在购买决策过程中分别承担以下七种角色。

(1)发起者，即提出购买要求的人。

(2)使用者，即生产者用户内部使用这种产品或服务的成员。在多数情况下，使用者往往首先根据自身的需求提出购买建议，并协助确定产品或服务规格/指标。

(3)影响者，即生产者用户的内部和外部能够直接或间接地影响采购决策的人员。他们协助确定产品规格和购买条件，提供方案评价的情报信息，影响采购选择。技术人员大多是重要的影响者。

锦囊妙计

在采购时，应尽早与技术人员取得联系，为他们提供与制定规格相关的信息，取得他们的信任与认同，以便最终制定的标准更有利于自己的企业。

(4)决策者，即有权决定买与不买以及决定产品规格、购买数量和供应商的人员。有些购买活动的决策者很明显，有些却不明显，供应商应当设法弄清谁是决策者，以便有效地促成交易。

(5)批准者，即有权批准决策者或购买者所提购买方案的人员。

(6)采购者，即被赋予权力按照采购方案选择供应商和商谈采购条款的人员。如果采购活动较为重要，采购者中还会包括高层管理人员。

(7)信息控制者，即生产者用户的内部或外部能够控制信息流向采购中心成员的人员。如采购代理人或技术人员可以拒绝或终止某些供应商和产品的信息，那么接待员、电话接线员、秘书、门卫等可以阻止推销者与使用者或决策者接触。

三、影响生产者购买决策的主要因素

一般来说，影响生产者购买决策的主要因素可分为四大类：环境因素、组织因素、人际因素和个人因素(见表5—1)。

表 5－1　　生产者市场购买行为的影响因素

环境因素	组织因素	人际因素	个人因素
市场需求水平 宏观经济环境 资金成本 科学技术发展 政治与法律制度 竞争态势	目标 政策 工作程序 组织结构 制度	职权 地位 态度 说服力	年龄 收入 受教育程度 工作职位 个性 风险态度

(一)环境因素

生产者的购买行为受当前经济环境或预期经济环境诸因素的重大影响,如基本需求水平、经济前景及成本。在经济衰退时,生产者就会减少对厂房或设备的投资,并设法减少存货,营销人员在这种环境下刺激采购是无能为力的。他们只能在增加或维持其需求份额上做艰苦的努力。

同样,生产者的购买行为也受到技术因素、政治法律因素以及经济环境中竞争发展因素的影响,他们必须密切注意所有这些环境的作用力,测定这些力量将如何影响采购者,并设法使问题转化为机会。

(二)组织因素

每个企业的采购部门都会有自己的目标、政策、工作程序和组织结构。生产者市场的营销者应了解并掌握购买者内部的采购部门在其中处于什么地位,是一般部门还是专业职能部门;他们的购买决策权是集中决定还是分散决定;在决定购买的过程中,哪些部门参与最后的决策。只有对这些问题做到心中有数,才能使自己的营销有的放矢。

(三)人际因素

采购中心通常包括一些不同利益、职权、地位和有说服力的参与者。尽管营销人员发现的一切有关个性和人际因素的信息可能有用,但是仍然很难知道采购过程中哪些信息会起决定性作用。特别重要的是关于顾客与其他公司销售代表的关系。

(四)个人因素

购买决策过程中每一参与者都带有个人动机、直觉与偏好,这些因素受决策参与者的年龄、收入、教育、专业知识、个性以及对风险意识和文化的影响,采购人员明确表现出其不同的购买类型。例如,有些是简练型购买者,有些是外向型购买者,有些在选择供应商之前要经过周密的竞争性方案分析,而有些采购员个性硬朗,喜欢同供应商反复较量。

延伸阅读

生产者市场营销的技巧

(1)了解你的顾客如何经营他们的业务;

(2)展示你的物品和服务怎样适合顾客的业务;

(3)确认你的销售会马上获益;

(4)了解顾客如何采购,使你的销售工作与他们的采购过程相适合;

(5)在销售过程中,应同顾客一方中参与采购决策的每个人接触;
(6)同每一个决策者交流其最关心的信息;
(7)成为你的顾客愿意建立关系的人或公司;
(8)确保你所做的每件事情都与你所选定的产品质量、服务、价格和性能相一致;
(9)了解竞争对手的优势和劣势;
(10)努力发挥自身的优势;
(11)训练你的工作人员,使他们了解公司以及客户各方面的业务情况;
(12)掌握一个既符合你又符合顾客要求的分销系统;
(13)为你已有的产品开辟新的市场及新的用途;
(14)用客户服务强化你的产品;
(15)心中明确牢记你的目标。

资料来源:[美]乔尔·埃文斯等.市场营销教程(上)[M].张智勇,等译.北京:华夏出版社,2001:259—260。

四、生产者市场购买决策过程

生产者市场购买过程是购买者根据购买产品或服务的需要,评估、选择不同品牌和供应商的决策过程。完整的购买过程分为八个阶段,但是具体过程依不同的购买类型而定,直接重购和修正重购可能跳过某些阶段,新购则会完整经历各阶段。

(一)提出需要

提出需要是生产者市场购买过程的起点。需要的提出,既可以是购买者内部的刺激引起,也可以是其外部的刺激引起。内部的刺激包括诸如企业决定生产新产品,需要新的设备和原材料;企业存货水平开始下降,需要购进生产资料;企业发现过去采购的原材料质量不好,需要更换供应商。外部刺激包括商品广告、营销人员的上门推销等。

(二)确定总需要

即购买者通过价值分析确定所需项目的特征和数量。标准化产品易于确定,而非标准化产品须由采购人员和使用者、技术人员乃至高层经营管理人员共同协商确定。卖方营销人员应向买方介绍产品特性、协助买方确定需要。

(三)明确产品规格

即由专业技术人员对所采购产品的品种、性能、特征、数量和服务,写出详细的技术说明书,作为采购人员的采购依据。在对产品进行分析时,一般采用价值分析法,即购买者根据所购产品的功能及成本决定的价值的高低来选购产品。

(四)寻找供应商

即生产者用户的采购人员根据产品技术说明书的要求寻找最佳供应商。可通过查找交易指南,进行计算机搜索,打电话要其他公司推荐,观看贸易广告和参加贸易展览会寻找最佳供应商。对于合格的供应商,他们会上门访问,察看制造设备和员工配置。最后,采购者会归纳出一份合格供应商的清单。

(五)征求供应建议书

即邀请合格的供应商提交供应建议书。对于复杂和花费大的项目,买方会要求每一潜在供应商提出详细的书面建议,经选择淘汰后,请余下的供应商提出正式供应建议书。卖方的营销人员必须擅长调查研究、写报告和提建议。这些建议应当是营销文件而不仅仅是技术文件,能够坚定买方的信心，使本公司在竞争中脱颖而出。

（六）选择供应商

在供应商选择之前，采购中心将向有意愿的供应商规定某些属性并指出它们之间的重要性。采购中心针对这些属性对供应商加以评分，找出最具吸引力的供应商。在选择供应商时，购买者考虑的主要因素包括：交货能力、产品质量和品种规格、产品价格、企业信誉与历史背景、维修服务能力、技术能力与生产设备、付款结算方式、企业财务状况、对顾客的态度以及企业的地理位置等。

（七）签订合约

选定供应商，购买者便向他们发出写有所需产品规格、数量、交货日期、退货条件、保修等内容的正式订货单。目前，很多购买者愿意采用“一揽子合同”的方式，并有可能要求供应商提供“零库存采购计划”。

（八）绩效评价

产品购进后，采购者还会及时向使用者了解其对产品的评价，考察各个供应商的履约情况，并根据了解和考察的结果，决定今后是否继续采购供应商的产品。为此，供应商在产品销售出去以后，要加强追踪调查和售后服务，以赢得采购者的信任，保持长久的供求关系。

延伸阅读

“同仁堂”绝妙的采购法

河北省安国市的庙会，是全国有名的药材集散市场。每年冬、春两季，各地药农、药商云集于此。北京同仁堂的药材采购员在采购中使用了一连串的技巧，并善于积极反馈信息，所购的药材比别的店家便宜许多。他们一到安国，并不急于透露自己需要采购什么，而是先注意收集有关信息。他们往往开始只是多少购进一点比较短缺的药材，以“套出”一些“信息”。例如，本来需要购进 10 000 斤黄连，他们往往只买进 100 斤上等货，而且故意付高价。“价高招商客”，外地的药商药农闻讯，便纷纷将黄连运到安国。这时同仁堂的采购员却不再问津黄连，而是抓市场上其他滞销的且又必然购买的药材大量买进。等其他生意做得差不多时，再突然返回来采购黄连。此时，他们已得到信息反馈：黄连由于大量涌进市场，形成滞销之势。各地来的药商，为了避免徒劳往返或者怕卖不出去亏本，都愿低价出售。经过这一涨一落，同仁堂就大量购买市场上各种滞销的药材。药商们吃了亏，影响到第二年药农的积极性，自然就会减少产量。同仁堂的采购员又能够预测到明年的情况。这样一来，这些减产的药材第二年又会因大幅度减产而价格暴涨，而这时同仁堂的库存早已备足。

资料来源：佚名.“同仁堂”绝妙的采购法[R/OL]. https://wenku.baidu.com/view/f9c43b9309a1284ac850ad02de80d4d8d15a0139.html，2024 年 6 月 10 日。

任务三　中间商市场购买行为分析

中间商是处于生产者和消费者之间的专门媒介，供应商应当把中间商视为顾客的采购代理人而不是自己的销售代理人，帮助他们为顾客做好服务。

一、中间商市场购买决策的基本内容与类型

微课视频

"买全球、卖全球"进博会搭建国际采购平台

中间商采购商品的目的是将所购商品转给它的顾客(个人或组织)。因此，中间商必须按照自己顾客的要求来制订采购计划。中间商市场购买决策的基本内容包括三个方面:一是决定经营范围和商品搭配选择;二是决定选择什么样的供应商;三是决定以什么样的价格和条件采购。其中,商品搭配选择是最主要的决策,它可以决定中间商的市场地位。

中间商市场的购买决策因采购业务的不同及购买决策的难易程度而不同,一般来说,主要包括以下三种不同的购买决策类型。

(一)新产品采购

这与前述生产者市场的新购不同,生产者对某种新产品如有需要,非买不可,只能选择供应商,而中间商会根据某种新产品销路的好坏决定是否进货以及如何进货。

(二)最佳供应商选择

如果中间商需要经营的产品已经确定,有可能经常要重新选择最佳供应商。导致中间商做出此类购买决策的原因是:

(1)中间商限于条件,不能经营目前所有供应商的产品,而只能从中选择一部分;

(2)中间商准备为顾客提供自有品牌商品,而必须寻找有一定水准同时又愿意合作的供应商,如屈臣氏集团(Watsons)、卜蜂莲花连锁超市(Lotus)经营了大量的自有品牌商品,其大量的采购就是为自有品牌选择供应商。

(三)寻求较好的供应条件

对于此类决策,中间商不需要更换供应商,只是希望从原供应商处获得更有利的供货条件及其他的服务支持。例如,中间商可能要求其供应商提供更多的服务以及更为合适的信贷条件、更加优惠的价格折扣等。

二、中间商市场购买决策过程的参与者

中间商市场购买决策过程参与者的多少取决于中间商的经营规模与采购项目的规模和重要程度。很多大型的中间商,也有一个像生产商一样的采购中心,并通过采购中心完成购买决策。事实上,不同类型的中间商有不同的购买决策方式及决策参与者。以连锁超市为例,中间商市场参与购买决策的人员或机构主要有以下三种:

(一)专职采购员

专职采购员(又称商品经理)负责决定商品搭配,接待推出新品牌的企业的推销人员,并有权决定是否接受新品牌产品。大多数公司的做法是,授权专职采购员对那些明显不能接受或明显可以接受的项目做出决定,而一些重要项目则需要提交采购委员会审议,并由采购委员会做出决定。

(二)采购委员会

采购委员会通常由公司总部的各部门经理和商品经理组成,负责审查商品经理提出的新产品采购建议,做出购买与否的决策。

(三)分店经理

分店经理是连锁超市下属各分店的负责人,掌握着分店一级的采购权。美国连锁超级市场各个分店的货源有 2/3 是由分店经理自行决定采购的。即使某种产品被连锁公司总部的采

购委员会所接受，也不一定被各个分店接受，从而加大了制造商的推销难度。

实际上，如果以 3 分为标准衡量影响分店经理采购决策的因素，其重要性程度见表 5—2。

表 5—2　影响分店经理采购决策因素的重要性程度

消费者对该产品的接受程度（即是否适销对路）	2.5 分
制造商的广告和促销作用	2.2 分
新产品介绍期给商店的补贴	2.0 分
新产品开发的原因	1.9 分
卖方推荐	1.8 分

三、中间商市场的购买过程和影响购买行为的因素

中间商市场的购买过程与生产者市场类似，也包括八个不同的阶段，即提出需要、确定总需要、确定产品规格、寻找供应商、征求供应建议书、选择供应商、签订合约和绩效评价。相关内容在此不再赘述。由于科技的发展，当代商业企业大量采用电脑和电子通信设备处理采购业务，如控制库存量、计算合理的订购量、处理订单、要求卖方报价等，有些产品还实行零库存采购。采购者通过电脑系统向供应商发出要货通知，供应商根据要货通知随时供货。这样，中间商特别是零售商不用建立自己的仓库即可及时得到供货，从而可以加速资金周转和降低经营费用。

中间商市场同生产者市场一样，其购买行为也受到环境因素、组织因素、人际因素和个人因素的影响。此外，中间商市场购买者的购买风格也发挥着一定的作用。美国学者狄克森（Dickinson）把购买者个人的购买风格分为以下七类：

（1）忠实型购买者。这类购买者忠于同一个供应商，不轻易更换供货来源。

（2）随机型购买者。这类购买者通常与几个符合其长期发展的供应商保持合作关系，并随时选择对自己最有利的供应商，而不固定于其中的任何一个。

（3）最佳交易条件型购买者。这类购买者专门选择一定时间内能给予自己最佳交易条件的供应商成交。

（4）主观型购买者。这类购买者向卖方提出自己所要求的产品、服务和价格，并希望以他提出的条件成交。

（5）广告型购买者。这类购买者在每一笔交易中都要求供应商补贴广告费。

（6）斤斤计较型购买者。这类购买者在交易中特别注重供应商给予多少价格折扣，且只与提供折扣的供应商成交。

（7）精明型购买者。这类购买者选择的货源都是最物美价廉、最适销的商品。

中间商市场的营销人员如果深入了解了购买者的特点，就可因人制宜，促成交易。

另外，中间商在购买产品时一般对价格特别重视，营销人员在营销过程中必须非常注意，尤其是当中间商的经营成本或消费者需求突然下降导致其边际利润减少时，中间商会更注意进货价格。

任务四 非营利组织市场、政府市场购买行为分析

一、非营利组织的购买特点

非营利组织作为特定的组织形式，其购买行为与生产者市场、中间商市场相比具有自身的特点：

1. 限定总额

非营利组织的采购经费总额是既定的，不能随意突破。

2. 价格低廉

非营利组织大多数不具有宽裕的经费，在采购中要求商品价格低廉。

3. 保证质量

非营利组织购买商品不是为了转售，也不是为了成本最小化，而是为了维持组织运行和履行组织职能。所购商品的质量和性能必须保证实现这一目的。

4. 受到控制

为了使有限的资金发挥更大的效用，非营利组织采购人员受到较多的控制，只能按照规定的条件购买，缺乏自主性。

5. 程序复杂

非营利组织购买过程的参与者多，程序也较为复杂。

二、政府采购的基本原则

政府采购的基本原则主要有以下三点：

(1)公开、公平、公正和效益的原则。

(2)勤俭节约的原则，一般不得超标采购。

(3)计划原则，根据预算和财政性资金使用计划编制采购计划。

三、政府市场购买过程的参与者

各个国家、各级政府都设有采购组织，一般分为两大类：

(1)行政部门的购买组织。比如，国务院各部、委、局，省、自治区、直辖市所属各厅、局，市、县所属的各科、局，等等。

(2)军事部门的购买组织。军事部门采购的军需品包括军事装备(武器)和一般军需品(生活消费品)。各国军队都有国防部和国防后勤部(局)，国防部主要采购军事装备，国防后勤部(局)主要采购一般军需品。

知识窗

2022 年全国政府采购简要情况

2022 年全国政府采购规模为 34 993.1 亿元，较上年减少 1 405.9 亿元，下降 3.9%，占全

国财政支出和GDP的比重分别为9.4%和2.9%。从结构来看,货物、工程、服务政府采购规模分别为9 027.5亿元、15 664.1亿元和10 301.5亿元,占全国政府采购规模比例为25.8%、44.8%和29.4%。从组织形式来看,政府集中采购、部门集中采购、分散采购规模分别为7 676.8亿元、2 609.7亿元和24 706.5亿元,占全国政府采购规模的21.9%、7.5%和70.6%。从采购方式来看,公开招标、邀请招标、竞争性谈判、竞争性磋商、询价、单一来源采购规模分别占全国政府采购规模的77.2%、0.8%、2.2%、11.0%、0.9%和3.3%。

政府采购政策功能作用日益凸显,有效促进经济社会发展。在支持绿色发展方面,2022年全国强制采购、优先采购节能节水产品520.4亿元,占同类产品采购规模的89.7%;优先采购环保产品847.6亿元,占同类产品采购规模的87.1%。在支持中小企业发展方面,全国政府采购授予中小企业合同金额为25 884.2亿元,授予中小企业合同总金额占全国政府采购规模的74.0%;其中,授予小微企业合同金额15 148亿元,占全国政府采购规模的43.3%。在支持乡村振兴方面,各级预算单位通过脱贫地区农副产品网络销售平台("832"平台)采购贫困地区农副产品超过120亿元,有效带动贫困农户增收,促进乡村产业发展。

从采购项目数量来看,中央单位采购项目数量前五名的分别是税务总局、中国科学院、教育部、国家卫生健康委、中国气象局;地方采购项目数量前五名的省份是浙江省、广东省、山东省、北京市、广西壮族自治区。

资料来源:2022年全国政府采购简要情况[R/OL].中国政府采购网,https://www.ccgp.gov.cn/news/202312/t20231226_21337135.htm,2024年6月10日。

四、非营利组织和政府市场的采购方式

(一)公开招标选购

公开招标即非营利组织或政府的采购部门通过传播媒体发布广告或发出信函,说明拟采购商品的名称、规格、数量和有关要求,邀请供应商在规定的期限内投标。有意争取这笔业务的企业要在规定时间内填写标书,密封后送交非营利组织或政府的采购部门。招标单位在规定的日期开标,选择报价最低且其他方面符合要求的供应商作为中标单位。

公开招标的程序为:

(1)公开招标与邀请招标。

(2)开标评标与现场竞标。开标应邀请评标委员会成员、供应商代表和有关单位代表参加。评标委员会由采购人、招标代表以及技术、经济、法律等方面专家组成。人数为5人以上单数。

(3)签订采购合同与支付价款。签订合同后采购人凭采购合同及财政部门要求的其他材料到财政部门办理付款手续。

(4)监督检查。检查采购活动是否依计划采购、采购项目是否符合政府规定、采购方式和程序是否符合法律规定、采购合同的履行情况等。

(二)议价合约选购

议价合约选购即非营利组织或政府的采购部门同时与若干供应商就某一采购项目的价格和有关交易条件展开谈判,最后与符合要求的供应商签订合同,达成交易。这种方式适用于复杂的工程项目,因为它们涉及重大的研究开发费用和风险。

(三)日常性采购

日常性采购是指非营利组织或政府为了维持日常办公和组织运行的需要而采购。这类采

购金额较少，一般是即期付款、即期交货，如购买办公桌椅、纸张文具、小型办公设备等，类似于生产者市场的“直接重购”或中间商市场的“最佳供应商选择”等类型。

项目回顾

1. 组织市场包括生产者市场、中间商市场、非营利组织市场和政府市场。

2. 生产者购买行为可分为直接重购、修正重购和新购三种类型。新购最为复杂。供应商应当分析不同购买类型的购买决策的需求特点、参与者以及完整的购买过程。

3. 中间商的购买类型分为新产品采购、最佳供应商选择、寻求较好的供应条件三种类型。中间商的购买类型不同，其购买过程和参与者也不同。

4. 非营利组织和政府市场的采购方式主要有公开招标选购、议价合约选购、日常性采购等。两者的购买特点有一定的相似性，也存在一定的差异。

思政园地

北京奥运地铁 BT 运作模式

一、奥运地铁 BT 模式概况

北京地铁奥运支线是北京地铁 10 号线的支线，线路全长 4.7 千米，全部为地下线路，全线设 4 座车站，总投资约 24.2 亿元。奥运地铁于 2003 年 12 月动工，其中部分支线在 2004 年起采用建设—转让(build-transfer，BT)模式招标融资与建设。BT 模式是指政府利用非政府资金来进行基础非经营性设施建设项目的一种新融资模式，是指一个项目的运作通过项目公司总承包，融资、建设验收合格后移交给业主，业主向投资方支付项目总投资加上合理回报的过程。

二、招标决策

地铁奥运支线由北京地铁 10 号线投资有限责任公司负责投资、建设和运营，并且委托国信招标有限责任公司作为这一项目的法人招标代理商，随后国信招标组建了北京地铁奥运支线 BT 项目组，具体负责本项目的招标工作，并由北京地铁 10 号线投资有限责任公司聘请的北京市轨道交通建设管理有限公司、柏诚工程技术有限公司、共和律师事务所提供项目管理、工程技术、法律方面的支持。

三、决策过程

北京地铁奥运支线在 2004 年被首次批准采用 BT 模式融资和建设：由招标人采用 BT 模式通过公开招标的方式确定中标人，由中标人负责组建奥运支线项目公司；项目公司根据确定的建设范围筹措相应的建设资金，并按确定的建设计划和技术标准建设奥运支线工程，工程施工由中标的投资者中具有总承包资质的单位以工程总承包的方式承担。招标人委托建管公司，对项目的投资、安全、质量、工期进行全过程监管；工程竣工、验收合格后，招标人以股权收购的形式接收项目公司，并向中标人支付合同价款。

四、奥运地铁 BT 模式的实施保障

1. 全程透明

在国信招标有限责任公司明确适用的法律法规、精心编制的招标文件、合理的评分办法、严密组织的评标程序的前提下，本次招标、评标的客观性、公平性和公正性得到了各方面的认可，绝大部分投标人对评标结果没有任何异议，即使有投标人对其评标结果提出了质疑，但经有关主管部门核实，确认评标委员会的评标结果是客观、公正、有效的，投标人的质疑理由不成立。

2. 分阶段的开评标办法

招标文件是投标人投标的依据，评标办法是评价投标人的基础。因此，招标文件中评标办法的制订，直接关系到能否通过招标评选出综合评价最优的投标人。为贯彻《中华人民共和国招标投标法》中体现的“公开、公平、公正”的原则，最大限度保证评标的客观性和公正性、最大限度地减少人为因素对评标的影响、最大限度保证评标结果能够客观反映投标人的真实水平，在本次招标的评标办法编制中采用了“两阶段开标、三阶段评审、两阶段打分、以报价为重点”的方法，从而尽最大可能减少个人因素在评标过程中的影响，使得评标过程变得更加合理。

3. 允许和鼓励联合体投标

北京地铁奥运支线作为一个需要投标人进行融资、投资、建设并移交的项目，要求投标人必须具有足够的投融资能力、建设资质、抗风险的实力。要求投标人同时具备这些能力，对独立的单个投标人来说具有一定的难度，大多数投标人仅具备投融资能力或建设资质其中的一方面。因此，为保证项目的顺利实施，不限制投标人组成联合体就成为一个必然的选择。

资料来源：唐琳. 市场营销学[EB/OL]. 学银在线平台，有删减。

议一议：

1. 与其他类型的组织市场比较，政府的购买行为有何特点？

2. 分析案例中北京地铁奥运支线招标的意义。

3. 根据北京地铁奥运支线招标的过程，分析在政府采购过程中会遇到哪些特别需要注意的问题。

项目测试

一、单选题

1. 生产者市场和消费者市场比较，生产者市场（　　）。

A. 购买者的数量较多，购买者的规模较大　B. 购买者的数量小，购买者的规模较大

C. 购买者的数量较多，购买者的规模较小　D. 购买者的数量较少，购买者的规模较小

2. 组织市场需求的波动幅度（　　）消费者市场需求的波动幅度。

A. 小于　B. 大于　C. 等于　D. 都不是

3. 派生需求又叫（　　）。

A. 负需求　B. 无谓需求

C. 客观需求　D. 引申需求或衍生需求

4. 生产者用户初次购买某种产品或服务称为（　　）。

A. 直接重购　B. 修正重购　C. 重购　D. 全新采购

5. 认识需要是生产者用户购买决策的（　　）。

A. 终点　B. 中间点　C. 起点　D. 中介点

二、多选题

1. 组织市场的主要特点有（　　）。

A. 购买者数量较少　　B. 购买量大
C. 供需双方关系密切　　D. 采购者地理位置较分散
E. 情感型购买

2. 中间商决定购买数量的主要依据是(　　)。
A. 现有的存货水平　　B. 预期的需求水平
C. 符合中间商的要求　　D. 成本/效益比较
E. 有没有折扣

3. 下列对于组织市场的有关论述正确的是(　　)。
A. 组织市场和消费者市场比较,生产者市场上购买者的数量较多,规模较大
B. 组织市场上的购买者往往集中在少数地区
C. 组织市场的需求是派生需求
D. 组织市场的需求波动小
E. 组织市场的需求是富有弹性的需求

4. 企业采购中心的成员有(　　)。
A. 发起者　　B. 使用者　　C. 信息控制者　　D. 影响者
E. 采购者

三、判断题

1. 公用事业、金融保险、服务业和环保机构、红十字会等都属于生产者市场。(　　)
2. 组织市场的购买者往往通过中间商采购。(　　)
3. 采购者个人的购买风格对中间商购买行为影响较小。(　　)
4. 作为连锁超市下属各分店的负责人,分店经理掌握分店一级的采购决策权。(　　)
5. 中间商的购买行为受环境因素、组织因素和个人因素的影响。(　　)

能力训练

案例研讨

华为的采购之道

华为技术有限公司(以下简称“华为”)创立于 1987 年,是一家民营通信科技公司。从成立初期发展至今,华为深耕通信技术领域,已成为全球领先的信息与通信技术解决方案供应商,致力于构建万物互联的智能世界。2013 年,华为在《财富》世界 500 强中排名第 315 位;2023 年《财富》世界 500 强排行榜,华为跃居第 228 位。

随着企业采购进入高速数字化采购新时代,为了保持国际竞争力,华为博采众长,从跨国公司 IBM 请来顾问帮助自己建立采购系统,以求更好的发展。华为从组织结构、市场投标、采购需求、电子化交易、与供应商的沟通五个方面入手,努力在技术、价格、质量、交货、响应、速度以及创新等方面获得竞争优势。华为的采购和管理经验总结为以下几个方面:

1. 组建跨部门采购团队

华为采购部建立了物料专家团,每个物料专家团都是一个跨部门团队,确保能够汇集每个业务部门、地区市场的需求。在具体的采购过程中,各物料专家团只负责采购某一类或某一族

物料商品，这样可以在全球范围内利用华为的采购杠杆，同时有利于集中管理采购合同，提高采购效率。

2. 确保供应商早期介入

华为的研发部门和供应商密切沟通，供应商参与华为的产品设计。这种早期介入有利于供应商更好地了解华为对采购产品的真实需求以及具体的采购计划，保障产品的及时供给。同时，供应商的介入有利于双方的技术融合，实现互利共赢。

3. 采购关系管理

华为的内部采购主要包括生产采购和行政采购两部分。除了完成日常采购外，采购部门还负责与供应商以及内部客户的关系管理，对采购过程中任意一方的问题、需求予以及时高效的反馈。这些都拉近了与供应商的关系，同时提升了内部客户的满意度。

4. 推行电子化交易

华为正着手推行电子化采购方式，利用数字化技术和采购平台，实现从“采购请求”到“付款”全流程的自动化。华为还搭建了供应商协同系统，以使供应商参与电子化、数字化的交易过程，提升合作效率。

5. 重视与供应商的沟通

华为深谙沟通对良好合作关系建立的作用，非常重视与供应商的沟通，建立了多样化的沟通渠道。比如，每个物料专家团都有专门的对接人员负责与供应商沟通和交流，以便更好地传达公司的采购计划需求，处理采购过程中遇到的任何问题。华为还成立了供应商反馈办公室，处理供应商对华为内部员工或部门的投诉等，以实现采购的阳光化和科学化，与供应商构建安全、可靠的健康产业链条。

资料来源：根据网络资料整理。

思考与分析：

1. 华为为什么要组建跨部门采购团队？
2. 华为与供应商之间的关系如何？

实践训练

组织市场：不一样的市场

<table>
<tr><td>训练名称</td><td colspan="2">组织市场分析</td><td>训练类别</td><td>个人训练</td></tr>
<tr><td>训练目的</td><td colspan="4">了解如何分析组织市场</td></tr>
<tr><td rowspan="4">训练方案</td><td>训练步骤</td><td colspan="2">训练内容</td><td>时 间</td></tr>
<tr><td>1. 准备</td><td colspan="2">仔细阅读实践训练所附资料，并通过各种途径进一步搜寻相关资料</td><td rowspan="3">与本项目教学时间同步，课外完成</td></tr>
<tr><td>2. 分析思考</td><td colspan="2">通过资料分析，你认为谈判一开始为什么会陷入僵局。美国电报电话公司的首席业务代表在什么地方有失误？假如你是该公司的代表，将做哪些努力使谈判回到正轨？</td></tr>
<tr><td>3. 形成报告</td><td colspan="2">将上述分析与思考形成文字报告</td></tr>
<tr><td>考核方式</td><td colspan="4">依据学生提交的报告评定成绩</td></tr>
</table>

实践训练资料

陷入僵局的谈判

有一次，美国电报电话公司的业务小组将一套价值1.5亿美元的电信系统推荐给波音公司。该业务小组承诺在售后服务与协助问题的处理以及快速维护方面一定会令波音公司满意。

在听完一大堆的保证之后，波音公司的采购主任说："好，现在请将你刚刚所说的承诺一一写下来。同时，我们希望你做出保证，如果这一套系统不能按时安装好，你们愿意赔偿损失。"

"我们将尽最大的努力，"美国电报电话公司的首席业务代表回答说，"但我们并不能保证绝不会出问题，有时候……"

"你在欺骗我们……"波音公司的代表生气地打断对方："一开始，你说你们很乐于服务。现在，又不愿承诺……"

"我不是这个意思！"首席业务代表开始有点慌了，于是连忙解释："让我想想，应该怎么解释……"

首席业务代表极力想挽回局面："让我们好好研究一下，也许有一些问题我们可以答应。"不过太迟了，波音公司的采购主任已经下定决心，他带着随员气冲冲地走出了大门。

到底发生了什么问题？美国电报电话公司拒绝波音公司的要求，波音公司的代表一听马上就生气了，并展开攻击。美国电报电话公司的代表马上采取守势，他的这种做法更把买方给惹火了。当这一位首席业务代表回过头来想要解释一番的时候，对方已经没有耐心了。谈判陷入僵局，好像一点办法都没有了。

资料来源：刘园. 国际商务谈判[M]. 北京：首都经济贸易大学出版社，2004:254。

项目六　目标市场营销战略

学习目标

知识目标

1. 理解市场细分的条件和标准；
2. 了解目标市场的覆盖模式；
3. 掌握市场定位的方法。

能力目标

1. 能够结合具体产品，提出其进入目标市场的策略；
2. 能够结合市场定位的方法和步骤，实施正确、有效的定位。

思政目标

1. 培养学生的职业操守，增强诚信意识和法制观念；
2. 培养学生对中国特色社会主义市场经济体制的认识和理解，培养市场意识和竞争意识。

案例导入

拼多多企业盈利模式的分析

拼多多，2015 年 9 月上线，在短短三年时间内一举成为仅次于阿里巴巴、京东的第三大电商交易平台。2018 年 7 月拼多多在美国纳斯达克证券交易所正式挂牌上市，发行价 19 美元，市值达到 240 亿美元。

拼多多是一家 C2B 模式的社交电商平台，其以独创的拼团购物为核心，主打百亿补贴、农货产地直销等，致力于为消费者提供“更实惠，多乐趣”的消费体验。

拼多多的经营战略

拼多多成立初期，处于产品的探索期，以打磨产品和探索商业模式为主。2017 年开始，拼多多步入成长期，把以客户需求为导向作为发展战略。拼多多的发展战略主要体现在如下几个方面。

1. 分享型电商策略

以微信为链接平台，开展拼单、砍价等项目，让消费者“病毒式”裂变，以社交增大消费者数量，带动产品销售，增加平台流量。

2. 价格策略

以砍价、拼团的低价营销策略率先抢占三、四线城市用户，通过社交裂变来宣传优惠活动，主要包括百亿补贴、砍价红包、抽奖打折等方式，以此实现增加平台用户流的目标。

3. 广告策略

拼多多在各大卫视投入了大量广告，并创作了传唱度极高的歌曲，使得宣传效果事半功倍，再加上综艺投放，短时间内提高了拼多多的国民度。

4. 目标客户

拼多多将目标客户定位放在三、四线城市的用户群上，"农村包围城市"的路线也是拼多多一项重大发展战略。此外，拼多多改变了传统销售模式，例如，在农村电商扶贫措施中创新解决了农产品销售不佳的问题，并将订单准确对接贫困地区，使有效订单量大幅增加。从年龄、性别、地区、消费取向方面对拼多多的利润对象展开分析，发现其主要分布于如下群体中：青年群体、女性群体、三线及以下城市消费者。从平台使用人群的男女比例来看，女性更有购物的倾向，女性用户的购物需求更强，担负更多的家庭购物责任。对拼多多用户年龄段的研究发现，30岁以下人群占比最高，这意味着拼多多的低价战略贴合了这部分消费群体的消费需求。拼多多对于利润对象的主要目标定位是在三线及以下城市，以此为基点向二线及以上城市发散，不难看出拼多多在下沉市场方面是表现良好的。拼多多作为电子商务发展的新趋势，区别于传统电子商务客户的获取方式。但无论何种电子商务平台，都应该积极探索更优的商业模式。从可持续盈利的角度来看，短期内拼多多应发挥自身优势，深入挖掘低线市场，多角度提升供应链产能。在中期，应该抓住已有的规模化效应，打造品牌，逐步使品牌在一线和二线城市培养消费者群体，弥补三、四线城市竞争造成的用户群体流失。从长远来看，要回馈制造端，打造跨界、跨行业的生产链，开辟新的利润点，抢占新的利润阵地，为企业的进一步发展壮大打好基础。

资料来源：李璐．关于拼多多企业盈利模式的分析[J]．老字号品牌营销，2024(1)：96—98．有删改。

通过前面任务的学习，我们已经明白了市场营销中的"市场"是特指有需求的顾客的总体。那么，是不是所有的顾客总体都是企业的市场呢？这时我们需要正视两个基本现实：其一，再大的企业实力也是有限的；其二，顾客的需求是多样的，即使相同需求也是多层次的。因此，任何企业都不可能把所有的顾客都当成自己的顾客去满足他们的需求，当然也没有一个企业可以做到这一点。即便是规模再大的企业，也不可能满足全部顾客的需求，只能针对部分顾客的需求予以满足，这样企业在进行市场营销时就需要开展目标市场营销，实施STP战略。

所谓STP战略，指的是市场营销战略分析中三个连续的过程：市场细分（segmenting）、确定目标市场（targeting）和市场定位（positioning）。通过STP过程，企业把市场区分成若干细分市场，选择其中的一个或几个细分市场作为目标市场，为每个细分市场定制产品开发和营销方案，把自身可以给目标市场带来的关键特征和利益清晰地传达给顾客。在市场营销过程中不仅要满足需求，还要实施STP战略，有重点地满足需求，更要应对竞争以更好地满足顾客的需求。

任务一　市场细分

一、认识市场细分

微课视频

市场细分

市场细分是美国市场营销学家温德尔·史密斯(Wendell R. Smith)于1956年在美国《市场营销杂志》上首先提出来的概念。所谓市场细分，是指企业经营者根据选定的标准或因素，将一个错综复杂的异质市场划分成若干个具有相同或相似需求的同质市场，从而确定企业目标市场的活动过程。它可以使企业有效地分配和使用有限资源，进行各种有意义的营销活动，并向市场提供独特的服务产品以及相关的营销组合。

除了上述市场细分外，理论上还有两种极端的市场细分方式：完全市场细分和无市场细分。

(一)完全市场细分

完全市场细分是指市场中的每一位消费者都单独构成一个独立的子市场，企业根据每位消费者的不同需求生产相应的产品。理论上讲，只有一些小规模的、消费者数量极少的市场才能进行完全市场细分，但对于企业而言，此种做法是不经济的。完全市场细分在某些行业，如飞机制造等行业仍大有市场，且近几年开始流行的“定制营销”就是企业进行完全市场细分的结果。

(二)无市场细分

无市场细分是指市场中的每一位消费者的需求都是完全相同的，或者是企业有意忽略消费者彼此之间需求的差异性，不对市场进行细分。

知识窗

市场细分不是对产品本身分类，而是对同种产品需求各有一定差异的买主分类，从而识别具有不同需要或欲望的买主群的活动。市场细分的客观基础是同一产品的消费需求的多样性。

二、市场细分的作用

市场细分是目标营销的基础，它对于企业经营获得成功具有很大的作用。其作用主要集中表现在以下四个方面：

(一)有利于企业发掘最佳的市场机会

企业利用市场细分，可以找到市场上竞争者现有产品不能满足的需求，发现有利于企业的营销机会，以便运用自身的有利条件，通过产品开发将潜在的顾客需求转化为现实的市场需求，从而迅速占领市场并取得优势地位。

市场细分对于中小型企业有特殊的意义。中小型企业资源薄弱、实力有限，在整体市场或较大的市场中往往难以与大企业竞争。通过市场细分，中小型企业可以找到大企业顾及不到或无力顾及的“空白市场”，然后见缝插针、拾遗补阙，集中力量经营，就会变整体劣势为局部优势，同样可在激烈的市场竞争中占有一席之地。

(二)有利于企业制定和调整营销策略

通过市场细分，企业可以把市场分解开来，仔细细分比较，及时发现竞争动态，避免将生产经营过度集中在某种畅销产品上，从而避免与竞争者形成一团混战的局面。通过市场细分，企业比较容易认识和掌握顾客需要的特点及其对不同营销措施反应的差异，从而针对不同细分市场的特点，改进现有的产品与服务的规格、种类、质量特性等，甚至开发新的产品和服务，制定具体、完善、有效的营销策略。

（三）有利于把有限资源集中于目标市场

企业可以根据细分市场的特点，结合企业资源条件，充分发挥企业优势，集中使用人、财、物为目标市场服务，将有限的经济资源用于能产生最大效益的地方，占领某一细分市场或几个细分市场，从而增强企业在目标市场上的竞争能力。

（四）有利于企业提高经济效益

通过市场细分，企业根据所选择的目标市场的特点生产出适销对路的产品，既能满足市场需要，又可以增加企业的收入；产品适销对路可以加速商品流转，加大生产批量，降低企业生产成本，全面提高企业的经济效益。

三、市场细分的原则

（一）可衡量性

可衡量性是指市场细分的规模、购买力和细分后的市场是可以衡量的。企业所选择的各个细分市场应具有区别于其他细分市场的明显特征，主要包括三个方面的内容：一是消费者需求具有明显的差异性；二是用于市场细分的消费者需求特征信息要易于获取和衡量；三是通过市场细分后的各个市场部分的范围、容量、潜力、购买力等应该是能够衡量的，这样才有利于确定目标市场。

（二）可进入性

可进入性是指细分出来的市场应该是企业营销活动能够达到的，即企业通过努力能够使产品进入并对消费者施加影响的市场。一方面，企业相关产品的信息能够通过各种渠道顺利传递给目标市场上的消费者；另一方面，企业在一定时期内有可能将产品通过一定的分销渠道运送到该市场。企业所选择的目标市场，必须是自己有足够的进入能力，而且具有较强竞争力的细分市场。

（三）可持续性

有效的细分市场所划分的子市场还必须具有相对可持续性，即占领市场后的相当长时期内不需要改变企业的目标市场。目标市场的改变必然带来企业营销措施和营销策略的改变，这种变动过快给企业带来的风险和损失也会随之增加。目标市场越稳定，越有利于企业制定长期的营销战略和策略。

（四）可营利性

可营利性是指细分后的子市场需要有足够大的规模，同时具有开发的潜力，值得付出一定的营销努力。企业作为以盈利为目的的经济组织，能否盈利是判断其活动合理性的重要标准，因此，企业选择的目标市场应当能够维持一定的利润水平。如果细分市场规模过小，市场容量有限，对于企业就没有开发的价值。

（五）发展性

发展性是指企业选择的细分市场具有未来发展的潜力，通过企业的开发有可能发展成为一个大市场，能够给企业带来长远的利益。可见，细分市场的选择实际上是企业经营领域的选择，具有战略意义。因此，细分市场的选择必须与企业的长期发展战略相结合。

延伸阅读

海尔冰箱在美国

美国家电市场品牌荟萃、竞争激烈,几乎是所有世界品牌的竞技场。美国家庭的厨用冰箱非常大,这与他们的生活习惯有关。他们每星期只开车购物一次,因而购物的时候恨不得把一星期的食品买好了,回来放在冰箱里面。那该如何进入这个市场呢?这需要进行市场细分,就是要找到一个缝隙产品。在进入国际知名品牌林立的美国市场时,海尔抓住了美国消费者对小型冰箱越来越欢迎的市场需求,成功地开发了适合单身者和留学生使用的小型冰箱和带电脑桌的冰箱,投放美国市场后,立即受到了美国消费者的欢迎。据统计,在美国的小容积冰箱市场中,海尔已占据了50%的市场份额。

资料来源:根据网络资料整理。

四、市场细分的标准

市场细分的标准就是根据消费者需求的差异性(即消费者本身的特点)细分市场。凡是构成消费者差异的因素都可以作为市场细分的标准。为方便研究和实际操作的需要,根据消费者的购买行为和企业市场营销的实际情况不同,细分市场时有不同的标准。

(一)消费者市场的细分标准

消费者市场上的需求千差万别,影响因素错综复杂。对消费者市场的细分没有一个固定的模式,各企业可根据自己的特点和需要,采用适宜的标准细分,以获得最佳的营销机会。影响消费者市场需求的因素可以用来作为细分消费者市场的标准,即细分变量。消费者市场细分标准可以概括为地理因素、人口因素、心理因素和行为因素四大类(见表6—1)。

表6—1 消费者市场细分标准及变量

细分标准	细分变量
地理因素	国家、地区、气候、交通状况、城镇大小、地形、地貌、人口密集度等
人口因素	年龄、性别、职业、收入、民族、宗教、教育、家庭人口、家庭生命周期等
心理因素	生活方式、性格、购买动机、态度等
行为因素	购买时间、购买数量、购买频率、品牌忠诚度、敏感程度等

1. 地理因素

按照消费者所处的地理环境与位置,即根据不同地域的消费者行为特征细分市场称为地理细分。细分变量包括国家、地区、城市、乡村、沿海、山区、城市规模、人口密度、不同的气候带以及不同的地形地貌等。

由于处于不同地域环境下的消费者,对于同类产品往往会有不同的需要偏好,由此他们对企业的产品、价格、渠道、广告宣传等营销策略的反应也常常存在差别。中国的茶叶市场,各地区有不同的偏好。绿茶主要畅销于江南各省,花茶畅销于华北、东北地区,砖茶则主要为某些少数民族所喜好。

2. 人口因素

按照人口统计因素细分市场称为人口细分。具体包括年龄、婚姻、职业、性别、收入、受教育程度、家庭生命周期、国籍、民族、宗教等。人口统计变量比较容易衡量，有关数据相对容易获取，由此构成了企业经常以它作为市场细分的重要原因。

(1)性别。由于生理上的差别，男性与女性在产品需求与偏好上有很大不同，如在服饰、发型、生活必需品等方面均有差别。随着社会发展，消费者需求个性日益突出，此细分变量在市场细分中的作用日益凸显。例如，高星级酒店推出的“女性楼层”；福建某企业推出的男款茶和女款茶；联合利华推出的“男女区分”的清扬去屑洗发水；等等。

(2)年龄。不同年龄的消费者有不同的需求特点。例如，青年人对服饰的要求与老年人的需求差异较大，青年人需要鲜艳时髦的服饰，老年人需要端庄素雅的服饰。

(3)收入。消费者的实际收入直接影响其购买力、生活方式以及对将来的期望，因而对消费需求的数量和结构具有决定性影响。家具等耐用品、旅游用品、饮食服务业等许多行业均可以此为依据细分市场。

(4)消费者职业和受教育程度。消费者的职业不同也会引起不同的需求。比如，教师与演员对服装、鞋帽和化妆品等产品的需求必然有很大差异。消费者受教育程度的不同会形成不同的消费行为和需求特点，这是由于文化水平影响人的价值观和审美观所致。

除上述方面，消费者的家庭生命周期、国籍、种族、社会阶层及宗教等，也是影响其购买行为的主要因素，企业在细分市场时必须予以充分注意。

在根据人口因素细分市场时，可以同时综合多个细分变量。例如，服装市场可同时依据的细分变量就有年龄、收入、性别与职业等。

3. 心理因素

根据购买者所处的社会阶层、生活方式、个性特点等心理因素来细分市场称为心理细分。

(1)社会阶层。社会阶层是指在某一社会中具有相对同质性和持久性的群体。处于同一阶层的成员具有类似的价值观、兴趣爱好和行为方式，不同阶层的成员在上述方面存在较大的差异。不同社会阶层的消费者所具有的不同特点，为产品的市场细分提供重要的依据。

(2)生活方式。许多企业，尤其是服装、化妆品、家具、餐饮、娱乐等行业的企业，越来越重视按照人们的生活方式来细分市场。比如，按消费者生活方式可以区分出“传统型”与“新潮型”、“节俭型”与“奢华型”、“严肃型”与“活泼型”、“社交型”与“顾家型”等消费者群体。服装公司可以把女性分成“朴素型”“时髦型”及“男子气型”三种类型，从而分别设计出传统服装、时尚服装与中性服装。

(3)个性特点。个性是指一个人比较稳定的心理倾向与心理特征，它影响着消费者的需求与购买行为。性格外向、感情容易冲动的消费者往往好表现自己，因而他们喜欢购买表现自己个性的产品；性格内向的消费者则喜欢大众化，往往购买比较朴素、简易的产品。

4. 行为因素

根据消费者不同的消费行为细分市场称为行为细分。行为细分主要根据购买时间、购买数量、购买频率、品牌忠诚度等变量来细分市场。

(1)购买时间。许多产品的消费具有时间性，因此，企业可以根据消费者产生需要、购买或使用产品的时间，把市场细分为旺季市场与淡季市场，并采用不同的营销策略。

(2)购买数量。即根据消费者使用某一产品的数量大小细分市场。通常可分为大量使用者、中度使用者和轻度使用者。大量使用者人数可能并不多，但他们的消费量在全部消费量中占有很大的比重。

(3)购买频率。根据消费者的购买频率,可以分为经常购买、一般购买、不常购买(潜在购买者)。经常购买者往往是许多企业争夺的主要对象。

(4)品牌忠诚度。消费者对产品品牌存在品牌忠诚度。企业根据消费者对品牌的忠诚状况,可将消费者划分为三类:坚定品牌忠诚者,这类消费者一贯忠诚某一种品牌,任何时候、任何场合都只购买该品牌的产品;游离品牌忠诚者,这类消费者总是游离于其中很少几种品牌;无品牌忠诚者,这类消费者对何种品牌无所谓,购买具有很大的随意性。

(二)生产者市场细分的标准

生产者市场的购买者与消费者市场的购买者有所不同:生产者市场的购买者是企业用户,其购买决策由有关专业人员做出,一般属于理性行为。因此,虽然一些消费者市场细分的标准也可适用于生产者市场,但生产者市场有一些不同的细分标准。

1. 用户的规模

在组织市场中,用户经营规模是细分生产者市场的重要标准。企业应当根据用户规模大小细分市场,用户或客户的规模不同,企业的营销组合方案也应有所不同。例如,对于大客户,应直接联系、直接供应,在价格、信用等方面给予更多优惠;而对众多的小客户,则应使产品进入商业渠道,由批发商或零售商组织供应。

2. 产品的最终用途

产品的最终用途不同也是组织市场的细分标准之一。工业品用户购买产品,一般都是供再加工之用,对所购产品通常都有特定的要求。企业应根据用户要求,将要求大体相同的用户集合成群,并据此设计出不同的营销策略组合。

3. 用户的地理位置

每个国家或地区大多在一定程度上受自然资源、气候条件和历史传统等因素影响,形成若干工业区。例如,江浙两省的丝绸工业区、以山西为中心的煤炭工业区和东南沿海的加工工业区等。这就决定了生产资料市场往往比消费品市场在区域上更为集中,地理位置因此成为细分生产资料市场的重要标准。企业按用户的地理位置细分市场,选择客户较为集中的地区作为目标,有利于节省推销人员往返于不同客户之间的时间,而且可以合理规划运输路线,节约运输费用,也能更加充分地利用销售力量,降低推销成本。

五、市场细分的方法

(一)单一因素法

根据影响消费者需求的某一个重要因素细分市场,如按品种细分粮食市场、按性别细分服装市场、按用途细分钢材市场等。当然,按单一因素细分市场,并不排斥环境因素的影响作用。考虑环境的作用更符合细分市场的科学性要求。

(二)系列因素法

根据企业经营的特点并按照影响消费者需求的诸因素,由粗到细地细分市场,每一步的细分均在上一步选定的子市场中进行。比如自行车市场,可按地理位置(城市、郊区、农村、山区)、性别(男、女)、年龄(儿童、青年、中老年)、收入(高、中、低)、职业(工人、农民、学生、职员)、购买动机(求新、求美、求价廉物美、求结实耐用)等变量因素细分市场(见图 6—1)。

(三)综合因素法

根据影响消费者需求的两种或两种以上的因素细分市场。综合因素法的核心是并列多因

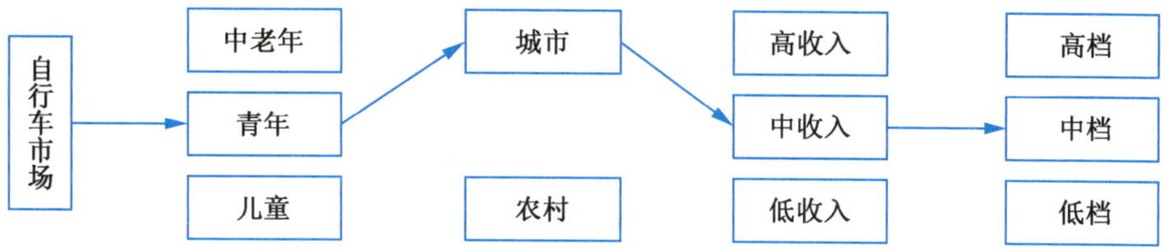

图 6—1　系列因素细分市场

素分析，所涉及的各项因素都无先后顺序和重要与否的区别(见图 6—2)。

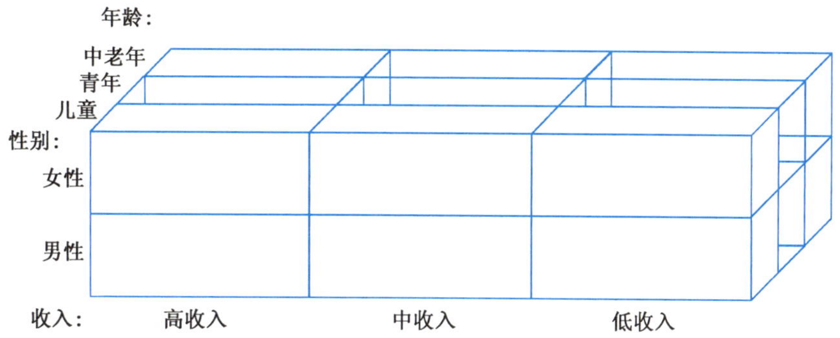

图 6—2　综合因素细分市场

六、市场细分的程序

美国市场营销学家麦卡锡提出细分市场的一整套程序，这一程序包括七个步骤。

(一)选定产品市场范围

确定进入什么行业，生产什么产品。产品市场范围应以顾客的需求，而不是产品本身的特性来确定。例如，某一房地产公司打算在乡间建造一幢简朴的住宅，若只考虑产品特征，该公司可能认为这幢住宅的出租对象是低收入顾客，但从市场需求角度看，高收入者也可能是这幢住宅的潜在顾客。因为高收入者在住腻了高楼大厦之后，恰恰可能向往乡间的清静，从而成为这种住宅的顾客。

(二)列举潜在顾客的基本需求

企业可以通过调查，了解潜在消费者对前述住宅的基本需求。这些需求可能包括：遮风避雨、安全、方便、宁静、设计合理、室内陈设完备、工程质量好等。

(三)了解不同潜在用户的不同要求

对于列举出来的基本需求，不同顾客强调的侧重点可能会存在差异。例如，经济、安全、遮风避雨是所有顾客共同强调的，但有的用户可能特别重视生活的方便，有的用户则对环境的安静、内部装修等有很高的要求。通过这种差异比较，不同的顾客群体即可初步被识别出来。

(四)剔除潜在顾客的共同需求

抽掉潜在顾客的共同要求，而以特殊需求作为细分标准。上述所列购房的共同要求固然重要，但不能作为市场细分的基础。比如遮风避雨、安全是每位用户的要求，就不能作为细分市场的标准，因而应该剔除。

(五)划分不同的市场群体或子市场

根据潜在顾客基本需求上的差异,将其划分为不同的群体或子市场,并赋予每一子市场一定的名称。例如,西方房地产公司常把购房的顾客分为好动者、老成者、新婚者、度假者等多个子市场,并据此采用不同的营销策略。

(六)分析细分市场特征

进一步分析每一细分市场需求与购买行为特点,并分析其原因,以便在此基础上决定是否可以合并这些细分出来的市场,或做进一步细分。

(七)评估细分市场规模

估计每一细分市场的规模,即在调查基础上估计每一细分市场的顾客数量、购买频率、平均每次的购买数量等,并对细分市场上产品竞争状况及发展趋势做出分析。

任务二　目标市场选择

一、认识目标市场

微课视频

目标市场选择

目标市场是指企业在细分市场的基础上,经过评价和筛选所确定的作为企业经营目标而开拓的特定市场,即企业渴望能以相应的商品和服务满足其需要,并为其服务的那几个消费者群体。目标市场选择是指企业根据一定的条件和标准,选择其中某个或几个目标市场作为经营目标的决策过程。

任何企业拓展市场,都应在细分市场的基础上发现可能的目标市场,并对其进行选择。企业通过市场细分,发现市场上未得到满足的需求。一种市场机会是否成为企业机会,不仅取决于该市场机会是否与企业的任务和目标相一致,而且取决于该企业是否具备利用这种市场机会的条件,取决于该企业在利用这种市场机会时具有比其他竞争者更大的优势。企业无法满足所有买主的所有需求。因此,必须把企业的营销活动局限在有限的市场范围内。

二、目标市场评价

市场细分的直接目的是选择目标市场。在市场细分的基础上,企业首先要认真评估各个细分市场,然后根据自己的营销目标和资源条件选择适当的目标市场,并决定自己在目标市场上的营销策略,从而实现市场细分和目标市场营销的作用。

企业评估细分市场主要从三方面考虑:一是目标市场的规模和增长潜力;二是目标市场吸引力;三是企业本身的目标和资源。

(一)目标市场的规模和增长潜力

企业要评估细分市场是否有适当规模和增长潜力。细分市场适当规模是相对于企业的规模与实力而言,对于大企业,较小的细分市场不值得涉足;对于小企业,它又缺乏足够的资源进入较大的细分市场,并且小企业在大市场上也无力与大企业竞争。

市场增长潜力的大小关系到企业销售和利润的增长,但有发展潜力的市场也常常是竞争者激烈争夺的目标,这又减少了企业的获利机会。

(二)目标市场吸引力

市场吸引力主要是指市场可以提供的长期获利率的大小。一个市场可能具有适当规模和增长潜力,但从获利观点来看不一定具有吸引力。决定整体市场或细分市场是否具有长期吸引力的有五种力量:现实的竞争者、潜在的竞争者、替代产品、购买者和供应者。企业必须充分评估这五种力量对长期获利率所造成的威胁和机会。

(三)企业本身的目标和资源

有些细分市场虽然规模适合,也具有吸引力,但企业还必须考虑:首先,它作为目标市场是否符合企业的长远目标,如果不符合,企业就不得不放弃;其次,企业是否具备在该市场获胜所必要的能力和资源,如果不具备,也只能放弃。

三、目标市场选择策略

目标市场的选择策略,即关于企业为哪个或哪几个细分市场服务的决定。通常有五种模式供参考:市场集中化策略、选择专业化策略、产品专业化策略、市场专业化策略和市场全面化策略(见图6—3)。

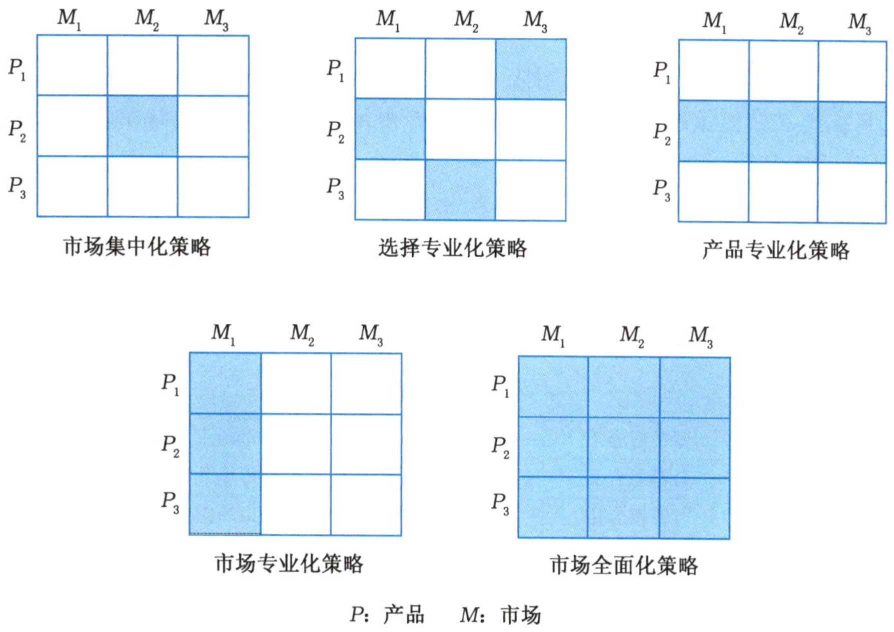

图6—3　目标市场选择的五种模式

(一)市场集中化策略

企业选择一个细分市场,集中力量为之服务。较小的企业一般专门填补市场的某一部分。集中营销使企业深刻了解该细分市场的需求特点,采用有针对性的产品、价格、渠道和促销策略,从而获得强有力的市场地位和良好的声誉。不过,这样做也隐藏着较大的经营风险。

(二)选择专业化策略

所谓选择专业化,是指企业选择若干个细分市场,其中每个细分市场都有吸引力并符合企业的要求,企业将其资源分散在这些不同的细分市场为相应的顾客提供产品或服务。

各细分市场之间很少联系,然而,每个细分市场都有可能盈利。相对于集中化市场,这种目标市场模式可以有效分散企业的经营风险。

(三)产品专业化策略

所谓产品专业化,是指企业将全部精力和资源集中于同一产品,为不同的顾客提供同一类产品。通过产品专业化,企业可以在某个产品领域树立起很高的声誉,但一旦产品被一种全新的技术所代替,企业就会面临危机。

(四)市场专业化策略

所谓市场专业化,是指企业将全部精力和资源集中于某个顾客群,专门为该顾客群的各种需要提供不同的产品和服务。

通过市场专业化,企业可以专门为这个顾客群服务,从而获得该顾客群的好评,并有可能成为这个顾客群所需各种产品和服务的销售代理商,但如果顾客突然削减预算经费,企业就会面临危机。

(五)市场全面化策略

所谓市场全面化,是指企业想用各种产品满足各种顾客群体的需求,即以全面的产品或服务全面进入市场。一般只有实力强的公司才有足够的实力有可能采用市场全面化策略。

四、目标市场营销策略

当企业确定了目标市场的覆盖范围后,接着就要确定以何种策略进入目标市场。可供企业选择的目标市场营销策略主要有三种:无差异性市场策略、差异性市场策略和集中性市场策略(见图 6—4)。

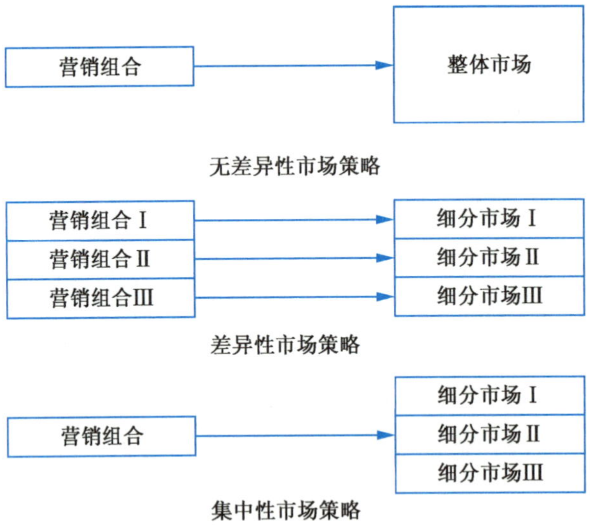

图 6—4 目标市场营销策略

(一)无差异性市场策略

无差异性市场策略是指企业将整体市场作为目标市场,只推出一种产品迎合消费者群体中大多数人的策略。这是一种求同存异的策略,采用此策略的企业把整个市场看成一个整体,它只考虑需求的共性而不考虑差异,运用一种市场营销策略(产品、价格、分销、促销)吸引尽可能多的顾客。

无差异性市场策略的优点是产品单一,容易保证质量。同时,企业可以大批量生产以降低生产成本和销售费用。但是,它也有很大的局限性:一是一种产品想得到不同层次、不同类型的所有顾客的满意且长期为全体消费者所接受是不可能的;二是当同类企业均采用这个策略时，必然要形成激烈的竞争。

延伸阅读

不变的可口可乐

国际上运用无差异性市场策略最成功的是可口可乐公司。它在世界各地都用这个牌子，用相同的策略。可口可乐公司从1886年创立以来，一直采用无差异性市场策略，生产一种口味、一种配方、一种包装的产品满足世界156个国家和地区的需求，称作“世界性的清凉饮料”。1985年，可口可乐公司宣布要改变配方的决定，不料成千上万个电话打到公司，对公司改变可口可乐的配方表示不满和反对。该公司不得不继续大批量生产传统配方的可口可乐。

（二）差异性市场策略

差异性市场策略是指企业把整体市场划分为几个细分市场，针对不同细分市场的特征，设计不同的商品，制定不同的营销策略，满足不同的消费需求的策略。

差异性市场策略的优点是能满足不同消费者的需求，提高产品的竞争能力，从而扩大销售。同时，企业易于取得连带优势，有利于企业树立良好的市场形象，大大提高消费者和用户对企业产品的信赖程度，提高企业信誉。但由于产品、促销方式及其他营销策略的差异化，增加了企业管理的难度，企业的生产成本、管理费用、销售费用大增。目前，只有实力雄厚的大公司采用这种策略。

延伸阅读

通用汽车公司的成与败

曾经，美国通用汽车公司宣称该公司将对“财富、目的和人生”各不相同的人，生产不同的轿车——普通型的：雪佛兰；中档的：别克；高档的：凯迪拉克。通过提供不同的产品与营销，通用公司希望在每个细分市场均获得较高的销售额和建立更为牢固的竞争地位。

然而遗憾的是，实际上，通用公司并没有顺应环境的变化，推出合适的产品。其产品开发没有突出特性化、差异化和个性化的优势。当今世界资源短缺，环境污染日益加重，因此，人们普遍欢迎低油耗型的汽车。通用汽车却把自己的未来“押宝”在能源消耗巨大的运动型多功能车等车型上，因而导致2004年出现巨额亏损乃至2008年金融危机后申请破产保护。

（三）集中性市场策略

集中性市场策略是指企业既不面向整个市场，也不把精力分散在不同的细分市场，而是集中力量进入一个或很少的几个细分市场，开发一种专业性产品，实行高度专业化的生产和销售，满足特定消费者或用户的需要的策略。

大部分中小企业采用这种策略，它们对目标市场有较深入的了解，能够用特殊的商品和营销方案满足特殊消费者的需要。采用这种集中性策略的企业，通常集中针对一个或为数不多的细分后的小市场作为它的目标市场。企业的出发点是争取在小的市场范围内获得比较高的占有率。

集中性市场策略的优点是可以节省费用，使企业集中精力创名牌和保名牌。缺点是实行这种策略对企业来说要承担较大风险，企业把全部精力都放在单一市场上，一旦出现市场情况变化快、预测不准或是营销方案制定得不利的情况，就可能导致重大的失败。

延伸阅读

华为 Mate 系列：高端市场的集中化营销典范

华为通过其 Mate 系列手机在高端市场展现了出色的集中化营销策略。该策略以精准定位高端用户群体为核心，这些用户追求手机的技术性能、品质和独特设计。

Mate 系列手机凭借卓越的技术性能、创新技术和出色的用户体验，成功满足了高端用户的需求。华为在研发上投入巨大，采用最新技术，确保手机性能领先。同时，独特且高端的外观设计满足了用户对美的追求。

华为采用集中化营销策略，将 Mate 系列与竞争对手区分开。精准市场定位和产品差异化使该系列手机在高端市场获得广泛认可。利用高端用户口碑，华为提升了产品知名度和信任度。与时尚品牌、艺术家的合作进一步增强了品牌的时尚度和影响力。

华为 Mate 系列手机通过深入了解高端用户需求，专注于产品创新和品质提升，成功打造了高端品牌形象。

任务三　市场定位

一、认识市场定位

市场定位(market positioning)在 20 世纪 70 年代由美国营销学家阿尔·里斯和杰克·特劳特提出，目前已成为经典的市场营销理论，流传十分广泛。

市场定位是指企业根据竞争者现有产品在市场上所处的位置，针对顾客对该类产品某些特征或属性的重视程度，为本企业产品塑造与众不同的、给人鲜明印象的形象，并将这种形象生动地传递给顾客，从而使该产品在市场上确立适当的地位。简而言之，就是在客户心目中树立独特的形象。

微课视频

市场定位

市场定位的实质是使本企业与其他企业严格区分开来，使顾客明显感觉和认识到这种差别，从而在顾客心目中占据特殊的位置。市场定位可分为对现有产品的再定位和对潜在产品的预定位。对现有产品的再定位可能导致产品名称、价格和包装的改变，但是这些外表变化的目的是保证产品在潜在消费者的心目中留下值得购买的形象。对潜在产品的预定位，要求营销者必须从零开始，使产品特色确实符合所选择的目标市场。公司在市场定位时，一方面要了解竞争对手的产品具有何种特色，另一方面要研究消费者对该产品的各种属性的重视程度，然后根据这两方面分析，再选定本公司产品的特色和独特形象。

二、市场定位策略

企业常用的市场定位策略主要有：避强定位策略、迎头定位策略和重新定位策略。

（一）避强定位策略

这是一种避开强有力的竞争对手进行市场定位的模式。企业不与对手直接对抗，将自己置身于某个市场“空隙”，发展目前市场上没有的特色产品，开拓新的市场领域。

这种定位的优点是：能够迅速地在市场上站稳脚跟，并在消费者心中尽快树立起一定形象。由于这种定位方式市场风险较小，成功率较高，常常为多数企业所采用。例如，美国的艾姆（Aims）牌牙膏专门对准儿童市场这个“空隙”，因而能在 Crest（佳洁士，宝洁公司出品）和 Colgate（高露洁）两大品牌主导的世界牙膏市场上占有 10%的市场份额。

（二）迎头定位策略

这是一种与在市场上居支配地位的竞争对手“对着干”的定位方式，即企业选择与竞争对手重合的市场位置，争取同样的目标顾客，彼此在产品、价格、分销、供给等方面稍有差别。

在世界饮料市场上，作为后起的“百事可乐”进入市场时，就采用过这种方式，“你是可乐，我也是可乐”，与可口可乐展开面对面的较量。实行迎头定位，企业必须做到知己知彼，应该了解市场上是否可以容纳两个或两个以上的竞争者，自己是否拥有比竞争者更多的资源和能力，是不是可以比竞争对手做得更好。否则，迎头定位可能会成为一种非常危险的战术，将企业引入歧途。

当然，也有些企业认为这是一种更能激发自己奋发向上的定位尝试，一旦成功就能取得巨大的市场份额。

（三）重新定位策略

重新定位通常是指对那些销路少、市场反应差的产品进行两次定位。初次定位后，随着时间的推移，新的竞争者进入市场，选择与本企业相近的市场位置，致使本企业原来的市场占有率下降；或者，由于顾客需求偏好发生转移，原来喜欢本企业产品的人转而喜欢其他企业的产品，因而市场对本企业产品的需求减少。在这些情况下，企业就需要重新定位其产品。因此，一般来讲，重新定位是企业为了摆脱经营困境，寻求重新获得竞争力和增长的手段。不过，重新定位也可作为一种战术策略，并不一定是因为陷入了困境；相反，可能是由于发现新的产品市场范围引起的。例如，某些专门为年轻人设计的产品在中老年人中也开始流行后，这种产品就需要重新定位。

三、市场定位方法

企业市场定位的具体方法很多，常见的有以下几种：

（一）领先定位

企业通过强调自己在市场上的明显的优势地位来突出自身特点，使目标市场顾客对企业拥有深刻的印象。领先的定位选择，最容易让顾客记住。因此，可口可乐公司通过“只有可口可乐，才是真正的可乐”的口号来有效地强调企业与顾客的“初恋”，并以此强调自己的市场领先地位。

（二）比附定位

比附定位是指企业以竞争者品牌为参照物，依附竞争者定位。企业比附定位的对象通常是行业的领先者，比附定位的目的是通过与强势竞争对手的有效对比，提升自身的价值与知名度。“因为我们第二，所以我们更努力”，巧妙地利用了强势竞争者的市场位置提升自己的市场地位。

(三)档次定位

企业及其产品的价值是产品质量、顾客心理感受及各种社会因素(如价值观、文化传统等)的综合反映。定位于高档次的产品，传达了产品(服务)高品质的信息，同时也体现了顾客对它的认同。因此，档次具备了实物之外的价值。事实上，“档次”可以给目标顾客带来尊重和优越感。高档次产品往往通过高价位来体现其价值。

(四)USP 定位

根据企业向目标顾客提供的产品的独特利益来进行定位。所谓的 USP(unique selling proposition)，即独特利益，是其他竞争对手无法提供或者没有诉求过的，因而是独一无二的。

(五)类别定位

根据产品类别建立的品牌联想来定位。类别定位力图在顾客心目中造成该品牌等同于某类产品的印象，以成为某类产品的代名词或领导品牌，力求做到当顾客有了某类特定需求时就会联想到该品牌。例如，一想到快餐，人们就会想到肯德基、麦当劳等。

(六)使用者定位

按照产品与某类顾客的生活形态和生活方式的相互关联定位。成功运用使用者定位，可以将企业的产品个性化，从而树立自己独特的产品形象和个性。百事可乐定位于“新一代的可乐”，抓住了新生代崇拜影视偶像的心理特征，请明星做广告代言人，从而使“百事”成为“年轻、活泼、时代”的象征。

(七)文化定位

将某种文化内涵注入企业产品特色之中，使产品形成具有文化内涵的差异的定位。文化定位不仅可以大大提高企业产品的品位，而且可以使其形象独具特色。当年的孔府家酒就是此方面的成功者。按中国的传统风俗，喜庆的日子必定会欢聚，使其作为“家酒”在消费者心目中具有不可动摇的地位。提起孔府家酒，人们就会不由自主地在脑海中呈现出阖家团圆的喜庆场面，“孔府家酒，叫人想家”的温馨也自然萦绕左右。

(八)附加定位

企业通过加强服务等方式树立和强化企业产品形象的定位称为附加定位。对于生产性企业而言，附加定位需要借助产品实体形成诉求点，从而提升产品的价值(特别是情感价值)；对于非生产性企业来说，附加定位可以直接形成诉求点。

(九)市场空隙定位

企业通过寻求市场上尚无人重视或未被竞争对手控制的区域，推出新产品适应这一潜在目标市场的需要进行定位。企业进行此种定位时，要注意以下三个问题：一是新产品在技术上是可行的；二是新产品的价格水平在经济上是可行的；三是新产品有足够的消费者。只有这样，企业才可以在这个市场空白处填补空缺。当年，在美国三大汽车巨头激烈竞争的美国汽车市场上，德国大众公司的甲壳虫汽车就是凭借“想想还是小的好”发现了市场空隙，成功打入美国市场。

四、市场定位步骤

企业要实施正确、有效的定位，往往需要遵循一定的定位步骤。

（一）确定定位层次

确定定位层次是定位的第一步。确定定位层次就是要明确所要定位的客体，这个客体既可以是行业、公司、产品组合，也可以是特定的产品或服务。例如，福特集团将其所属的酒店集团中的福特·克莱斯特酒店定位为“一个明确的商务性酒店”，而同时将它的福特·波斯特豪斯定位为低房价的便宜酒店。

（二）识别重要属性

定位的第二步是识别影响目标市场顾客购买决策的重要因素。这些因素就是所要定位的客体应该或者必须具备的属性，或者是目标市场顾客具有的某些重要的共同特征。例如，航空公司提供的飞行服务一般必须具有安全、准时、舒适等重要属性。

（三）绘制定位图

在识别出重要属性之后，就要绘制定位图，并在定位图上标示本企业和竞争者所处的位置。一般都使用二维图。如果存在一系列重要属性，则可以通过统计程序将之简化为能代表顾客选择偏好的最主要的二维变量。定位图选择的二维变量，既可以是客观属性，也可以是主观属性，或可以将二者结合起来。但无论是选择主观属性还是客观属性，都必须是“重要属性”。

（四）评估定位选择

里斯和特劳特曾提出三种定位选择：一是强化现有位置，避免正面打击冲突。例如，美国艾飞斯在广告中声称“艾飞斯在租车行业中只是第二位，那么，为什么租我们的车？我们更加努力呀！”，其采用的就是这种定位战略。二是寻找市场空隙，获取先占优势。这个战略是指发现市场中未被竞争者占领的领域，并为之采取相应的营销策略。三是给竞争者重新定位。即当竞争者占据了它不该占有的市场位置时，让顾客认清对手“不实”或“虚假”的一面，从而使竞争对手为自己让出它现有的位置。

锦囊妙计

无论采取何种选择，一种定位要想获得成功，满足以下三个条件将是关键：(1)定位必须有意义；(2)定位必须可行；(3)定位必须是唯一的。

（五）执行定位

定位最终需要通过各种沟通手段（如广告、员工的着装、行为举止、服务的态度、质量等）传递出去，并为顾客所认同。实践中，企业期望的位置经常会与实际传递的位置不一致，这往往是由不一致的营销造成的。事实上，成功的定位取决于协调一致、整体的内部和外部营销策略。

延伸阅读

避免市场定位中常见的错误有以下六种：(1)将最显而易见的想法弃如敝屣；(2)定位需要一次涵盖现在与未来；(3)用语要花哨才能吸引人；(4)个人英雄主义作祟；(5)紧盯短期收益表现；(6)有改变就会进步。

项目回顾

1. 市场细分是指生产者或营销者依据消费者消费需求和购买行为的差异性，把消费者整体市场划分为两个或两个以上具有类似需求的消费者群。

2. 市场细分的作用表现在：第一，有利于企业发掘最佳的市场机会；第二，有利于企业制定和调整营销策略；第三，有利于企业把有限资源集中于目标市场；第四，有助于企业提高经济效益。

3. 企业目标市场的营销策略主要有三种：无差异性市场策略、差异性市场策略、集中性市场策略。

4. 企业必须明确自己在竞争市场上的位置，以便选择正确的竞争策略和市场定位。

5. 市场定位就是确定企业在目标市场上的位置以及企业整体形象在顾客心目中的位置。

思政园地

在上海合作组织成员国元首理事会第二十二次会议上，习近平总书记郑重宣示："中国经济韧性强、潜力足、回旋余地广、长期向好的基本面不会改变，将为世界经济企稳复苏提供强大动能，为各国提供更广阔的市场机会。"正如外媒所评论的那样，中国是引领世界经济增长的"可靠火车头"之一。迎风搏浪，无惧风雨！中国经济不仅是世界经济重要的动力之源和强劲引擎，还为动荡变化的世界注入更多稳定性和确定性。

持续快速发展积累的雄厚综合国力，为我们战胜各种风险考验提供了强有力的底气和最有效的保障，这是中国经济航船行稳致远的物质基础。

资料来源：节选自2023年7月4日下午国家主席习近平在北京以视频方式出席上海合作组织成员国元首理事会第二十二次会议并发表重要讲话。

议一议：

1. 中国经济为什么被认为是引领世界经济增长的"可靠火车头"？

2. 中国经济的持续快速发展积累的雄厚综合国力对中国和世界经济有何影响？

3. 请深入分析一个或多个在逆境中依然勇往直前、展现出顽强生命力的企业案例，并分享这些案例给你带来的启示。

项目测试

一、单选题

1. 采用无差异性营销战略的最大优点是（　　）。

A. 市场占有率高　　B. 成本的经济性

C. 市场适应性强　　D. 需求满足程度高

2. 集中性市场策略尤其适合（　　）。

A. 跨国公司　　B. 大型企业　　C. 中型企业　　D. 小型企业

3. 同质性较高的产品，宜采用（　　）策略。

A. 产品专业化　　B. 市场专业化　　C. 无差异营销　　D. 差异性营销

4. "好空调，格力造"属于（　　）定位。

A. 质量优势　　B. 情感　　C. 自我形象　　D. 功能

5. 某跨国集团将其目标市场划分为亚洲、欧洲、美洲、非洲等，其划分的依据属于(　　)。

A. 地理细分　　B. 人口细分　　C. 心理细分　　D. 行为细分

二、多选题

1. 目标市场营销策略的主要步骤有(　　)。

A. 市场细分　　B. 目标市场选择

C. 市场定位　　D. 市场营销组合

E. 大市场营销

2. 企业在决定为多个子市场服务时可供选择的策略有(　　)。

A. 大量市场营销　　B. 无差异市场营销

C. 差异市场营销　　D. 集中市场营销

E. 大市场营销

3. 企业在选择目标市场策略时需考虑的主要因素有(　　)。

A. 企业资源　　B. 产品特点

C. 市场特点　　D. 产品生命周期阶段

E. 竞争对手的策略

4. 市场定位的主要方法有(　　)。

A. 情感定位　　B. 服务定位

C. 质量优势定位　　D. 功能定位

E. 自我形象定位

5. 企业采用差异性营销策略时，以下描述正确的是(　　)。

A. 一般只适合于小企业　　B. 要进行市场细分

C. 有较高的适应能力和应变能力　　D. 能更好地满足市场深层次的需求

E. 以不同的营销组合针对不同的细分市场

三、判断题

1. 无差异性营销策略的最大优点在于成本的经济性。(　　)

2. 细分消费者市场的标准，不适用于产业市场。(　　)

3. 消费者需求的相对同质性造成了市场细分的必要性，而消费需求的绝对差异性则使市场细分有了实现的可能性。(　　)

4. 通过市场细分化过程，细分出的每一个分市场，对企业市场营销都具有重要的意义。(　　)

5. 同质性高的产品适宜采用集中性市场营销策略。(　　)

能力训练

案例研讨

低调的国产手机巨头——传音手机

在全球手机市场中，除了备受瞩目的苹果、三星以及国内的华为、小米、OPPO和vivo等品牌外，还有一个相对低调但实力不容小觑的巨头——传音。虽然在国内市场鲜为人知，但传音却在2023年悄然跻身全球前五。

传音是一家以非洲市场为主战场的中国手机制造商，其成功的关键在于对亚非拉市场的专注和深刻理解。这一战略帮助传音在全球手机市场中占据了一席之地。

第一，传音手机的策略一直是专注于亚非拉市场。这个策略帮助其在国际下沉市场带来了巨大的红利。在全球化的今天，许多大公司都把目光投向了欧美等发达地区，而忽视了亚非拉这些发展中国家的市场。然而，正是这种被忽视的市场，为传音提供了巨大的发展空间。亚非拉市场的消费者数量巨大，尽管他们的购买力可能不如发达国家的消费者，但是他们对手机的需求却是持续且强烈的。这为传音提供了强大的用户基础，使其能够在这些市场上建立起稳定的市场份额。

第二，传音的"农村包围城市"战略在手机市场中得到了充分的体现。尽管亚非拉等发展中国家的消费者购买力相对较低，但这些地区的市场规模庞大，拥有数以亿计的潜在用户。传音敏锐地捕捉到了这一市场特性，选择避开竞争激烈的发达市场，转而深耕发展中国家市场。这一策略使传音避开了与苹果、三星等国际大品牌的直接竞争，同时也在广阔的下沉市场中建立了稳固的用户基础。

第三，传音的成功得益于其对目标市场消费者需求的深入理解和精准把握。例如，针对非洲消费者多SIM卡使用的需求，传音率先推出了双卡甚至四卡手机，这一创新设计深受当地用户欢迎。同时，传音还针对非洲消费者的肤色特点优化了摄像头算法，使得拍照效果更符合非洲用户的审美需求。这些深度本土化的举措，让传音手机在亚非拉市场中树立了良好的品牌形象和口碑。此外，传音还通过提供价格适中、功能实用的手机，满足了这些国家消费者的实际需求。这使得传音在亚非拉市场获得了极高的认可度和良好的口碑，为其进一步拓展市场打下了坚实的基础。

第四，今年以来，虽然消费电子市场寒冬，但基层消费者的需求也是巨大的，逆水行舟不进则退，这也给传音带来了机会。在经济环境困难的时期，消费者对价格敏感度提高，而传音的手机正好满足了他们的需求。传音不仅提供了价格适中的产品，还针对这些市场的特定需求进行了定制化开发。例如，针对非洲市场，传音开发了具有强烈阳光下可视性、超长待机时间、以及耐用性强等功能的手机。这些举措使得传音能够更好地满足基层消费者的需求，从而在市场竞争中脱颖而出。

传音能够进入全球前五，可以说是天时地利人和的结果。一方面，全球经济格局的变化和消费电子市场的波动为传音提供了机会窗口；另一方面，传音自身坚持的市场定位和产品策略也为其成功奠定了坚实的基础。然而，从长期来看，传音面临的挑战依然不小。随着市场竞争的加剧和技术的快速发展，传音需要不断创新和升级，以保持其在下沉市场的竞争优势。

资料来源：江翰传媒. 传音杀入全球前五，只给亚非拉卖手机的传音怎么行的[EB/OL]. https://www.sohu.com/a/748443597_507132? scm=1019.20001.0.0.0&spm=smpc.csrpage.news-list.1.1706420294842M57fv9D, 2024年6月10日，有删改。

思考与分析：

1. 传音手机为何能在非洲市场取得如此显著的成功？
2. 传音手机所采取的目标市场营销策略是什么？

实践训练

目标市场营销：抖音与快手的市场竞争格局

<table>
<tr><td>训练名称</td><td colspan="2">目标市场营销</td><td>训练类别</td><td>个人训练</td></tr>
<tr><td>训练目的</td><td colspan="4">实际体验、认知和操作目标市场营销战略的分析与制定</td></tr>
<tr><td rowspan="4">训练方案</td><td>训练步骤</td><td colspan="2">训练内容</td><td>时　间</td></tr>
<tr><td>1. 准备</td><td colspan="2">仔细阅读实践训练所附资料，并通过各种途径进一步搜寻相关资料</td><td rowspan="3">与本项目教学时间同步，课外完成</td></tr>
<tr><td>2. 分析思考</td><td colspan="2">通过资料分析，结合自身理解谈谈抖音与快手的目标市场、经营特色和市场定位的特点</td></tr>
<tr><td>3. 形成报告</td><td colspan="2">将上述分析与思考形成文字报告</td></tr>
<tr><td>考核方式</td><td colspan="4">依据学生提交的报告评定成绩</td></tr>
</table>

实践训练资料

双雄争霸：抖音与快手的市场竞争格局

自短视频行业在国内崭露头角以来，抖音与快手两大巨头一直主导着市场，形成了一种“双雄争霸”的竞争格局。两者之间的竞争犹如高手对决，互不相让，各自展现出独特的优势和强大的市场影响力。

数据显示，快手在2023年上半年实现了日活跃用户（DAU）3.76亿，同比增长8.7%。这一显著增长表明快手在国内短视频市场具备强大的竞争力。同时，快手的累计互关用户数也实现了50%以上的同比增长，显示出平台用户之间的高频互动和社区的活跃氛围。

尽管抖音并未公开其具体用户数据，但从多个独立研究机构的报告中可以推测，抖音的月活跃用户（MAU）数量仍领先于快手。这一领先优势无疑为其在国内短视频市场的竞争中增添了重要砝码。

抖音与快手的竞争，不仅仅局限于用户规模。两者在内容创新、商业模式探索等方面也展开了激烈的角逐。为了吸引并留住用户，这两大平台不断推出新颖的内容形式和互动功能，同时采取了多种商业化策略。

值得注意的是，这种双雄争霸的局面并不意味着其他短视频平台没有生存空间。在抖音和快手之外，还有许多中小型平台在市场中占据一席之地。这些平台往往凭借独特的内容定位、用户群体或地域优势，在细分市场中获得竞争优势。

对于抖音和快手来说，如何在竞争激烈的市场中保持领先地位，同时不断创新和适应变化，将是二者面临的重要挑战。而作为消费者和用户，我们也有望在未来看到更加丰富、多元的短视频内容和服务。两大巨头之间的竞争将继续推动整个行业的发展和创新，为用户带来更优质的内容和体验。

资料来源：封面商业. 双雄争霸：抖音与快手的市场竞争格局[EB/OL]. https://baijiahao.baidu.com/s?id=1787251051662397367&wfr=spider&for=pc，有删改。

项目七　产品策略

学习目标

知识目标

1. 了解产品与产品组合的概念；
2. 了解产品生命周期各阶段的特点；
3. 了解新产品的种类和新产品的开发的程序；
4. 掌握品牌与商标策略；
5. 掌握包装的设计原则及主要策略。

能力目标

1. 能够用产品的整体概念及层次分析企业产品；
2. 能够使用产品组合策略结合实际情况分析并规划企业产品组合；
3. 能够分析产品生命周期的不同阶段，并在此基础上采用有效的应对策略；
4. 能够运用品牌策略帮助企业塑造自身品牌并进行管理；
5. 能够根据实际情况灵活运用包装策略实现企业营销目标。

思政目标

1. 培养学生的环保意识及可持续发展的思维；
2. 培养学生遵纪守法的意识。

案例导入

泡泡玛特的产品运营策略

泡泡玛特(POP MART)成立于2010年，是集潮流商品零售、艺术家经纪、新媒体娱乐化平台和大型展会举办于一体的IP(intellectual property)综合运营服务集团。

一、产品矩阵

泡泡玛特的品牌产品主要分为自有IP、独家IP和非独家IP，其中自有IP是泡泡玛特的主要商品类型。泡泡玛特基于公司已有IP开发的文创产品类型包括盲盒、手办、衍生品等。

二、IP 来源

泡泡玛特的 IP 来源一方面靠艺术家创作，另一方面靠与 IP 提供商合作，通过自研、代理双管齐下持续丰富 IP 池。早期艺术家主要通过参加艺术展览和玩具展的方式贩卖作品，泡泡玛特选择签约热门展览的艺术家。

三、产品孵化流程

泡泡玛特的 IP 落地一般需要 10 到 12 个月，主要流程包括 IP 发掘、设计生产、销售渠道铺开以及潮玩后市场构建四个阶段。

四、产品运营流程

泡泡玛特 IP 运营策略的核心是抓住消费者心理特点，打造"盲盒文化"，并强调社交属性，无论是抽盲盒，还是收集玩具产生的社交，以及对文化环境的认同，都可以让泡泡玛特这一品牌不断融入玩家生活，进一步加强玩家的身份认同感，这也是泡泡玛特潮流密码的核心。

资料来源：汕头澄海玩具协会. 泡泡玛特的运营策略[R/OL]. https://mp.weixin.qq.com/s/PVqVgT6ZhMoRrD6VQtQATw，2024 年 6 月 10 日，有删改。

产品是市场营销组合中最重要、最基本的因素。企业产供销管理的对象是产品，企业的营销活动与社会需要的统一也体现在产品上，企业与市场的关系更是由产品来连接。因此，离开了产品，其他将无从谈起，而产品策略是整个营销组合策略的基石。

美国著名的企业管理学家彼得·德鲁克(Peter Drucker)说过，任何企业都具有两个、也仅有两个基本的功能：市场营销与创新。产品创新是营销创新的核心，市场需求的不断变化以及新技术、新材料、新工艺的广泛应用，必然使任何一种产品的生命周期缩短。因此，企业必须进行产品开发与产品创新。创新是企业发展的前提，是企业在市场竞争中取胜的法宝。

任务一　产品与产品组合

一、产品的整体概念

微课视频

产品与产品组合

所谓产品，传统的解释是指具有特定形态和一定用途的物品，如衣服、手表、汽车等都是产品。但是，这种理解是狭义的，因而是不完整的。现代市场营销学对产品的理解是一种广义的概念，它是指凡能提供给市场，以引起人们注意、获取、使用或消费，从而满足人们某种需要或欲望的物质，包括产品实体、无形服务、地点、组织及意识等。广义的产品也称为整体产品概念，以菲利普·科特勒为首的北美学者更倾向于将产品整体概念分为五个层次：核心产品、形式产品、期望产品、附加产品、潜在产品(见图 7—1)。

(一)核心产品

核心产品是指企业向顾客提供的最基本的效用和利益。消费者或用户购买某种产品，并不仅仅是为了购买某一物质实体，而是为了满足某种特定的需求。例如，人们购买电冰箱，并不是为了买到装有压缩机、冷藏室、开关按键的大铁箱，而是为了通过电冰箱的制冷功能，使食物保鲜，提高生活水平和质量服务。可见，一个产品能否满足顾客的需要，关键在于能否提供顾客所追求的基本效用和利益。核心产品是整个产品概念中最重要、最基本的层次。

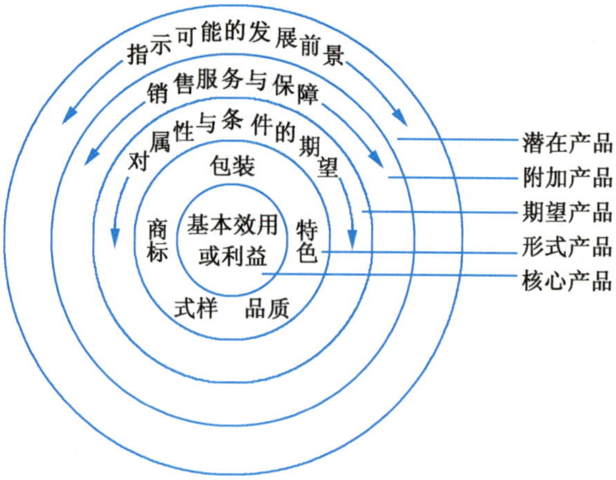

图 7—1 整体产品概念

(二)形式产品

形式产品是指核心产品借以实现的外在形式,也就是产品的外观部分,它较之核心产品具有更广泛的内容。形式产品由质量、式样、品牌、包装及特征组成。

(三)期望产品

期望产品是指购买者在购买该产品时期望得到的与产品密切相关的一整套属性和条件。例如,酒店的客人期望得到清洁的床位、洗浴香波、浴巾、衣帽间的服务等。因为大多数酒店均能满足旅客这些一般的期望,所以旅客在选择档次大致相同的酒店时,一般不是选择哪家酒店提供期望产品,而是根据哪家酒店就近和方便而定。

(四)附加产品

附加产品是指人们在购买形式产品时所能得到的附加利益的总和。它包括提供信贷、免费运送、售后服务、设备安装以及提供各种保证等。企业要满足消费者的某种需求,就应提供与满足该项需求有关的一切服务。美国市场营销专家李维特曾指出:现代企业竞争并不在于各公司能生产什么,而在于它们能为其产品增加什么内容。企业只有向顾客提供更多的实际利益,更好地满足其对附加利益的需求,才能在竞争中取胜。

(五)潜在产品

潜在产品是指现有产品包括所有附加产品在内的、可能发展成为未来最终产品潜在状态的产品。潜在产品指出了现有产品的可能的演变趋势和前景。

延伸阅读

整体产品概念的五个层次充分体现了以顾客为中心的现代市场营销观念。这一概念的内涵和外延都是以消费者需求为标准的,是由消费者的需求所决定的。可以说,整体产品概念是建立在“需求=产品”这样一个等式基础之上的。由此断言,没有整体产品概念,就不可能真正贯彻现代市场营销观念。

二、整体产品概念对营销的启示

美国学者西奥多·莱维特说:"新的竞争不是发生在各个公司的工厂生产什么产品,而是发生在其产品能提供何种附加利益(如包装、服务、广告、顾客咨询、融资、送货、仓储及具有其他价值的形式)。"

(1)它以消费者基本利益为核心,指导整个市场营销管理活动,是企业贯彻市场营销观念的基础。消费者追求的基本利益包括功能和非功能两方面的要求。消费者对前者的要求出于实际使用需要,而对后者的要求则往往是出于社会心理动机。两种需要交织在一起,并且非功能需求所占的比重越来越大。产品整体概念明确地向产品的生产经营者指出,要通过有形产品和附加产品满足核心产品所包含的一切功能性和非功能性要求,充分满足消费者的需求。

(2)只有通过产品五层次的最佳组合才能确立产品的市场地位。当今社会产品十分丰富,一类或一种产品只有一个品牌的时代已经结束,同类产品的不同品牌层出不穷。如何在众多的品牌中脱颖而出,很重要的一点就是把产品五个层次的内容都要考虑到,产品质量好就一定能够卖得出去的传统观念已经很难适应市场发展。当然,质量好是产品能够销售出去的第一因素和必要因素,但绝不是充分因素。对于营销者来说,产品越能以一种消费者易觉察的形式体现消费者选择时所关心的因素,就越能获得好的产品形象,进而确立有利的市场地位。

(3)产品差异构成企业特色的主体,企业要在激烈的市场竞争中取胜,就必须致力于创造自身产品的特色。不同产品项目之间的差异是非常明显的。这种差异或表现在功能上,或表现在设计风格、品牌、包装的独到之处,甚至表现在与之相联系的文化因素上或产品的附加利益上,如各种不同的服务可使产品各具特色。总之,在产品整体概念的五个层次上,企业都可以形成自己的特色,从而与竞争产品区别开来。

三、产品的分类

在研究产品和服务营销战略时,营销人员建立了几种产品分类标准。首先,根据消费者类型把产品和服务分成两大类,即消费品和工业品。

(一)消费品

消费品(consumer product)是指那些由最终消费者购买并用于个人消费的产品。营销人员还根据消费者如何购买消费品将消费品进一步细分为便利品、选购品、特殊品和非需品,以上四类产品的特点在项目四中有详尽的论述。消费者购买这些产品的方式不同,因而对营销的方法也应有所不同(见表7—1)。

表7—1　消费品市场营销分布

市场营销分析	消费品类型			
	便利品	选购品	特殊品	非需品
消费者购买行为	频繁购买,绝少计划,绝少比较或花精力,低参与度	较低频率购买,较多计划和花精力,比较各类品牌的价格、质量和式样	强烈的品牌偏好和忠诚,特别花精力,绝少比较品牌,对价格敏感度低	绝少知道产品或者知道,但绝少有兴趣(或是反感)
价格	低价	较高价	高价	各不相同

续表

市场营销分析	消费品类型			
	便利品	选购品	特殊品	非需品
销售	销售广泛，位置便利	在较少的几个营销点，有选择地销售	每个市场区域只设一个或几个营销点，独家销售	各不相同
促销	由制造商做大量广告和减价促销活动	广告和制造商、转售商直销	制造商和转售商更仔细地设定有针对性的促销活动	制造商和转售商的声势逼人的广告和直销
例子	牙膏、杂志、洗衣粉	主要电器、电视、家具、服装	奢侈品，如劳力士表等	人身保险、墓地、墓碑等

(二)工业品

工业品(industrial product)是指那些为进一步用于行业生产而购买的产品。因此，消费品和工业品的不同之处在于购买产品的目的不同。如果某个消费者购买一台割草机是为了在自家园子里使用，那么该割草机就是一件消费品。工业品的三个组成部分包括材料和零部件、资本项目、物资和服务。

1. 材料和零部件

材料和零部件包括原材料、加工材料和零部件。原材料是指农产品(小麦、棉花、牲畜、水果、蔬菜等)和自然资源(鱼类、木材、原油、铁矿石等)。加工材料和零部件包括合成材料(铁、纱线、水泥、电缆等)和合成零部件(小马达、轮胎、铸件等)。绝大多数加工材料和零部件是直接卖给工业使用者的。价格和服务是主要的市场营销手段，建立品牌和广告则变得相对次要。

2. 资本项目

资本项目是指购买者用于帮助生产或管理的工业产品，包括安装设备和附属设备。安装设备是主要的购买品，如建筑物(厂房、办公室)和固定设备(发电机、钻床、大型计算机系统、电梯)。附属设备包括可移动的工厂设备、工具(手工具、装卸车等)和办公设备(传真机、办公桌等)。它们的使用寿命比安装设备短，并且只用于生产过程中。

3. 物资和服务

物资包括经营物资(润滑剂、煤、纸张、铅笔)和维修物资(油漆、钉子、扫帚)。物资是工业领域中的日用品，因为在购买时绝少花精力做比较。行业服务包括维修服务(擦窗、修理计算机)和行业建设服务(法律、管理咨询、广告)。这些服务通常规定在合同中。

四、产品组合

(一)产品组合的概念

产品组合是指企业生产或销售的全部产品大类、产品项目的组合。产品线即产品系列或产品大类，是指具有相同使用功能，但型号、规格不同的一组类似产品。产品项目是指因性能、规格、商标、式样等不同而能够区别于企业其他产品的具体产品。一条产品线由若干产品项目组成，因此，企业的产品组合既包括经营的产品线(产品大类)，也包括具体的产品项目。例如，某摄影用品公司经营照相机、摄影器材、冲洗药品等，其中照相机是一条产品线(产品大类)，在这条产品线中，佳能 EOS、SX 等相机便是产品项目。

延伸阅读

某家用电器公司生产和经营电视机、录像机、音响三个大类产品，即该企业拥有三条产品线。在电视机这条产品线中，又有32英寸、42英寸、47英寸、60英寸、75英寸五种规格的彩色电视机，即电视机这条产品线中包括五个产品项目。

企业产品组合一般包括以下四个维度：

1. 产品组合的宽度

产品组合的宽度是指一个企业生产经营的产品大类有多少，拥有多少条产品线，多者为宽，少者为窄。如表7—2所示，该企业有服装、皮鞋、帽子与针织品四条产品线，所以该企业产品组合的宽度为4。

表7—2　　某公司产品组合

产品组合的宽度				
产品线的长度	服装	皮鞋	帽子	针织品
	男士西装	男士凉鞋	毛线帽	毛衣
	女士西装	女士凉鞋	布帽	毛裤
	男休闲装	男士皮鞋	礼帽	保暖内衣
	女休闲装	女士皮鞋	淑女帽	
	风雨衣		童帽	
	儿童服装			

2. 产品组合的长度

产品组合的长度即产品组合中产品项目的总数。如以产品项目总数除以产品线数目即可得到产品线的平均长度。如表7—2所示，该企业服装类项目有6个，皮鞋类项目有4个，帽子类有5个，针织品类有3个，四个产品线的项目合计为18个(6+4+5+3)，所以产品组合的总长度为18，每条产品线的平均长度为4.5(18÷4)。

3. 产品组合的深度

产品组合的深度即产品项目中每一品牌所含不同规格、花色、质量的产品数目的多少。比如服装这一产品线中可能会有几个品牌，每个品牌都会由不同规格、质量的产品组成。

4. 产品组合的关联度

产品组合的关联度即企业产品组合中的各条产品线在最终用途、生产条件、目标市场、分销渠道及其他方面的相互关联程度。在表7—2中，服装、皮鞋、帽子、针织品四条产品线可以通过同一分销渠道销售出去，所以其关联度较高。这有利于企业的经营管理，使企业能够充分利用现有的资源，取得较好的经济效益。

(二)优化产品组合的分析

优化产品组合的过程通常是分析、评价和调整现行产品组合的过程。因为产品组合状况直接关系到企业的销售额和利润水平，企业必须对现行产品组合做出系统的分析和评价，并决定是否加强和剔除某些产品线或产品项目。具体分析方法有如下几种：

1. 波士顿矩阵法

这是 20 世纪 70 年代初由美国著名的管理咨询企业波士顿咨询集团(BCG)创立的,主要运用“市场增长率—市场占有率矩阵”(波士顿矩阵)对企业产品进行分类(见图 7—2)。

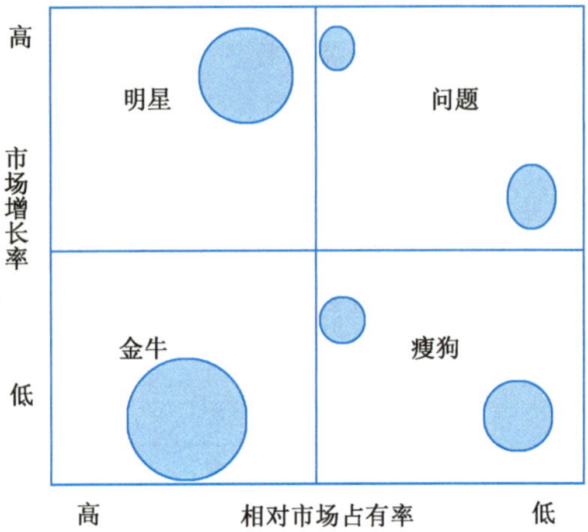

图 7—2 波士顿矩阵

纵坐标表示市场增长率,即产品市场销售的年度增长率,一般以 10%为界限划分为高、低两部分。横坐标是以相对数表示的相对市场占有率,即本企业产品市场占有率与同行业最大竞争对手的市场占有率之比。如果相对市场占有率为 0.1,表示该产品的市场占有率为同行中最大企业的 10%。若相对市场占有率为 10,则表示该产品已成为市场领先者,市场占有率是竞争对手的 10 倍。相对市场占有率一般以 1.0 为界限分为高、低两部分。另外,图中的圆圈代表企业不同的产品,圆圈的大小代表销售额的大小。这样,市场上的产品就被分为以下四种类型:

(1)明星产品(stars)。它是指处于高增长率、高市场占有率象限内的产品群,这类产品可能成为企业的现金牛产品,需要加大投资以支持其迅速发展。采用的发展战略是:积极扩大经济规模和市场机会,以长远利益为目标,提高市场占有率,加强竞争地位。发展战略以投入明星产品为主,管理与组织最好采用事业部形式,由对生产技术和销售两方面都很内行的经营者负责。

(2)金牛产品(cash cow)。它是指处于低增长率、高市场占有率象限内的产品群,已进入成熟期。其财务特点是销售量大、产品利润率高、负债比率低,可以为企业提供资金,而且由于增长率低,也无须增大投资。因此,它成为企业回收资金和支持其他产品,尤其是明星产品投资的后盾。对这一象限内的大多数产品,市场占有率的下跌已成不可阻挡之势,因而可采用收获战略,即所投入资源以达到短期收益最大化为限。①把设备投资和其他投资尽量压缩;②采用榨油式方法,争取在短时间内获取更多利润,为其他产品提供资金。对于这一象限内的销售增长率仍有所增长的产品,应进一步细分市场,维持现存市场增长率或延缓其下降速度。对于现金牛产品,适合于用事业部制管理,其经营者最好是市场营销型人物。

现金牛业务是指低市场成长率、高相对市场份额的业务,这是成熟市场中的领导者,它是企业现金的来源。由于市场已经成熟,企业不必大量投资来扩展市场规模,同时作为市场中的领导者,该业务享有规模经济和高边际利润的优势,因而给企业带来大量财源。企业往往用现金牛业务来支付账款并支持其他三种需大量现金的业务。图 7—2 中所示的公司只有一个现金牛业务,说明它的财务状况是很脆弱的。因为如果市场环境变化导致这项业务的市场份额下降，公司就不得不从其他业务单位中抽回现金维持现金牛的领导地位，否则这个强壮的现金牛可能就会变弱，甚至成为瘦狗。

（3）问题产品（question marks）。它是处于高增长率、低市场占有率象限内的产品群。前者说明市场机会大、前景好，而后者则说明在市场营销上存在问题。其财务特点是利润率较低、所需资金不足、负债比率高。例如，在产品生命周期中处于引进期、因种种原因未能开拓市场局面的新产品即属此类问题的产品。对问题产品应采取选择性投资战略。即首先确定对该象限中那些经过改进可能会成为明星的产品进行重点投资，提高市场占有率，使之转变成“明星产品”；对其他将来有希望成为明星的产品则在一段时期内采取扶持的对策。因此，对问题产品的改进与扶持方案一般均列入企业长期计划。对问题产品的管理组织，最好采取智囊团或项目组织等形式，选拔有规划能力、敢于冒风险、有才干的人负责。

（4）瘦狗产品（dogs）。它是处在低增长率、低市场占有率象限内的产品群。其财务特点是利润率低、处于保本或亏损状态，负债比率高，无法为企业带来收益。对这类产品应采用撤退战略：首先，应减少批量，逐渐撤退，对那些销售增长率和市场占有率均极低的产品应立即淘汰；其次，将剩余资源向其他产品转移；最后，整顿产品系列，最好将瘦狗产品与其他事业部合并，统一管理。

延伸阅读

苹果公司的波士顿矩阵

苹果公司是全球知名的科技公司，其产品组合包括 iPhone、iPad、Mac、AirPods 等多个系列产品。

在苹果公司的业务中，iPhone 属于“明星产品”，iPad 和 Mac 属于“金牛产品”，而 AirPods 属于“问题产品”，这些产品在波士顿矩阵中的定位和策略都不同。苹果公司采取了多种策略应对波士顿矩阵的不同产品组合。具体来说，它采取了以下策略：

（1）明星产品（iPhone）

苹果公司注重研发、创新和质量，不断地改进 iPhone 的性能和功能，推出新款式和颜色，从而吸引更多的用户，提高市场份额和利润水平。

（2）金牛产品（iPad 和 Mac）

苹果公司注重提高产品质量和用户体验，降低成本，通过销售渠道和广告宣传等方式，维护和扩大 iPad 和 Mac 的市场份额，稳定现金流。

（3）问题产品（AirPods）

苹果公司注重改善 AirPods 的生产效率和质量控制，提高用户体验和口碑，通过营销和市场推广等方式，扩大 AirPods 的市场份额和影响力。

资料来源：王年文. 设计师必备的思维模型[R/OL]. https://mp. weixin. qq. com/s/npuS72lSBlSuvXg8KBx9mQ，2024 年 6 月 10 日，有删减。

2. 通用电气公司法

通用电气公司法又称 GE 矩阵法（GE matrix）、麦肯锡矩阵法、九盒矩阵法、行业吸引力矩阵法。本方法是对波士顿矩阵法的一种改进。如果仅仅考虑了销售增长率和市场占有率就给企业的各类产品定性,在某些情况下,可能过于粗略。因此,除市场增长率和相对市场增长率之外,还应考虑更多的影响因素。这种由通用电气公司首先采用的更详细的产品组合规划工具称为九因素投资组合矩阵,或称九象限分析法(见图 7—3)。

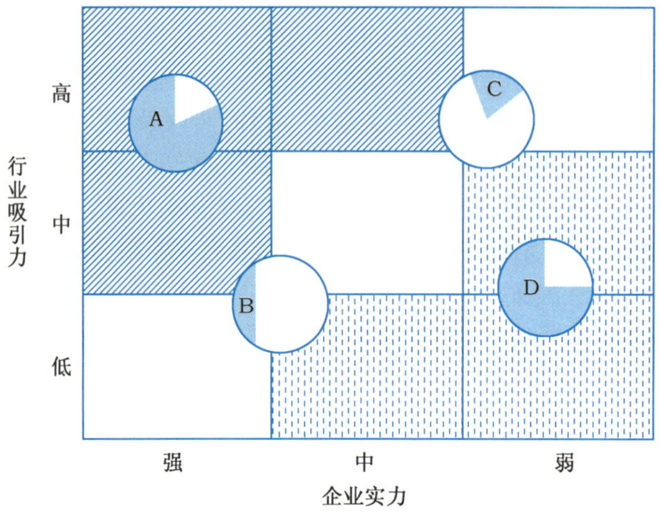

图 7—3 通用电气公司法

在图 7—3 中,纵轴表示行业吸引力。除市场增长率外,还考虑了市场规模、利润率等六个影响吸引力的因素,每一个现有或未来的产品、行业都可以由这些因素来衡量。这些因素各有不同的权重数,然后算出行业吸引力的加权平均数,根据影响行业吸引力的因素,将吸引力大致分为高、中、低三类。

横轴表示企业实力,由相对市场占有率、价格竞争等六个因素组成,企业也可给上述因素以不同的权数,然后就企业现有的产品行业评出一定的分数,以判断其企业实力,将企业实力分为强、中、弱三种。

多因素投资组合矩阵共划分为九个方格,并分为三个区。落在左上方三个方格的产品行业具有高度吸引力及企业优势,因此,企业应对其增加投资,寻求成长,采取发展策略。在左下到右上对角线的三个方格产品,代表具有中度吸引力与企业优势,企业应维持该产品的市场占有率,维持现有投资水平,不必考虑予以增减。在右下方三个方格的产品,代表具有低度吸引力和企业优势,可慎重考虑,对其采取收获策略或放弃策略。图 7—3 中的四个圆圈代表企业现有产品行业,各圆圈的面积与它们所属行业市场的大小成正比,圆圈里的阴影表示市场占有率。例如,A 圆圈表示 A 产品行业市场最大、吸引力高、企业优势强、市场占有率高,企业应对其增加投资,以寻求发展。又如,D 圆圈尽管处于右下角,但市场占有率较大,可采取收获策略。

3. 安索夫矩阵

安索夫矩阵(Ansoff matrix)也被称作产品/市场方格。该矩阵是由安索夫博士于 1975 年提出,以产品和市场作为两大基本面,区别出四种产品/市场组合和相对应的营销策略(见图 7—4)。安索夫矩阵是以 2×2 的矩阵代表企业企图使收入或获利成长的四种选择,其主要的逻辑是企业可以选择四种不同的产品组合策略达成增加收入的目标。

(1)市场渗透。以现有的产品面对现有的顾客,以其产品市场组合为发展焦点,力求增大

	现有产品	新产品
现有市场	市场渗透（market penetration）	产品开发（product development）
新市场	市场开拓（market development）	多元化经营（diversification）

图 7—4　安索夫矩阵

产品的市场占有率。采取市场渗透的策略，借由促销或提升服务品质等方式说服消费者改用不同品牌的产品，或是说服消费者改变使用习惯、增加购买量等。

（2）市场开拓。提供现有产品开拓新市场，企业必须在不同的市场上找到具有相同产品需求的使用者顾客，往往产品定位和销售方法会有所调整，但产品本身的核心技术则不必改变。

（3）产品开发。推出新产品给现有顾客，采取产品开发的策略，利用现有的顾客关系来借力使力。通常是以扩大现有产品的深度和广度，推出新一代或是相关的产品给现有的顾客，提高企业在消费者荷包中的占有率。

（4）多元化经营。推出新产品给新市场，此时由于企业的既有专业知识能力可能派不上用场，因而是最冒险的多元化策略。其中，成功的企业多半能在销售、通路或产品技术等核心知识上取得某种综合效益，从而可以在不同的市场细分中找到立足点，否则多元化失败的概率很大。

（三）产品组合策略

企业的产品组合策略是指企业根据自身目标和环境变化对产品线和产品项目的抉择和管理。一般情况下，企业在做出产品组合决策时常遇到下面三个问题：一是当环境或企业经营目标发生变化时如何进行新的组合；二是产品线的长度如何确定；三是产品线的延伸。围绕解决以上问题，大致有以下几种策略可供选择：

1. 扩大产品组合策略

企业充分利用人、财、物资源，增强企业竞争能力；不足之处是风险较大。扩大产品线的条件是：（1）市场变化为企业提供了新的盈利机会；（2）这种机会一旦利用将给企业带来一定的盈利规模；（3）企业能开发利用这种机会。采用该策略也有其缺陷：要求企业拥有多条生产线，具有多条分销渠道，采用多种促销方式，而所有这些都需要企业有足够的资金支持。

2. 缩减产品组合策略

有利于企业集中力量改造保留的产品线，减少资金占用，降低生产成本，实现生产经营专业化；但不足之处是若处理不当，就会影响其他产品销售，减少一定的市场份额，降低企业的盈利水平。缩减产品线的条件是：（1）能源与原材料供应不足，不得不缩减某一产品线；（2）企业处于亏损状态，且亏损的原因是由某一产品线引起的；（3）企业为了集中经营目标。

3. 产品线的延伸决策

产品线的延伸决策是指部分或全部改变企业原有产品线的市场地位。产品线延伸可分为以下三种情况：

(1)向下延伸。向下延伸是指把企业原来定位于高档市场的产品线向下延伸，在高档产品中增加低档产品项目。实行这一决策的主要原因是：①利用高档名牌产品的声誉，吸引消费者购买该产品线中的低档商品；②企业认为高档产品的发展前途越来越小，因而做出决策将产品线向低档延伸；③企业最初进入高档产品市场的目的是树立良好的企业形象，然后再进入中低档产品市场，以扩大市场范围；④填补企业产品线的缺口。

(2)向上延伸。向上延伸是指把企业原来定位于低档市场的产品线向上延伸，在低档产品中增加高档产品项目。实行这一决策的主要原因是：①开发高档产品市场能取得更多的利润；②利用高档产品树立低档产品的形象；③企业具有生产高档产品的技术条件；④企业希望占有全线产品。

(3)双向延伸。双向延伸是指把企业原来定位于中档产品市场的产品线向上下两个方向延伸。一方面增加高档产品，树立企业良好的形象；另一方面则增加低档产品，扩大企业的市场阵容。

任务二　产品生命周期

一、产品生命周期概述

(一)产品生命周期的概念

一种产品在市场上的销售和获利能力随时间推移而发生与生命历程相类似的变化，也经历着孕育、诞生、成长、成熟和衰老的过程。所谓产品生命周期，是指新产品研制成功后，从投入市场开始直到被市场淘汰为止所经历的过程。

产品生命周期不是要考察产品的自然生命或使用生命，而是要认识产品销售历史上各个不同阶段的特点。对应这些阶段，就营销战略和利润潜量而言，有着不同的机会和问题。企业只有在正确辨认产品所在阶段或未来趋势后，才能制定出较好的营销策略。

微课视频

产品生命周期策略

产品有一个生命周期，这就意味着产品具有以下特征：(1)任何产品的生命都是有限的；(2)产品销量经过不同的阶段，每一个阶段都对销售者提出了不同的挑战；(3)在产品生命周期的不同阶段，产品利润率有高有低；(4)在产品生命周期的不同阶段，产品需要有不同的营销、财务、制造、购买和人事策略。

(二)产品生命周期的意义

要正确理解这些问题，就必须认真分析产品的整个生命周期。它对于企业制定产品策略有着十分重要的意义。

1. 有利于制定市场营销策略

产品的不同生命发展阶段，标志着消费者对这种产品的不同看法，对于确定目标市场具有参考价值。消费者的不同看法又直接影响消费者的购买。消费者的购买行为决定着这种产品的销量和企业的盈利水平。因此，企业要想保持自己产品的销售量，就必须在不同的发展阶段实行不同的策略，以吸引更多的顾客购买这种产品。即使在临近淘汰期也便于及早发现，主动淘汰，并设计生产出更新的产品来取代它，避免损失。

2. 有利于促进企业产品升级

通过对产品生命周期的研究发现，产品虽然在使用价值上没有什么变化，但在人们心目中的地位会改变。因此，要想自己的产品能始终让消费者满意，就必须不断开发新产品，或者通过设备的更新改造使产品升级换代。

3. 有利于企业保持创新活力

近年来，许多产品已从卖方市场转向买方市场，这就要求企业必须清楚了解自己产品的发展状况，通过了解产品的生命周期认识到产品创新的重要性，从而在企业的经营管理中具备创新精神。做到“年年有新套路，事事有新方法”，从而保证企业不断发展。

二、产品生命周期

（一）产品生命周期的概念

产品生命周期（product life cycle，PLC）是指以销售额和企业获得的利润额的变化来衡量产品在市场上的发展变化。从新产品投入市场开始到产品在市场上消失为止，一般经历四个阶段，即导入期、成长期、成熟期和衰退期。典型产品的生命周期可描绘成一条S形曲线（见图7—5）。

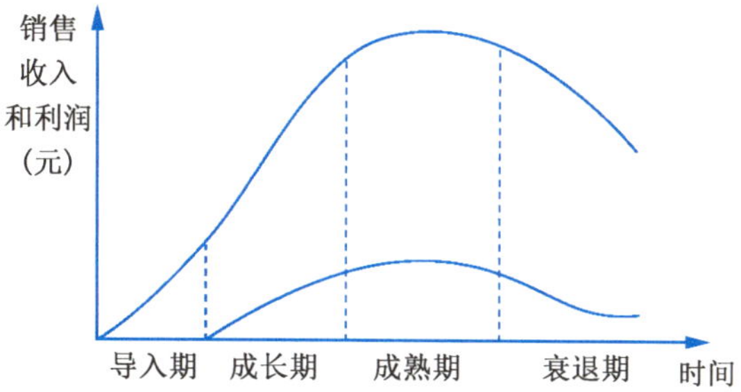

图7—5　产品生命周期

（二）产品生命周期阶段

1. 导入期

初期，由于新产品刚投放市场，市场对新产品不了解，需求量很少，因此这一阶段销售量很少。同时，由于生产、技术方面的原因，生产规模也相对较小，产品质量有可能不稳定，使生产成本较高加上企业要通过加大投入进行广告宣传以及铺设销售渠道网络等，企业在这一阶段可能亏损。

2. 成长期

成长期又称发展期。如果新产品可以成功度过投入期，便进入了成长期。成长期是产品销售量（额）和利润迅速增长的阶段。在这一阶段，越来越多的消费者开始熟悉并接受新产品。同时，由于产量扩大并形成规模，企业单位生产成本和销售成本都在下降，利润大幅增长。进入成长期，特别是在成长期后期，由于看到新产品市场迅速扩展并有利可图，越来越多的竞争者开始加入进来。

3. 成熟期

进入这一阶段，产品绝对销售量达到最大。然而，由于市场需求趋于饱和，销售的增长速度趋于缓慢并开始下降。在这一阶段，产品已经是标准化生产。同时，竞争者利用各种手段争夺消费者，竞争不断激化，降价成为企业非常普遍的选择。由于企业在必须降低价格的同时还要增加促销等费用，企业利润不断下降。

4. 衰退期

经过成熟期后，产品很快进入衰退期。这时，由于新产品或替代产品的不断出现，产品已经逐渐被人遗忘，产品的市场需求不断变小，产品的销售量（额）以及利润迅速下降，产品也将因此逐渐退出市场。

（三）划分产品生命周期的方法

实际上并不是所有的产品都有产品生命周期，产品生命周期各阶段的划分也并无一定的标准。因此，为了使产品生命周期理论有实际运用价值，通常按以下几种方法大致划分产品生命周期的不同阶段。

1. 类比法

根据类似产品的产品生命周期情况，对比、分析和判断。

2. 按销售增长率划分

通过预测销售增长率的数据，利用一定的标准区分产品生命周期的各个阶段。例如，当预测销售增长率达到10%以上时，可以认为产品已经进入成长期。

3. 按产品普及率进行划分

一般而言，当产品普及率小于等于4%时，产品处在投入期；成长期的产品普及率为5%～50%；产品普及率51%～91%为成熟期；产品普及率为91%以上时进入衰退期。通常，这种方法特别适用于判断家用电器产品所处的生命周期阶段。

（四）产品生命周期不同阶段的营销策略

由于产品在不同阶段具有不同特点，因此企业必须由此确定不同的营销目标，并设计不同的营销对策。表7—3说明产品生命周期不同阶段的特征以及相应的企业营销目标与营销战略。

表7—3　产品生命周期特征以及企业营销目标和战略

产品生命周期		导入期	成长期	成熟期	衰退期
特点	销售额	低	迅速增加	达到高峰	减少
	成本	高	均值	低	低
	利润	基本亏损	迅速增加	高	减少
	顾客	创新使用者	早期使用者	早期/晚期大众	落后使用者
	竞争者	极少	逐渐增加	逐渐减少	减少
营销目标		迅速让市场接受产品，增加销量	最大限度地占有市场份额	稳定市场份额，获取最大利润	减少支出，榨取最后收益
营销对策	产品	提供基本产品	提供产品的延伸品、服务及保障	实现产品品牌和式样的多样化	逐步淘汰衰退产品
	价格	成本加成定价	市场渗透价格	可以与竞争者抗衡或战胜竞争者的价格	降价
	渠道	选择性分销	密集型分销	更密集、广泛的分析	有选择地淘汰无利分销点
	促销	加强促销吸引试用	适当减少促销	增加促销以鼓励品牌转换	将促销降到最低水平

1. 导入期营销策略

企业为了尽快打开市场局面，将产品成功地导入市场。导入期应采取的基本策略是：积极收集市场对新产品的反应，甚至不惜采取赠送、试用、折扣等方式收集用户意见，争取尽快改进产品并定型。同时要搞好市场试销，大力促销，千方百计地打开销路。具体来说，在推出一种新产品时，营销部门可为价格、促销和产品质量等各个变量分别设立高或低两种水平。当只考虑价格和促销时，营销部门可从表 7—4 的四种策略中择一而行。

表 7—4　　导入期产品策略

促销 价格	高	低
高	快速撇脂策略	缓慢撇脂策略
低	快速渗透策略	缓慢渗透策略

(1)快速撇脂策略。这一策略是以高价格和高促销水平的方式推出新产品。高促销即大量进行广告宣传等促销活动，从而达到迅速提高产品知名度、迅速占领市场的目的。采用高价格是为了在每单位销售量中尽可能获得更多的毛利，从而迅速收回投资，开创企业经营的新局面。采用这一策略的假设条件是：第一，潜在市场的大部分人尚未意识到该产品；第二，知道它的人渴望得到该产品并有能力照价付款；第三，企业面临着潜在的竞争并想建立品牌偏好。

(2)缓慢撇脂策略。这一策略是以高价格和低促销水平的方式推出新产品。推行高价格是为了尽可能多地获得每单位销售量的毛利，而推行低水平促销是为了降低营销费用。两者结合可能在市场上赚取大量利润。采用该战略的假设条件如下：第一，市场规模有限；第二，大多数市场已知晓这种产品；第三，购买者愿出高价；第四，潜在竞争并非迫在眉睫。例如，某些精尖的专用仪器设备、特种材料等，对消费者来说，主要是解决有无的问题，选择余地很小，可采取此策略。

知识窗

对企业来说，不应该贸然地选择上述策略中的某一个。因为如果企业选择的第一步策略是想“赚一大笔钱”，那么可能为了短期利润而牺牲长远利益；如果企业第一步策略是想“放长线钓大鱼”，则很可能失去眼前获得额外利润的机会。因此，这些策略作为产品导入市场的第一步，企业应仔细选择，抓住保持市场领先地位的最好时机。

(3)快速渗透策略。这种策略是以低价格和高促销水平的方式推出新产品。这一策略期望能给企业带来最快的市场渗透和最高的市场占有率。假设条件是：第一，市场规模大；第二，市场不知晓该产品；第三，价格弹性大；第四，潜在竞争激烈；第五，单位生产成本可望下降。这时，采取这一策略能在特定市场内形成优势，达到以廉取胜、薄利多销的目的。

(4)缓慢渗透策略。这种策略是以低价格和低促销水平的方式推出新产品。低价格将促进市场迅速接受该产品；低促销是为了节约营销费用，保证企业在以低价销售时获得必要的利润。假设条件是：第一，市场规模较大；第二，产品的市场知名度较高；第三，价格弹性大；第四，有些潜在竞争。

2. 成长期营销策略

成长期是产品在整个生命周期的决定性阶段。企业的基本策略是：稳定产品质量，精心维持产品声誉，加速扩大生产能力；组织好销售工作，保证充分供应，绝不能使产品在市场上脱销，严防竞争者仿制或替代产品乘虚而入。企业应适时采取以下行动：

(1)不断完善产品质量，增加产品的新功能、款式及特色，并保证产品品质不下降。

(2)积极寻找新的市场部分，并尽可能多地迅速进入新的细分市场。

(3)企业通过各种促销沟通手段，有效地对目标顾客建立有利于自己的品牌偏好。

(4)如果需要，企业可以通过适当地降低价格吸引对价格敏感的购买者。

(5)在成长期后期，企业应慎重扩大生产规模及新增投资。

企业在推行这些市场扩展策略后，将会大大增强其竞争地位，但是，实施这些扩展行动会增加开支。企业在成长阶段面临着究竟是选择高市场占有率还是选择当前高利润的问题。如果将大量资金全用在产品改进、促销和分销上，它能获得优势地位，但要放弃获得当前的最大利润。企业为了促进产品成长，又必须保证这些开支。

3. 成熟期营销策略

在产品成熟阶段，许多企业都在千方百计地努力延长成熟期的时间，如降低成本、倾销、加强广告宣传和用户服务等。然而，"创业容易守业难"，消极地防御老化的产品不可能达到既赚钱又能保持市场占有率的目的。因此，在这一阶段，营销人员应系统地考虑市场、产品和营销组合改进等主动进攻的策略。

(1)市场改进策略。企业通过各种方式寻找新的细分市场和营销机会，尽量为企业获得新的销售份额。例如，企业可以通过发掘没有用过本产品的新顾客，设法提升现有顾客的产品使用量与使用频率，为产品重新定位以吸引更多的顾客群，或者通过设法争夺竞争者的顾客等方式调整自己的市场，从而有效地延长成熟期。

(2)产品改进策略。即通过改进现有产品的特性，以吸引新用户或增加现用户使用量的策略。具体可采用以下几种形式：第一，品质改进，即增加产品某些使用价值和功能，如耐用性、可靠性、速度、口味等。企业通过推出"新颖和改进的"产品，通常能压倒其竞争对手。这种策略的有效范围是：品质确能改进，买方相信品质被改进的宣传，要求较高品质的用户有足够的数量。第二，特点改进，即增加产品的新特点（如尺寸、重量、材料、添加物、附件等），扩大产品的多功能性、安全性或便利性。这样做的优点是：有利于建立企业进步和领先的形象，有利于在目标市场上赢得顾客的信任，有利于激发中间商的热情，同时起到免费宣传的作用，有利于竞争。其主要缺点是：很容易被模仿，除非首先推出者享有永久的利益，否则可能会得不偿失。第三，式样改进，即提高产品的外形美或使产品的外形多样化，增加产品的选择性，适应消费者丰富多彩的需求。一般做法是改进产品花色、造型和包装。这样做可能使企业获得一个独特的市场个性，以聚集忠诚的追随者，但可能会失去一些喜欢老款式的用户。

(3)营销组合改进策略。除调整产品以外，企业还可以通过调整营销组合的其他环节来满足不同顾客的需要，达到扩大产品销售、延长成熟期的目的。

4. 衰退期营销策略

进入衰退期，产品已为大多数顾客放弃。产品的市场销量急速下降、企业利润不断减少，并有可能导致企业最终无以为继，退出市场。进入这一阶段，企业的正常选择应该是"有计划地撤离"，即有计划地主动将衰退产品撤离市场，以"四世同堂"的方式保证企业以新产品替代旧产品来满足顾客需求，保证企业利润目标的有效实现。

任务三　新产品开发策略

产品市场生命周期理论告诉我们，当今社会随着科学技术和经济的迅速发展，产品生命周期越来越短，产品更新换代也越来越快。这种现实迫使企业必须不断地开发新产品，以维持企业的可持续发展。

一、新产品概述

（一）新产品的概念

微课视频

新产品开发策略

从市场营销的角度看，新产品是一个相当广泛的概念。既指绝对的新产品，又指相对的新产品；既可以对市场而言，又可以对企业而言。也就是说，只要是产品整体概念中任何一个要素的创新、变革或改造，都可以被理解为新产品。因此，这里所说的“新产品”的概念，包括原有产品的改进、产品改型和全新的创新产品，它们都是企业通过研究开发而发展起来的产品。

延伸阅读

日本钟表业的崛起

瑞士是世界钟表王国，已经有几百年的历史，以生产技术精湛闻名于世。20 世纪 70 年代，日本钟表业就是靠采用新技术，发展高精度石英表，在 20 世纪 70 年代以后一度取代了“钟表王国”瑞士在世界市场的领先地位。

（二）新产品的种类

按新产品的性能特点，可分为四种：

（1）全新新产品。即采用新原理、新结构、新技术、新材料等制成的产品。

（2）改进新产品。即采用各种改进技术，改良现有产品的性能，提高质量，以求得规格型号的多样和款式花色的翻新。

（3）换代新产品。即在原有产品的基础上，部分采用新技术、新材料制成的性能有显著提高的新产品，也称部分新产品。

（4）仿制新产品。即市场上已有的产品，本企业仿制竞争者的产品，也称本企业的新产品。市场已有现成的产品和技术可以借鉴，企业采用技术引进方式，掌握制造技术，能尽快制造出此类产品。从市场竞争和企业经营上看，在新产品的发展中，仿制是不可排除的，但企业必须是在不侵犯对方知识产权的前提下仿制。

企业在其内部环节获得新产品的过程就是新产品开发的过程。企业的新产品开发活动必须根据市场需求变化和市场供求关系的新特点来进行，并采用市场细分化的营销新策略。企业新产品开发要按照市场需求和购买行为的差异性，努力发现新的需要、新的用户、新的机会，主动开拓新市场，从而保证企业市场营销的成功。

延伸阅读

新产品开发的风险

福特公司在爱德塞尔汽车开发上损失了3.5亿美元，得克萨斯仪器公司在从家庭计算机行业撤退时已损失了6.6亿美元，新可口可乐（可口可乐公司）、LA低醇啤酒（布斯奇啤酒公司）、赞普电子邮递（联邦快递）、极地梦幻方便电影（宝丽来公司）等是非常有经验的公司开发新产品失败的典型。

（三）新产品开发的原因

在买方市场的条件下，企业要保持强盛的市场生命力和活力，就必须具有创新能力，特别是新产品开发能力。企业开发新产品的原因如下：

1. 产品生命周期理论要求企业不断开发新产品

产品生命周期理论为我们提供了一个重要启示：在当代科技迅猛发展、消费需求不断变化以及市场竞争日益激烈的情况下，企业赖以生存和发展的关键在于不断创新，不断创造新产品和改进旧产品是企业永葆青春的唯一途径。企业不断开发新产品，可以在原有产品退出市场舞台时，利用新产品占领市场，使企业在任何时期都有不同的产品处于产品生命周期的各个阶段，从而保证企业盈利的稳定增长。

2. 市场需求的变化要求企业不断开发新产品

随着社会经济的发展，人们的消费结构已经从单一贫乏式、数量增长式发展到多元效益化，人们对产品的需求越来越复杂。市场需求永无止境，这样就迫切要求企业加快更新换代的速度，开发出更多的产品，以适应消费者永无止境、不断发展的新生活方式的需求。消费结构的变化加快，使消费选择更加多样化，也使产品生命周期日益缩短。这一方面给企业带来了威胁，企业不得不淘汰难以适应消费需求的老产品，另一方面也给企业提供了开发新产品、适应市场变化以求得更好的发展的机会。

3. 科学技术的发展推动着企业不断开发新产品

科学技术日新月异的发展加速了产品的更新换代。以技术创新为动力的产品创新成为企业参与竞争的锐利武器，技术开发和技术创新成为企业核心竞争力的重要标志。科学技术的迅速发展导致许多高科技新产品出现，并加快了产品更新换代的速度。科技的进步有利于企业淘汰旧产品，生产出性能更好、更优越的产品，并快速把新产品推向市场。企业只有不断运用新的科学技术改造自己的产品，开发新产品，才不至于被挤出市场。

4. 市场竞争的加剧迫使企业不断开发新产品

企业的竞争力在很大程度上取决于能否向市场提供适销对路的新产品，企业所要保持和获取的竞争优势主要体现在产品的不断创新上。现代市场上竞争日益激烈，企业要想在市场上保持竞争优势，只有不断创新、开发新产品，才能在市场上占据领先地位，增强企业的活力。另外，企业定期推出新产品，可以提高在市场上的信誉和知名度，促进新产品的市场销售。

二、新产品开发程序

创造和开发新产品不是容易的事，其风险大，失败率高，加上主观和客观上的诸多原因，使新产品创造和开发过程中有许多困难。要降低新产品开发中的风险,使创造和开发工作顺利、成功,就必须运用创新理论,坚持科学的程序。新产品开发主要包括八个阶段,基本程序见图 7—6。

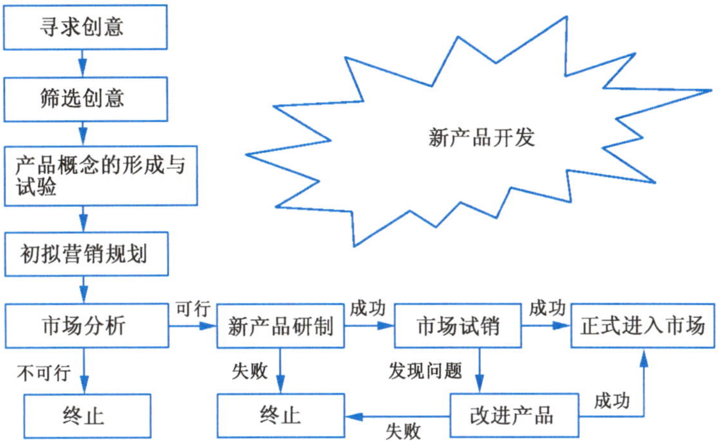

图 7—6　新产品开发程序

(一)寻求创意

新产品开发过程是从寻求创意开始的。所谓创意,就是开发新产品的设想。虽然并不是所有的设想或创意都可以变成产品,寻求尽可能多的创意却能为开发新产品提供较多的机会。

在寻求创意时,企业应当首先搞清:企业重点投资的领域及其发展程度,开发新产品的目的及其计划投入资金,预期市场占有率,对独创产品、老产品改进品、竞争对手产品的仿制品投入力量的分配。只有这样,才能减少创意的失败率。

对新产品的构思要集思广益。其来源主要是消费者和用户,据美国专家调查,新产品有60%～80%来自用户的建议,不仅要把用户合理的要求作为构思的源泉,而且要注意一些听起来不甚合理的要求。比如,顾客希望羊毛衫洗后能恢复原样,因此,企业就开发了羊毛衫洗涤剂,推出了羊毛衫整烫。此外,还可从商业部门、竞争对手、科研部门和大专院校、国内外情报资料、企业内部技术人员和推销人员、中间商等寻求创意。

延伸阅读

丰田公司的创新制度

日本丰田公司的竞争力很大程度上来源于企业的创新,该公司的许多创新建议来自企业内部。该公司制定了一整套有利于创新的制度,鼓励每一个员工提出创新建议。在过去的几十年中,丰田声称公司的职员每年提出 200 万项创意,每个职员大约有 35 条建议,而且其中的85%得到了贯彻执行。

来自竞争对手的创意

福特公司在设计其高度成功的捷豹牌汽车时,拆看了 50 多种竞争品牌的汽车,一层层地寻找可以复制或改善的地方。捷豹采用了奥迪的加速器踏板“触角”、丰田 Supra 车型的油耗表、宝马 528e 轮胎和千斤顶储存系统以及其他 400 种类似优点。福特公司在 1992 年重新设计美洲虎汽车时采用了同样的方法。

(二)筛选创意

取得足够创意之后,要对其加以评估,研究其可行性,并挑选出可行性较强的创意。筛选的目的在于淘汰那些根本不可行或可行性较低的创意,使有限的资源集中在成功机会较大的创意上。

筛选创意时,一般要考虑两个因素:一是该创意是否与企业的战略目标相适应,表现为利润目标、销售目标、销售增长目标、形象目标等几个方面;二是企业有无足够的能力开发这种创意,这些能力表现为资金能力、技术能力、人力资源、销售能力等。

(三)产品概念的形成与试验

产品概念的形成是指企业将产品创意转换成消费者接受的产品形象。一项新产品的创意通过筛选后,还需要进一步具体化和继续研究,使其发展成产品概念。产品概念是使用简洁、清晰的消费术语(文字、图像及模型等)对已成型的新产品构思的概括表达。产品概念确定后,企业必须测试产品概念,了解顾客反应,从中创造性地选择最佳的产品概念。

(四)初拟营销规划

企业选择了最佳的产品概念之后,必须制订把这种产品引入市场的初步市场营销计划,并在未来的发展阶段中不断完善。初拟的营销计划包括三个部分:

(1)描述目标市场的规模、结构、消费者的购买行为、产品的市场定位以及短期(如 3 个月)的销售量、市场占有率、预期利润率等。

(2)概述产品预期价格、分配渠道及第一年的营销预算。

(3)分别阐述长期(如 3～5 年)的销售额和投资收益率以及不同时期的市场营销组合等。

(五)市场分析

市场分析又称商业分析、经营分析,是对已基本定型的产品概念进行分析论证,目的是在发生进一步开发费用之前,剔除不能盈利的新产品建议。由于大部分不适用的新产品建议在筛选阶段已经淘汰,因此,在进行效益分析时,常常集中于为数不多的几个新产品方案上。

这一阶段重点是从财务上分析预测该项新产品的预期销售量、成本、利润以及投资回收期等,以判断该产品是否有发展前途。新产品效益分析的方法有多种,常用的有盈亏平衡销售量法、投资回收期法、资金利润率法、利润贴现法等。

(六)新产品研制

产品概念通过市场分析后,就移交给企业的研究与开发部门或工程部门,进行产品开发,把产品概念变为物质产品。此阶段应搞清楚这些问题:产品概念能否成为技术上和商业上可行的产品;如果不能,则企业迄今的一切投资全部化为乌有。

企业的研究与开发部门在这个阶段要根据选定的产品概念塑造若干个“产品原型”。当产品原型塑造出来以后,还必须进行严格的“功能和消费者的试验”。“功能试验”是在实验室和现场进行,以搞清楚新产品是否安全,其性能是否良好。至于“消费者试验”,可以请一些消费者来实验室做试验,或者把样品交给一些消费者试用。

(七)市场试销

把研制出来的产品投放到经过挑选的、有代表性的小型市场范围内进行销售试验,以检验在正常条件下顾客的反应。这样既能进一步了解新产品的销售情况,又能检验新产品的包装、装潢、广告的效果，还能发现新产品存在的问题和销售组织状况。企业要根据试销中存在的问题，采取针对性措施，使新产品和销售工作更加完善，为新产品正式投放市场打好基础。

然而，并不是开发任何新产品都必须经过试销。是否需要试销基本上取决于产品开发者对新产品是否具有足够的信心，如果企业在发展与试验阶段已经通过各种方式收集了用户对该产品的意见和建议，对产品做出改进，并且了解到该产品已具有相当的潜在顾客时，就不必试销，直接纳入企业的销售渠道向市场推出。一般价格昂贵且并非大量销售的工业品、易被仿制的产品以及高档消费品不经过试销阶段。

（八）正式进入市场

正式进入市场也称为商业化阶段，即该新产品成为企业的正式产品向市场全面推出。商业化阶段是新产品开发过程中耗资最大的阶段。通常商业化的首年，销售费用将占销售收入的一半以上，获利的可能性很小。因此，除非经过试销后企业对新产品销量有确实把握，或者发现竞争者即将进入同一市场，企业可以立刻以全速向市场推进外，一般情况下，企业常分阶段逐步进入市场。首先向主要市场或地区推出，然后再扩大到国内市场或国外市场。逐步进入市场可以避免大的损失，但同时也限制了企业的收益。

三、新产品的采用与扩散

（一）新产品的采用

新产品的采用是指购买者个人由接受新产品到成为重复购买者的各个心理阶段，包括知晓、兴趣、评价、试用和采用五个阶段。

(1)知晓阶段是指购买者通过无意识地接触有关新产品的信息，对其有所察觉且产生感性认识的阶段。

(2)兴趣阶段是指购买者不断了解新产品信息，并有了比较全面甚至理性的认知，逐步产生喜爱和想要拥有产品的愿望的阶段。

(3)评价阶段是指在充分掌握新产品信息的基础上，购买者会对新产品进行功能分析、评价，并得出确定性认识。

(4)试用阶段是指购买者通过评价新产品，决定在一定范围及程度上尝试使用新产品。

(5)采用阶段是购买者决定全面和经常使用新产品的阶段。

（二）新产品的扩散

新产品的扩散是指新产品上市以后随着时间的流逝，被越来越多的购买者所采用的过程。新产品的扩散过程与新产品的采用过程有很大区别。前者需要从宏观（即整个产品生命周期）角度研究新产品如何在整个市场上传播并被市场所采用的过程；后者需要从微观角度研究购买者由接受新产品到成为重复购买者的各个心理阶段。

为了尽快推广新产品，应当对新产品的采用者分类，以便在不同时期将促销活动集中于最有利的采用者群体。

(1)最早采用者。富有创新精神，好表现自己，生活条件较为富裕，消息灵通，敢冒风险，但对以后的使用者影响不大。

(2)早期采用者。一般都收入较高，有较高的社会地位，喜欢评论、鉴赏，知识水平较高，思想活跃，因此容易接受新事物，他们的行为往往对周围人有较大的影响。

(3)较早采用者。他们处事慎重，一般经济条件较好，愿意并且有条件较早接受新事物，但却是在经过早期采用者认可后才购买。

(4)较晚采用者。他们往往对新产品持怀疑态度,不会主动使用新产品,直到多数人都使用,并且反映很好时才会购买。

(5)最晚采用者。他们一般比较保守,习惯势力强,只有待新产品成为传统产品时方肯采用。

从以上分类可以看出,最早采用者和早期采用者虽然比重不大,但他们对新产品的传播有很大的影响。企业在新产品投放市场时,应当首先将新产品的信息传递给他们,通过他们来带动和影响其他的消费者采用新产品。因此,企业应当注意了解这部分采用者的人数、心理特征以及他们接收信息的习惯,以便采取有效的营销措施。

微课视频

品牌与商标策略

任务四 品牌、商标与包装策略

品牌、商标与包装都是产品整体概念下“形式产品”的重要组成部分,因而它们是产品策略的必要组成部分。进入21世纪后,网上购物逐渐兴起,品牌形象显得越来越重要。掌握制定和实施产品品牌、商标和包装策略的原理与方法,有利于优化营销组合,吸引消费者购买,扩大销售,提高营销效益。

一、品牌的概述

(一)品牌的概念

品牌(brand)是产品管理中重要的方面,品牌既提供了顾客识别产品的手段与方法,也是企业取得竞争的重要营销工具,由此,品牌已成为资本和经济中的“原子核”。

品牌是一种名称、术语、标记、符号或是一个设计,或是它们的组合运用,其目的是借以辨认某个或某群销售者的产品或服务,并使之同竞争对手的产品或服务区别开来。

品牌的概念包括两个基本含义:一是品牌由各种可作为标志物的东西组成,如名称、符号、图案等;二是品牌的主要意义或基本作用是标记在产品上用于辨别经销者。由此可知,品牌是产品标志物的一个总称,用来使顾客能够辨识产品的生产和经销者。品牌的拥有者(所有人)通常称为品牌主。它可能是一个营销者,也可能是若干营销者(当品牌共有时)。

品牌主要包括品牌名称、品牌标志和品牌角色。

(1)品牌名称是指品牌中可以用语言称呼的部分,也称品名,如“可口可乐”“娃哈哈”等。现在一般所有的品牌都有品牌名称,这不仅仅是因为品牌用以与竞争者产品相区别,而且要宣传、树立品牌形象,所以品牌名称必不可少。

(2)品牌标志也称品标,是指品牌中可以被认出、易于记忆但不能用言语称呼的部分,通常由图案、符号或特殊颜色等构成,如“ ”与“ ”分别是大众与奔驰的品牌标志。

(3)品牌角色是用人或拟人化的标识来代表品牌的方式,如海尔兄弟、米老鼠、康师傅等。不一定每个品牌都有品牌角色。

(二)品牌的作用

1. 对消费者的作用

(1)品牌有助于消费者选购商品。品牌名称帮助消费者迅速找到他们需要的产品。品牌缩短了消费者选择、比较产品的时间,便于消费者购买。品牌代表一定的产品,显示了该产品的质量和特色,如消费者购买电视机,只需要在熟悉和信任的品牌间选择。经常购买同一种品牌的消费者知道他们每次都会买到相同质量的产品。

(2)品牌有利于维护消费者的利益。由于品牌实质上代表着销售者对交付给买者的产品特征和利益等承诺,因此营销企业为了适应消费者需求变化,适应市场竞争的客观要求,必然会不断更新或创制新产品,以及改进或增加承诺。这是厂商的选择,也是消费者的期望。与此同时,品牌还便于有关部门监督产品质量,质量出了问题也便于追查责任。现在许多发达国家规定绝大多数产品甚至水果、蔬菜等食品都必须有商标,否则不准上市。我国商标法规定:凡规定必须使用注册商标的商品,必须申请注册,经批准后方可上市,否则不准销售,如卷烟、药品、酒等;对一般商品的商标则实行自愿注册原则。可见,迫于市场的外部压力和企业积极主动迎接挑战的动力,品牌最终会带给消费者更多的利益。

2. 对企业的作用

(1)品牌有助于促进产品销售,树立企业形象。品牌以其简洁、明快、易读易记的特征而使其成为消费者记忆产品质量、产品特征的标志,也正因为如此,品牌成为促销的重要基础。借助品牌,消费者了解了品牌标定下的商品;借助品牌,消费者记住了品牌及商品,也记住了企业;借助品牌,即使产品不断更新换代,消费者也会因为其对品牌自身的信任,而产生新的购买欲望;在信任品牌的同时,企业的社会形象、市场信誉得以确立,并随着品牌忠诚度的提高而提高。

(2)品牌有助于培养顾客忠诚度,增加企业利润。美国有人做过一个试验,把几种牌子的啤酒分别倒在相同的杯子里,请各品牌的忠诚者品尝鉴别,结果很少有人能准确地尝出他所偏好的品牌。由此可见,品牌具有一种心理作用,可以在消费者中树立形象,取得好感,从而稳定和扩大销售。

(3)品牌有助于保护企业的合法利益。商品质量良好的品牌是企业的"无形财富",能够给企业树立信誉,带来一定的经济效益。品牌经注册后获得商标专用权,其他任何未经许可的企业和个人都不得仿冒侵权,从而为保护品牌所有者的合法权益奠定了基础。

(4)品牌有助于市场细分和定位。企业可按不同细分市场的要求,建立不同的品牌,以不同的品牌分别投入不同的细分市场。如宝洁公司就有"沙宣""海飞丝""飘柔"等多种洗发品牌,而不是针对全体消费者只出一种品牌。

(5)品牌有助于企业实施网络营销。随着互联网的发展,网上商品极为丰富,消费者对商品的选择更加依赖于品牌,只有具有良好品牌形象的商品,消费者才会在网上查询、了解,进而购买。

二、商标的概述

(一)商标的概念

商标是个法律术语,是经过注册获得商标专用权从而受到法律保护的品牌。如果品牌主将其品牌全部进行商标登记注册并获得许可,品牌(全部)就是商标;如果品牌主只将其品牌中的某一部分用于商标登记注册,则商标只是品牌的一个部分。

商标,人们通常称为商品的牌子。商标的确定概念应该是商品的标记。这种标记通常是用文字、图形或二者兼备来表示的。它是商品的生产者或经营者用以标明自己所生产和经营的商品,是与其他同一商品有所区别的标记。从这个意义上讲,商标又是表示商品质量和商品来源的标志。当商标使用时,要用"R"或"注"明示,意指注册商标。

(二)商标的作用

1. 有利于促进企业间的正当竞争

商标竞争实际上是产品竞争;产品竞争又可归结为质量、价格、服务竞争。产品质量优良、价格适当、服务周到，其商标才能在竞争中树立信誉。商标信誉越高，市场竞争能力也就越强。商标信誉高低由实践检验，由群众鉴别，优者胜，劣者败，起着奖优惩劣、鼓励先进、鞭策后进的作用。

2. 有利于促进企业提高产品质量

商品质量同商标信誉紧密相连，通过商标管理监督商品质量，是促进生产发展的一个重要方面。

3. 有利于促进企业创立名牌产品

商标不仅能增强企业对产品质量的责任感，而且能增强企业树立名牌的荣誉感。历史上的名牌产品，一般都是有厂牌和商标的。

4. 有利于企业产品的宣传和销售

商标一经获得信誉，受到消费者赞许后，它就构成了某种性质的广告。由于商标经常不能重复，从而对提高产品的重复购买率、保持市场占有率起着重要的作用。

5. 有利于促进企业精神文明建设

假冒商标、唯利是图与工商业的经营道德相违背。企业珍视别人的商标信誉，又保护自己的商标权益，将会促进整个社会两个文明的建设。在出口商品上使用商标，树立商标的信誉，有利于加强我国商品在国际市场上的竞争能力，促进我国对外贸易的发展。

（三）商标的分类

1. 按商标的构成分类

（1）文字商标。文字商标是指只用文字或数字构成的商标，如张小泉剪刀、555 牌香烟等。

（2）图形商标。图形商标是指仅由图形组成的商标。其优点是不受语言的限制，缺点是不便呼叫，容易和别人的商标混淆。图形商标一般应使图案与其牌名或产品密切联系起来。例如，凤凰牌自行车以美丽动人的凤凰图案为商标，构成了牌名和商品的有机联系。部分商标虽然只用文字构成，由于文字经艺术处理形似图形，也称为图形商标，如永久牌自行车的“永久”商标等。

（3）组合商标。组合商标是指由两个以上的文字、图形、记号相互结合而成的商标，如飞鸽牌自行车、中华牌香烟等，就是最常见的也是较为完整的组合商标。

2. 按商标的用途分类

（1）营业商标。营业商标是把企业名称、营业标记等标注在各种商品上，作为识别本企业商品的标志，又称厂标。比如娃哈哈集团公司、张小泉剪刀厂等所有产品均以企业名称作为商标。又如各国航空公司的民航飞机均有自己的特殊标志，这也是一种营业商标。

（2）商品商标。商品商标是用以区分商品的规格、式样、质量等方面的差异而使用的商标，也称个别商标。例如，同一卷烟厂生产的香烟由于规格、香型、质量的不同，选用多种商标，以便于消费者认牌购货。

（3）等级商标。等级商标是指同一企业为使消费者便于区别同一品种产品质量、规格的标记。

3. 按商标的使用者分类

（1）制造商标。制造商标是表示商品制造者的商标，为绝大多数商品所采用。

（2）销售商标。销售商标是表示商品经营者的商标，有时与制造商标并用，也叫营业商标。销售商标的使用者并不生产商品，而是将采购来的商品用上自己的商标，或采取定牌委托生产企业加工。然后，用销售商的商标统一出口或销售，以经销者的信誉担保产品质量的可靠性。

三、品牌与商标的关系

品牌与商标是极易混淆的一对概念，两者既有联系，又有区别。两个概念有时可以等同替代，有时却不能混淆使用。品牌并不完全等同于商标，或者说有别于商标。

（一）品牌与商标的联系

品牌与商标都是用以识别不同生产经营者的不同种类、不同品质产品的商业名称及其标志。商标是品牌的一部分，是经过注册获得商标专用权从而受到法律保护的品牌。一个企业可以使用多种品牌，也可以使用多种商标。

（二）品牌与商标的区别

第一，在品牌中，凡不属于商标的部分，是没有专用权的。当别人使用时，从法律角度讲，是不构成侵权的，只有商标部分才有专用权。海尔的标志中仅“Haier”取得了商标，对于“海尔”品牌来讲，它的商标与品牌名称是同一个标志物。可以看出，品牌标记中的两个拥抱的儿童形象不是商标。

第二，商标可以为企业独占而不使用；品牌则一定是使用的，不管它是否为使用者所独占。不使用的品牌，没有任何意义，也没有存在的必要。不使用的商标是有意义的，甚至在营销中是一个重要的品牌战略。例如，我国杭州娃哈哈集团在申请注册“娃哈哈”商标时，也同时申请注册了“娃娃哈”“哈娃娃”“哈哈娃”等商标，目的是保护“娃哈哈”这个商标，以免竞争者以相近的商标注册来坐享其成。市面上出现的山寨产品如“康帅傅”“粤利粤”“雲碧”“营养抉线”等即是以相近商标坐享其成。因此，顾客在辨识产品的时候，通常是依赖品牌而不是商标。因此，营销管理的内容是品牌不是商标，使用商标仅仅起保护品牌的作用。

第三，品牌是按企业的设计创意要求设计和创造的，所以品牌从简单的到很复杂的都有；商标则要受国家商标登记注册机关的商标登记注册办法相应规定的制约，不允许过于复杂，因为复杂的商标不便登记注册。因此，凡是以某种图案形式登记注册的商标，其图案都比品牌上所采用或能采用的图案要简洁明了。

四、品牌与商标策略

（一）品牌策略

品牌策略是指企业通过品牌形象的塑造，提高企业产品竞争力的策略。品牌策略也称名牌策略，即企业通过创立市场名牌，提高产品和企业的知名度，靠名牌来开拓市场，增大市场份额，提高产品的市场占有率。品牌策略包括产品质量策略、技术开发策略、经营规模策略、品牌设计与广告策划策略、市场营销策略、人才策略等诸多方面的综合性部署。

企业在制定品牌策略时，有五种策略可供选择，即产品线品牌拓展策略、品牌扩展策略、多品牌策略、新品牌策略和品牌再定位策略。这些策略分别具有自身的优缺点和不同的适用条件。

1. 产品线品牌拓展策略

产品线品牌拓展策略是指相同组别的产品采用相同的已有的品牌。一个公司生产的同一组别产品很多，它们可能具有不同的风格、包装、色彩和成分等，用来满足不同需求偏好的顾客。例如，300ml 与 600ml 的“乐百氏”纯净水。使用这种策略的好处是明显的，它可以很快适应消费者各种各样的变化和需求，可以利用过剩的生产能力开发新产品。同时，新产品宣传费用低廉。产品线品牌拓展策略几乎是无风险的，因此，企业对此乐此不疲。饮料、食品等行业经常采用这种品牌发展策略。

2. 品牌扩展策略

品牌扩展策略又称品牌延伸策略，是指企业利用已成功品牌的声誉，在新的产品种类里推出同品牌的新产品或改良产品。例如，海尔公司在成功地推出了海尔冰箱之后，又利用这个品牌，成功地推出了海尔洗衣机、电视机、空调等新产品。成功的品牌在进行品牌扩展时，可以借助成功品牌的光环，比较容易使自己的新产品迅速而方便地为市场所认同和接受，从而节省建立新品牌的成本，高效突出新产品。但是，品牌扩展也要使企业承担一定的风险，即过度及偏离企业核心竞争力的品牌扩展有可能造成企业的资源分散而降低资源利用效率；同时，失败的品牌扩展可能导致消费者改变对品牌的看法，而使整个品牌受损。品牌扩展策略显然并不适用于所有的品牌。因此，企业在推出新产品时，如果品牌扩展不能取得良好的效果，可以选择建立新品牌。过多的新品牌也会导致企业资源分散，企业必须认真制定品牌策略，做好自己的品牌管理工作。

3. 多品牌策略

多品牌策略是指企业决定对同一类产品使用两个或两个以上的品牌名称。这是由美国P&G公司(宝洁公司)首创的。该策略有利于抢占更多的货架面积，扩大产品的销售，争取那些忠诚度不高的品牌转换者，同时也能占领更多的细分市场。比如，P&G公司就同时拥有海飞丝、汰渍、护舒宝、玉兰油等品牌。多种品牌还可以加强企业内部竞争机制，提高经济效益。此外，在国际营销中，由于国家、民族、宗教信仰等的不同，为了避免品牌命名不当而引起的市场抵触，以适应不同市场的消费习惯，多品牌也是一种适用策略。

多品牌策略的缺点在于可能因品牌建立不当而使自己的品牌自相残杀，并有可能造成企业资源分散而无利可图。另外，多品牌策略会加大企业的成本投入。因此，一定要保证多品牌策略所带来的收益大于其带来的损失，以防止得不偿失。在运用多品牌策略时，企业要注意每一个品牌市场份额的大小及变化趋势，适时取消市场占有率过低、市场效益不好的品牌，以避免造成多品牌过滥。

教学动画

知识产权保护的意义

延伸阅读

超越耐克后，安踏开启了新故事

2023年8月22日，安踏体育用品有限公司发布中期业绩：2023年上半年集团收益达人民币296.5亿元，同比增长14.2%。中国运动鞋服市场的头部企业的竞争格局正在发生质的变化：中国本土品牌从跟跑者变身为领跑者，且领先优势正在逐步扩大。能继续领跑，安踏做对了什么？

安踏能取得今日的成绩，离不开“单聚焦、多品牌、全球化”战略的驱动。

安踏多品牌矩阵形成了三大增长曲线，横跨专业运动、时尚运动与户外运动。第一条曲线以安踏品牌为代表，第二条曲线以FILA品牌为代表，第三条曲线以迪桑特、始祖鸟、可隆体育等为代表。

从行业需求变化来看，消费者对体育用品的需求越来越多元化。单一的品牌定位不能满足大众需求，但一味地在品牌上增加标签，又会导致品牌无法聚焦，变成“大杂烩”。多品牌矩阵，反而在坚持主品牌调性的同时，能够承接消费分层和场景细化下的消费需求，有效地对不同运动相关场景实现深度全覆盖。

过去，安踏与 FILA 两条增长曲线，大幅带动了安踏集团营收增长，展现了战略的正确性。分品牌来看，安踏与 FILA 在中国运动鞋服市场，分别位居第二及第五大品牌，2023 年上半年分别实现 141.7 亿元及 122.29 亿元营收，以“夹攻”形式追赶耐克中国。

而第三条曲线也终于在 2023 年上半年开始发力。包括迪桑特及可隆体育在内的其他品牌营收同比大增 77.6%至 32.5 亿元。

而不少体育品牌也跟随安踏的脚步，开始布局多品牌矩阵。如 2018 年，匹克收购了旗牌王、嗒嘀嗒、奥索卡；2019 年，特步收购了索康尼、迈乐、盖世威、帕拉丁四个国际品牌；2021 年，李宁也收购了英国皮鞋品牌 Clarks，从单一圈层延伸发展多元路径。

资料来源：王涵，严隽怡. 超越耐克后，安踏开启了新故事[EB/OL]. https://baijiahao.baidu.com/s?id=1775030043229434791&wfr=spider&for=pc，2024 年 6 月 10 日，有删改。

4. 新品牌策略

新品牌策略是指企业在新类别产品上采用新品牌的策略。这是一种谨慎的策略选择，在企业不能确定新产品的市场前景时，可采用这种策略，颇有一种投石问路的意味。

5. 品牌再定位策略

品牌再定位策略是在市场发生变化、顾客需求也发生变化的情况下，企业原来的品牌已不再适应市场与顾客的要求。因此，企业必须进行原有品牌的重新定位。比如万宝路公司原有的市场定位是针对女性，因为销路不畅，公司决策层决定对万宝路品牌进行重新定位，结果塑造出风靡世界具有侠骨柔情的西部牛仔的品牌形象；同时，赋予了品牌新的文化内涵，从而使万宝路成为世界知名品牌。

（二）商标策略

成功的商标策略是企业产品占领市场、取得消费者青睐的法宝。每个工商企业应根据自己产品经营的特点，正确制定产品商标的策略。一般来说，主要有以下几种商标策略：

1. 统一商标策略

统一商标策略是指企业不同的产品及品种采用统一的商标。采用这种商标策略使用户清楚地知道是一家企业生产的产品。企业可以利用已经成功的商标推出新产品，不仅可以取得顾客的信赖，而且可以节约广告和制作商标的费用。目前，国内许多企业都采用这种商标策略。但是，运用这种商标策略，企业必须有较高的经营管理水平，对每一种产品或品种都必须严格要求，否则，某一个品种达不到要求就会影响整个企业的信誉。

2. 个别商标策略

个别商标策略是指企业不同的产品品种采用不同的商标。这种商标策略能把高档、中档和低档商品严格地区别开来，以便于用户识别、选购自己满意的商品。但是，由于商标较多，人们不易记忆，宣传成本增加。

3. 商标的创新策略

现代企业的生命力在于创新能力，包括产品、技术、管理和服务的创新。同样，商标也要创新。商标越老越好是一种传统的、陈旧的观念。目前，国外许多企业都非常重视商标的更新，有的企业平均每 10 年创新一次，以显示企业的进步和产品的提高。商标的更新有两种方法：一是骤变，即舍弃原商标，采用重新设计的全新商标；二是渐变，渐变能保持原有的商誉，但受原商标的约束，难以推陈出新。

4. 不用商标策略

某些商品(如纸张、铅笔、廉价日用品等)在使用性能上同性度较高,不易区别,消费者不按商标选择商品时,企业可不采用商标。美国现在有一种专门出售“无牌商品”的超级市场,商品上只印私人商店的商标而无制造厂的牌子,质量相同,售价便宜15%。

五、包装策略

包装是商品生产的继续,商品只有经过包装才能进入流通领域,实现其价值与使用价值。商品包装可以保护商品在流通过程中品质完好和数量完整,同时,还可以增加商品的价值。此外,良好的包装还有利于消费者挑选、携带和使用。产品包装在营销实践中起着越来越重要的作用。

(一)包装的概述

1. 包装的含义

包装是指对某一品牌商品设计并制作容器或包扎物的一系列活动。包装有三个方面的含义:第一,包装是指为产品设计、制作包扎物的活动过程;第二,包装是指包扎物;第三,包装也指包装的方法,即包装产品的操作过程。

2. 包装的种类

包装是产品生产过程在流通领域的延续。产品包装按其在流通过程中作用的不同,可以分为运输包装和销售包装两种。

(1)运输包装。运输包装又称外包装或大包装,主要用于保护产品品质安全和数量完整。运输包装可细分为单件运输包装和集合运输包装。

①单件运输包装,是指商品在运输过程中以箱、桶、袋、包、坛、罐、篓、笼、筐等单件容器对商品进行的包装。按其使用的包装材料,又可分为纸、木、金属、塑料、化学纤维、棉麻织物等制成的容器和绳索;按其包装造型又可细分为箱、桶、袋、包、捆、瓶、罐、篓等。

②集合运输包装,是指将一定数量的单件组合在一件大包装容器内而合成的大包装。这种包装方法适应了运输、装卸现代化的要求,可以实现货物整批包装,有利于降低成本、提高工作效率。目前常用的集合运输包装有集装包、托盘和集装箱等。

锦囊妙计

禁塑令升级,环保成主流趋势!产品包装有哪些新选择

生态环境部规定于2025年全面禁止塑料袋,并提出推广应用替代产品。

1. 环保包装是大势所趋

禁塑令不断升级,不少品牌商及头部企业如可口可乐、伊利、雀巢等纷纷推出低碳环保包装,市场反馈良好。根据Shorr Packaging发布的《2022年可持续包装消费者报告》,86%的消费者更愿意购买包装可持续的产品。在全球可持续发展的大环境下,使用可降解可回收再生的包装材质是大势所趋。

2. 探索低碳,纸质包装进入大众视野

纸质包装既美观又便于携带,且具有良好的储存功能,因此已被制造商广泛使用。此外,这种包装可使用回收材料制造各种高度和尺寸,因此可以避免一次性塑料包装对环境的伤害。

3. 材料可降解，纸塑包装成包装新潮流

相比于传统的纸质包装材料，纸塑包装所用的模制纸浆是一种甘蔗渣、可再生或可降解的原材料，通常由回收的废纸或原生纤维制成，从原料、生产、废物处理、再制造，形成了一个完美闭锁的绿色循环。2023 年以来，纸塑的热度持续快速攀升，成为环保包装新潮流。

4. 可循环利用，金属包装大受欢迎

金属包装，特别是使用铝和钢的包装，具有无限可回收、可循环利用的特点。与其他材料相比，金属包装不仅对环境友好，而且坚固耐用，能够为产品提供更好的保护，深受消费者欢迎。马口铁盒包装在礼盒包材中扮演了重要的角色。

资料来源：根据网络资料整理。

（2）销售包装。销售包装又称内包装或小包装，它随同产品进入零售环节，与消费者直接接触。销售包装实际上是零售包装，因此，销售包装不仅要保护产品，更重要的是，要美化和宣传商品，便于陈列展销、吸引顾客，方便消费者认识、选购、携带和使用。

3. 包装的作用

（1）保护产品。包装可以使产品在流通过程中完整无损，清洁卫生，使用价值不受损坏，这是包装的最初和基本的功能。比如，为防止奶粉受潮变质，采用复合铝箔袋抽氧充氮密封包装，或者用铝合金的桶密封包装，效果都很好。

（2）便利经营和使用。良好的包装为产品的买卖、陈列、储运提供了便利，同时也为消费者的选购和使用提供了方便。比如，食品的一次性小包装、需控制用量的带刻度的容器包装、方便消费者携带与开启的包装等。

知识窗

欧盟包装法规即将到来

多年来，欧洲的包装废物总量持续增加。如果不采取行动，到 2030 年，欧盟的包装废弃物或将增加 19%，塑料包装废物甚至增加 46%。《欧盟包装和包装废弃物法规条例》草案主要致力于两大目标：一是最大限度上减少包装对环境的影响，二是促进循环经济。

法规条例的主要目标有：

提高可回收率：最迟至 2030 年，市场上所有包装至少 70%可回收。

增加再生塑料的使用：条例规定将一定数量的再生塑料用于特定用途。例如到 2030 年，30%的再生塑料将用于生产一次性饮料瓶，到 2040 年，该比例将提升至 65%。

推广可堆肥包装：在法规生效两年后，一些特定包装必须是可堆肥材料，比如直接贴在水果和蔬菜上的黏性标签。

禁止特定类型包装：禁止特定包装设计，比如盛放 1.5 千克以下果蔬的网袋，以及餐饮业使用的芥末或番茄酱等一次性小包装。

增加可重复利用包装比例：到 2030 年，在销售点售卖的饮料中，20%的饮料容器必须为可重复利用的，到 2040 年，这一比例需要增长至 80%。对于其他食品，法规也同样设定了较高比例的可重复使用包装要求。

资料来源：欧陆科技集团食品检测. 欧盟包装法规即将到来，你准备好了吗？[R/OL]. https://mp.weixin.qq.com/s/zgSCmkuU_0Y_rZWBKjICxA，2024年6月10日，有删改。

(3)便于识别产品。由于各种商品包装、装饰的不同，如造型、材料、容器、色彩等的不同，消费者对同类商品中的不同商品能够加以区别，并选择理想的产品。

(4)促进销售。“包装是立在货架上的广告。”精美的包装，给人以美感。造型美观，制作精细，颜色协调鲜明，都可能激发消费者的购买欲望。美国杜邦公司研究发现，63%的消费者是根据商品的包装做出购买决定的，因此可以说，包装是无声的推销员。

知识窗

部分国家的习俗和禁忌

日本 运往日本的产品包装上忌用荷花，因为日本人认为荷花意味着祭奠，是到极乐世界去的象征。日本人对饰有狐狸或獾图案的物品也很反感，因为日本人认为狐狸和獾是贪婪、狡猾的象征。

英国 出口到英国的产品包装上忌用白象。白象在英国象征好吃懒做，有大而无用之意。英国人还忌用山羊和孔雀做商标。山羊在英文里的拼法是 goat，而 goat 有“不正经男子”“好色之徒”之意。在英国，孔雀是祸鸟，孔雀开屏在英国被认为是自我炫耀的不良习性。

法国 对墨绿色特别厌恶，这是基于第二次世界大战的痛苦回忆，因为希特勒法西斯军队穿的是墨绿色的军装，所以法国人见到墨绿色就触景生情，产生反感。

非洲 北非一些国家忌用狗做商标，认为狗是不洁之物，是厄运或邪恶的象征。有些非洲国家不欢迎笑容，因为在他们看来，“笑”不是友好的象征，小辈见了长辈不能笑，甚至于男女青年双方谈恋爱也不能笑。

另外，出口到阿拉伯国家的产品和包装图案不能用美女照片，也不宜用男性人像做装饰图案。

(二)包装策略

符合设计要求的包装固然是良好的包装，但良好的包装只有同科学的包装决策结合起来才能发挥其应有的作用。可供企业选择的包装策略主要有以下几种：

1. 类似包装策略

类似包装策略是指企业生产经营的所有产品在包装外形上都采取相同或相近的图案、色彩等共同的特征，使消费者通过类似的包装联想起这些商品是同一个企业的产品，具有同样的质量水平。类似包装策略不仅可以节省包装设计成本、树立企业整体形象、扩大企业影响，而且可以充分利用企业已有的良好声誉，消除消费者对新产品的不信任感，带动新产品销售。它适用于质量水平相近的产品，但由于类似包装策略容易对优质产品产生不良影响，因此大多数不同种类、不同档次的产品不宜采用。

2. 等级包装策略

等级包装策略是指企业对自己生产经营的不同质量等级的产品分别设计和使用不同的包装。显然，这种依产品等级来配比设计包装的策略可使包装质量与产品品质等级相匹配，对高档产品采用精致包装，对低档产品采用简略包装，其做法适应不同需求层次消费者的购买心理，便于消费者识别、选购商品，从而有利于全面扩大销售。当然，该策略的实施成本高于类似包装策略也是显而易见的。

3. 分类包装策略

分类包装策略是指根据消费者购买目的的不同，对同一种产品采用不同的包装。例如，购买商品用作礼品赠送亲友，可精致包装；若购买者自己使用，则简单包装。此种包装策略的优缺点与等级包装策略相同。

4. 配套包装策略

配套包装策略就是指企业将几种有关联性的产品组合在同一包装物内的做法。这种策略能够节约交易时间，便于消费者购买、携带与使用，有利于扩大产品销售，还能够在将新旧产品组合在一起时，使新产品顺利进入市场，如配套式包装、节日礼品包装等。但在实践中，还需注意市场需求的具体特点、消费者的购买能力和产品本身的关联程度大小，切忌任意配套搭配。

5. 再使用包装策略

再使用包装策略也称双重用途包装策略，是指对原来包装的产品用完之后，包装容器可做其他用途。比如，做罐头包装的瓶子可作为水杯，茶叶罐头可做笔筒，等等。这种策略能够刺激顾客的购买欲望，增加重复购买，并起到广告宣传的作用。

6. 附赠品包装策略

附赠品包装策略是指在包装物内附有赠品或奖券，以刺激消费者的购买欲望。如在包装物中的附赠品可以是玩具、图片，也可以是奖券。这种策略对促销有巨大的作用。

7. 改变包装策略

改变产品的包装同产品创新对企业销售一样重要。当企业的产品要开拓新市场以吸引新顾客时，可改变产品包装；或当消费者对原包装印象不好、销售量下降时，也可通过改变产品包装策略为产品重新打开销路创造条件。

延伸阅读

独特的19支装

20世纪80年代，德国经历了数次通货膨胀之后，一位名叫沃尔夫冈的烟草商发现，原来卖4.2马克一盒的万宝路香烟已经无利可图。他知道，万宝路香烟在德国的销量一直稳居第一，现在竟然出现零利润，该如何扭转这一局面呢？

沃尔夫冈曾想过提高烟草的零售价，但又怕顾客一时难以接受。于是他绞尽脑汁，希望能想出一个解决的办法。一天，他来到超市，在厨房用品的货架旁，沃尔夫冈看到两个家庭主妇在购买茶具，只见她们对货架上的两种茶具进行了讨论。

“您觉得哪套茶具会更好一些呢？”

“两套的质量看起来一样，但我觉得这套更好一些，它是5只装的。”

“那一套6只装的不是更好一些吗？它还多出了一只。”

“多出一只，但价格也相对高出一些。反正5只够用，为什么不买经济又实用的？”

最后，两名家庭主妇同时选购了5只装的茶具。待她们走后，沃尔夫冈看了一下货架发现，其实两种茶具里面的茶杯单价一样。

这给沃尔夫冈提了个醒：在价格和数量这两个问题上消费者似乎更愿意买数量少但价格低的商品。如果在价格不变的情况下，直接减少万宝路的包装数量，消费者是不是也更容易接受呢？沃尔夫冈这样分析着。

沃尔夫冈按照自己的想法马上实践起来。他联系了烟草生产厂家，希望他们把万宝路的包装数量由原来的20支装改成19支装。此外，沃尔夫冈还特别嘱咐厂家在香烟的外包装上注明这样一行字：吸烟有害健康，本包装采用独特的19支装，为您减去“1支”负担。

果然，19支装的万宝路上市之后，不但没有引起消费者的不满，许多烟民还说改得不错，因为他们在无形之中少抽了许多烟。对于沃尔夫冈来说，减少1支烟之后，他的利润又恢复到原样。

烟草商们见19支装的万宝路如此受欢迎，急忙仿效。仅仅几个月时间，德国市场上出现的万宝路都成了独一无二的19支装，烟草商们终于保住了万宝路的市场。

资料来源：睿雪.独特的19支装[J].读者，2011(24)：21—22。

项目回顾

1. 现代市场营销学对产品的理解是一种广义的概念，它是指凡能提供给市场，以引起人们注意、获取、使用或消费，从而满足人们某种需要或欲望的物质，包括产品实体、无形服务、地点、组织及意识等。

2. 整体产品的概念包括核心产品、形式产品、期望产品、附加产品、潜在产品五个层次。

3. 产品组合是指企业生产或销售的全部产品大类、产品项目的组合。

4. 产品线即产品系列或产品大类，是指具有相同使用功能，但型号、规格不同的一组类似产品。

5. 产品项目是指因性能、规格、商标、式样等不同而能够区别于企业其他产品的具体产品。

6. 产品组合的宽度，即一个企业生产经营的产品大类有多少，拥有多少条产品线，多者为宽，少者为窄。

7. 产品组合的长度，即产品组合中产品项目的总数。

8. 产品组合的深度，即产品项目中每一品牌所含不同规格、花色、质量的产品数目的多少。

9. 产品组合的关联度，即各条产品线在最终用途、生产条件、目标市场、分配渠道及其他方面的相互关联程度。

10. 产品组合策略是指企业根据自身目标和环境变化对产品线和产品项目所进行的抉择和管理。

11. 产品生命周期是指新产品研制成功后，从投入市场开始直到被市场淘汰为止所经历的过程。

12. 产品生命周期的四个阶段，即从新产品投入市场开始到产品在市场上消失为止，一般经历导入期、成长期、成熟期和衰退期。

13. 新产品的概念包括原有产品的改进、产品改型和全新的创新产品，它们都是企业通过研究开发而发展起来的产品。

14. 品牌是一个名称、术语、标记、符号或是一个设计，或是它们的组合运用，其目的是借以辨认某个或某群销售者的产品或服务，并使之同竞争对手的产品或服务区分开来。

15. 商标是商品的牌子，也可以说是表示商品质量和商品来源的标志。

16. 包装是指对某一品牌商品设计并制作容器或包扎物的一系列活动。

17. 包装策略主要有：类似包装策略、等级包装策略、分类包装策略、配套包装策略、再使用包装策略、附赠品包装策略、改变包装策略。

思政园地

以技术创新引领质量强国建设

党的二十大报告指出，高质量发展是全面建设社会主义现代化国家的首要任务，并做出加快建设质量强国的重要部署。在以习近平同志为核心的党中央坚强领导下，质量强国的壮阔图景徐徐铺展。中共中央、国务院日前印发的《质量强国建设纲要》提出，建设质量强国是推动高质量发展、促进我国经济由大向强转变的重要举措。推进高质量发展，必须完整、准确、全面贯彻新发展理念，以技术创新作为根本动力和重要抓手，加快推进质量强国建设，提升产业竞争力和经济发展质量，为全面建设社会主义现代化国家、实现中华民族伟大复兴中国梦提供重要支撑。

当前，越来越多的国家把技术创新作为提升产品和服务质量、推动产业结构优化升级、增强经济发展质量效益的重要途径，加快实施国家创新战略。我国也必须通过技术创新促进先进制造、绿色制造、智能制造及现代服务业的发展，在此基础上进一步提高产业发展质量，加快质量强国建设。

技术创新是提升产品和服务质量的主要手段。新材料研发创新、技术工艺创新不仅能够提高企业生产效率，而且能够提升产品质量与安全性能，推动产品向智能高效、绿色低碳、个性化定制等方向转变，从而加快产品质量提档升级。数字技术创新和管理创新能够助力企业提高研发设计、物流配送及服务决策的精确度，优化生产工艺方法，使供给和需求更好适配，从而推动产品质量、工程质量升级，提升服务质量。

技术创新是提升我国产业发展质量和竞争力的重要动力。一方面，技术创新能够促进传统产业技术工艺改进，增加产品功能和安全性，提升产品智能化、绿色化水平，增强相关产业发展质量；另一方面，技术创新及其产业化应用将加快节能环保、新一代信息技术、生物、新能源、新材料、高端装备制造、新能源汽车等战略性新兴产业的发展，促进产业结构优化升级，从而提升产业竞争优势。

技术创新是提高国民经济发展质量的重要途径。技术创新不仅能够提高产品和服务质量，而且能够推动传统产业转型升级和新兴产业快速发展，促进产业结构优化升级和国民经济整体效益提升。借助技术创新，能够促进企业组织由静态协作向动态联盟和开放式产业互联网平台发展，帮助企业利用全球要素资源整合优化研发设计、原材料供应、加工制造、市场营销、售后服务等环节，提升产品质量和资源配置效率，进而提高经济发展质量。

资料来源：杜朝晖. 以技术创新引领质量强国建设[EB/OL]. https://baijiahao.baidu.com/s?id=1772009242057180121&wfr=spider&for=pc，2024-1-2。

议一议：

1. 新的历史时期，技术创新有哪些重要意义？

2. 技术创新是如何提升产品和服务质量的？

项目测试

一、单选题

1. 产品组合的宽度是指产品组合中所拥有(　　)的数目。

A. 产品项目　　B. 产品线　　C. 产品种类　　D. 产品品牌

2. 我国现行的商标法规定,注册商标的有效期为(　　)年,保护期满后,只要企业及时续展,就可再获保护,且续展次数不限。

A. 5　　B. 10　　C. 15　　D. 20

3. 在市场上通常表现为产品品质、式样、特征、商标及包装等,属于产品整体概念中的(　　)。

A. 核心产品　　B. 形式产品　　C. 附加产品　　D. 潜在产品

4. 销售量的增长减慢,利润增长接近于零时,说明产品已进入(　　)。

A. 介绍期　　B. 成长期　　C. 成熟期　　D. 衰退期

5. 企业原来生产低档产品,后来决定增加生产高档产品,这种产品组合决策是(　　)。

A. 产品线向上延伸策略　　B. 产品线向下延伸策略

C. 产品线的填充策略　　D. 产品线的缩减策略

二、多选题

1. 产品整体概念的层次包含(　　)。

A. 核心产品　　B. 形式产品　　C. 无形产品　　D. 延伸产品

E. 实物产品

2. 企业的产品组合包含(　　)等要素。

A. 宽度　　B. 长度　　C. 高度　　D. 深度

E. 关联度

3. 导入期产品的特点是(　　)。

A. 产品销量大　　B. 促销费用高

C. 利润低甚至为负值　　D. 制造成本高

E. 仍存在被市场淘汰的风险

三、判断题

1. 产品项目是指产品线中不同的品种、规格、品牌、价格的特定产品,例如,某商店经营的服装、食品、化妆品等。(　　)

2. 进入产品生命周期的成长期,企业的营销重点是建立品牌忠诚。(　　)

3. 根据消费者的购买习惯分类,产品分为方便品、选购品、特殊品和服务。(　　)

4. 产品生命周期的长短,主要取决于产品本身的性质、竞争激烈程度、科学技术、企业营销的努力程度等。(　　)

5. 包装既可以保护和美化商品,还可以增加商品的价值。(　　)

能力训练

案例研讨

跟乐高学学，怎么把单一产品卖上一百年

一直在被模仿的乐高，起步却源于模仿。

乐高成立的1932年，正值丹麦大萧条时期。由于经济困难，本为木匠的奥莱·柯克·克里斯蒂安森(Ole Kirk Christiansen)开始生产易于销售的木制玩具，如汽车、飞机和悠悠球。直到1935年，公司将业务集中在玩具制造上，改名为LEG GODT，正式成为一家玩具公司。

LEG GODT在丹麦语中是“玩得好”的意思。以此为名，乐高想表达两层含义：一是用最好品质的玩具，让孩子们玩得好；二是做有意思、有价值的玩具，让孩子享受游乐体验。这两点始终贯穿在乐高的发展之中。

相信技术可以提升品质的奥莱·柯克·克里斯蒂安森，在1947年花费前一年公司收入的2倍资金，购入了丹麦第一台塑料注塑机。与注塑机同时到的，还有机器供应商为英国玩具公司Kiddicraft做的玩具样品——塑料穿插式积木。

20世纪30年代，英国玩具公司Kiddicraft创始人希拉里·佩奇(Hilary Page)发现，小朋友们喜欢色彩鲜艳的玩具，还喜欢“啃”玩具。但木制玩具的颜料容易被误食，口水也容易附着在玩具表面滋生细菌。

为了解决这一问题，Kiddicraft利用第二次世界大战时期迅猛发展的塑料成型技术，研发出了一系列色彩明亮又卫生耐用的玩具。穿插式积木就是其中之一。

看到Kiddicraft穿插式积木之后，在玩具领域摸爬滚打多年的奥莱·柯克·克里斯蒂安森嗅到了商业机会，随即开始“模仿”。1949年，乐高推出了第一款塑料积木玩具“Automatic Binding Bricks”。

改良痛点：设计通用标准化组件＋加固连接结构，创造“乐高积木系统”。

以模仿起步的乐高，并没有就此停止。而是秉持着做“最好的玩具”的理念，开启了创新之路。塑料拼插式积木，实用性上解决了传统木制积木的卫生、安全问题，能成为“可靠玩具”之一。但与其他玩具没有实质差别，也并没有品牌以此为主营业务。乐高的改良创新，才让积木从众多玩具中脱颖而出，自成品类。

乐高的第一重改良是：用70%＋通用标准化组件，让积木从“一次性产品”变为可融合再创造的系统。

20世纪50年代的玩具行业较为混乱，没有突出的玩具品类。积木产品要不就是随机零件，要不就是根据特定形象制造的零件组合。玩具的生命周期，结束于被拼好的那一刻。

这导致大多数玩具都是靠新鲜感博得购买。既需要生产商不断开发新模具、新样式，也让消费者陷入“买—玩—扔—买”的无限循环。买来积木的消费者，只能按照说明书拼接，无法根据自己想象力去创作。

发现行业痛点的乐高，决定将“系统”代入玩具世界，延长产品的生命周期和玩乐体验。评估当时全部产品线后，乐高认为积木最有成为系统的潜力。为了做到这一点，乐高对积木进行了两方面的创新：

一是对零件数量、积木型号进行规整，让它们可以自由组合，这样消费者可以用乐高积木做任意创作；二是对产品进行体系化开发，同一系列不同套装的主题相互关联。消费者可以用

两次或多次购买的套装完成一个更大的场景。

至今，乐高套装仍然坚持 70%以上积木是通用组件，以保证不同产品之间的兼容性。在孩子们手中，乐高可以变成任何东西。

互相拼接让孩子们能释放自己的创造天性，但创造性需要被激励才能持续。

于是，乐高做了第二重改良：用内部管状连接器对积木衔接加固，让积木能“拼了不散”。1958 年 1 月 28 日下午 1 点 58 分，乐高对改良版积木申请了专利“TOYBUILDING BRICK”。改良后的积木就是如今的基础 LEGO 积木。主要改良点是，把积木开口的一面内部设置几个对应的柱状凸起，这样积木相互连接起来会更加牢固。

改良后的积木，不仅能让孩子们充分利用积木发挥创造力，制作各类场景。还能够稳固保存下来，展示给更多人。这样不仅能产生“创造—展示—激励”的正向循环，还能让孩子们彼此之间交流创意，让更多人认识乐高。

“永不过时”的生命周期+“拼好不塌”的扎实品质，让乐高很快在欧洲风靡。

资料来源：佚名. 跟乐高学学，怎么把单一产品卖上一百年[EB/OL]. https://mp.weixin.qq.com/s/UImrAF_xY8rwAfh1tuRdOw，2024 年 6 月 10 日，有删改。

思考与分析：

1. 进一步收集资料，探究乐高产品持续风靡的原因。
2. 乐高的产品是如何根据市场需要改良的？

实践训练

市场营销：创新、竞争与发展

训练名称	产品策略	训练类别	团队训练
训练目的	认知与了解企业的产品开发策略、品牌、商标与包装策略		
训练方案	训练步骤	训练内容	时　间
	1. 准备	(1)3～5 人组成一个团队，以团队为单位训练； (2)就下列分析与思考的问题收集资料	与本项目教学时间同步，课外完成
	2. 分析思考	(1)列举一个团队认为最有价值的品牌并描述对该品牌的印象； (2)研究团队所选品牌的发展历史，分析中国品牌与世界品牌的特点及差别，分析该品牌的产品创新之道； (3)中国企业应该走怎样的产品开发及品牌之路	
	3. 形成报告	将上述分析与思考形成文字报告，并以 PPT 或其他形式展示团队报告	
考核方式	依据团队提交的报告评定成绩		

项目八　价格策略

学习目标

知识目标

1. 了解价格在市场营销组合中的地位和作用；
2. 了解企业制定价格的目标；
3. 认识影响定价的主要因素；
4. 掌握定价基本方法及策略。

能力目标

1. 能够分析影响企业产品定价的主要因素；
2. 能够采用不同的定价方法，制订企业产品价格；
3. 能够根据企业和产品的实际，选择适合的定价技巧策略。

思政目标

1. 培养学生的诚信意识；
2. 培养学生的创新思维和灵活应变能力。

案例导入

在手机行业严重内卷的现状下，为何苹果定价依旧居高不下？

高端定价：苹果公司将 iPhone 定位为高端产品，并以高价销售。这种定价策略有助于塑造苹果品牌的高端形象，并确保高利润率。苹果相信，消费者更愿意为高品质、高性能和独特设计的产品支付更高的价格。

苹果公司通过了解竞争对手的产品定位和价格策略，如华为、小米等品牌，他们可以通过对竞争对手的产品进行比较，确定自己的产品在市场中的定位，打造独一无二的品牌效应并决定以选择高价定位策略划分市场，保障自身手机高端市场的龙头地位。

附加服务：苹果公司还通过提供附加服务，如 Apple Care＋保修计划和 iCloud 存储服务以及 Airpods 等相关数码产品，为 iPhone 产品增加了附加价值。这些附加服务通常需要额外支付，从而提高了产品的整体定价。

价格梯度：与市场上绝大部分手机品牌相同，苹果公司通过推出不同配置和存储容量的iPhone型号，实现了价格梯度。它通常会推出几个不同价格的型号，以满足不同消费者的需求和预算。这种策略有助于吸引更广泛的消费者群体，并提高销售量。

周期性定价策略：苹果公司在iPhone产品的生命周期中采用了不同的定价策略。他们通常会在新产品发布时以较高的价格销售，然后随着时间的推移逐渐调低价格。以高进低出的手段，在一定程度上满足消费者的虚荣心，这种策略有助于吸引早期采购者并最大化销售收入，然后通过降价来吸引更多的消费者。

iPhone15系列正式发布后，苹果公司将对旧产品线进行调整。具体来说，iPhone14 Pro系列已经下架，iPhone14系列降价，iPhone13降价，iPhone13 mini已经下架，iPhone12已经下架，而iPhone SE(2022)则保持不变。其中，iPhone13 128GB、256GB和512GB的售价分别为5 399元、6 299元和8 099元，现在降至4 699元、5 699元和7 699元，分别降低了700元、600元和400元，这样的降价幅度还是相当不错的。另外，iPhone13 mini也已经下架，这意味着小屏手机的时代已经结束，消费者不需要再期待这款产品了。对于那些对价格敏感、需要苹果入门级手机的消费者来说，他们仍然可以购买iPhone SE(2022)，但价格并没有任何变动，依然是64GB 3 499元、128GB 3 899元和128GB 4 699元。

资料来源：第八小组. 在手机行业严重内卷的现状下，为何苹果定价依旧居高不下？[R/OL]. https://mp. weixin. qq. com/s/ulJpFggImXylkElO9wX6Tg，2024年6月10日，有删改。

价格策略是市场营销组合策略的一个重要内容，产品价格的合理与否，很大程度上决定了购买者的购买意愿，直接影响产品和企业的形象，影响企业在竞争中的地位，它是企业能否走向成功的重要因素，因此，产品定价一直是企业的重要决策之一。价格策略的复杂之处在于它不仅是简单的成本和利润的计算，而且受各种非成本因素的影响，因此，企业不仅要制定合理的价格策略，还必须随着环境的变化不断对其进行修改和完善。

任务一　定价的影响因素

企业在制定价格策略时，可以在明确企业目标的前提下，仔细分析、评估消费者需求特性、成本状况以及竞争对手的产品与价格，从而通过选择适当的定价方法确定产品最终价格。影响定价的因素是多方面的，包括定价目标、产品成本、市场需求、竞争者的产品和价格。

一、定价目标

微课视频

影响定价的因素

任何企业都必须按照企业的目标市场战略及市场定位战略的要求制定价格。定价所应考虑的因素较多，定价目标也多种多样，不同企业可能有不同的定价目标，同一企业在不同时期也可能有不同的定价目标，企业应权衡各个目标的依据及利弊，谨慎选择。企业定价目标主要有以下几种：

(一)维持企业生存

如果企业产量过剩，或面临激烈竞争，或试图改变消费者需求，则需要把维持生存作为主要目标。为了确保工厂继续开工和清理存货，企业必须制定较低的价格，并希望市场是价格敏感型的。利润比起生存来次要得多，许多企业通过大规模的价格折扣保持企业活力。只要其销售收入能弥补可变成本和一些固定成本，企业的生存便可得以维持。一般来说，只有在产能大量过剩、竞争十分激烈的情况下，企业才会选择这一定价目标。

（二）当期利润最大化

当企业的产品在市场上处于绝对有利地位时，企业总是希望制定一个能使当期利润最大化的价格。它们估计需求和成本，并据此选择一种价格，使之能产生最大的当期利润、现金流量或投资报酬率。

锦囊妙计

选定当期利润最大化目标时应注意：(1)公司应对其需求量和成本函数了如指掌；(2)公司不应只强调当前的财务状况，而忽视其长期效益；(3)公司应考虑其他营销组合因素、竞争对手的反应和对价格的法律限制。

（三）市场占有率最大化

市场占有率是衡量企业营销业绩和市场竞争态势的重要指标，因为赢得最高的市场占有率之后，企业享有最低的成本和最高的长期利润，为了成为市场份额的领导者，企业把价格尽可能定低。

（四）产品质量最优化

企业也可以考虑产品质量领先这样的目标，并在生产和市场营销过程中始终贯彻产品质量最优化的指导思想。这就要求用高价格弥补高质量和研究开发的高成本。产品优质优价的同时，还应辅以相应的优质服务。

二、产品成本

商品的价格由成本、税金和盈利构成，如果说某种产品的最高价格取决于市场需求，则最低价格取决于这种产品的成本费用。从长远看，任何产品的销售价格都必须高于成本费用，才能以销售收入抵偿生产成本和经营费用，否则就无法经营。因此，企业制定价格时必须估算成本。

研究成本因素，应区别各种不同的成本概念，如固定成本、变动成本、总成本、边际成本、机会成本等。

延伸阅读

百事可乐的低价策略

20 世纪 30 年代初的美国街头，到处都设有饮料自动售货机，顾客只需花 5 美分，即可得到一瓶 6.5 盎司的可口可乐。其新奇、方便的销售方式及遍布各地的销售网络，使可口可乐独霸美国软饮料市场。百事可乐为了扭转不利局面，把百事可乐装入回收容量为 12 盎司的廉价啤酒瓶里，并保持原先的价格每瓶 5 美分出售。可口可乐对百事可乐的低价策略不屑一顾，并拒绝生产 12 盎司大瓶装产品。最终，可口可乐在这场竞争中几乎被逼得走投无路，相反，这时的百事可乐被装在回收的大啤酒瓶里，瓶子、装瓶加工费用省了一半，即使卖半价，公司仍有微利。到 1936 年，公司获净利 200 万美元，两年后达到 420 万美元，成功度过经济大萧条时期。

三、市场需求

市场需求也对企业定价有着重要影响，而需求又受价格和收入变动的影响。因价格或收入等因素而引起的需求的相应的变动率，就称为需求弹性。需求的价格弹性反映需求量对价格的敏感程度。在下列条件下，需求可能缺乏弹性：市场上没有替代品或者没有竞争者；购买者对较高价格不在意；购买者改变购买习惯较慢，也不积极寻找较便宜的东西；购买者认为产品质量有所提高，或者认为存在通货膨胀等，价格较高是应该的。

四、竞争者的产品和价格

在竞争性的市场上，几乎每种产品都有或多或少的竞争品。竞争的强度取决于产品制作的难易、供求形势与竞争格局。企业必须采取适当方式，了解竞争者所提供的产品质量和价格以及主要竞争对手的实力。企业获得这方面的信息后，就可以与竞争产品比质比价，更准确地制定本企业产品价格。如果两者质量大体一致，则两者价格也应大体一样，否则本企业产品可能卖不出去；如果本企业产品质量较高，则产品价格也可以定得较高；如果本企业产品质量较低，那么，产品价格就应定得低一些。

任务二　定价方法

企业制定价格必须全面考虑各个方面的因素，采取一系列步骤和措施。一般来说，要采取六个步骤：选择定价目标、估算成本、测定需求的价格弹性、分析竞争对手的产品与价格、选择适当的定价方法、选定最后价格。下面就具体的定价方法做一阐述。

企业产品价格的高低受市场需求、成本费用和竞争情况等因素的影响和制约。企业制定价格时应全面考虑这些因素。但是，在实际定价工作中往往只侧重某一个方面的因素。大体上，企业定价有三种导向，即成本导向、需求导向和竞争导向。

微课视频

定价方法

一、成本导向定价法

（一）成本加成定价法

成本加成是按照单位成本加上一个标准的利润，是最基本的定价方法。

价格＝平均总成本×（1＋预期利润率）

延伸阅读

假定一个制造商的固定成本是300 000元，单位变动成本是10元，预计单位销售量是50 000个，则该制造商的单位成本为：

单位成本＝单位变动成本＋固定成本/预计单位销售量

＝10＋300 000/50 000

＝16（元）

这有两种思路：

(1)逆加法。假设制造商想在销售额中有20%的利润加成,则:

价格=单位成本÷(1-加成率)=16÷(1-20%)=20(元)

(2)顺加法。假设制造商想在成本的基础上获得20%的利润加成,则:

价格=单位成本×(1+加成率)=16×(1+20%)=19.2(元)

在零售企业中,百货店、杂货店一般采用逆加法来制定产品价格;水果店、蔬菜店则多采用顺加法来定价。

该方法的优点是:能将价格与成本结合起来考虑,简便易行。如果行业中所有企业都采用这种定价方法,则同类产品价格会趋于一致,同行业竞争会缓和。缺点是:成本费用的分摊和计算不够真实合理;忽视了市场需求和竞争,使价格不利于产品销售。因此,成本加成定价法只适用于供求基本平衡、成本相对稳定的产品。

(二)目标定价法

所谓目标定价法,是指根据估计的总销售收入(销售额)和估计的产量(销售量)来制定价格的一种方法。这种定价法的最大缺点是必须根据销售量来制定价格,而价格恰恰是影响销售量的重要因素。

(三)边际成本定价法

边际成本定价法也称边际贡献定价法,即仅计算变动成本,略去固定成本,而以预期的边际贡献补偿固定成本并获得收益。边际贡献是指企业增加一个产品的销售,所获得的收入减去边际成本的数值。如果边际贡献不足以补偿固定成本,则出现亏损。其基本公式是:

价格=变动成本+边际贡献

边际贡献=价格-变动成本

边际贡献-固定成本=利润

按边际成本定价一般是在卖主竞争激烈时,企业为迅速开拓市场而采用的较灵活的做法。因为在供过于求时,坚持按平均成本定价会出现滞销积压,甚至迫使减产、停产,此时固定成本还得如数支出,则亏损更大,故干脆舍去固定成本,尽力维持生产,争取边际贡献能补偿或超过固定成本。这种方法极易掌握降价幅度,即售价必须高于变动成本,否则生产越多,亏损越大,维持生产就毫无意义。

二、需求导向定价法

(一)理解价值定价法

当企业采取需求导向定价法时,通常可以采取理解价值定价法。所谓理解价值定价法,就是企业根据购买者对产品的理解价值来制定价格的一种方法。理解价值定价与现代市场定位观念相一致。企业在为其目标市场开发新产品时,在质量、价格、服务等各方面都需要体现特定的市场定位观念。因此,首先要决定所提供的价值及价格;之后,企业要估计在此价格下所能销售的数量,再根据这一销售量决定所需要的产能、投资及单位成本;接着,管理人员还要计算此价格和成本下能否获得满意的利润。如果能获得满意的利润,则继续开发这一新产品;否则,就要放弃这一产品概念。

理解价值定价的关键在于准确地计算产品所提供的全部市场理解价值。企业如果过高地估计理解价值,便会定出偏高的价格;如果过低地估计理解价值,则会定出偏低的价格。为准确把握市场理解价值,必须进行市场调研。

延伸阅读

例如，假设有A、B、C三家企业生产同一种玻璃杯，A企业在市场上随机抽样选取一组顾客，了解他们对三家产品的理解价值。有三种方法可以确定理解价值：

1. 直接价格评比法

请顾客按自己的看法，分别对三家产品给予定价。经计算，这组顾客对三家产品的定价平均值分别为：A为5元/个、B为4元/个、C为3元/个。

2. 评分法

给顾客100分，请他将100分分配给三个杯子，分数按顾客对三个杯子的理解价值分配。假设顾客分别给三家产品的打分平均结果是：A为40分、B为35分、C为25分，平均分是33分。市场上三种产品的平均售价是4元，经过对分值的计算，三家产品依顾客理解价值所定价格分别为：

A企业产品价格＝4×40/33＝4.8(元/个)

B企业产品价格＝4×35/33＝4.2(元/个)

C企业产品价格＝4×25/33＝3(元/个)

3. 特征法

这种方法要求顾客就产品的若干重要属性分别给三家产品评分，同时还要对若干重要属性分配权数。

资料来源：杨勇，陈建萍. 市场营销：理论、案例与实训[M]. 北京：中国人民大学出版社，2014：187。

(二)需求差异定价法

需求差异定价法是指在特定条件下，根据需求中的某些差异而使价格产生差别的定价方法。具体有以下几种：

1. 同一产品对不同的消费者采用不同的价格

根据不同消费者的购买用途、消费心理、购买习惯等不同，可实行价格歧视、规定一个价格幅度以及讨价还价等价格形式。需要注意的是，价格歧视也受到法律法规的限制，企业在实施时需要考虑合法性和消费者的感受。

延伸阅读

垄断厂商利用价格歧视来获取利润

经济分析表明，一旦产品的卖方形成了垄断，就非常容易形成价格歧视。价格歧视通常有三种形式：一级价格歧视、二级价格歧视和三级价格歧视。

一级价格歧视：在卖方垄断势力比较强大且信息也比较灵通的情况下，卖方可以对每一单位商品都收取买方愿意支付的最高价格，将消费者剩余全部收归己有。假设某地区只有一个牙医，并且他清楚每一个患者愿意付的最高价格，他将对每一个患者收取不同的价格，使他们刚好愿意治疗，这样患者的全部消费者剩余都转移到了牙医那里。

二级价格歧视：一个垄断的卖方还可以根据买方购买量的不同，收取不同的价格。比如，电信公司对客户每月上网时间的不同，收取不同的价格，对于使用量小的客户，收取较高的价格；对于使用量大的客户，收取较低的价格。垄断卖方通过这种方式把买方的一部分消费者剩余据为己有。

三级价格歧视：垄断卖方对不同类型的买方收取不同的价格，买方的需求价格弹性越大，卖方收取的价格就越低；买方的需求价格弹性越小，卖方收取的价格就越高。通过这种方法，垄断卖方就从需求价格弹性小的买方那里榨取更多消费者剩余。比如，有的旅游景点对外地游客和本地游客实行价格歧视，对外地游客收取较高的价格，对本地游客收取较低的价格。

资料来源：百度百科. 价格歧视[EB/OL]. https://baike.baidu.com/item/%E4%BB%B7%E6%A0%BC%E6%AD%A7%E8%A7%86/6441933?fr=ge_ala. 2024年7月4日，有删改。

2. 同一产品的不同式样采用不同的价格

有些产品尽管质量、规格大致相同，但因款式、花样不同可能价格相差甚远。比如一些新潮的款式、花色的时装，定价就高且消费者易接受；那些过时的服装，定价就很低且得不到消费者的青睐。

3. 同种产品或服务，销售地点或位置不同，价格也不同

同样的烟酒，商店里和饭店里的价格就不一样。再比如体育馆的票价，因位置不同被分为甲级、乙级等不同档次。

4. 同种产品或服务，提供的时间不同，价格也不同

一些产品在不同的时间上其效用的满足程度是不同的，如销售期分为淡季、旺季的产品，旺季对人的满足程度高，淡季对人的满足程度低，因而在旺季制定高价、淡季制定低价，还有一些产品，尤其是服务业提供的产品，在销售上有时间性，而形成销售高峰期和低谷期。企业通过在销售低谷期制定低价，可以吸引一部分顾客在淡季时来消费，如电信服务业在白天和夜间、节假日和非节假日的收费标准就是有差异的。

（三）反向定价法

所谓反向定价法，是指企业依据消费者能够接受的最终销售价格，计算自己从事经营的成本和利润后，逆向推算出产品的批发价和零售价。这种定价方法不以实际成本为主要依据，而是以市场需求为定价出发点，力求使价格为消费者所接受。分销渠道中的批发商和零售商多采取这种定价方法。

三、竞争导向定价法

竞争导向定价法是一种主要以竞争者的价格为定价依据而相对不注重成本和需求因素的定价方法。通常有以下几种方法：

（一）随行就市定价法

随行就市定价法，即企业按照行业的平均价格水平来制定价格。该价格主要是基于竞争者的价格而制定，很少考虑产品的成本和市场需求。

该定价法主要适合以下情况：一是产品差异很小的行业，如钢铁、粮食等行业；二是高度竞争型市场；三是少数实力雄厚的企业控制的市场。

（二）密封投标定价法

密封投标定价法即以密封投标竞争的方式确定商品价格的方法。企业定价的基点与其说

是依赖对企业成本或需求的密切联系，不如说是取决于预期的竞争者将制定怎样的价格。某企业想要赢得某个合同，就需要制定比其他企业更低的价格；同时，公司不能将价格定得低于成本，以致恶化它的地位。

（三）竞争价格定价法

竞争价格定价法，即根据本企业产品的实际情况及与竞争对手的产品的差异状况来确定价格。这是一种主动竞争的定价方法，一般为实力雄厚或产品独具特色的企业所采用。定价时，首先，企业将市场上竞争产品价格与企业估算价格进行比较，分为高于、等于、低于三种价格层次；其次，将本企业产品的性能、质量、成本、产量等与竞争产品比较，分析造成价格差异的原因；最后，根据以上综合指标确定本企业产品的特色、优势及市场地位，在此基础上，按定价所要达到的目标，确定产品价格，跟踪竞争产品的价格变化，及时分析原因，相应调整本企业产品的价格。

任务三　定价策略

为适应不同的消费者，达到营销目标，企业可以运用一些具体的价格策略来有效地确定和调整产品的价格。这些具体的价格策略主要有新产品定价、折扣定价、心理定价、促销定价、地区定价等策略。

一、新产品定价策略

微课视频
定价策略

新产品定价是新产品开发的一个重要环节。价格策略选择的正确与否关系到新产品能否打入市场，能否在市场上立足并给企业带来预期的收益。常见的新产品定价策略有以下三种：

（一）撇脂定价策略

撇脂定价策略也称高额定价策略，因与从牛奶中撇取奶油相似而得名。该策略是指在新产品上市之初，价格定得尽可能高，以期在短时间内取得最大利润，随产品的逐步成长再逐步降低价格：

采用撇脂定价策略需符合以下条件：

(1)新产品比市场上现有产品更具显著的优点，让消费者一见倾心；

(2)新产品初上市阶段，商品需求价格弹性较小，或早期购买者对价格反应不敏感；

(3)市场上短时期内仿制产品出现的可能性小，竞争对手少。

该策略的优点是：由于价格较高，能在短期内取得较大利润，并可以在竞争增加时采取降价策略，限制竞争者的加入，保持自己的市场份额。缺点是：由于定价过高，当新产品尚未在消费者心目中建立声誉时，往往得不到消费者认可，不利于打开市场；同时，高价厚利会吸引众多生产经营者转向此产品的生产经营，加速市场竞争的白热化。

（二）渗透定价策略

渗透定价策略也称低额定价策略，是指新产品推向市场时，尽量把价格定得低一些，采用薄利多销的方法，目的不是在短时期内取得较大利润，而是尽快争取最大可能的市场占有率。该策略是以较低的价格在市场上慢取利、广渗透，所以称为渗透定价策略。我国很多企业都采用过或正在采用这种策略，比如格兰仕微波炉就是采用渗透定价策略赢得了市场。

采用渗透定价策略应具备以下条件：

(1)商品的市场规模大,存在强大的竞争潜力;

(2)商品的需求价格弹性大,即稍微降价,需求量会大大增加;

(3)通过大批量生产能降低生产成本。

渗透定价策略的优点是:(1)低价容易为市场接受,吸引更多的顾客,迅速扩大市场;(2)低价薄利能有效地阻止竞争者进入市场,从而较长时间占领市场;(3)随着产品销售的增加、市场份额的扩大,成本会大幅度下降,从而获得大量利润。缺点是:定价太低,不利于企业尽快回收投资成本,甚至产生亏损;另外,也容易在消费者心目中造成低档产品的印象。

(三)满意定价策略

满意定价策略又称中间定价策略,是介于"撇脂"和"渗透"之间的定价策略。该定价水平适中,在产品成本的基础上加上适当利润,对买卖双方都有利。

满意定价策略的优点是:(1)产品价格容易被消费者认可,企业承担的风险较小,容易获得比较稳定的市场占有率;(2)从企业自身看,可有计划地在不太长的时间内收回企业的研制成本;(3)价格不高不低,让销售渠道成员觉得稳妥,能够保持经营的积极性。缺点是:这种中间价格容易造成因没有特点而打不开销路的局面。

二、折扣定价策略

折扣定价是指在定价过程中,企业可先定出基础价格,然后再用各种折扣和折让刺激购买者,以促进销售。

(一)折扣定价的主要类型

1. 现金折扣

对按约定日期付款或提前付款的顾客给予一定的折扣。例如,顾客在 30 天内必须付清货款,如果 10 天内付清货款,则给予 2%的折扣。这有利于加速资金周转,减少坏账损失。

2. 数量折扣

即按购买数量的多少分别给予不同的折扣,购买数量越多,折扣越大,鼓励顾客购买更多的物品。因为大量购买能使企业降低生产、销售、储运、记账等环节的成本费用。例如,顾客购买某种商品 100 单位以下,每单位 10 元;购买 100 单位以上,每单位 9 元。这就是数量折扣。

3. 功能折扣

功能折扣又称贸易折扣。功能折扣是制造商给某些批发商或零售商的一种额外折扣,促使它们执行某种市场营销功能(如推销、储存、服务)。

4. 季节折扣

生产季节性产品的企业对在销售淡季采购的买主,给予折扣优待;零售企业对那些购买过季商品或服务的顾客给予一定的折扣,均属季节折扣。这有利于企业的生产和销售在一年四季保持相对稳定。例如,滑雪橇制造商在春夏季给零售商以季节折扣,以鼓励零售商提前订货;旅馆、航空公司等在营业下降时给旅客以季节折扣。

5. 价格折让

这是另一种类型的价目表价格的减价。例如,一辆小汽车标价为 4 000 美元,顾客以旧车折价 500 美元购买,只需支付 3 500 美元,这叫以旧换新折让;如果经销商同意参加制造商的促销活动,则制造商卖给经销商的物品可以打折,这叫促销折扣。

(二)影响折扣策略的主要因素

折扣被用在战术上和策略发展上会表现出不同特点,其原因主要有以下三个:

1. 竞争对手以及联合竞争的实力

市场中同行业竞争对手的实力强弱会威胁到折扣的成效，一旦竞相折价，要么两败俱伤，要么被迫退出竞争。

2. 折扣的成本均衡性

销售中的折扣并不是简单地遵循单位价格随订购数量的上升而下降这一规律。对生产厂商来说有两种情况是例外的。一种是订单量大，很难看出连续订购的必然性，企业扩大再生产后，一旦下个季度或来年订单迅速下降，投资难以收回；另一种是订单达不到企业的开机指标，开工运转与分批送货的总成本有可能无法用增加的订单补偿。

3. 市场总体价格水平下降

由于折扣策略有较稳定的长期性，当消费者利用折扣超需购买后，再转手将超需的那部分商品以低于折扣价卖给第三者，这样就会扰乱市场，导致市场总体价格水平下降，给采用折价策略的企业带来损失。

企业实行折扣策略时，除考虑以上因素外，还应该考虑企业流动资金的成本、金融市场汇率变化、消费者对折扣的疑虑等因素。

三、心理定价策略

心理定价是指企业在定价时，不但要考虑价格的经济作用，还要考虑顾客的心理作用，即利用顾客心理有意识地将产品价格定得高些或低些，以扩大销售。常见的心理定价策略包括以下几种：

（一）声望定价

声望定价是企业利用消费者仰慕名品名店的声望的心理采用的一种定价方法。因名品名店使消费者产生了信任感，一般是故意把价格定成整数或高价，基本上不影响销售。顾客购买名牌产品不仅仅是为了消费，还要显示他们的身份和地位。因此，名牌产品价格如果定得低，反而不能满足消费者心理的需要。这种声望定价不仅在零售业中广泛应用，在饮食、服务、修理、科技、医疗、文化教育等行业也被广泛应用。

（二）尾数定价

所谓尾数定价，是指利用消费者数字认知的某种心理，尽可能在价格数字上不进位，而保留零头，使消费者产生价格低廉和卖主经过认真的成本核算才定价的感觉，从而使消费者对企业产品及其定价产生信任感。比如本应定价为 100 元的商品，现定价 99 元，虽然只低了 1 元，但感觉上却低了很多，给人以定价便宜的感觉。

（三）整数定价

这是和尾数定价相反的定价策略。它不是为了给人以价廉的感觉，而是故意把价格定成整数，以显示其商品质量的不一般。比如，有些商品价格标 1 000 元而不标 999 元。这种定价策略迎合了消费者“一分价钱一分货”“便宜无好货，好货不便宜”的心理，使消费者把价格与质量联系起来，从而激励他们购买。该策略特别适用于高档名牌商品或一些消费者不太了解的商品。

（四）招徕定价

所谓招徕定价，是指零售商利用部分顾客求廉的心理，特意将某几种商品价格定得较低以吸引顾客。某些商店随机推出降价商品，每天、每时都有一至两种商品降价出售，吸引顾客经常来采购廉价商品，同时也拉动了其他正常价格的商品的销售。

四、促销定价策略

为了达到不同的促销目的，企业可以使用促销定价方法，暂时为产品制定低于标准价格甚至低于成本的价格。促销定价方法有几种形式，例如，超级市场和百货商店对少数产品的定价采取先赔的策略，吸引顾客来购物，同时希望他们按标准价格购买其他产品；销售者有时也使用特殊时节定价的策略，在特殊时节吸引顾客。每年国庆黄金周之后，旅行社都会以较低的旅游报价来吸引顾客。

此外，一些制造商还提供低息分期付款、长期产品保证或者免费维修业务，降低消费者意识中的价格。此种方法在汽车销售中较受欢迎。销售者还可以直接对产品标准价格予以打折，以增加销量，减少库存。

五、地区定价策略

一般来说，一个企业的产品，不仅卖给当地顾客，也卖给外地顾客。卖给外地顾客，把产品从产地运到顾客所在地，就会产生装运费用。所谓地区性定价策略，就是企业要决定对于卖给不同地区（包括当地和外地不同地区）顾客的某种产品，是分别制定不同的价格，还是制定相同的价格；也就是说，企业要决定是否制定地区差价。地区性定价的形式有以下几种：

（一）FOB 原产地定价

所谓 FOB 原产地定价，就是顾客（买方）按照出厂价购买某种产品，企业（卖方）只负责将这种产品运到产地某种运输工具（如卡车、火车、船舶、飞机等）上交货。交货后，从产地到目的地的一切风险和费用概由顾客承担。如果按产地某种运输工具上交货定价，那么每一个顾客都各自负担从产地到目的地的运费。这样定价对企业也有不利之处，即距离较远的顾客有可能不愿购买这个企业的产品，而购买其附近企业的产品。

（二）统一交货定价

这种形式和前者正好相反。所谓统一交货定价，就是企业对于卖给不同地区顾客的某种产品，都按照相同的出厂价加相同的运费（按平均运费计算）定价；也就是说，对全国不同地区的顾客，不论远近，都实行一个价。因此，这种定价又叫邮资定价。

（三）分区定价

这种形式介于前两者之间。所谓分区定价，就是企业把全国（或某些地区）分为若干价格区，对于卖给不同价格区顾客的某种产品，分别制定不同的地区价格。距离企业远的价格区，价格定得较高；距离企业近的价格区，价格定得较低。在各个价格区范围内实行一个价。采用这种方法要注意各区域差价之间的协调配合。

（四）基点定价

所谓基点定价，是指企业选定某些城市作为基点，然后按一定的出厂价加上从基点城市到顾客所在地的运费来定价，而不管货物实际上是从哪个城市起运的。有些公司为了提高灵活性，选定多个基点城市，按照顾客最近的基点计算运费，这样有利于生产企业扩大市场份额。

（五）运费免收定价

有些企业因为急于和某些地区做生意，负担全部或部分实际运费。这些卖主认为，如果生意扩大，其平均成本就会降低，因而足以抵偿这些费用开支。采取运费免收定价，可以使企业加深市场渗透，并且能在竞争日益激烈的市场上站得住脚。

教学动画
坚守诚信底线

任务四　价格变动及调整

企业处在一个不断变化的环境之中，为了生存和发展，有时候需主动降价或提价，有时候又需对竞争者的价格变动做出适当的反应。

一、企业降价与提价

（一）企业降价

1. 生产能力过剩

企业库存积压严重，需要通过扩大产品销售来提高生产能力利用率，但是，企业如果不能通过改进产品和加强销售工作等措施来扩大销售，就需要考虑降价。

2. 急需回笼现金

因产品销售不畅，或为筹集资金进行某些新活动，而资金借贷来源中断，对现金产生迫切需求。此时，企业可以通过对某些需求价格弹性大的产品予以大幅度降价，以增加销售额，回笼现金。

3. 市场竞争激烈

在强大竞争者的压力特别是价格压力之下，企业的市场占有率下降。此时，企业只能通过直接降价缓解竞争压力，保住自己的市场份额。

延伸阅读

电动车市场将面临趋势性的价格下调

以电动车为代表的新能源车，已成为全球汽车市场的新潮流。2023 年全球新能源汽车销量达 1 465.3 万辆，同比增长 35.4%，其中中国新能源汽车销量达到 949.5 万辆，占全球销量的 64.8%，连续 9 年位居世界第一位。2023 年全年，美国和欧洲新能源汽车销量分别为 294.8 万辆和 146.8 万辆，同比增速分别为 18.3%和 48.0%。

随着市场竞争加剧，各大新能源车厂商的生产扩张不断加剧，产业内的竞争“烈度”也在迅速抬升，这个新兴的、规模不断扩张的市场，竟然开始出现了一些“过剩”现象。对于新能源车这种规模化的大宗消费品来说，竞争加剧的结果必然带来市场降价。

特斯拉 CEO 马斯克曾在 2023 年第三季度财报电话会议上表示，特斯拉仍将努力降低其汽车的价格。在中国市场，进入 2024 年后，多个汽车品牌开启了促销模式。目前已有包括阿维塔、特斯拉、零跑汽车、一汽丰田、哪吒汽车、欧拉、领克在内的多个汽车品牌开启花式促销，形式包括限时保险补贴、限时定金抵现等。

资料来源：安邦咨询. 电动车市场将面临趋势性的价格下调[R/OL]. https://baijiahao.baidu.com/s?id=1789401651615685441&wfr=spider&for=pc. 2024 年 6 月 10 日，有删改。

4. 政治因素变化

政府为了实现物价总水平的下调，保护需求，鼓励消费，遏制垄断利润，往往通过政策和法令，采用规定毛利率和最高价格、限制价格变化方式、参与市场竞争等形式，使企业的价格水平下调。在紧缩通货的经济形势下或者在市场疲软、经济萧条时期，由于币值上升，价格总水平下降，企业产品价格也应随之降低，以适应消费者的购买力水平。

5. 生产成本降低

由于成本降低、费用减少，企业降价成为可能。随着科学技术的进步和企业经营管理水平的提高，许多产品的单位产品成本和费用在不断下降，因此，企业有条件适当降价，从而可以扩大生产和销售量，开拓新市场，进一步降低成本费用。

6. 宏观经济衰退

由于宏观经济衰退，购买者收入减少的同时将普遍减少支出，企业可能需要通过降低价格刺激需求。

7. 排斥市场进入者

对于某些产品来说，各个企业生产条件和成本不同，最低价格也会有所差异。那些以目前价格销售产品仅能保本的企业，在市场主导企业主动降价以后，会因为价格被迫降低而得不到利润，只能停止生产，甚至退出市场，有利于主动降价的企业。

8. 维护与中间商的关系

以较低的价格购进货物不仅可以减少中间商的资金占用，而且为产品大量销售提供了一定的条件。因此，企业降价有利于同中间商建立良好的关系。

9. 满足促销需求

为了达到不同的促销目的，如清减库存或者推出新产品等，企业可能选择降价。

企业在实施降价策略时，必须注意降价有可能给企业营销带来的负面影响：降价有可能被顾客误解为由于企业产品质量低、功能少所致；降价有可能提升企业的市场占有率，但无法提升企业顾客的忠诚度，企业不能因此陷入“脆弱的市场占有率误区”；降价容易导致竞争者的激烈对抗，使企业陷入不能回头的“降价陷阱”。

延伸阅读

KFC冰激凌第二杯半价

企业的盈利总是同商品价格休戚相关，简单地说，就是价格应该尽可能卖得更高，企业才有更高的盈利。

根据经济学中“边际效用递减”原则，消费者购买的商品越多，该商品给他带来的边际效用就越低(吃一个馒头顶饱，吃两个就撑了)。商家卖给消费者的最后一个商品与卖给他的第一个商品是同价的，但两者的效用却有天壤之别。由于消费者生理、心理都有接受极限，即便是“快销化”，销量也不是没有上限，而是要找到销量、价格与利润最优的那个点。

肯德基冰激凌的促销策略就找到了这个点——第二杯半价。

比如说，某消费者为了吃到第一杯冰激凌时愿意付5元，为了第二杯则愿意再付3元，而当第二杯有半价优惠，只需付2.5元时，他就获得了0.5元的消费者剩余，这会促使他购买两杯冰激凌。

在这种促销策略下，肯德基以平均每杯优惠25%的价格，增加了一倍的销量。如果消费者本来不想吃冰激凌，但因为促销的诱因转而选择购买冰激凌，那么肯德基增加的就不只是一倍的销量。

为何肯德基没有进行第三杯半价，或者第四杯半价？

因为第三杯、第四杯时，基本就吃不下了，即便半价也很难有人感兴趣。

一个人在单次消费冰激凌时一杯太少，三杯太多，很大一部分消费者会犹豫该不该买第二杯。当第二杯半价时，其对应的边际价值就显得很高，消费者会获得更高的消费者剩余。

这种第二杯半价的策略，不是一个简单的降价促销，而是综合考量人的需求、成本、心理等各方面因素的结果。

资料来源：杨江涛."降价就能'快销化'了？"[J].销售与市场，2013(9)：29—30，有删改。

（二）企业提价

虽然提价会引起消费者、经销商和企业推销人员的不满，但是成功的提价可以大大增加企业的利润。引起企业提价的主要原因有：

1. 生产成本增加

这是所有产品价格上涨的主要原因。成本的增加或者是由于原材料价格上涨，或者是由于生产或管理费用提高而引起的。企业为保证利润不受成本增加的影响，便采取提价策略。

2. 创造优质效应

作为一种策略，企业可以利用涨价营造名牌形象，使消费者产生价高质优的心理定势，以提高企业知名度和产品声望。对于那些革新产品、贵重商品、生产规模受到限制难以扩大的产品，这种效用表现得尤为明显。

延伸阅读

市场难觅 3 元以下瓶装饮料

过去一年以来，多家饮料公司宣布涨价。

2023 年 2 月，农夫山泉宣布杭州区域 19 升桶装水价格涨价 2 元。养乐多也宣布原味产品单价从 11.7 元涨到 12.8 元。2023 年 3 月，"味动力"品牌部分产品的出厂价调整，上调幅度为 3%～6%不等。2023 年 5 月，可口可乐在便利店、商超等终端价格出现不同程度上涨，这也是自 2022 年可口可乐迈入 3.5 元后又一次涨价，价格直逼 4 元。2023 年 11 月起，康师傅饮料全面涨价——康师傅茶、果汁系列产品中包装零售价由 3 元/瓶调整为 3.5 元/瓶，1 升装零售价由 4 元/瓶调整为 5 元/瓶。

从历史来看，这已是饮料行业的第五次涨价潮。自 2006 年起，国内食品饮料行业出现过 4 次涨价潮，分别是 2010 年、2012 年、2017 年、2021 年。

饮料为何越卖越贵？

一瓶饮料涉及多个领域的原材料，通常包括蔗糖、PET 树脂和纸箱。软饮料行业的成本中，制造与人工、PET、纸箱、白砂糖、果汁、其他原材料分别占比 20%、20%、20%、15%、10%、15%。

客观上讲，原材料价格的上涨直接冲击了 3 元钱饮料的生存空间，导致其在市场上逐步减少甚至消失，但原材料价格上涨并非3元钱饮料消失的唯一原因。事实上，心理预期的改变在很大程度上推动了饮料企业涨价的决策。随着消费者对健康、品质的需求逐渐提高，饮料企业需要投入更多的资金用于研发、品牌建设等方面，以满足市场的需求。这些投入都需要通过提高产品价格来获得回报。

资料来源：蓝综新闻. 市场难觅3元以下瓶装饮料，行业将向高质量发展[EB/OL]. https://mp.weixin.qq.com/s/QaHLsrm5hdPDe9YMh5qG5g，2024年6月10日，有删改。

3. 遏制过度消费

对于某些产品来说，在需求旺盛但生产规模又不能及时扩大而出现供不应求的情况下，可以通过提价来遏制需求，同时又可以取得高额利润，在缓解市场压力、使供求趋于平衡的同时，为扩大生产准备条件。

4. 适应通货膨胀

在通货膨胀条件下，即使企业仍能维持原价，但随着时间的推移，其利润的实际价值也呈下降趋势。为了减少损失，企业只好提价，将通货膨胀的压力转嫁给中间商和消费者。

锦囊妙计

企业提价的措施有以下几种：

(1)借新品上市，顺势提价。新品往往具有较高的附加价值，可以高价入市。

(2)体现差异，变相提价。企业通过树立品牌形象、提供特性服务以及优势技术等手段强化产品特点，体现差异化，让消费者感到物有所值。

(3)注重沟通，妥善提价。要注重与消费者的沟通。

(4)因地制宜，区域提价。

(5)以限额供应来变相提价。往往在产品供不应求的情况下采用。

二、顾客对企业变价的反应

企业无论是提价或是降价，必然影响购买者、竞争者、经销商和供应商，同时还有政府。

顾客对产品的降价通常可能的反应如下：认为这种产品的式样老了，将被新型产品所替代；或者这种产品有某些缺点，销售不畅；或者是由于企业财务困难，难以继续经营；或者产品的质量下降带来价格下降。当产品价格下降时，顾客通常会持观望态度，认为价格还会进一步下降。

当产品提价时，消费者往往对价值不同的商品的反应也不一样。有些商品消费者就是持“买涨不买跌”的心态。

购买者对价值不同的产品的价格变动的反应有所不同。对于那些价值高、经常购买的产品的价格变动较敏感；而对于那些价值低、不经常购买的小产品，即使单位价格较高，购买者也不太注意。此外，购买者虽然关心产品价格变动，但是通常更关心取得、使用和维修产品的总费用。因此，如果企业能使顾客相信某种产品取得、使用和维修的总费用较低，那么，它就可以把这种产品的价格定得比竞争者高，取得较多的利润。

三、企业对竞争者变价的反应

企业经常会面临竞争者变价的挑战。如何对竞争者的变价做出及时、正确的反应，是企业定价策略的一项重要内容。

在同质产品市场上，如果竞争者降价，企业必须随之降价，否则顾客就会购买竞争者的产品，而不购买本企业的产品；如果某一个企业提价，且提价会使整个行业有利，其他企业也会随之提价，但是如果某一个企业不随之提价，那么最先发动提价的企业和其他企业也不得不取消提价。

在异质产品市场上，企业对竞争者变价的反应有更多的选择余地。因为在这种市场上，顾客选择卖主时不仅考虑产品价格因素，而且考虑产品的质量、服务、性能、外观、可靠性等多方面的因素。因此，在这种产品市场上，顾客对于较小的价格差异并不在意。

如果竞争者有一组价格反应政策，企业至少可以通过两种方法了解它们：内部情报和借助统计分析。企业有多种取得竞争者内部情报的方法，比如企业从竞争者那里挖来管理人员，获得竞争者决策程序及反应模式等重要情报。此外，企业还可以雇用竞争者以前的职员以获取内部情报。类似的情报也可以由其他渠道（如顾客、金融机构、供应商、代理商等）获得。如果企业不得不根据竞争者当时的利益考虑其反应，就必须通过调查竞争对手的财务状况、最近的销售量与生产能力、顾客忠诚度和企业目标等判断。如果竞争者有提升或保住市场份额的目标，它就有可能在企业价格变动上跟进。

企业在实施价格变动时，必须善于利用企业内部和外部的信息来源，判断和分析竞争对手的思路，以便采取适当的对策。

锦囊妙计

市场领导者对价格变化的策略选择：(1)维持原价；(2)提高被认知的质量；(3)降价；(4)提高价格的同时改进质量；(5)推出廉价产品线反击。

项目回顾

1. 影响企业定价的因素包括定价目标、产品成本、市场需求、竞争者的产品和价格。

2. 企业定价目标主要有维持企业生存、当期利润最大化、市场占有率最大化、产品质量最优化。

3. 企业的定价主要有三种导向：成本导向、需求导向和竞争导向。

4. 企业的定价策略包括新产品定价策略、折扣定价策略、心理定价策略、促销定价策略及地区定价策略。

5. 企业会随着自身以及外部营销环境的变化而不断地调整产品的价格，企业的价格调整会对顾客、竞争者等产生一定的影响。

思政园地

2024 年 2 月 1 日，全国价格监督检查和反不正当竞争工作座谈会暨守护行动部署推进会在山东济南召开。会议以习近平新时代中国特色社会主义思想为指导，深入贯彻党的二十大精神和中央经济工作会议精神，认真落实全国市场监管工作会议部署要求，总结2023年价格监督检查和反不正当竞争工作，部署2024年重点任务和守护行动。

会议强调：要贯彻落实党中央、国务院决策部署，围绕讲政治、强监管、促发展、保安全工作总思路，坚持监管为民、坚持问题导向、坚持系统观念，抓好2024年价格监督检查和反不正当竞争工作。加大涉企违规收费专项整治力度，聚焦重点领域，创新治理机制，落实好结构性降费减负政策。加大市场价格监管力度，开展初级产品价格监测监管，强化教育、医疗等民生领域价格执法检查，抓好网络平台价格收费常态化监管。加大反不正当竞争监管执法力度，依法查处"一老一小"、医疗美容、消费品等民生领域不正当竞争行为，加强网络反不正当竞争工作，扩大全国商业秘密保护创新试点，推进商业秘密保护强企护链工程。……加强法规制度建设，系统推进法治监管、信用监管、智慧监管。加强执法队伍建设，坚持政治引领，推进行风建设，做到清正廉洁。

资料来源：市说新语. 市场监督管理总局召开价格监督检查和反不正当竞争工作座谈会暨守护行动部署推进会[N/OL]. https://mp.weixin.qq.com/s/sFhzKhGyv0BVwWPCJ4oEQw，2024年6月10日，有删改。

议一议：

1. 价格监督对于市场有什么重要意义？
2. 如何抓好网络平台价格收费的常态化监管？

项目测试

一、单选题

1. 企业为激励顾客购买更多物品而给予那些大量购买产品的顾客的一定的折扣，称为（　　）。

A. 推广折扣　B. 数量折扣　C. 季节折扣　D. 现金折扣

2. 企业为适应和满足消费者"不在于价格的多少，而在于商品能否显示其身份和地位"的消费心理，最适宜用（　　）法。

A. 尾数定价　B. 招徕定价　C. 声望定价　D. 反向定价

3. 当产品市场需求弹性较大且在成本方面有一定优势时，企业便具备了（　　）的可能性。

A. 渗透定价　B. 撇脂定价　C. 声望定价　D. 招徕定价

4. 按单位产品总成本加上一定比例的预期利润或再加上税金的定价方法称为（　　）定价法。

A. 成本加成　B. 目标利润　C. 认知价值　D. 收支平衡

5. 在强大竞争者的压力之下，企业的市场占有率（　　），在这种情况下，企业就需考虑降价。

A. 下降　B. 上升　C. 波动　D. 不变

二、多选题

1. 影响企业定价的内部因素有（　　）。

A. 企业目标　B. 生产成本　C. 市场供求　D. 产品需求特性

E. 营销组合

2. 企业定价目标主要有（　　）等。

A. 维持生存
B. 当期利润最大化
C. 市场占有率最大化
D. 产品质量领先
E. 成本最小化

3. 引起企业降价主要有(　　)等原因。

A. 经济不景气
B. 企业市场占有率下降
C. 产品供不应求
D. 企业成本费用比竞争对手低
E. 生产能力过剩

4. 下列属于渗透定价策略优点的是(　　)。

A. 有助于提高产品地位
B. 利润高,资金回收快
C. 有利于打开新产品的销路
D. 能有效地排斥竞争者进入市场
E. 企业能较长期占领市场

5. 下列属于撇脂定价策略特征的是(　　)。

A. 利润高,资金回收快
B. 利润低,投资回收期长
C. 适用于需求弹性小的有技术支撑的创新产品
D. 适用于需求弹性较大的、在成本方面有一定优势的产品
E. 低价薄利,能有效地排斥竞争者进入市场

三、判断题

1. 竞争导向定价法包括随行就市定价法和需求差异定价法。(　　)

2. 所谓的撇脂定价法是指企业在新产品刚上市时以较低的价格推向市场,以便在产品生命周期的初期迅速扩大市场份额。(　　)

3. 采用统一交货定价不利于企业扩大产品辐射力和市场占有率。(　　)

4. 企业提价的主要原因是由于通货膨胀,企业产品成本增加或产品供过于求。(　　)

5. 在企业难以估算成本而且打算和同行和平共处的情况下,企业往往采取随行就市定价法。(　　)

能力训练

案例研讨

蜜雪冰城,一个极致性价比的商业样本

2023年,"不是贵的东西买不起,而是便宜的东西更有性价比"成了人们的口头禅,人们甚至顺着这个句式衍生出了一套性价比文学。

如此精打细算,说白了是在寻求一份安全感。曾经,消费刺客层出不穷,稍有不慎就会被刺个头破血流,这让不少消费者自嘲:"能让我闭眼买东西的就三个地方,折扣店、拼多多和蜜雪冰城。"

略显不同的是,在满足人们"闭眼买的乐趣"方面,蜜雪冰城像一个精打细算的老会计,把每一笔账都算得清清楚楚。事实上,除了"卷价格",蜜雪冰城连原料也一起"卷"。"采购网络覆盖全球六大洲,35个国家"——在最新披露的港股招股书中,蜜雪冰城如是总结。这也就意

味着，产自新西兰的奶粉、加纳的可可粉、越南的百香果等全球优质原料，都有可能在一杯6元左右的饮品中尝到。

2012年，蜜雪冰城开始自建中央工厂，主要负责原料的生产、品控及研发。据其在招股书中披露的数据，如今，蜜雪冰城提供给加盟商的饮品食材60%为自产，其中核心饮品食材为100%自产。以蜜雪冰城常青款单品冰鲜柠檬水为例：为了控制成本，蜜雪冰城直接将触角伸到了上游的柠檬种植基地，向当地农户直接采购新鲜柠檬，从而稳定了采购价格，保障了优质柠檬的稳定供应，在保证果农收益的同时，也控制了公司的成本。

除了采购，蜜雪冰城的供应链体系还包含研发、生产、物流、品质控制等环节。招股书显示，在生产和物流环节，蜜雪冰城具备完整科学的质量管理体系，严格规范过程中的管理与控制，目前生产的产品合格率为99.99%，配送完好率高于99.99%。

2014年，蜜雪冰城开始自建物流体系。截至2023年9月30日，其物流网络覆盖了全国31个省、自治区及直辖市，约300个地级市、1 700个县城和3 100个乡镇，国内超过90%的县级行政区划实现了12小时内触达。全面、高效的物流体系，提升了订货和配送的效率，减少了货品的损耗，减轻了加盟商的备货压力，也让蜜雪冰城能更精准地控制运输成本。

类似这样精细化的成本控制，贯穿供应链的每个环节，真正实现了“没有中间商赚差价”。极致成本控制的另一面，是蜜雪冰城如今已经形成的万店规模效应。

门店规模承接了供应链端产能，“规模效应”降低了相应的成本。2023年前九个月，蜜雪冰城光冰鲜柠檬水就卖出了9.13亿杯。按单杯售价计算，仅这一款单品就为其带来了超过36亿元的终端零售额。根据灼识咨询的报告，以同类型、同品质的奶粉、柠檬来说，2022年，蜜雪冰城的采购成本较同行业分别低10%与20%以上。这也让蜜雪冰城有底气将盈利空间极大地释放给加盟商。

蜜雪冰城并不以加盟费和相关服务费为主要收入，在2021年、2022年及2023年前9个月，蜜雪冰城只有2%的收入来自加盟费和相关服务费，其他的则来自售卖饮品食材、设备等的费用。

可以说，蜜雪冰城与加盟商、供应商实现了商业共赢的良性循环，打造了极致性价比的商业样本。

资料来源：张继康. 蜜雪冰城，一个极致性价比的商业样本[EB/OL]. https://mp.weixin.qq.com/s/R7OWm4D2oesqtf6_MckiFw，2024年6月10日，有删改。

思考与分析：

1. 试分析蜜雪冰城为何要打造极致性价比的产品。
2. 蜜雪冰城是如何控制产品价格的？

实践训练

营销：“价”值何在？

训练名称	制定产品价格	训练类别	个人训练
训练目的	学会和掌握常用的定价方法		

续表

<table>
<tr><td>训练名称</td><td colspan="2">制定产品价格</td><td>训练类别</td><td>个人训练</td></tr>
<tr><td rowspan="4">训练方案</td><td>训练步骤</td><td colspan="2">训练内容</td><td>时　间</td></tr>
<tr><td>1. 准备</td><td colspan="2">复习本项目所学定价策略及方法</td><td rowspan="3">与本项目教学时间同步，课外完成</td></tr>
<tr><td>2. 分析思考</td><td colspan="2">仔细阅读实践训练所附资料，并通过各种途径进一步搜寻相关资料，完成实践训练资料的各个问题，并提交报告</td></tr>
<tr><td>3. 形成报告</td><td colspan="2">将上述分析与思考形成文字报告</td></tr>
<tr><td>考核方式</td><td colspan="4">依据学生提交的报告评定成绩</td></tr>
</table>

实践训练资料

资料 1

智能型 Wi-Fi 充电宝

南科电器有限公司生产智能型 Wi-Fi 充电宝 1 000 件，总固定成本 20 000 元，总变动成本 30 000 元。如果预期利润率为 20%，试按成本加成定价法确定这种智能型 Wi-Fi 开关的单位销售价格。

资料 2

PadPro 平板电脑

南硕科技公司去年共生产了 10 000 件 PadPro 平板电脑产品，共消耗原材料价值 500 万元，支付生产工人工资 600 万元，全年生产设备运转成本为 1 000 万元，全年发生的管理费用为 400 万元，广告费等营销费用为 500 万元，公司规定的制造成本加成率为 50%，完全成本加成率为 30%。试分别确定该公司制造成本加成法的产品单价和完全成本加成法的产品单价。

资料 3

星巴克的等级定价策略

从星巴克的点餐牌中，你能发现什么？不错，不管是什么产品，中杯、大杯、特大杯之间的价格差都只有 3 元。这是为了让客户在对比中自动前进，选择大于等于“大杯”。对于一杯 30 元的咖啡来说，选择大杯的客户高达 90%。当你决定购买大杯的时候，兴奋地发现特大杯只要 36 元……

美国《经济学家》杂志做过一次实验。以前他们卖杂志都是卖两个版本，一个是实物版本，100 美元；另一个是电子版本，内容一样，60 美元。通常 80%的人会选择电子版本，20%的人会选择实物版本。

这样的销售额为：60×80+100×20=6 800(美元)。他们的预订量遇到了“瓶颈”，也就是说，如果订购人数不增加，要增加销售额只有一种选择，就是增加单价。

后来，有人为其选择了这样的营销策略：什么都没有改变，还是那两个同样的版本，同样的杂志内容，但是成交主张不一样。销售额瞬间发生变化。方案如下：实物版 100 美元，电子版 60 美元，实物加电子版 105 美元。

如果是你，你会选哪个？结果是，80%的人选择了“实物加电子版”，10%的人选择了实体版，10%的人选择了电子版。这样，在没有增加任何成本的情况下，销售额增长到了 10 000 美元。

不难发现，其实人们对价值的判断是没有绝对标准的，原本《经济学家》杂志的客户在 60 美元和 100 美元之间做选择，后来加入了“实物加电子版”这个选项之后，人们就在 105 美元和

160 美元之间做比较了。

在有限的时间和空间里，只要展示不同等级，人们就会自动对其进行比对，然后选择那个看似最佳的，以免自己吃亏。

其实《经济学家》杂志后来又调整了一次策略：实体版，100 美元；电子版，60 美元；实体加电子版，100 美元。结果如何？大部分人以为他们搞错了，疯狂下单。

资料来源：根据网络资料整理。

思考与分析：

1. 请结合所学内容分别对资料 1 和资料 2 的产品进行定价计算。
2. 请分析资料 3 中星巴克等级定价的原因及对于企业产品定价有何启示。

项目九　渠道策略

学习目标

知识目标

1. 识记营销渠道的基本类型和模式；
2. 掌握影响企业营销渠道选择的因素。

能力目标

1. 能够根据社会发展，灵活运用新型渠道模式；
2. 能够根据企业产品及市场状况设计合理的销售渠道策略；
3. 能够根据企业市场变化合理调整销售渠道；
4. 能够有效管理渠道成员。

思政目标

1. 增强学生的合作意识，理解有效沟通和合作共赢是渠道管理的基础；
2. 培养学生与时俱进、适应多样环境的能力。

案例导入

名创优品的新零售渠道模式

名创优品(MINISO)是由日本设计师三宅顺也联合中国企业家叶国富联合创办的一家倡导优质生活的快时尚零售企业。公司致力于为消费者提供"优质、创意、低价"的产品，并将优化商品结构和商品管理列为首要任务，注重品质对品牌的真正价值，是全球"智能消费品"领域的倡导者。公司于2013年9月进驻中国，并积极开拓国际市场，三年时间全球开店1 000多家，平均每月开店80～100家，2016年营收近15亿美元。名创优品极其注重顾客的购物体验，致力于优质服务文化的打造。

名创优品自开业以来，采用独到的商业模式和新零售渠道模式，深受消费者的喜爱。其新零售渠道模式主要如下：

1. 线上线下合作——短渠道＋网络化＋新型供应商

公司在创立之初就采用了"短渠道实体零售＋网络化管理＋新型供应商"合作模式。即产品采用的是工厂到门店的直营模式，直接对接外部供应商，砍掉所有中间环节，降低产品成本，减少商品的损耗率，降低商品价格。同时运用“互联网＋”的网络化管理模式和采用“小前台大后台”的运作模式，使得其商品只需21天的流转时间，前台从事店铺经营，后台从事市场调研、产品研发设计、库存管控、品牌营销和物流配送等各个环节。借助互联网整合各方资源，使整体效能达到最大化。在与供应商合作方面创新：以量制价＋买断定制＋不压货款。公司与供应商联合开发商品，买断版权，形成独家货源；再根据市场需求，对产品的采购数量和采购价进行大数据管控，使得供应商免去了库存之忧，并且保证货款及时发放。名创优品的回款可压缩到15天左右。

2. 重新定义渠道——买断制

名创优品重新定义渠道采用的是：买断制，即砍掉中间商，直接从厂家拿货。本着“为渠道做减法”的原则，放弃除名创门店以外的其他销售平台，包括电商平台。顺利挤掉了“中间佣金”，直接找到了世界顶级的供应商。全身心投入自身门店的建设中。“买断制”有别于以往的“代销制”，供货商既不用给渠道上缴“上架费”或者“门槛费”，也不用承担本该由销售商承担的销售风险，降低了风险的供货商自然而然愿意降低原先为了规避风险而抬高的采购价格，价格虚高的问题就此解决。

3. 供应链改革——建设配送中心和仓储物流系统

名创优品前期加大资金投入，建设起属于自己的商品配送中心和仓储物流系统，实现从工厂直达店铺仓储的物流链。出货时，结合计调数据和订货需求，严格分拣到客车货箱。配送时，严格按照发货单配送到每家店铺。店铺密集的地区，采用专车配送；店铺分散的地区，则采用拼车配送的方式，降低成本。此外，店铺高效周转，配送频率高。因为商品畅销，店铺外仓的平均库存只够两天的销售，所以有一些店铺完全依靠供应链运转，不设外仓。当拥有自己的商品配送中心和仓储物流系统配送之后，配送中心加上在途货物可以支撑店铺半个月的销售，具备日配多次的能力。

4. 新零售——信息化系统

公司在运营前期就筹建了价值3 000万元的IT信息系统，由店铺订单系统、供应商登录系统、企业OA系统等十余个系统构成。公司通过新的IT信息系统和拓展仓库物流系统，通过数据分析优化品类方案。从消费者的角度开发商品，运用互联网技术的大数据平台定量分析消费者需求。数据反馈速度快，更精准的开发、更高效的盈利水平，借助高标准化的系统来规范人的操作。在系统支持下，名创优品的商品流通可压缩到20天。物流系统的高效运转，离不开信息技术的支持和多部门的协作。计调部门相当于一个数字化供需管理中心，纯粹是用数据管控商品流。数据可以反映很多问题，并针对问题制定合适的经营策略。通过抓取终端的销售数据，计调部门进行采购评估，然后向物流中心下达详细的商品配送订单。接到订单后，配货组分拣货物，由第三方运营公司的车队，基于店铺位置、商圈之间的距离等数据，设定最优配送路线。

名创优品的新零售渠道启示：互联网给实体零售业带来巨大的价格和终端冲击。零售业竞争已进入了供应链竞争时代。随着新零售时代的来临，传统零售行业唯有创新、变革才能迎合时代需求，生存发展。

资料来源：杨媛媛. 新零售模式下的渠道研究——以名创优品为例[J]. 现代营销(经营版)，2018(9)：117—118，有删改。

任务一　营销渠道认知

在现代市场经济条件下，多数生产企业并不是把产品直接销售给最终消费者(用户)，生产者同消费者(用户)之间存在时间、地点、数量和所有权等方面的差异和矛盾，只有通过一定的分销渠道，才能在适当的时间、适当的地点，按照适当的数量和价格，把产品从生产者转移到消费者(用户)手中。

一、营销渠道的含义

微课视频

营销渠道认知

营销渠道是指商品通过交换从生产者手中转移到消费者手中所经过的路线。营销渠道涉及的是商品实体和商品所有权从生产向消费转移的整个过程。在这个过程中，起点为生产者出售商品，终点为消费者或用户购买商品，位于起点和终点之间的为中间环节。

除上述描述外，学术界还有其他的描述，如营销渠道是指在产品或服务从生产者向消费者转移的过程中取得这种产品或服务的所有权或帮助所有权转移的所有商业组织和个人。

其实这两个定义的本质是相同的，所不同的是，一个是对分销流程的概括，另一个是对分销参与者的概括。

二、营销渠道的职能

营销渠道的职能是把产品从生产者手中转移到消费者手中。它解决了产品或服务在生产者与使用者之间的时间、空间、所有权等方面的矛盾。营销渠道的成员共同执行下列职能：第一，分类，包括对产品的分类、分等、装配、包装等，使商品能够符合顾客的需要；第二，物流，包括产品的运输和储存，以减轻生产企业的压力；第三，融资与担保，即为渠道工作的资金取得和支出以及为企业生产担保；第四，风险承担，即承担与渠道工作有关的全部风险以及为企业生产承担的部分风险；第五，寻找顾客与促销，即寻找尽可能多的顾客以及进行相应的促销活动以吸引顾客；第六，调查市场及反馈，即利用自己熟悉市场的优势，及时把市场信息反馈给生产企业，使其能够生产出满足市场需要的产品。

这些职能由谁来执行是一个十分值得研究的问题。当制造商执行这些职能时，制造商的成本增加，其产品的价格也必然上升。当若干职能转由中间商承担时，生产者的费用和价格则会下降。

三、营销渠道的流程

(一)营销渠道的流程

在发达的商品流通条件下，企业产品的营销渠道可以相对独立，成为不同的流程，主要有以下几种：

1. 所有权流程

所有权流程也称商流，是指商品所有权从制造商开始，经过储存商、运输商、零售商，转移给顾客的整个流程。

2. 实物流程

实物流程也称物流，是指产品实体从制造商开始，经过储存商、运输商，到达顾客手中的流程。

3. 信息流程

信息流程是指产品供求信息在制造商、经销商、储存商、运输商、银行、顾客之间互相流动的过程。

4. 促销流程

促销流程是指促销活动由制造商发起，经广告代理商、推销代理商，传递给顾客的流程。

5. 付款流程

付款流程是指销售产品的收入由顾客经银行到达制造商手中的流程。

（二）商流与物流的关系

在上述五种流程中，商流与物流是两个主要的流程。物流不是先于商流存在的，而是有了买卖行为之后才有的。物流虽然只是在商流确定之后实现买卖的具体行为，但如果没有物流，买卖行为就无法实现。从这一点看，商流和物流是相辅相成、互相补充的。因此，在流通领域中，物流与商流应该同属主要功能，但商流与物流并不完全同步，经常会出现互相分离的情况。

1. 商流在前，物流在后

物流是在商流之后完成的。商品的预购就是如此。实行商品预购，首先是买卖双方的一系列交易活动，如商务谈判、签订合同、交付定金或预付货款等。这时商品可能还没有生产出来，当然也不会有物流，经过一定的时间，等商品生产出来以后，才从生产地运送到销售地的购买者手里，这时才有商品的包装、装卸、运输、储运等物流活动。

2. 物流在前，商流在后

商品的赊销就属于这种情况。在商品赊销的条件下，买者不是先付货款，而是先取得商品。商品实体首先发生包装、装卸、运输、储运等物流活动，经过一定的时间，才结算和付款。商流是在物流之后完成的。

3. 商流迂回，物流直达

在商流中，商品的所有权多次易手，但产品实体可能从最初的实体售卖者直接送达最终的购买者。在这种场合，商流曲线迂回地进行，而物流则不需要迂回，而是直达供货。

4. 只有商流，没有物流

在流通领域，至少有以下两种情况只有商流而没有物流。第一种情况是建筑物、房产的买卖。一幢大楼，可以经过许多卖主和买主的交易，反复地发生由商品变为货币、由货币变为商品的价值形态的变化，所有权出现多次转移，但这幢大楼依旧岿然不动，根本没有物的流通。第二种情况是商品的投机活动。在投机活动中，由商品变为货币和由货币变为商品可能进行过多次，由一个投机者手里转移到另一个投机者手里，商流不断地进行，但商品却可以沉睡在仓库里。除此以外，也有只有物流而没有商流的现象，我国农村农民家庭副业中的自给产品就属于这种情况。

任务二　营销渠道结构

微课视频

营销渠道的类型分析

营销渠道可以组成一个网络结构，由渠道长度与渠道宽度两个维度构成。渠道长度是指产品从生产企业到消费者手里需要的几个环节，或者说产品在流通过程中经过的级别数的多少。环节越多，说明渠道越长。营销学以中间机构的级数表示渠道的长度。渠道宽度是指在某个环节同时通过多少中间商销售产品。比如在零售环节，销售某产品的零售店越多，说明零售环节的渠道越宽。

一、营销渠道的长度结构

营销渠道的长度结构也称层级结构，是指按照其包含的渠道中间商(购销环节)，即渠道层级数量的多少定义的一种渠道结构。通常情况下，根据包含渠道层级的多少，可以将一条营销渠道分为零级渠道、一级渠道、二级渠道和三级渠道等(见图 9—1)。

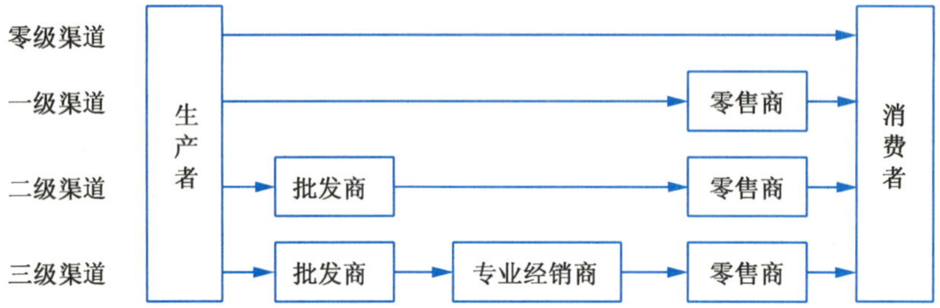

图 9—1 营销渠道模式

(一)零级渠道

零级渠道是指没有中间商参与，产品由生产者直接售给消费者或用户的渠道类型，即直销。渠道模式为:生产者→消费者(消费品市场);生产者→用户(工业品市场)。这是最短的渠道。例如，菜农把自己生产的蔬菜运到农贸市场直接卖给消费者，企业自己设立零售门店销售，企业通过网络方式，如通过企业官方小程序、抖音、快手、社交媒体(如小红书)等把产品直接销售给消费者等。

知识窗

《直销管理条例》和《禁止传销条例》

我国 2005 年 12 月 1 日起施行的《直销管理条例》所称的直销，是指直销企业招募直销员，由直销员在固定营业场所之外直接向最终消费者推销产品的经销方式。直销产品的范围由国务院商务主管部门会同国务院工商行政管理部门根据直销业的发展状况和消费者的需求确定、公布。

我国 2005 年 11 月 1 日起施行的《禁止传销条例》所称的传销，是指组织者或者经营者发展人员，通过对被发展人员以其直接或间接发展的人员数量或者销售业绩为依据计算和给付报酬，或者要求被发展人员以缴纳一定费用为条件取得加入资格等方式牟取非法利益，扰乱经济秩序，影响社会稳定的行为。

延伸阅读

沃比·帕克的直销模式

沃比·帕克(Warby Parker，WRBY)是一家总部设立在纽约的眼镜零售商。这个品牌起初是由沃顿商学院的四名学生通过学校的创业孵化项目所创立的，他们基于直销(DTC)模式来建立价格和渠道优势，仅在成立的第一年便卖出了10万副眼镜。2022年，沃比·帕克成为一个拥有30亿美元估值和数百万用户的眼镜品牌。

创立品牌之前，创始人之一的大卫·基利波(David Gilboa)刚好遗失了一副700美元的Prada眼镜，更让他咂舌的是，市面上的眼镜都贵得离谱。2010年的眼镜属于轻奢品，价格并不便宜。当时的欧美眼镜定价权被眼镜制造商巨头陆逊梯卡(Luxottica)一家垄断，陈逊梯卡旗下入驻的眼镜品牌包含BVLGARI、Chanel、Arnette、Burberry、Coach、Miumiu、Barberini等，迫于需求的消费者不得不为高价眼镜埋单。

“选择少、价格高”是当时欧美眼镜行业最显著的问题，针对这一痛点，WRBY团队做出了行业首创的决定：将镜框统一定价为95美元。这个价格甚至不及Ray-Ben系列镜框最低价格(200美元)的一半。

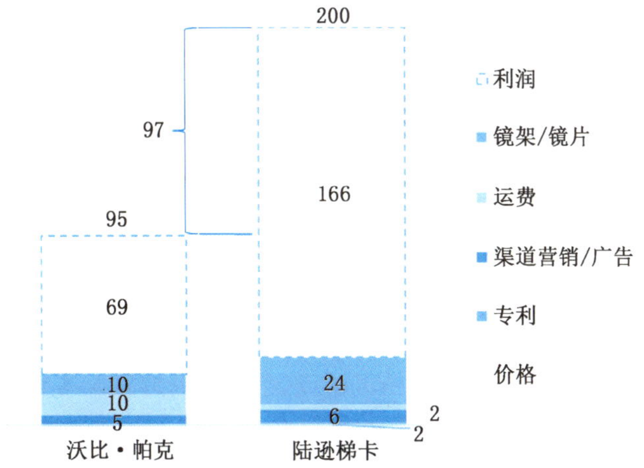

图9—2　沃比·帕克和陆逊梯卡价格对比图

沃比·帕克不仅在定位与定价上大胆创新，其在产品、渠道和营销上也都有着不同程度的创新。在渠道选择上，选择直销模式，开启了眼镜线上售卖的先例。比如，WRBY将制造工序外包给了有“眼镜工厂”之称的中国丹阳，眼镜出厂后，越过批发商和零售商，将眼镜直接销售给顾客，节省下来的中间成本被用于用户体验的优化。强化口碑与业绩增长共生共存，WRBY的DTC模式做到了价格可控，也实现了品牌的稳定经营。此外，WRBY还提供Home-Try-On免费试戴服务。顾客可在官网自行上传脸型、镜框形状、镜框颜色与材质，如果不清楚具体数据，可以在官方App直接扫脸，由后台推荐5副最适合的镜框寄到家后免费试戴5天再免费寄回。顾客在官网上传验光单下单后，在专业验光师审核通过后，定制眼镜将会在10个工作日左右寄到顾客家中。这些具有温度与人性化的服务广受顾客好评，让WRBY在一众眼镜品牌中建立起了专属的品牌口碑，成为DTC品牌的早期成功代表之一。在WRBY成立之前，美国眼镜市场受制于顾客的体验偏好，线上销售份额仅有1%左右。

2013年，WRBY开始布局线下体验店，开设眼科检查和视力测试站。开始“线上+线下”双渠道经营，提升品牌溢价。创始人之一的基利波透露，门店的设计参考了Apple Store，多采用对称式布局，在门店两侧有同样的商品，并配备充足的全身镜，让顾客在哪边都能试戴同一款眼镜，疏导人气爆款区域的顾客数量，保持店内动线流畅。此外，他们还会根据当地文化设计本地化的专属空间形象。例如南加州海边的 Abbot Kinney 门店采用全开放设计，邀请当地艺术家对大门进行包装设计。在精致的门店完成一次舒适的购物体验，WRBY 成功将实体店打造成了品牌与消费者对话的窗口，将每一次购物体验都转化成了最终的品牌溢价。WRBY 的线下门店一直保持着不错的营收，去除店面直接运营成本后的利润率有 35%，每平方英尺店面的平均销售额为 2 900 美元。截至 2021 年 6 月，WRBY 在全球拥有了 161 家零售店和 3 000 多名员工。据相关人士透露，WRBY 目前的策略仍然是大范围开设线下门店。

疫情之前，WRBY 的年销售额里有 65 %来自线下渠道。受疫情影响，WRBY 开始将业务重心偏向电商，到 2021 年上半年，两个渠道的销售占比趋于持平。

相关数据显示，2020 年全球眼镜市场规模为 1 476 亿美元，并且在 2021—2028 年期间将会以 8.5%的年复合增长率增长。

从渠道来看，疫情推动了消费者线上配眼镜的需求，到 2025 年，线上眼镜销量将以 6.5 %的年复合增长率增长。从市场分布来看，北美成为 2021 年全球最大的眼镜市场，规模达到 282 亿美元。

WRBY 不只是打造眼镜这个产品，更是打磨一种生活方式，一种"体验型品牌"的新升级。可以说，WRBY 优秀的品牌闭环与品牌权威的建成，离不开对每一个触点的精细布局，这是多层逻辑叠加的必然结果，对国内的 DTC 品牌出海有很好的借鉴意义——让品牌长期、稳定地发展，而不只是锁定眼前的蝇头小利。

资料来源：根据网络资料整理。

（二）一级渠道

一级渠道包括一级中间商。在消费品市场，这个中间商通常是零售商，渠道模式为：生产者→零售商→消费者。生产者先把产品卖给零售商，再由零售商卖给消费者。例如，菜农在蔬菜交易市场把蔬菜卖给商贩，商贩在农贸市场把蔬菜卖给消费者；食品企业把产品卖给零售商店，再由零售商店把食品卖给消费者等。在工业品市场，这个中间商可以是一个经销商或者代理商，渠道模式为：生产者→代理商（经销商）→用户。

（三）二级渠道

二级渠道包括两级中间商。消费品二级渠道的典型模式是经由批发和零售两级转手分销，渠道模式为：生产者→批发商→零售商→消费者。与一级渠道相比，二级渠道在生产者与零售商之间增加了一个批发商。之所以要增加批发商这个环节，是因为零售商与生产者距离较远，一次进货量较小，生产者无法直接把产品配送到零售商手里，只有通过一次进货量较大、距离零售商较近的批发商把产品转送到零售商。

（四）三级渠道

三级渠道包括三级中间商。在消费品市场，典型模式是：生产者→代理商→批发商→零售商→消费者。

以药品分销渠道为例说明上述几种渠道模式。零级渠道也称直接渠道，是指药品通过邮寄等方式从生产者直接送到患者手中，不经过任何销售商和代理商的渠道模式。一级渠道为终端直供，产品直供到医院或药店等终端，再由终端销售给患者。二级渠道则通过一层中间商，再到终端，再到患者，即生产者→批发商（经销商）→医院（药店）→患者。常见的处方药和非处方药（OTC 药）通常采用零级渠道或一级渠道模式，区域药品代理则较多采用二级渠道模式，而普通药品、保健品、家用耗材和设备则更多采用多级分销渠道模式。

不同长度渠道类型的优缺点见表9—1。

表9—1　渠道长度类型的优缺点

渠道类型	优　点	缺　点
长渠道	扩大市场覆盖面； 可将中间商的优势转化为自身优势； 减少企业费用投入	企业对渠道的控制度下降； 协调中间商的工作量大
短渠道	企业对渠道的控制程度较强； 适合专用品及零售集中度高的市场	企业承担大部分渠道功能，投入高

二、营销渠道的宽度结构

营销渠道的宽度结构是指根据每一层级渠道中间商的数量的多少来定义的一种渠道结构。营销渠道的宽度结构受产品的性质、市场特征、用户分布以及企业分销战略等因素的影响。营销渠道的宽度结构分为以下三种类型：

（一）密集型分销渠道

密集型分销渠道(intensive distribution channel)也称广泛型分销渠道，是指制造商在同一渠道层级上选用尽可能多的渠道中间商经销自己产品的一种渠道类型。密集型分销渠道多见于消费品领域中的便利品，如牙膏、牙刷、饮料等。

（二）选择型分销渠道

选择型分销渠道(selective distribution channel)是指在某一渠道层级上选择少量的渠道中间商分销商品的一种渠道类型。在IT产业链中，许多产品都采用选择型分销渠道。

（三）独家型分销渠道

独家型分销渠道(exclusive distribution channel)是指在某一渠道层级上选用唯一的一家渠道中间商的一种渠道类型。在IT产业链中，这种渠道结构多出现在总代理或分销一级。同时，许多新产品的推出也多选择独家分销的模式，当市场广泛接受该产品之后，许多公司就从独家型分销渠道模式向选择型分销渠道模式转移，如东芝的产品渠道、三星的笔记本电脑产品渠道。

不同宽度渠道类型的优缺点见表9—2。

表9—2　渠道宽度类型的优缺点

类　型	含　义	优　点	缺　点
密集型分销渠道	尽可能选择更多的中间商	市场覆盖率高	渠道间竞争激烈，导致管理成本较高，容易导致混乱
独家型分销渠道	在特定地区仅选择一个中间商	企业与中间商关系较为密切	企业受中间商的制约大，消费者的满意度可能会受到影响
选择型分销渠道	按照一定标准、从入围者中选择一部分作为中间商	介于独家型和密集型渠道之间，多适用于电子产品、特殊品、零配件等	

三、营销渠道的广度结构

渠道的广度结构实际上是渠道的一种多元化选择。也就是说，许多公司实际上使用了多种渠道的组合,即采用了混合渠道模式来销售。例如,有的公司针对大的行业客户,公司内部成立大客户部直接销售;针对数量众多的中小企业用户,采用广泛的分销渠道;针对一些偏远地区的消费者,则可能采用邮购等方式来覆盖。

概括地说,渠道结构可以笼统地分为直销和分销两个大类。其中,直销又可以细分为几种,如制造商直接设立的大客户部、行业客户部或制造商直接成立的销售公司及其分支机构等。此外,还包括直接邮购、电话销售、网上销售、直播带货等。分销则可以进一步细分为代理和经销两类。代理和经销均可能选择密集型、选择型和独家型等方式。企业可以根据自身相关情况选择金字塔结构或扁平化结构。总之,企业要将其产品以最快速度送达消费者手中,以实现扩大再生产的目的。

知识窗

多渠道数字化

随着物流行业的进展和电子商务的进展,渠道体系和渠道成员发生了很大的变化。今天的渠道变得更多元,需要整合渠道,进行全域渠道管理。整体而言,营销渠道包含传统渠道、线上渠道、私域性渠道三种类型。

传统渠道,指的是代理商、经销商、物流商、配送平台、终端零售商、百货店、大型商超等形式。

线上渠道主要指的是电商,包含平台型电商,如天猫、淘宝,也包含社交电商,如拼多多等基于社交和分布式流量产生的社交电商,也包含目前热门的直播。所以线上渠道包含平台、社交电商、内容电商、兴趣电商、图文、直播、短视频等。

私域性渠道指通过深度的社群运营、粉丝运营,如微信群、B站、快手、抖音上形成的直播群体、会员俱乐部、社区社群等。

这三种渠道在当下的市场经济中各有特色。传统渠道规模巨大;线上渠道速度快,传播路径、购买路径和交付产品的路径短,可以迅速引爆产品和品牌;私域性渠道流量分散,高度依赖关系和运营,但价值感和忠诚度高。

这三种渠道在过去是割裂的,今天我们希望优化各渠道设计、结构和定位,实现渠道融合,变成一个全部链接的区域渠道(见图 9—3)。这意味着渠道核心逻辑发生转变,传统渠道是以物流配送为核心的中间商逻辑,而新型渠道是以顾客渠道无缝式一致性体验为核心的关系逻辑。

对于企业端来说,渠道不再仅仅是物流配送,还应该要成为市场营销、物流、顾客维护、顾客体验营造的合作伙伴。在经历了巨大的黑天鹅事件之后,直播爆发了,线上渠道加速转型。所以要求每个企业要实现线上、线下与经营顾客的私域性三者完美融合,营造对顾客来说完美的、一致的体验。顾客可以线上订货线下交付,也可以在私域里面通过会员交付,共享库存,共享价格,共享一套产品体系和一套客户服务系统,实现无缝隙的顾客体验。

资料来源:曹虎.增长方法论:渠道升级视角下的增长蓝图[R/OL].混沌商学院,2020 年 6 月。

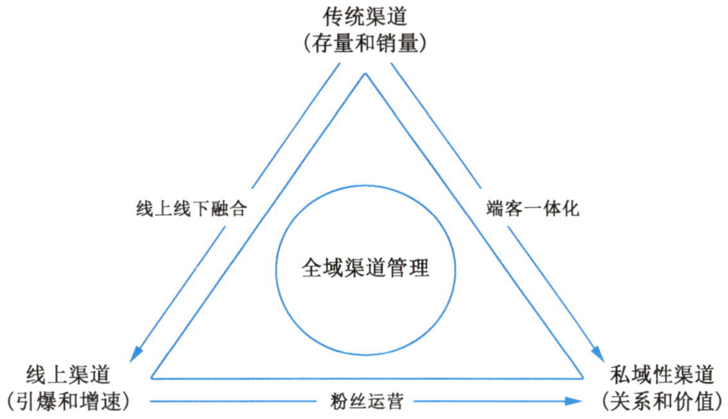

图 9—3 渠道体系的构成和演变

任务三 营销渠道设计与管理

一、影响企业营销渠道选择的因素

微课视频

营销渠道的设计

企业在渠道选择中要综合考虑渠道目标和各种限制因素或影响因素。

(一)市场方面

1. 潜在顾客的情况

潜在顾客的情况包括:

(1)顾客的类型。如果顾客是产品使用者,一般来说,零售商就不必包括在所选的渠道之中。

(2)顾客的数量。如果企业的潜在购买者较少,就可以考虑使用较短的或直接性渠道;如果企业的潜在购买者较多,使用较长的营销渠道比较合适。

(3)顾客的集散程度。消费者越分散,销售就越费时费力,成本也就会相应增加。因此,企业越需要利用中间商进行间接性销售。反之,如果产品的最终消费者或者用户集中在一个地区或少数几个地区,制造商就可以用直接的分销渠道。

(4)顾客的购货批量。面对一次订货量很大、产品数量很多的购买者或者企业集团,企业就可以直接购货;反之,面对每次购买数量很少的消费者,企业就不得不用间接性分销渠道。

(5)消费者的购买习惯。顾客对各类商品的购买习惯,诸如愿意付出的价格、购买场所的偏好以及对服务的要求等,都影响制造商分销渠道的选择。

2. 竞争对手的分销渠道状况

企业在选择分销渠道时,还应研究竞争对手选择渠道的状况,在了解对方的情况下,选好本企业的分销渠道。一般来说,企业应避开竞争对手已用的销售渠道,避免正面的对抗。如对手占用了常规渠道,企业可以新辟渠道。但是,企业有时也采用与竞争对手完全相同的渠道,以适应消费者比较品牌、价格的要求。

(二)产品方面

产品是营销的客体,直接影响企业分销渠道的选择。

1. 产品的理化性质

产品的理化性质主要包括以下两个方面：

(1)产品的体积和重量。产品体积大、重量重，一般采用较短的分销渠道，以减少运输和储存成本，如重型机械、家具的销售等。产品体小量轻，一般就采用间接性广泛分销的渠道，以扩大市场覆盖面，如日用小商品的销售等。

(2)产品的易毁程度。凡易腐产品、易毁产品，客观上都要求快速、短距离、少装卸次数的流通。因此，对此类产品，企业所选渠道越短越好，如肉、禽、蛋、奶、菜、花卉、玻璃器皿等的销售；反之，非易腐、易毁产品则可以选择较长的分销渠道。

2. 产品的技术性质

机械设备等产品一般都具有程度不同的技术性，用户需要安装、操作、维修等售后服务。这类产品的分销渠道应该是短而窄的。对此类产品，许多制造商都自设门市部销售或在大商场租赁场地销售。反之，技术性不强的日用品、易耗品，则可以选择较长的分销渠道。

3. 产品的价值量高低

产品价值表现为价格，产品单价高低，对分销渠道的选择也有影响，派员推销从沟通信息上看是最好的销售方式，但费用较高。只有单价高的产品，其毛利扣除推销费用后仍有利可图，才可以采取直接性销售渠道销售。对于单价低的产品，制造商必须大量推销方能获利。零售商又往往进货批量较小，因此，就需要借助包含较多批发商的较长的分销渠道推销了。

4. 产品的产销特点

产品在生产和消费上所表现出来的特点也影响制造者分销渠道的选择。

(1)产销的时间性。一般来说，季节性生产且常年消费(如粮食)和常年生产且季节性消费的产品(如电风扇、羽绒服)，需要大批存货，而储存责任交由批发商来承担，会有利于制造者资金的周转，因而宜采用间接性的长渠道。常年生产、常年消费的产品，在企业有能力的条件下，则宜采用短渠道。

(2)产销的地区性。一地生产多地消费和多地生产一地消费的产品，需要调拨、运输，宜采用间接性的长渠道；反之，地产地销的产品，则可采用直接性的或较短的渠道。

(3)产品的市场生命周期。产品处于市场生命周期的不同阶段，分销的选择应有所不同。新产品为了开拓市场，往往采用自销或代销方式，以适应中间商不愿承担风险和企业需要了解市场信息的特点；成长期、成熟期的产品则宜采用间接、广泛分销的渠道；衰退期的产品就应该缩减分销渠道。产品的市场生命周期的长短，也关系着分销渠道的选择；一般来说，流行类商品应尽可能选择短而广的渠道，以求快速实现销售；市场生命周期较长的产品，渠道的选择就比较自如。

(4)产品的生产批量。产品生产批量大，宜采用宽而长的渠道；反之，则采用宽而窄的渠道。

(三)制造商方面

1. 制造商的经营实力

如果企业资金雄厚、规模大、市场营销能力强，为了有效地控制分销渠道、开拓市场、扩大销售，就可以采用直接性的短渠道。如果企业实力较弱或缺乏营销经验，则只能依靠和利用中间商提供的各项服务加强推销工作。

2. 制造商控制渠道的愿望与声誉

有的制造商为了实现某种营销战略，需要控制其产品的市场价格和分销渠道，这就需要直接性的或较短的分销渠道。有的制造商则另有目的，需要选择称心如意的中间商销售其产品。只有声誉好的企业才能任意选择中间商，声誉差的企业在中间商的选择上往往比较被动。

(四)社会环境方面

社会环境方面的情况主要是指有关的政策、法规、经济形势对制造商选择渠道的制约和影响。例如,在我国,经济体制改革前,关系国计民生的重要生产资料、农产品和消费品,必须由国家规定的国营中间商统一经营,制造商在选择渠道时就必须遵守国家政策规定。因此,整体经济形势也会影响制造商分销渠道的选择。

二、渠道的设计

渠道的设计与选择是企业的重要决策之一。渠道设计合理,选择适当,能使产品更快地到达消费者手中;若设计不合理,选择不当,就难以尽快拓展市场,产品就会较长时间地停留在生产者手中,影响再生产的进行。渠道的设计主要包括以下四个过程。

(一)渠道市场分析

在渠道的设计中,首要的问题是确定渠道的类型,即要确定采用哪一种或哪几种类型的渠道分销企业的产品。如前所说,产品的分销渠道有多种类型,如直接渠道、间接渠道、复合渠道等,每种类型都有其优缺点和适用范围。企业需要对渠道市场进行扫描,根据渠道的功能确定选择合适的渠道(见表 9—3 和表 9—4)。

表 9—3　渠道市场扫描

渠道市场扫描	谁购买了产品?(Who)
	在哪个渠道购买?(Where)
	在什么时间购买?(When)
	如何使用?(How)
	购买转化率多少?
	价格多少?

表 9—4　不同类型渠道的功能

渠道类型 渠道功能	直营直销	大型商超	便利店	授权店	平台电商	社交电商	内容电商
产品销售	√	√	√	√	√	√	√
品牌塑造	√	√		√	√		√
售后服务	√	√		√			
备货融资		√		√		√	
仓储物流	√	√			√		
顾客关系	√				√	√	√

渠道扫描帮助企业明确不同渠道的功能,进而可以归纳出四类渠道:

(1)走货冠军:销量很大,但是毛利和客户服务能力不突出。

(2)服务先锋:客户服务和客户关系最突出,复购率高的渠道。

(3)利润熊猫:给品牌带来较高的净利润的渠道。

(4)品牌灯塔:定义和展示品牌形象的渠道。

(二)产品分类

根据消费者购买产品的频次和购买偏理性/感性,我们可以把产品分成以下四类:口红型产品、洗衣粉型产品、房车型产品和跑车型产品。企业根据这两个维度为产品定位，然后通过顾客特征分析，选择合适的渠道与产品匹配(见图9—4和表9—5)。

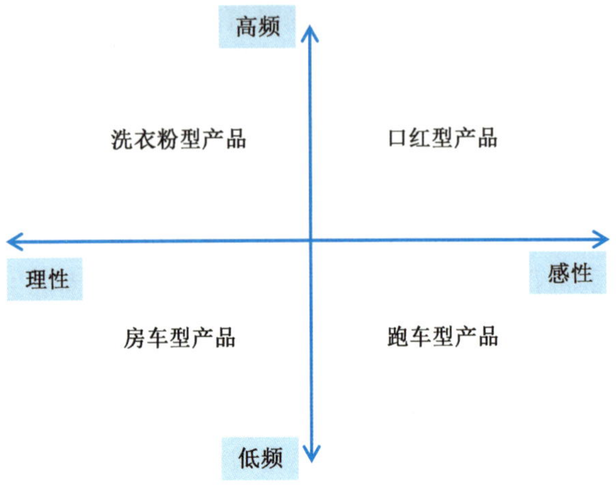

图9—4　产品分类

表9—5　产品分类描述

	洗衣粉型产品	口红型产品	房车型产品	跑车型产品
典型产品	洗衣粉、剃须刀、厨房用具、猫狗粮等	口红、威士忌、服装、运动鞋等	生命保险、房屋、学历教育、咨询服务等	跑车、蜜月旅行、顶级奢侈品等
顾客特征	购买动机是“解决问题”，顾客购买经验丰富，价格敏感，品牌忠诚度一般	购买动机为表达自我，取悦自己，生活的小确幸和塑造生活方式。购买行为受品牌形象、设计风格、代言人、周边人群和社群口碑影响大，品牌忠诚度高	购买时机与生活周期、人生阶段、生产资料和资本性投资有关，往往是一种重大的“投资性”决策。顾客购买经验较少，需要品牌协助建立购买标准，重视品牌和口碑，在意价值，对价格没有判断	重大的购买决策，定义了一个新的生活阶段和心情。顾客对产品知识较了解，寻求品牌和绝佳的体验。顾客希望通过该购买而进入一个比自己日常生活更值得向往的阶层
产品定位	无乐趣性的刚需产品，功能性价值和经济价值是竞争焦点	愉悦性刚需产品，价格范围和市场规模较大	“重大投资性产品”，强大的品牌和服务承诺	“梦想实现型产品”，是生活中值得庆祝的事件
产品毛利	适中	很高	高	极高
渠道匹配	直销、授权经销、大型商超、便利店、平台电商、社交电商(微商)	直销、品牌授权经销、平台电商、内容电商、社交电商(微商)、直播电商	直销、精选授权代理、内容电商、社交电商(微商)、相邻异业合作	直销、精选授权代理、内容电商、社交电商(微商)、相邻异业渠道

(三)产品—渠道匹配

通常来说，高频感性的口红型产品，服务先锋型渠道较适合，这就解释了为什么直播卖口红卖得很好，因为直播有非常强的示范作用，有很强的启发作用。纯粹地摆在商超货架当中，这种产品相对难销售。因为高感性的产品，需要触发性互动，故适合选择服务先锋型渠道。

高频理性的产品，一般适合走货冠军渠道。消费者希望最快速、最便利地购买。

低频理性的产品，适合走高溢价式的利润熊猫型渠道，如精品店式渠道。

低频感性选择品牌灯塔型渠道，宣传品牌理念，树立品牌形象。

延伸阅读

乐纯酸奶的渠道布局

乐纯是专为年轻妈妈和孩子创造零添加食品的高新技术食品品牌，隶属于北京乐纯悠品商贸有限公司，是可口可乐在亚太区战略投资的第一家食品公司，获得了其数亿元的战略投资。其产品系列主要有酸奶、纯牛奶系列、乐纯新鲜奶酪等。

乐纯酸奶于2015年创立，创立不久凭借精致的包装、浓厚的口感、高营养价值成为网红酸奶，受到追求健康生活的年轻群体喜爱。其定位为高端酸奶，单价通常为市面酸奶的两到三倍。2018年，可口可乐领投了对乐纯的数亿元融资。

乐纯在营销渠道上融入了互联网属性，不同的营销渠道具有不同的功能(见表9—6)。

表9—6　乐纯酸奶的渠道布局

渠　道	渠道类型	具体说明
商超、便利店	走货冠军	压货多，入驻成本高，压缩利润空间
京东	利润熊猫	线上零售，成本低，利润高
公众号、小程序商城		
直营实体店	服务先锋	高质量的场景体验消费，"圈粉"消费者
豪华酒店	品牌灯塔	获得华尔道夫、半岛、香格里拉等高档酒店认可，为渠道下沉打开销路
线上社群		忠实用户口碑传播，高转化率
公众号软文		低成本、高覆盖的传播形式

另外，乐纯采用在不同渠道供应不同产品组合的方式。比如在三里屯门店，乐纯采用现场制作的方式，为消费者提供最新鲜的口感，均价约为20元/盒。在电商渠道，出售流水线产品，以降低生产运输成本，均价约为16元/盒。

设计合理的产品—渠道组合可以帮助企业有效地满足不同需求的顾客和达到不同的战略目标：线下满足体验需求的顾客，完成品牌塑造目标；线上满足购物需求的顾客，完成销售目标。

目前乐纯酸奶已实现线上—线下—私域性的渠道融合。乐纯酸奶创建品牌公众号，通过内容营销，并联动KOL(Key Opinion Leader，关键意见领袖)、KOC(Key Opinion Consumer，关键意见消费者)进行口碑传播，帮助消费者在线上形成品牌认知和偏好后，会直接在线上电商或线下门店购买。

资料来源：曹虎.增长方法论：渠道升级视角下的增长蓝图[R].混沌商学院，2020年6月。

(四)评价渠道方案

企业设计渠道时，通常要评估各种备选方案，以选出最有利于实现其长期战略目标的渠道设计方案。因此对渠道设计方案的评估也是渠道设计涵盖的一个内容。

对渠道设计方案主要从经济性、控制性和适应性三方面评估。

1. 经济性原则

经济性原则是指企业选择分销渠道应能够最大限度地节约成本、减少开支，以获取更多的效益。为此，就要求企业在选择分销渠道时，必须比较分销渠道决策可能引起的销售收入增长同实施这一渠道方案所要花费的成本，如果生产企业自身销售渠道的投资报酬率低于利用中间商的投资报酬率，就应选择中间商销售；反之，则可以实行自销。

2. 控制性原则

控制性原则是指企业选择分销渠道应考虑能够有效控制分销渠道，以便建立一套长久和稳定的分销系统，从而保证市场份额和销售的稳定性。一般来说，生产企业自销系统是最容易控制的，但是成本较高，市场覆盖面较窄；“长而宽”的分销渠道，企业比较难以控制。相比之下，建立了特约经销或代理关系的中间商一般比较容易控制，并且市场覆盖面也较高，因而是一种较理想的形式。需要说明的是，企业对分销渠道的控制也要适度，要比较控制的必要性与控制成本，以达到良好的控制效果。

3. 适应性原则

适应性原则是指企业选择分销渠道时应充分考虑分销渠道的适用性。这就要求企业在选择分销渠道时，在销售区域上要考虑不同地区的消费水平、市场特点、人口分布等；在时间上要根据产品的特性、消费季节性等因素，以适应市场的客观要求；在中间商的选择上，要合理确定利用中间商的类型、数量及其对分销产品的态度，以避免中间商的渠道冲突，同时又调动其积极性。总之，企业分销渠道决策要保持灵活的适应性，做到多而不乱、稳而不死，以便最有效地实现营销目标。

三、渠道的管理

微课视频

营销渠道的管理

在选定分销渠道方案后，企业还需要完成一系列管理工作，包括对各类中间商的具体选择、激励、评估以及根据情况变化调整渠道方案和协调渠道成员间的矛盾。

（一）选择渠道成员

为选定的渠道招募合适的中间商，这些中间商就成为企业产品分销渠道的成员。一般来说，那些知名度高、享有盛誉、产品利润大的生产者，可以毫不费力地选择到合适的中间商。那些知名度较低或其产品利润不大的生产者，则必须费尽心机才能找到合适的中间商。不管是容易还是困难，生产者挑选中间商时应注意以下基本条件：

（1）能否接近企业的目标市场。

（2）地理位置是否有利。零售商应位于顾客流量大的地段，批发商应有较好的交通及仓储条件。

（3）市场覆盖范围有多大。

（4）中间商对产品的销售对象或使用对象是否熟悉。

（5）中间商经营的商品大类中，是否有相互促进的产品或竞争产品。

（6）资金大小，信誉高低，营业历史的长短及经验是否丰富。

（7）拥有的业务设施（如交通运输、仓储条件、样品陈列设备等）情况如何。

（8）从业人员的数量多少及素质的高低。

（9）销售能力和售后服务能力的强弱。

(10)管理能力和信息反馈能力的强弱。

(二)激励渠道成员

各渠道成员的结合是其根据各自的利益和条件相互选择,并以合同的形式规定应有权利和义务的结果。一般来说,各渠道成员都会为了各自的利益努力工作,但是由于中间商是独立的经济实体,与生产者所处的地位不同,考虑问题的角度也不同,必然会产生矛盾。生产者要善于从对方的角度考虑问题,要明白中间商不是受雇于己,而是一个独立的经营者,有他自己的目标、利益和策略。中间商首先是顾客的采购代理,其次才是生产者的销售代理,只有顾客愿意购买的产品,中间商才有兴趣经营。中间商一般不会针对各品牌分别做销售记录,有些原始资料也不一定注意保存,除非给予特殊的激励。因此,生产者要制订一些考核和奖励办法,及时监督和激励中间商的工作,必要时可以给予惩罚。对于经营效果较好的中间商,应争取建立长期产销合作关系,也可派专人驻店协助推销并收集信息。

激励中间商的基本点是了解中间商的需要,并据此采取有效的激励手段。企业在处理与中间商的关系时,通常可采取以下三种方法:

1. 合作

大多数生产者为取得与中间商的合作,采用“胡萝卜加大棒”政策,软硬兼施。一方面,使用积极的激励手段,如高利润、特殊优惠待遇、额外奖金、广告津贴等;另一方面,采用制裁措施,对表现不佳或工作消极的中间商则降低利润率、推迟供货或终止合作关系等。这种政策的缺点是没有真正了解中间商的长处和短处,不关心他们的需要和问题,仅仅依据单方面的“刺激—反应”模式将众多的激励因素拼凑在一起,自然难以收到预期的效果。

2. 合伙

生产者着眼于与中间商建立一种长期的合伙关系,达成一种协议。首先,生产者要仔细研究并明确自己应该为中间商做些什么,如产品供应、市场开发、技术指导、售后服务、销售折扣等,也让中间商明确他的责任和义务,如其市场覆盖面、市场潜量以及应提供的咨询服务和市场信息等;其次,根据协议执行情况对中间商支付报酬并给予必要的奖励。

3. 经销规划

这是一种最先进的激励方式,主要是建立一个有计划的、实行专门化管理的垂直营销系统,把生产者和中间商的需要结合起来。生产者在其营销部门设立一个分销关系规划室,专门负责与中间商的关系规划,其任务是了解中间商的需要,制订交易计划,帮助中间商实现最佳经营。具体做法是由企业与中间商共同决定产品销售目标、存货水平、产品陈列计划、销售培训计划、广告促销计划等,引导中间商认识到它们是垂直营销系统的重要组成部分,积极做好相应的工作,以便从中获得更高的利润。

总之,企业对中间商应当贯彻“利益均沾,风险共担”的原则,尽力缓和矛盾、密切协作,共同搞好营销工作。对渠道成员的激励是协调、管理分销渠道并使之有效运作的重要一环。激励方式有很多,而且还在不断创新。

锦囊妙计

食品行业的渠道管理挑战

假设你拥有一家食品制造公司,生产各种食品产品,并依赖一系列分销商将产品送达零售

商和最终消费者。近年来,食品行业发生了以下变化:

(1)零售业集中度提高:大型零售商(如超市连锁店)扩张迅速,掌握着更多的市场份额,因此在采购方面具有更大的谈判力。

(2)电商的崛起:越来越多的消费者选择在线购物,导致电商平台在食品销售中占据重要地位。

(3)线上线下一体化:一些电商平台开始在线下零售市场投资,建立实体店铺,以提供多样化的购物体验,这也加剧了竞争。

这些变化对你的渠道管理带来了一些挑战:

(1)压力增加:大型零售商拥有更多的市场份额和谈判权,可能要求更高的折扣和更有利的销售条款,这可能会影响你的利润。

(2)电商竞争:与在线电商平台竞争可能需要你改变销售策略,提供更多的线上渠道支持,并确保在线可见性。

(3)管理复杂性:线上线下一体化意味着你需要管理多个销售渠道,确保产品在不同渠道之间的一致性和价格一致性。

在这种情况下,渠道管理需要综合考虑各方的利益:

(1)与大型零售商的合作:需要谨慎平衡与大型零售商的关系,以确保双方的利益都得到满足。这可能包括定制化的销售策略、合理的折扣和供应链优化。

(2)电商战略:制定并执行在线销售策略,可能包括建立自己的在线销售渠道或与电商平台建立合作关系。

(3)线上线下整合:确保线上线下销售渠道之间的协同合作,以提供一致的购物体验。

此外,企业内部需要建立监管措施,以确保销售团队不会采取不当行为,如操纵库存或滥用折扣政策,以获取更多的销售提成,从而损害企业长期利益。

资料来源:林子微. 消费电子产品营销实践:从产品规划到商业成功[EB/OL]. https://mp.weixin.qq.com/s/zFcslaY1lmt6tOvV8-xcwQ,2024年6月10日,有删改。

(三)评估渠道成员

要定期评估中间商的工作绩效。评估标准一般包括:销售指标完成情况、平均存货水平、产品送达时间、服务水平、产品市场覆盖程度、对损耗品的处理情况、促销和培训计划的合作情况、货款返回情况、信息的反馈程度等。

一定时期内各中间商实现的销售是一项重要的评估指标。生产者可将同类中间商的销售业绩分别列表排名,目的是促进落后者进步,使领先者努力保持绩效。但是,由于中间商面临的环境有很大差异,各自规模、实力、商品经营结构和不同时期的重点不同,有时销售额列表排名评估往往不够客观。正确评估销售业绩,应在做上述横向比较的同时,辅之以另外两种比较:一是将中间商销售业绩与前期比较;二是根据每一中间商所处的市场环境及销售实力,分别制定其可能实现的销售定额,再比较销售实绩与定额。正确评估渠道成员的目的在于及时了解情况并发现问题,保证营销活动顺利而有效地进行。

(四)调整销售渠道

企业的分销渠道在经过一段时间的运作后,往往需要加以修改和调整。原因主要有消费者购买方式的变化、市场扩大或缩小、新的分销渠道出现、产品生命周期的更替等。另外,现在渠道结构通常不可能总在既定的成本下带来最高效的产出,随着渠道成本的递增,也需要对渠道结构加以调整。渠道的调整主要有以下三种方式。

1. 增减渠道成员

即对现有销售渠道里的中间商进行增、减变动。做这种调整，企业要分析增加或减少某个中间商会对产品分销、企业利润带来什么影响以及影响的程度。如企业决定在某一目标市场增加一家批发商，不仅要考虑这么做会给企业带来的直接收益（销售量增加），而且要考虑到对其他中间商的需求、成本和情绪的影响等问题。

2. 增减销售渠道

当在同一渠道增减个别成员不解决问题时，企业可以考虑增减销售渠道。这么做需要对可能带来的直接、间接反应及效益做广泛的分析。有时，撤销一个原有的效率不高的渠道比开辟一个新的渠道难度更大。

3. 变动分销系统

这是对企业现有的分销体系、制度做通盘调整，如变间接销售为直接销售。这类调整难度很大，因为它不是在原有渠道基础上的修补、完善，而是改变企业的整个分销政策。它会带来市场营销组合相关因素的一系列变动。

任务四　批发商与零售商

一、批发商的含义与类型

（一）批发商的含义

批发是指供转售、进一步加工或变化商业用途而销售商品的各种交易活动。批发商处于商品流通起点和中间阶段，交易对象是生产企业和零售商，一方面它向生产企业收购商品，另一方面它又向零售商业批销商品，并且是按批发价格经营大宗商品。其业务活动结束后，商品仍处于流通领域中，并不直接服务于最终消费者。批发商是商品流通的大动脉，是关键性的环节，它是连接生产企业和商业零售企业的枢纽，是调节商品供求的蓄水池，是沟通产需的重要桥梁，对企业改善经营管理及提高经济效益、满足市场需求、稳定市场具有重要作用。

（二）批发商的类型

批发商的类型可分为三种（见图 9—5）。

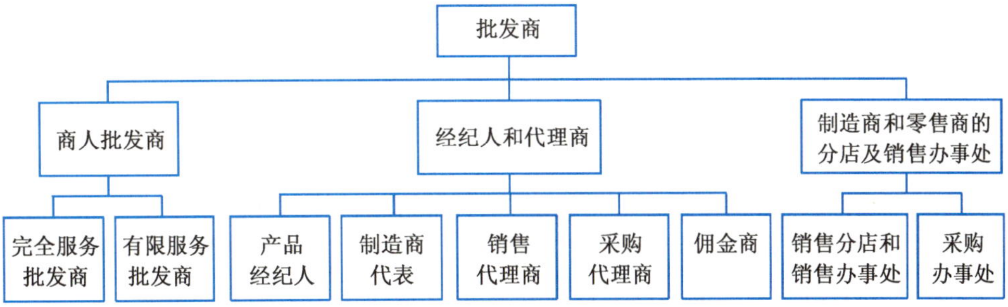

图 9—5　批发商的类型

1. 商人批发商

商人批发商是独立企业，对其所经营的商品拥有所有权，也被称作中盘商（批发商）、分销商或者配售商。它们还可以进一步细分为完全服务批发商和有限服务批发商。

2. 经纪人和代理商

经纪人和代理商不拥有商品所有权,主要功能就是促进买卖,获得销售佣金。经纪人的主要作用是为买卖双方牵线搭桥,由委托方付给他们佣金。他们不存货、不卷入财务、不承担风险,多见于食品、不动产、保险和证券经纪人。代理商包括制造代理商、销售代理商、采购代理商、佣金商(或称商行)。

3. 制造商和零售商的分店及销售办事处

它有两种形式:一种是销售分部和营业所,制造商开设自己的销售分部和营业所。销售分部备有存货,常见于木材、汽车设备和配件等行业;营业所不存货,主要用于织物和小商品行业。另一种是销售办事处,与采购经纪人和代理商的作用相似,但前者是买方组织的组成部分。

二、零售商的类型

零售商是指将商品直接销售给最终消费者的中间商,处于商品流通的最终阶段。零售商的基本任务是直接为最终消费者服务,它的职能包括购、销、调、存、加工、拆零、分包、传递信息、提供销售服务等,从而在地点、时间与服务方面,方便消费者购买。零售商是联系生产企业、批发商与消费者的桥梁,在分销途径中具有重要作用。

由于零售商店的数目众多,形式和规模各异,很难用某一种标准分类,下面从几个不同的角度分析零售商店的类型。

(一)依据产品线的长度和深度划分

1. 专业商店

专业商店是指产品线深而长的商店,如服装店、鞋店、家具店、书店等;或更进一步专业化的,如女子服装店、科技书店等。有人认为,由于市场细分化和产品专业化的可能性与日俱增,专业需求商店必然会迅速增长。专业商店可深入研究目标市场的特点,使产品花色规格齐全,有利于消费者充分挑选。

2. 百货商店

这通常是指规模很大,经营范围较宽,包括若干条产品线,可以为顾客提供种类繁多、花色齐全的商品和优良的设施与服务的商店。关于百货商店的起源,说法不一,1852 年于巴黎开业的"好市场"是公认的全世界第一家百货商店。此后,世界上许多城市都学习"好市场",尤其是在 20 世纪二三十年代,百货商店的发展达到高峰,成为都市中心商业区主要的零售场所。

3. 超级市场

这是一种大型、低成本、薄利多销和自我服务式的商店,主要经营食品、杂货以及家用器皿等,自我服务式的商店最早起源于美国。1930 年 8 月,美国零售商库仑在纽约开设了第一家超级市场,实行薄利多销,取得成功。此后,两年内在美国各地有 300 多家超级市场纷纷开业,到 20 世纪 30 年代末已达到 5 000 多家,占食品杂货销售总额的 78%。第二次世界大战后,超级市场发展迅速,规模越来越大,但是由于竞争激烈,费用增加,超级市场的价格水平已经不再是最低的,像一些折扣商店、特级市场的兴起,使传统市场受到日益增大的威胁。

4. 便利商店

这是一种小型的设在居民区附近的商店,主要经营便利品,经营品种不多,价格也较高,但营业时间长,有些甚至是 24 小时营业,节假日也不休息,能为顾客提供多种便利,因而第二次世界大战后增长迅速,1957 年在美国只有 2 000 家,到 1989 年增加到 8 万家以上。

5. 混合商店、超级商店和特级市场

这是比传统超级市场规模更大的三种零售企业，混合商店除经营食品外，还经营药品等。超级商店以满足消费者日常需要为目标，经营范围很广，如食品、化妆品、个人保健品、家用器皿、服装、图书杂志、文具等日常生活必需品。有的还附设洗衣、修理、融资和快餐等业务，比传统超级市场大而全，但价格比较高。特级市场比超级商店规模更大，其特点是集超级商店、折扣商店和仓库功能于一体，经营范围更广泛，除日常生活用品外，还包括家用电器、家具等。最早的特级市场是 1963 年克瑞佛尔在巴黎开设的，20 世纪 60 年代末到 70 年代初在欧洲大量出现，目前在法国和德国最多，在美国和日本等国也发展起来了。

6. 服务行业

它是指主要不是提供产品而是提供服务的各种行业，如旅馆、餐厅、银行、医院、客运、娱乐、理发、美容、洗车、修理等行业。近年来，在一些西方国家，服务行业比零售商业发展更快，五花八门的服务层出不穷，在就业和产值方面占的比重越来越大，这是工业社会的一种普遍发展趋势。

（二）按价格的相对重要程度划分

从价格相对重要程度来看，除了一般价格的商店外，还有三种主要的零售商店。

1. 折扣商店

这类商店虽然早已经有了，但在 20 世纪 40 年代末才兴旺起来，其特点是：(1)按“薄利多销”原则经营，所有商品明码标价，出售时打折扣，比一般商店售价低，因而叫作折扣商店（不包括偶尔实行折扣和处理“残、次、冷、背”货的商店）。(2)主要经营制造商品牌，保证产品质量。(3)力求减少设备及服务，实行自助式售货。(4)周转快、费用低，费用一般只占营业额的 12%～18%（一般商店要占 30%～40%）。近年来，由于竞争激烈，折扣商店不断改善经营方式，扩大经营范围，增加服务项目，有些还走向专业化，如运动器材折扣商店、音像设备折扣商店等。

2. 仓库商店

这是一种服务很少、售价低廉的大型商店，大多设在郊区租金低廉的地段，主要是经营家具、家用电器等大件商店，价格比一般商店低 10%～20%，但这种商店往往因存货过多而占用资金和促销费用较高，导致利润减少。

3. 目录展示店

这种商店是通过展出商品目录和样品开展营业的，主要经营毛利高、周转快、有品牌的商品，如电动工具、旅行箱、摄影器材等。商店定期发行彩色目录，标明每种商品的定价及折扣率，顾客可以根据目录电话订购，商店送货上门，也可到展室看样付款取货。

（三）依据所提供服务的不同程度划分

依据所提供服务的程度来看，有三种零售形式。

1. 自助式零售

许多零售商采取开架式售货，由顾客自己选择，最后由售货员办理收款包扎等手续，这种形式多用于便利品，有时服装、鞋、帽等选购品也可采用。自助式零售可以节省营销费用，降低售价，很受一些消费者的欢迎。

2. 有限服务的零售

售货人员提供较多的服务，帮助顾客挑选、退换等。一般百货商店、专业性商店，经营选购商品时多采用这种形式。

3. 完全服务的零售

以重视服务的消费者为目标顾客的商店，除提供一般性的服务外，还提供一切被顾客认为有必要的服务，如电器安装、送货，以及提供休息室、洗手间、餐厅等服务项目。这种商店成本高，售价也高于一般商店。

（四）依据所有权关系划分

从所有权关系看，零售商店80%是独立经营的，占全部零售额的2/3，另外还有几种其他形式。

1. 连锁商店

即在同一所有者集中控制下，统一店名并统一管理的商业集团，少则2～3家连锁，多则百家以上连锁在一起。联合起来统一经营、集中进货，可获得规模经济效益，提高经营管理水平，节省广告等费用开支，但缺点是如果权力过于集中，灵活性和应变能力较差。因此，连锁商店的各分店都应当拥有一定程度因地制宜的经营自主权。

2. 自愿连锁和零售商合作组织

这是在连锁商店竞争压力下，独立商店的两种联合组织。前一种是由批发商赞助的以统一采购为目的的联合组织；后一种是独立零售商按自愿互助互利原则成立的统一采购组织。这两种组织也可获得规模经济效益，与前面讲的连锁商店的区别只在于所有权是各自独立的。

3. 特许专卖组织

这是特许专卖权授权者（制造商、批发商或服务企业）与接受者之间通过契约建立的一种组织，后者通常是独立的零售商，根据约定的条件获得某种特许专卖权。如美国麦当劳汉堡包、肯德基炸鸡的特许专卖店遍及全美国及世界许多地方，特许专卖权授权者一般都是享有盛誉的著名企业。

4. 商业集团

这是一种没有固定形式的商业垄断组织，一般是多元化经营，在一个控股公司的控制下联合各行业的若干商店，如美国的“联合百货商店”等。

我国零售业商店可分为八类（见图9—6）。

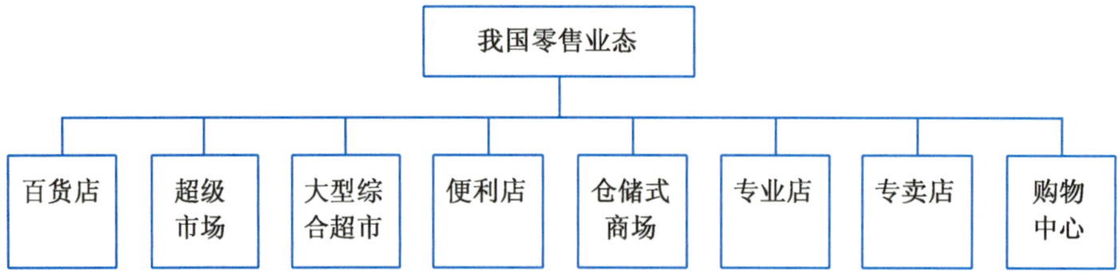

图9—6 我国零售业态的类型

三、无门市零售形式

除了我们介绍的各种有固定门市的零售商店外，还有很多无门市零售，即为了便利顾客、扩大销售而采取的各种灵活多样的无门市零售形式。

1. 直接营销

专门通过邮寄、电话、电视、网络等手段，而不通过门市进行零售业务活动，包括以下几种具体形式：

（1）直接邮寄营销，即通过直接邮件作为企业产品或服务的发盘载体，目标市场成员根据该发盘信息，通过指定的渠道（电话、信函）问询或订购的营销过程。直接邮寄营销包括将信函、广告、样品、折页和其他有助于推销的物品寄给在邮寄名册中的可能顾客。邮寄名册可以从顾客名单中发展或由专营邮寄名册的机构获得。

（2）电话营销，即通过电话向目标顾客推销商品或服务项目，如电话车险。

（3）电视营销，即通过在电视介绍商品或赞助某个推销商的专题节目，开展营销活动，如电视商场。

（4）网上购物，即通过互联网购物，如公众号、小程序、内容电商、社交电商和视频直播等新型线上渠道。

以上这些形式使消费者不出家门就可以通过电话、邮购、网络等方式买到所需要的商品，简便省时、安全可靠，并可以同时获得售后服务和退换保证。因此，这是零售商业未来的发展方向。

2. 自助售货机

自助售货机是第二次世界大战后零售设施的一项重要发展，1984 年美国自助售货机售货额占零售总额的 1.3%。并且所售的商品由香烟、汽水、糖果和报纸扩大到袜子、化妆品、书籍、唱片、胶卷等。最新的自助售货机还有找零钱的功能，目前这种售货机在西方社会随处可见，24 小时服务，为消费者提供了很大的便利。不过由于营销成本比较高，自助售货机销售的商品价格比一般商店要高 15%～20%。

近些年来，自助售货机不仅在有形商品的零售中迅速发展，而且已经扩展到服务行业，如自助洗衣机、自助出纳机等。目前，这种自助出纳机不仅设在银行，还设在购物中心或办公大厦内，可以保证顾客 24 小时随时兑现、提款或转账。

3. 上门推销

这本来是一种古老的传统贩卖方式，近年来在西方有了新的发展，现在美国约有 600 家以上的公司派推销员到居民家、办公室上门推销；或举办家庭宴会推销商品，如推销真空吸尘器、百科全书、化妆品等。但随着家庭主妇大多参加工作以及电子通信业的发展，上门推销已逐渐被互联网购物所取代。

延伸阅读

“三一”重工的渠道演变与创新

三一集团有限公司始创于 1989 年，是全球领先的工程机械制造商，也是全球最大的混凝土机械制造商。公司产品包括混凝土机械、挖掘机械、起重机械、桩工机械、筑路机械等。三一重工成为行业翘楚与它顺应时代、不断创新销售渠道密不可分。

三一重工的渠道营销模式经历多次演变和创新，具体而言，其发展历程大致分三个阶段：

第一阶段：人员直销。在公司创业起步阶段，三一重工在混凝土机械的销售渠道上，以人员直销为主（包括派驻分公司驻点），以经销代理和关系代理为辅，多渠道覆盖，有重点渗透，销售效率高。

第二阶段：混合渠道模式。随着客户基数扩大和产品进一步丰富，三一重工立足区域市场进行深耕，因此在国内以省区为单位成立分公司，主要承担区域市场营销与服务职能。区域分公司实行混合式营销模式，包括人员直销、渠道商分销、区域合伙人在内的复合渠道模式，统一服从区域分公司管理。三一重工的区域营销渠道模式灵活创新，适应了时代和市场需要。

第三阶段：O2O互动模式。随着互联网营销的兴起，作为行业龙头，三一重工在不断探索工业品互联网营销模式。三一重工通过线上完成业务过程，也利用线上推广，引流客户到线下6S店进行操作体验和购买设备，真正实现了传统机械设备的O2O互动营销模式。另外，三一重工作为传统装备制造业，对新营销渠道进行积极创新。比如，2020年11月26日晚8时，三一"全球购机狂欢夜"线上线下准时启动。来自后台数据显示，活动在启动1分钟内，就有34万人进入直播间，8分钟定金额突破1亿元，2小时交易额突破234.89亿元，仅挖掘机就卖了17 919多台，刷新行业全球单场线上促销活动的新纪录。

同时，三一重工发现快手上有很多重卡和挖掘机操作手，且工程机械70%～80%的客户都用快手。所以他们在快手开了账号，专门直播挖掘机的技术培训，结果一小时卖出三十多台压路机和五台挖掘机。

总之，三一重工善于洞察，积极探索，在销售渠道上多次创新。从一开始的采用人员直销模式为主，到直销和渠道分销相结合的复合渠道模式，密集覆盖目标客户，到近几年尝试探索新型互联网渠道，快速触及目标用户，值得我国传统行业借鉴与学习。

资料来源：根据网络资料整理。

项目回顾

1. 营销渠道是指商品通过交换从生产者手中转移到消费者手中所经过的路线。营销渠道涉及的是商品实体和商品所有权从生产向消费转移的整个过程。

2. 营销渠道由渠道长度与渠道宽度两个维度构成。渠道长度是指产品从生产企业到消费者手里需要的几个环节。渠道宽度是指在某个环节上同时通过多少中间商来销售产品。

3. 影响企业营销渠道选择的因素有市场、产品、制造商、社会环境。

4. 批发商是连接生产企业和商业零售企业的枢纽，是沟通产需的重要桥梁，对企业改善经营管理及提高经济效益、满足市场需求、稳定市场具有重要作用。

5. 零售商是指将商品直接销售给最终消费者的中间商，处于商品流通的最终阶段，基本任务是直接为最终消费者服务。

思政园地

古代茶马古道与现代中国茶叶品牌

茶马古道系指中国西南、西北地区，以茶叶和马匹为主要交易内容，以马帮为运输方式的商品贸易通道。它大约形成于西汉时期，兴于唐、宋，盛于明、清，主要线路为滇藏线、川藏线和陕甘线等，辅以众多支线和附线，地跨今陕、甘、贵、川、滇、青、藏、新等省区，并外延至南亚、东南亚等国。茶马古道为区域间的经济文化交流提供了有效途径，也催生出新的茶饮形式。

从茶叶产区到无茶之地，茶始终是丝绸之路、茶马古道上流通的重要物资之一。从邻邦到远洋，茶文化在不同时代、不同地域、不同族群中交流互鉴，使世界文明更加丰富多彩。

1. 古代茶马古道的运作机制

(1)运输方式。马队是茶马古道上的主要运输工具。这些马队通常由专业的马帮组织管理,负责将茶叶从一个地区运送到另一个地区。马帮的运输效率和可靠性对茶叶的流通至关重要。骆驼也在陕甘茶马古道上被广泛使用,因为它们能够承载大量茶叶,特别是从四川到西北地区的长途运输。

(2)马帮组织。马帮通常由专业的马帮领袖或组织负责。他们协调马队、安排运输路线、管理马匹和马夫,确保茶叶顺利运送。马帮的组织和管理对茶叶的流通速度、安全性和成本都有直接影响。

(3)分段管理。茶叶从产地出发,经过不同的路段,由不同的马帮接力运输。例如,从普洱出发,由汉族或回族马帮运送到下关,再由白族马帮转运至丽江。这种分段管理确保了茶叶的顺利流通,同时也减少了运输中的风险。

(4)交易规则。茶马古道上的交易遵循一定的规则和惯例。例如,茶叶的质量、数量、价格和交付时间都需要明确约定。交易规则的稳定性和公平性对于茶叶的市场定位至关重要。如果交易规则不受尊重,可能会影响茶叶的声誉和信誉。

2. 现代茶叶行业的分销渠道

现代茶叶行业的分销和销售按照层级来分,可以分为:

(1)直营式渠道。茶叶生产者直接与消费者接触,例如在集市上交易、自设或加盟茶楼、业务员推广、参加茶博会、网络营销等。这种模式缩短了流通时间,减少了流通费用。

(2)一级批发式渠道。茶叶生产者与零售商之间的关系,例如茶叶企业通过工商联营、农商联营等形式将茶叶销售给消费者。这种模式适用于茶馆、商场专柜、超市货架等。

(3)多级批发式渠道。茶叶生产者与批发商(或代理商)之间的关系,可以是一级或多级。这种模式需要更复杂的协调和管理。

(4)代理商式渠道。茶叶生产者通过代理商将产品销售给批发商,再由零售商销售给消费者。这种渠道通常用于出口茶销售。

3. 现代中国茶叶的发展困境

茶产自中国,源远流长,中国茶产业发展举世瞩目,茶叶种植面积和产量稳居世界第一。绿茶、白茶、黄茶、青茶(乌龙茶)、黑茶、红茶,六大基本茶类的划分体系更加科学并成为国际标准。中国茶叶作为一个传统而重要的产业,尽管在全球茶叶产量和消费量方面占据领先地位,但在产销量和品牌建设方面仍存在以下困境。

(1)缺乏大型茶叶企业。中国是世界上茶叶的产销第一大国,茶叶行业有着高达 3 600 亿元的规模,然而,中国的前 100 名茶叶企业加起来,总量却不到市场份额的 5%。

(2)品牌数量和规模有限。尽管中国茶叶品牌众多,但品牌数量和规模分散,影响力有限。中国茶叶品牌多以品类命名,如龙井、碧螺春、铁观音、大红袍、普洱茶等。这些茶叶品牌在不同茶类中都有自己的独特风味和传承。但相对于茶产业的庞大规模,品牌的数量和规模仍然偏少偏小。

(3)品牌价值和影响力不足。尽管我国有 6.7 万家茶厂,平均每个茶厂年产茶叶 20 吨,然而,中国从未有过一个强势的茶叶品牌,在国际市场上,中国茶叶品牌的知名度有待提高。国外有些茶叶品牌成功地实现了品牌化,比如英国立顿、Twinings 及新加坡的 TWG、法国的 Mariage Frères。如表 9—7 所示,其在品牌化战略和全球化的渠道策略值得我们研究与学习。

表 9—7 国外知名茶叶品牌的比较

品　牌	背　景	定　位	渠　道	具体策略
立顿	英国品牌 创立于 1890 年	大众市场	零售超市 餐饮业 线上渠道 出口国际	便捷的茶包 实惠的价格 市场份额大
Twinings	英国品牌 创立于 1706 年	高端市场	精美实体店 超市和便利店 线上渠道	高品质 品种丰富 推出冷泡茶 KOL 互联网营销
TWG	新加坡品牌 创立于 2008 年	奢侈品定位	高端专卖店 官网 电商平台	高质量的茶叶 独特的香型 选址高端 店内体验非凡
Mariage Frères	法国品牌 创立于 1854 年	高贵典雅的高端定位	官网 高端专卖店	丰富的历史 高贵的形象 精美的包装

总之，茶叶行业需要灵活应对市场变化，不断调整渠道策略，以适应新的消费习惯和需求。同时，中国茶叶品牌需采用多渠道推广以帮助企业覆盖更广泛的受众，并提高品牌曝光度，为中国茶叶品牌走向国际化奠定基础。

资料来源：根据网络资料整理。

议一议：

1. 你认为古代茶马古道对分销的意义是什么。

2. 借鉴古代茶马古道的运作机制，举例说明我们应如何从中汲取渠道管理的经验。

3. 现代中国茶的渠道管理策略有哪些？电商和物流在其中扮演了什么角色？

4. 参照表 9—7 国外知名茶叶品牌，对中国茶叶的品牌化战略与全球化渠道策略有什么样的启示？

项目测试

一、单选题

1. 产品从制造商手中转至最终消费者所经历的一系列流通环节连接起来形成的通道叫作（　　）。

A. 消费渠道　　B. 生产渠道　　C. 流通渠道　　D. 分销渠道

2. 直接渠道也是（　　）。

A. 二层渠道　　B. 零层渠道　　C. 一层渠道　　D. 三层渠道

3. 市场营销学按照流通环节或层次的多少确定渠道的（　　）。

A. 长度　　B. 宽度　　C. 流程　　D. 密度

4. 下列冲突属于水平渠道冲突的是（　　）。

A. 连锁店总公司与各分店之间的冲突　　B. 某产品的制造商与零售商之间的冲突

C. 玩具批发商与制造商之间的冲突　　D. 同一地区麦当劳各连锁分店之间的冲突

5. 接受生产者委托从事销售业务，但不拥有商品所有权的中间商属于(　　)。
A. 零售商　B. 批发商　C. 代理商　D. 经销商

二、多选题

1. 分销渠道包括(　　)。
A. 生产者　B. 商人中间商　C. 代理中间商　D. 供应商
E. 消费者
2. 下列采用独家分销形式的有(　　)。
A. 生产和经营名牌　B. 高档消费品
C. 技术性强、价格较高的工业品　D. 工业品中的标准件
E. 工业品中的零部件
3. 按照制造商所采用的渠道类型的多少，可分为(　　)。
A. 宽渠道　B. 窄渠道　C. 单渠道　D. 多渠道
E. 长渠道
4. 下列关于分销渠道描述正确的是(　　)。
A. 越长的分销渠道，制造商就越要承担更多的销售渠道职能
B. 越长的分销渠道，信息传递就越慢
C. 越长的分销渠道，流通时间就越长
D. 越长的分销渠道，制造商对渠道的控制就越弱
E. 越长的分销渠道，对制造商就越有利
5. 下列关于分销渠道描述正确的是(　　)。
A. 分销渠道的起点是代理商，终点是零售商
B. 分销渠道反映某一系列特定产品或服务价值实现的全过程
C. 分销渠道的核心业务是购销
D. 分销渠道是一个多功能系统
E. 分销渠道的起点是制造商，终点是消费者

能力训练

案例研讨

小米与OPPO、vivo的营销渠道之争

众所周知，这几年发展最快的科技中，智能手机一定算是其中的一项。目前在全球占到了60%左右的份额，在我国更是占到了90%以上的份额。

别看份额这么高，其实我国国内品牌的智能手机主要也就是四个品牌的事情，分别是华为、OPPO、vivo、小米，这四个品牌占了销量的85%以上。

但在这四个品牌之中，华为一骑绝尘，另外三个品牌都有自己特色的，其中OPPO和vivo可以归为一类，小米归为另一类。小米从诞生的那一刻起，小米系列手机就主打互联网销售，凭借着雷军的互联网思维，小米手机上市几年，从一个无名品牌到享誉世界并成为一代国货手机，累计销量破亿台。小米被称为线上之王，而OPPO、vivo则被称为线下之王。

在小米主攻互联网渠道时，OPPO、vivo 则主攻线下渠道，一线城市不用说，三、四线城市都有 OPPO、vivo 的线下渠道。

而从结果来看，OPPO、vivo 的手机卖得比小米还好，大家认为 OPPO、vivo 的线下渠道发挥了重要作用，因为从实际手机销售情况来看，据说 70%以上的手机是在线下卖掉的。在策略上，小米很快开始大力进军线下市场，开启了越来越多的小米之家，而且还发布了众多针对线下市场的机型，跟 OPPO 以往所取得成功的传统渠道建设策略几乎是相重合的。而对于 OPPO 来说，最近这两年也在开始积极地运作线上营销，投入了越来越多的互联网广告，甚至在新品正式发布之前就早早地在官方开启了预约等，其实也是在向线上市场逐渐发力的征兆。按照目前的智能手机市场来说，“线下＋线上”齐发力应该也是未来的主流。

资料来源：根据网络资料整理。

思考与分析：

如果你是企业负责人，你对小米、OPPO、vivo 营销渠道的选择有何建议？试分析它们各自渠道选择的优劣势。

实践训练

渠道策略：产品销售渠道的评估与设计

<table>
<tr><td>训练名称</td><td colspan="2">产品销售渠道的评估与设计</td><td>训练类别</td><td>小组训练</td></tr>
<tr><td>训练目的</td><td colspan="4">掌握企业产品的渠道策略</td></tr>
<tr><td rowspan="4">训练方案</td><td>训练步骤</td><td colspan="2">训练内容</td><td>时　间</td></tr>
<tr><td>1. 准备</td><td colspan="2">学生自主选择一个企业产品</td><td rowspan="3">与本项目教学时间同步，课外完成</td></tr>
<tr><td>2. 分析思考</td><td colspan="2">实地走访，了解该产品的分销渠道；分析现有分销渠道存在的问题，提出分销渠道改进的建议</td></tr>
<tr><td>3. 形成报告</td><td colspan="2">完成产品分销渠道调查报告，以小组为单位汇报</td></tr>
<tr><td>考核方式</td><td colspan="4">依据学生提交的报告和汇报展示综合评定成绩</td></tr>
</table>

项目十　促销策略

学习目标

知识目标

1. 了解各种促销方式及组合应用；
2. 掌握人员推销的概念和技巧；
3. 掌握广告的概念、类型和广告活动的步骤；
4. 掌握营业推广的概念和主要方式；
5. 掌握公共关系的概念和主要活动形式。

能力目标

1. 能够运用人员推销策略模拟推销过程；
2. 能够选择恰当的方式对消费者和中间商开展营业推广活动。

思政目标

1. 培养学生的社会责任感，遵循商业道德规范，坚持诚信经营原则，自觉抵制欺诈、虚假宣传等不正当手段，以诚信为本开展促销活动；
2. 培养学生树立坚定的文化自信，增强对不同文化的理解和尊重。

案例导入

酱香拿铁，瑞幸与茅台的营销奇迹

2023 年 9 月 4 日，瑞幸咖啡与贵州茅台联合推出的“酱香拿铁”新品正式登陆全国一万多家瑞幸门店，瞬间成为社交媒体上的热议焦点。朋友圈、微博、小红书……这款新品的身影无处不在，似乎每个人都在谈论这款“意外”诞生的咖啡饮品。

仅仅一天之后，瑞幸咖啡官方就宣布了一个惊人的消息：“酱香拿铁”首日销量突破 542 万杯，销售额更是突破 1 亿元大关。这样的成绩，无疑证明了这次跨界合作的巨大成功。那么，这款酱香拿铁究竟有何魔力，能够在短时间内吸引如此多的消费者呢？

一、跨界合作：当咖啡遇上白酒

瑞幸咖啡与贵州茅台的合作，可谓是一次前所未有的跨界尝试。作为中国白酒的代表品牌，茅台以其独特的酱香口感和卓越品质赢得了全球消费者的喜爱。而瑞幸咖啡，则是中国咖啡市场的佼佼者，以高品质的产品和服务赢得了广泛的市场认可。

这次合作，将茅台的酱香与瑞幸咖啡的拿铁完美结合，为消费者带来了一种全新的味觉体验。这种独特的口感，既保留了茅台酒的酱香韵味，又融入了咖啡的丝滑口感，让人一喝难忘。

二、营销手段：全方位推广，引爆口碑

为了将这款新品推向市场的高潮，瑞幸咖啡采用了多种营销手段，形成了全方位的推广攻势。

首先，社交媒体成为这次推广的重中之重。通过精美的图片和短视频，瑞幸咖啡在各大社交媒体平台上充分展示了酱香拿铁的独特魅力。这些内容不仅引发了消费者的好奇心，更激发了他们的购买欲望。

其次，瑞幸咖啡的线下体验店也发挥了重要作用。在这里，消费者可以亲自品尝到酱香拿铁的独特口感，感受这款新品带来的惊喜。同时，专业的咖啡师还会现场调制酱香拿铁，让消费者更加深入地了解这款产品的制作工艺和口感特点。

此外，明星代言和优惠活动也为这次推广增添了不少亮点。知名演员陈道明的加入，进一步提升了酱香拿铁的知名度和影响力。而各种优惠活动的推出，更是吸引了大量消费者尝鲜。

三、启示与未来

酱香拿铁的成功不仅仅是一款产品的热销那么简单。它更是一次成功的品牌营销案例的典范。通过跨界合作和全方位的营销手段运用，瑞幸咖啡成功地将茅台酒的酱香与咖啡相结合打造出了一款备受追捧的咖啡饮品，同时也为自身品牌带来了更多的曝光和关注度。

对于其他品牌而言，酱香拿铁的成功提供了宝贵的启示：在市场竞争日益激烈的今天，只有不断创新和突破才能赢得消费者的青睐；跨界合作能够为品牌带来新的活力和市场机会；而善于利用社交媒体等新兴渠道推广则是品牌走向成功的关键。

展望未来，随着消费者需求的不断变化和市场竞争的加剧，品牌需要更加注重产品的创新和营销手段的运用，以赢得消费者的信任和忠诚。而瑞幸咖啡与贵州茅台的这次跨界合作无疑为行业树立了一个新的标杆，引领着品牌走向更加美好的未来。

资料来源：郭世杰．"酱香拿铁"首日销售额破亿[R/OL]．https://baijiahao.baidu.com/s?id=1776199631362244756&wfr=spider&for=pc，2024 年 6 月 10 日，有删改。

微课视频

认识促销与促销组合

任务一　促销与促销组合

一、促销组合的相关概念及作用

（一）促销与促销组合的相关概念

1. 促销

促销就是促进产品销售的简称。促进销售是指企业通过一定的形式（人员或非人员），将商品或劳务的性能、特征等信息传递给顾客，引发、刺激消费者的消费欲望和兴趣，使其采取购买行为的过程。从此概念中不难看出，促销具有以下几种含义：

(1)企业作为商品的生产者或销售者,必须将自己所生产的商品或劳务的相关信息充分而明确地传达给消费者。此时卖方就成为信息的主动发出者,他们需要通过一定的方式向消费者传递信息,促销在这一传递过程中就成为企业必选的重要手段。

(2)通过企业促销,作为信息接收方的消费者又会将其对企业商品或劳务的认识和需求动向反馈给企业。适应当前市场需求是企业实现最终市场营销目标的重要前提。

2. 促销组合

促销组合是指将人员推销与非人员推销的促销方式(人员推销、广告、营业推广和公共关系)结合起来,有计划、有目的地配合运用,就形成了整体促销作用,也就是促销组合。

企业在进行不同的促销组合时会形成不同的促销策略,但归纳起来主要有推式策略和拉式策略两种基本类型。

(1)推式策略(pushing strategy)是指通过以人员推销结合营业推广为主的促销组合,把商品推向市场的促销策略,即从制造商推向批发商,再由批发商推向零售商,最后由零售商推向最终消费者。实施推式策略,要求推销人员针对不同的商品和不同的销售对象,灵活运用不同的方法,主要是在现有的产品用户以及潜在用户中多加努力。

(2)拉式策略(pulling strategy)是指通过以广告为主要促销方式的促销组合,把消费者吸引到企业特定产品上来的促销策略。拉式策略的最终目的就是激发消费者的购买欲望,引起消费者的购买兴趣,从而产生购买动机。

二、促销组合的构成

在市场中,由于各企业自身的特点不同,生产的产品也千差万别,营销活动采取的策略也不尽相同,因此,将不同的促销组合综合运用起来,能够起到取长补短、事半功倍的效果。促销主要包括人员推销和非人员推销两大类,其中,非人员推销的基本方法主要有广告、营业推广和公共关系三个方面。

(一)人员推销

人员推销(personal promotion)是指由开展促销活动的企业派出推销人员或委托推销人员亲自向目标市场中的消费者进行有关商品信息的直接交流。采用这种促销方式与消费者沟通最为直接,促销效果也是最好的。它的特点是:推销人员能够与潜在消费者面对面直接交流,针对性较强,在最短的时间内获得消费者的反馈,灵活、及时地调整推销策略;推销人员与消费者的沟通带有一定的人情味,双方很容易建立起信任感,便于今后保持长期联系;推销人员可以直接促成消费者的购买行为,推销过程完整并能产生较好的效果。

(二)广告

广告(advertisement)是企业促销活动中运用最为广泛的一种方式。企业通常是通过各种付费传播媒体向消费者进行信息的沟通。它的特点是:传播范围广泛;通过重复传播加深人们的记忆;具有极丰富的表现力;传播信息时速度快;但是,企业有可能需要付出高额的广告费用。

(三)营业推广

营业推广(sales promotion)是企业在某一特定时间段所采用的促销方式,以刺激消费者的购买欲望。这种促销方式具有强烈的诱导性,使消费者能在短期内采取购买行动,大量购买企业销售的商品。营业推广与其他促销方式最大的不同点是它往往用于企业短时期的特别促销,目的就是让消费者更快、更多地购买企业产品。

（四）公共关系

公共关系（public relation）是指企业运用一些不需要付费的传播手段宣传自身形象，从而达到吸引消费者注意，向他们间接推销企业产品和劳务的目的。其特点是：传播费用较低，却能达到较好的促销效果；企业在媒体选择上以新闻媒体为主，具有一定的客观性，使消费者能够产生较强的信任感。

三、促销组合的作用

在不同的时期、不同的经济环境、不同的企业产品中，企业的营销目标是不同的，因此促销组合在企业不同的营销目标中发挥着不同的作用，总的来讲，包括以下四个方面：

（一）传递信息

无论产品即将进入市场还是已经进入市场，都需要企业及时向中间商和最终消费者传递相关信息，做到让消费者准确掌握该产品的具体情况，以便引起他们的注意及对商品的兴趣。同时，消费者对企业产品的反馈信息也会传递到企业，为企业进一步改进产品、适应市场需求提供重要的依据。

（二）唤起消费者的需求

企业采取有效的促销活动可以扩大市场需求，最终实现增加企业利润的目标。通过促销活动，企业向消费者介绍自己的产品，从而唤起消费需求。这一过程不仅只是简单地激发和诱导消费者的购买欲望，还包括创造新的消费需求。大多数消费者在选购商品时是按照自己的现实需求选择的，而促销活动带给消费者的很可能会有某些消费者过去并不为所知的产品信息，这些信息对于消费者来说也许是全新的，而且是感兴趣的，那么消费者新的消费需求也就可能从中产生。

（三）企业产品形象的树立

在竞争越来越激烈的市场环境中，很多产品之间的差距是微乎其微的，消费者要做出选择不是一件容易的事情。此时，企业除了对产品加大宣传外，自身形象的树立也是必不可少的。通过各种有效的促销方式的结合，企业以崭新的面孔呈现在消费者面前，再加上企业产品在宣传时突出了自身特点，使消费者能很容易区分出不同企业以及产品的差别，准确地做出自己的判断。因此，促销不仅仅是企业的营销策略，也是企业在市场竞争中取胜的有力武器。

（四）稳固和扩大产品的市场份额

企业的生存离不开市场，而企业产品的市场份额又是决定企业去留的关键因素。无论是成熟的产品还是刚上市的新产品，它们在市场中到底占据多少份额以及能占据多久，是企业必须解决的重要问题。在维护和扩大企业产品销售时，促销所发挥的强大功能是不可否认的。

四、确定促销组合时应考虑的因素

企业确定促销组合策略时，不仅要熟悉各种促销方式并灵活运用，还必须考虑到以下因素：

（一）促销目标

它是企业从事促销活动所要达到的目的。在企业营销的不同阶段和为适应市场营销活动的不断变化，要求企业制订不同的促销目标。无目标的促销活动达不到理想的效果，因此，促销组合和促销策略的制订要符合企业的促销目标，根据不同的促销目标采用不同的促销组合和促销策略。

（二）产品因素

1. 产品的性质

不同性质的产品，购买者和购买目的各不相同，因此，对不同性质的产品必须采用不同的促销组合和促销策略。一般来说，在消费者市场，因市场范围广而更多地采用拉式策略，尤其以广告和营业推广形式的促销为多；在生产者市场，因购买者购买数量较大、市场相对集中，则以人员推销为主要形式。

2. 产品的生命周期

促销目标在产品生命周期的不同阶段是不同的，这决定了在生命周期各阶段要相应选配不同的促销组合和促销策略。例如，在导入期，促销目标主要是宣传介绍商品，以使顾客了解、认识商品，产生购买欲望。广告起到向消费者、中间商宣传介绍商品的功效，因此，这一阶段广告是主要的促销形式，以营业推广和人员推销为辅助形式。在成长期，由于产品打开销路，销售量上升，同时也出现了竞争者，这时仍需加强广告宣传，但要注重宣传企业产品特色，以增加顾客对本企业产品的购买兴趣，若辅助以公关手段，则会收到相得益彰的效果。在成熟期，竞争者增多，促销活动以增加购买兴趣与偏爱为目标。广告的作用在于强调本产品与其他产品的细微差别，同时，要配合运用适当的营业推广方式。在衰退期，由于更新换代产品和新发明产品的出现，原有产品的销售量大幅度下降。为减少损失，促销费用不宜过大，促销活动应该针对老顾客，采用提示广告并辅之适当的营业推广和公关手段。

3. 市场条件

市场条件不同，促销组合与促销策略也有所不同。从市场地理范围大小来看，若促销对象是小规模的本地市场，应以人员推销为主；对广泛的全国市场甚至世界市场促销，则大多采用广告形式。从市场类型来看，消费者市场因消费者多而分散，多数靠广告等非人员推销形式；对于用户较少、批量购买、成交额较大的生产者市场，则主要采用人员推销形式。此外，在有竞争者的市场条件下，企业制定促销组合和促销策略时还应考虑竞争者的促销形式和策略，要有针对性地不断变换自己的促销组合及促销策略。

4. 促销预算

企业开展促销活动，必然要支付一定的费用。费用是企业经营十分关心的问题，并且企业能够用于促销活动的费用总是有限的。因此，在满足促销目标的前提下，要做到效果好而费用省。企业确定的促销预算额应该是企业有能力负担的，并且是能够适应竞争需要的。为了避免盲目性，在确定促销预算额时，除了考虑营业额的多少外，还应考虑促销目标的要求、产品市场生命周期等其他影响促销的因素。

知识窗

内蒙古和湖北在历史上有一个关联人物，这就是王昭君。伊利集团在开发武汉市场时，首先对武汉的目标消费者进行促销。一方面，在报纸上以“昭君回故里，伊利送真情”开展公关广告宣传活动，借助新闻媒体进行了铺天盖地的宣传，使武汉市民都知道了伊利集团的产品；另一方面，以“古有昭君千里出塞，今有伊利集团千里大赠送”免费向武汉的中小学生赠送冰激凌。新闻宣传和免费赠送，不仅使武汉消费者了解了伊利产品，而且使经销商意识到销售机会的到来，促销伊利集团产品的积极性大增，结果每10个武汉人中就有一个食用过伊利的产品。

最终，伊利集团在武汉的市场占有率很快得到了提高。

资料来源：根据网络资料整理。

任务二 人员推销

一、人员推销的概念、特点及步骤

(一)人员推销的概念

微课视频

人员推销策略

人员推销是企业推销人员直接向中间商或消费者推销商品或劳务，使其采取购买行为的一种促销活动，包含推销员、推销对象(消费者)以及推销商品三个构成要素。人员推销是人类最古老的一种促销形式，它在早期的市场中就已经很常见，也是现代商品销售的一种重要形式，至今仍被各大企业广泛采用。

(二)人员推销的特点

与非人员推销相比，人员推销有着非人员推销不可取代的优点，主要体现在以下方面：

1. 信息沟通的双向性

人员推销的过程是人与人之间信息交流的典型方式。一方面，推销人员面对面地直接向消费者推荐自己企业的商品，包括商品详细的功能、特性、优点、使用方法等相关信息；另一方面，消费者可以通过推销人员的直接介绍及时做出反应，包括对商品的评价、要求和疑问等反馈信息，企业可以通过对这类信息的掌握及时调整营销策略，有利于企业更进一步把握销售市场。

2. 推销过程灵活

由于人员推销是推销人员与消费者之间面对面的交流与沟通，推销人员可以根据消费者的反应及时调整沟通方式，最大限度地满足消费者要求，诱导其对推销品产生购买力。这一过程由推销人员自己灵活把握，不仅能及时了解到更多的消费者信息，也能通过一定方法的调整，解除消费者的疑问与顾虑。因此，这种灵活的推销方式使推销的成功率得到了很大的提高。

3. 推销针对性较强

人员推销大多数情况下是一对一的形式，即一个推销人员面对一个消费者的推销。推销人员可以根据自己的推销目的选择潜在的消费者作为推销对象。通过这种一对一的推销，一方面，推销人员可以提高推销的成功率；另一方面，消费者也能享受到推销人员更优质的服务。

4. 企业与消费者的关系更易得到巩固

人员推销中带有很明显的人际交往的色彩，推销人员与消费者在长期的交往中不仅形成了买方与卖方的关系，双方也建立起了友谊和信任。对企业来说，人员推销为企业赢得了一批稳固的客源，既有利于企业与这些消费者之间长期合作，也有利于企业发展更多的忠实消费者。

锦囊妙计

乔·吉拉德是世界上最伟大的推销员，他连续12年荣登吉尼斯世界纪录大全世界销售第一的宝座，他所保持的世界汽车销售纪录(即连续12年平均每天销售6辆车)至今无人能破。其推销技巧总结如下：

(1)做好次日计划，目标明确。

(2)把顾客当作朋友,让顾客记住你的名字。

(3)经常向顾客寄邮件、贺卡,把公司及自己的信息写在里面,与顾客保持长期友好的联系。

(4)不要和同事一起吃饭,那是浪费时间。

(5)遇到每一个人都会给对方名片,让对方知道你是做什么的。

(6)重视与顾客第一次接触,留给对方的第一印象很重要。

(7)成交是销售的开始,售后服务一定要做好。

(8)我们卖的不是产品而是自己,顾客只有先接受你才会买你的产品。

(9)学会聆听,通过聆听可以得到更多的顾客信息。

(10)微笑可以提升一个人的价值,当你微笑时,全世界都在向你微笑;当你冷漠时,全世界都在逃避你。

(三)人员推销的步骤

1. 寻找顾客

寻找顾客就是寻找可能购买的潜在顾客。这类顾客必须具备五个条件:有需要、有购买能力、有购买决策权、有接近的可能性、有使用能力。寻找顾客的方法很多,大体可分为两类:(1)推销人员通过个人观察、访问、查阅资料等方法直接寻找;(2)通过广告开拓或利用朋友的介绍,或者通过社会团体与推销员间的协作等间接寻找。

2. 接近准备

即推销人员在接近某一潜在顾客之前,进一步了解该顾客情况的过程。接近准备有利于进一步分析潜在顾客的"资格",有助于制订推销面谈计划,开展积极、主动的推销活动,保证较高的推销效率。接近准备的方法很多,有观察、查阅资料或朋友介绍等。

3. 接近顾客

接近顾客是指推销人员直接与顾客发生接触,以便成功地转入推销面谈。推销人员在接近顾客时既要自信、注重礼仪,又要不卑不亢,及时消除顾客的疑虑,还要善于控制接近时间,不失时机地转入正式面谈。

常用的接近顾客的方法有:

(1)通过朋友介绍、自我介绍或利用产品接近顾客。

(2)利用顾客的求荣心理,采取搭讪、赞美、求教、聊天等方式接近顾客。

(3)利用顾客的求利心理,采用馈赠或说明某种利益接近顾客。

以上方法的运用,要视具体情况而定。无论采用何种方法,必须使人感到诚实可信,同时不宜诋毁竞争对手。

4. 推销面谈

推销面谈是指推销人员运用各种方法说服顾客购买的过程。推销过程中,面谈是关键环节,而面谈的关键则是说服。推销说服的方法一般有两种:

(1)提示说明。推销人员通过直接或间接、积极或消极的提示,将顾客的购买欲望与商品特性联系起来,由此促使顾客做出购买决策。

(2)演示说明。推销人员通过产品、文字、图片、音响、影视、证明等样品或资料劝导顾客购买商品。

上述两种方法,前者主要是言语面谈,后者则以非言语面谈为主。在说服过程中,要针对顾客的心理,灵活、恰到好处地使用。

5. 处理顾客异议

顾客异议是指顾客针对推销人员提示或演示的商品或劳务提出的反面意见和看法。处理顾客异议是推销面谈的重要组成部分。推销人员必须首先认真分析顾客异议的类型及其主要根源,然后有针对性地使用处理策略。常用的处理法有:

(1)肯定与否定法。它是指推销人员首先附和对方的意见,承认其见解,然后抓住时机表明自己的看法,否定顾客的异议,说服顾客购买。

(2)询问处理法。它是指推销人员通过直接追问顾客,找出异议根源,并做出相应的答复与处理意见。

(3)预防处理法。它是指推销人员为了防止顾客提出异议而主动抢先提出顾客可能异议的解释,从而否定无效异议。

(4)补偿处理法。它是指推销人员利用顾客异议以外的商品的其他优点来补偿或抵消有关异议,从而否定无效异议。

(5)延期处理法。它是指推销人员不直接回答顾客异议而是先通过示范表演,然后加以解答,从而消除顾客异议。

6. 达成交易

达成交易是指顾客购买的行动过程。推销人员应把握时机,促成顾客的购买行动。达成交易的常用方法有:

(1)优点汇集成交法。推销人员把顾客最感兴趣的商品优点或从中可得到的利益汇集起来,在推销结束前将其集中再现,促进购买。

(2)假定成交法。假定顾客已准备购买,然后推销人员问其所关心的问题,或谈及其使用某商品的计划,以促进成交。

(3)优惠成交法。利用顾客求实惠心理,推销人员通过优惠条件促使顾客立即购买。

(4)保证成交法。推销人员通过提供保修和包退包换来克服顾客使用的心理障碍,促成购买。

7. 跟踪服务

跟踪服务是指推销人员为已购商品提供各种售后服务,这既是人员推销的最后环节,也是新推销工作的始点。跟踪服务能加深顾客对企业和商品的信赖,促使重复购买。同时,跟踪服务可获各种反馈信息,既为企业决策提供依据,也为推销人员积累了经验,从而为开展新的推销开辟途径。

锦囊妙计

原一平是日本保险业连续15年全国业绩第一的“推销之神”。他拜访客户有一条规则,一定会做周密的调查。有一天,原一平访问某公司总经理。调查显示这位总经理是个“自高自大”型的人,脾气很怪,没有什么嗜好。这是一般业务员最难对付的人物,不过对这一类人物,原一平倒是胸有成竹,自有妙计。原一平向前台小姐自我介绍:“你好,我是原一平,已经跟贵公司的总经理约好了,麻烦你通知一声。”接着,原一平被带到总经理室。总经理正背着门坐在大班椅上看文件。过了一会儿,他才转过身,看了原一平一眼,又转身看他的文件。

就在眼光接触的那一瞬间,原一平有一种讲不出的难受。忽然,原一平大声地说:“总经理,您好,我是原一平,今天打扰您了,我改天再来拜访。”总经理转身愣住了。“你说什么?”“我告辞了,再见。”总经理显得有点诧异。原一平站在门口,转身说:“是这样的,刚才我对前台小姐说给我一分钟的时间，让我拜访总经理并向您请安，如今已完成任务，所以向您告辞，谢谢您，改天再来拜访。再见。”走出总经理室，原一平早已急出一身汗。

隔了一天，原一平又硬着头皮去做第二次拜访。“嘿，你又来啦，前几天怎么一来就走了呢？你这个人蛮有趣的。”“啊，那一天打扰您了，我早该来向您请教……”“请坐，不要客气。”……由于原一平采用“一来就走”的妙招，这位“不可一世”的准客户比上次客气多了。

二、人员推销的策略与技巧

(一)人员推销的策略

无论人员推销的对象和方法是针对消费者、生产用户还是中间商，推销人员在推销过程中常常采用以下四种策略：

1. 试探性策略

试探性策略也称刺激—反应策略，是指在了解顾客的情况下，推销人员运用刺激性手段引发顾客产生购买行为的策略。

2. 针对性策略

针对性策略也称配方—成交策略，是指在推销人员已知顾客某些情况的前提下，有针对性地向顾客介绍和宣传，引起顾客的兴趣，达成实现交易的目的。

3. 诱导性策略

诱导性策略也称诱发—满足策略，是指推销人员运用能激起顾客需求的说服方法，诱发、引导顾客产生购买行为。

4. 公式性策略

公式性策略也称公式化—语言法策略，是指产品推销人员用一套排列有序的公式化的语言指导和吸引顾客购买某产品。

(二)人员推销的技巧

在市场促销活动中，由于对价值和使用价值各自追求的目的不同，交易往往具有排斥性，因此向消费者推销产品往往遇到许多困难，但推销工作不是没有规律可循的，根据对消费者购买心理的分析和推销活动的研究，产品的推销技巧可以概括为“五问三策”。

1.“五问”

推销人员在接待顾客时常常遇到以下五个方面需要考虑和回答的问题：

(1)为什么？推销人员向顾客推销一种产品时，首先就会遇到这样的问题：“为什么我要听你介绍这些产品?”“我为什么要买你的产品?”在推销工作进行之前，推销人员必须认真准备才能做好开头工作。

(2)这是什么？这是顾客提出的又一个问题：“你的产品对我将有什么好帮助?”只有当推销人员能帮助顾客充分认识到购买这一产品后能得到好处，顾客才会听取你的“劝说”。

(3)谁说的？要使顾客认为此次交易是可靠的，推销人员可以利用企业在前段销售活动中因取得顾客信任而享有良好声誉的事实做宣传，以争取顾客的信任。

(4)有何依据？在推销过程中，推销人员常常遇到顾客已有购买打算，但由于对某种产品信任的根据不足而迟迟不能付诸实现的情况。这时，推销人员必须利用原有老顾客中因购买和使用该产品而得到实际利益的实例向顾客做宣传，以促进购买行为的实现。

(5)我能得到的是什么？这是最后阶段。推销人员可以明确地告诉顾客：“你一定可以因做成这笔交易而受益。”在一般情况下，这个问题是完成推销工作的最后障碍，最好用具体事例或算账的办法，使顾客切实感到做成这笔交易会得到好处，切忌空话和套话。

2.“三策”

推销人员在推销过程中，要注意以下三点：

(1)推销人员应记住自己的目标是为顾客服务，而不是单纯推销产品，切忌急于求成而引起反感。

(2)克服价格障碍，首先要认识自己的产品货真价实。在推销过程中，推销人员要充分介绍产品的特征，使顾客不会觉得价格太贵或质量不好。

(3)推销人员应掌握向顾客提供价格的时机，最好在顾客表露有购买意图时提出，不可失去良机。总之，要见机行事。

延伸阅读

李嘉诚的推销案例

案例1：找意见领袖

一次，李嘉诚推销镀锌铁桶。他跑到中下层居民区专找老太太卖桶，因为李嘉诚知道，老太太一般都喜欢串门聊天，如果她觉得铁桶好，会自然而然四处宣传，这样，只要李嘉诚卖掉一只，就等于卖出一批。结果不出所料，他的推销大获成功。事后，李嘉诚得出如下结论：“做好一名推销员，一要勤勉，二要动脑。”

在消费者行为学中有客户意见领袖一说，意见领袖是对产品有需求并会主动宣传的人。推销员要努力发现他们，找到他们不仅能购买你的产品，而且还会义务宣传你的产品。而李嘉诚通过自己的观察和思索，无师自通地掌握了这个销售技巧。

案例2：展示和演示产品

一次，李嘉诚推销新型产品塑胶洒水器，走了几家，均无人问津。一天上班前，他来到一家批发行，等职员上班后推销。这时，清洁工正在打扫卫生，李嘉诚灵机一动，自告奋勇拿洒水器帮清洁工洒水。耳听为虚，眼见为实。当前来上班的职员目睹了洒水器的方便与实用，再加上李嘉诚良好的销售技巧，他们自然很爽快地接受了产品。

做产品的展示和演示，是现代推销技巧中重要的方法，运用产品演示直接展示产品的特点和优势，激发客户的购买兴趣，是十分有效的。李嘉诚的成功即源于此。

资料来源：根据网络资料整理。

三、人员推销队伍的建设

企业在建设推销队伍时，主要应做好以下几项工作：

(一)招聘推销人员

企业根据自身营销工作的需要，通过应招人员的学历、工作经历、业绩、性格特征等甄别、选拔合适人选。

(二)培训推销人员

在推销人员正式上岗前，企业对其进行公司情况、产品情况、市场情况、竞争状况、推销技巧等相关知识的系统培训。

(三)推销人员配置

企业一般按地区、产品、顾客三个方面配置推销人员。

(四)推销业绩考核

企业对推销人员日常工作进行监督管理,按照一定的标准考核其业绩。

四、推销人员的素质

推销人员是企业营销管理的专业人才,他们要面对复杂多变的经济环境,承担各方面的职能,这就要求他们必须具有一定的素质。

(一)热忱、坚定、勤劳、无畏

推销人员肩负着企业与消费者之间联系的重担,同时要尽可能达成交易,工作是艰巨的。因此,一个合格的推销人员应对企业与产品具有高度的热忱,有坚定的信心、勤劳的习惯、任劳任怨的精神和克服困难的勇气。好的推销人员有一种内驱力,即强烈要求完成销售任务的内在需要。

(二)服务精神好,富有进取心

推销人员不仅是企业形象的代表,也是消费者的顾问,要想顾客之所想,急顾客之所急,勇于服务,不辞辛苦;推销人员不仅要掌握良好的推销技巧,还要创造推销机会;能以客户的顾问自居,帮助顾客获取利益。好的推销人员应能设身处地为顾客着想。

(三)求知欲强,知识面广

良好的推销人员必须有旺盛的求知欲,善于学习为完成推销工作所必需的知识,包括:

1. 企业知识

推销人员应熟悉企业的历史及其在同行中的地位,了解企业销售政策、产品种类以及服务项目,了解企业的定价策略、交货方式、付款条件及保管方法等。

2. 产品知识

推销人员应了解产品的性能、用途用法、维修及管理程序等以及竞争产品的有关情况。

3. 用户知识

推销人员应了解何人掌握购买决定权,其动机与习惯以及采购的条件、方式、时间等有关情况。

4. 市场知识

推销人员应了解现实的客户情况、怎样才能增加购买量、潜在的用户在何方、潜在销售量有多大。

此外,推销人员还要熟悉社会风土人情,具有广泛的社会知识,注意有关政策、法律法规的规定。好的推销人员是一个“万事通”,是熟悉本行业产品的行家里手。

(四)良好的个性,娴熟的技巧

现代推销人员要举止适度,谦恭有礼;仪表端庄,态度从容;谈吐文雅,口齿伶俐;平易近人,谨慎机敏;等等。推销人员应绝对避免与顾客争吵,保持良好的礼貌与风度,不利用业务关系谋私利。同时,为获得销售成功,推销人员要准确地了解顾客的愿望、爱好、职业和购买习惯等。对所推销的产品,能帮助顾客解决哪些问题,推销人员要做到心中有数。推销人员要善于接近与说服顾客;要选定适当的推销对象和推销时间;对不同的顾客,要善于采取不同的表达方式;能为顾客利益着想;尽可能地解答顾客的疑问,必要时提出有力的事实保证;对产品性能不做过分夸张,但对产品价值有充分信心,克服价格的障碍,掌握良好的成交机会。优秀的推销人员能做到不卑不亢、灵活机动、运用自如。

任务三　广　告

微课视频

广告策略

一、广告概述

广告,按照字面理解就是广而告之。具体来讲,它是指企业利用传播媒介与目标顾客和公众进行信息沟通的方式。

企业利用广告可以直接向顾客和公众传播信息,达到实现销售的目的。因此,广告作为一种有效的促销方式被企业广泛采用,并得到了迅速的发展。现在的广告除了带有明显的商业目的外,也可以作为一种艺术被人们欣赏,成为丰富大众精神生活的重要组成部分。

二、广告预算

企业的广告目标主要有提供信息、诱导购买、提醒使用等。广告目标决定后,企业就可制定广告预算,即确定在广告活动上应花费多少资金。一般来讲,企业确定广告预算的方法主要有以下四种:

(一)量力而行法

尽管这种方法在市场营销学上没有正式定义,但不少企业确实一直采用。量力而行法,即企业确定广告预算的依据是它们所能拿得出的资金数额;也就是说,在其他市场营销活动的经费被优先分配之后,尚有剩余时再供广告之用。企业根据其财力情况来决定广告开支多少并没有错,但应看到,广告是企业的一种重要促销手段,企业做广告的根本目的在于促进销售。因此,企业做广告预算时要充分考虑企业需要花多少广告费才能完成销售指标。因此,严格地讲,量力而行在某种程度上存在片面性。

(二)销售百分比法

销售百分比法即企业按照销售额(销售实绩或预计销售额)或单位产品售价的一定百分比计算和决定广告开支;也就是说,企业按照每完成 100 元销售额(或每卖 1 单位产品)需要多少广告费计算和决定广告预算。例如,某企业在每年 12 月 1 日将前 11 个月的销售收入与 12 月预计的收入相加,以总额的 2%作为下一年度的广告预算。

使用销售百分比法确定广告预算的主要优点是:

(1)暗示广告费用将随着企业所能提供的资金量的大小而变化,这可以促使那些注重财务的高级管理人员认识到企业所有类型的费用支出都与总收入的变动有密切关系。

(2)可促使企业管理人员根据单位广告成本、产品售价和销售利润之间的关系考虑企业的经营管理问题。

(3)有利于保持竞争的相对稳定,因为只要各竞争企业都在让其广告预算随着销售额的某一百分比而变动这一点上达成默契,就可以避免广告战。

使用销售百分比法确定广告预算的主要缺点是:

(1)把销售收入当成广告支出的"因"而不是"果",造成了因果倒置。

(2)用此法确定广告预算实际上是基于可用资金的多少,而不是基于机会的发现与利用,因而可能会失去有利的市场营销机会。

(3)用此法确定广告预算将导致广告预算随每年的销售波动而增减,从而与广告长期方案相抵触。

(4)此法未能提供选择一个固定比率或成本的某一比率，而是随意确定一个比率。

(5)不是根据不同的产品或不同的地区确定不同的广告预算，而是所有的广告都按同一比率分配预算，造成了不合理的平均主义。

(三)竞争对等法

竞争对等法是指企业比照竞争者的广告开支来决定本企业广告开支的多少，以保持竞争上的优势。在市场营销管理实践中，不少企业都喜欢根据竞争者的广告预算来确定自己的广告预算，造成与竞争者旗鼓相当、势均力敌的对等局势。

如果竞争者的广告预算确定为100万元，那么本企业为了与它拉平，也将广告预算确定为100万元甚至更高。

采用竞争对等法的前提条件是：

(1)企业必须能获悉竞争者确定广告预算的可靠信息，只有这样，企业的广告预算才能随着竞争者广告预算的升降而调高或调低。

(2)竞争者的广告预算能代表企业所在行业的集体智慧。

(3)维持竞争均势能避免各企业之间的广告战。

实际上，上述前提条件很难具备。这是由于：首先，企业没有理由相信竞争者所采用的广告预算确定方法比本企业的方法更科学。其次，各企业的广告信誉、资源、机会与目标并不一定相同，可能相差甚远，因而某一企业的广告预算不一定值得其他企业效仿。再次，即使本企业的广告预算与竞争者势均力敌，也不一定能够稳定全行业的广告支出。

(四)目标任务法

前面介绍的几种方法都是先确定一个总的广告预算，然后将广告预算总额分配给不同的产品或地区。确定广告预算比较科学的程序步骤应是：

(1)明确地确定广告目标。

(2)决定为达到这种目标而必须执行的工作任务。

(3)估算执行这种工作任务所需的各种费用，这些费用的总和就是计划广告预算。

上述确定广告预算的方法就是目标任务法。企业在编制广告预算时，先要求每个经理按照如下步骤准备一份广告预算申请书：

(1)尽可能详细地限定广告目标，该目标最好能用数字表示。

(2)列出为实现该目标所必须完成的工作任务。

(3)估计完成这些任务所需要的全部成本。这些成本之和就是各自的经费申请额，所有经理的经费申请总额即构成企业所必需的总的广告预算。

目标任务法的缺点是没有从成本的观点出发考虑某一广告目标是否值得追求这个问题。譬如，企业的广告目标是下年度将某品牌的知名度提高20%，这时所需要的广告费用也许会比实现该目标后对利润的贡献额超出许多。因此，如果企业能够先按照成本来估计各目标的贡献额(即进行成本—效益分析)，然后再选择最有利的目标付诸实现，则效果更佳。实际上这种方法也就被修正为根据边际成本与边际收益的估计来确定广告预算。

三、广告媒体及其选择

广告媒体也称广告媒介，是广告主与广告接收者之间的连接物质。广告的选择是否恰当，直接影响企业产品的宣传效果以及广告预算开支。因此，企业应在以下几方面做出决策：

(一)确定广告触及面、广告频率和广告效果

广告触及面是指在一定时期内,某一特定媒体一次能触及的不同个人与家庭的数目;广告频率是指在一定时期内,平均每个人或每个家庭见到广告信息的次数;广告效果是指使用某一特定媒体的展露质量。确定广告触及面、频率和效果是企业正确选择广告媒体的重要参考指标。

(二)选择具体的广告媒体

常见的传播媒体主要有报纸、杂志、广播和电视,如今互联网也已经作为传播的平台日渐显露出强大的优势。

报纸广告灵活性强、传播及时、广告费用较低,但时效性较短,阅读者有一定限制。

杂志广告与报纸广告有着大体类似的特征,但费用高、灵活性差。

广播广告传播范围广,传播较为普及,成本较低,但只有声音传递,稍纵即逝。

电视广告传播范围广,效果较好,传播时声情并茂,富有较强的感染力,但费用较高,传播内容不易保存。

互联网广告因其具有成本低的特点,近年来得到迅速发展,随着网民的不断增加,其传播效果也不同凡响。

(三)预测媒体成本

不同的媒体,广告费用开支差别很大,企业要综合各传媒的特点来考虑成本的开支。例如,电视广告绝对费用最高,而报纸广告费用就比较低,但最重要的还是要看媒体成本与广告接收人数之间的相对关系。若看电视的人数大大超过看报纸的人数,那么可能在电视上做广告的成本比在报纸上做广告要便宜。

四、广告效果测评

广告播出后,企业应根据广告接收者的反馈来判定最终的传播效果。广告效果有经济效果和社会效果之分,也有即效性效果和迟效性效果之分,还有促销效果和广告本身效果的分类。广告效果的测评主要包括以下两方面:

(一)广告传播效果测评

它是指测评广告对于消费者知晓、认知和偏好的影响。企业可以在广告推出前请专家和具有代表性的目标顾客测评,推出后对顾客进行抽样调查收集顾客反馈信息。

(二)广告销售效果测评

它是指测评广告推出后对企业产品销售的影响。影响广告销售效果测评的因素较多,所以难度较大,只有在影响因素较少的情况下,广告对销售的影响才越容易测评。

知识窗

色彩传递的信息

色彩在食品偏好中起着重要的作用。一项调查表明:当被调查的家庭主妇分别品尝了放在棕色、蓝色、红色和黄色四种容器中的咖啡后(所有咖啡都是一样的,并对被调查者隐藏了品牌),75%的妇女认为放在棕色容器中的咖啡味道过苦,大约85%的妇女认为红色容器中的咖啡最浓,几乎所有的妇女感觉蓝色容器中的咖啡味道较淡,黄色容器中的咖啡几乎无味。

有学者曾做过有关跨文化颜色比较的深入研究。他们对中国、韩国、日本以及美国的消费者进行调查，发现亚洲人往往把灰色和廉价放在一起，这恰恰和美国人相反，美国人认为灰色象征着贵重且品质高。亚洲人认为紫色为富贵之色，美国人却认为紫色有廉价感。不过，各国消费者不约而同地认为蓝色、红色、黄色和黑色分别与高品质、爱、幸福及力量联系在一起，认为绿色象征着纯洁与值得信赖。

资料来源：钱旭潮，王龙. 市场营销管理[M]. 北京：机械工业出版社，2016：257。

任务四　营业推广

一、营业推广的含义及作用

（一）营业推广的含义

微课视频

营业推广策略

营业推广是指企业运用各种短期诱因鼓励消费者和中间商购买、经销或代理企业产品或服务的促销活动。营销推广是广告、人员推销和公共关系以外的能刺激需求、扩大销售的各种促销活动。简单概括，营业推广有以下特点：

1. 短期性

营业推广是一种短期的促销方式，企业通常是在某一特定时期根据一定的推销任务来进行短期特别促销。

2. 针对性

营业推广通常是对企业的某种产品进行的短期促销，针对性较强。

3. 灵活性

采取营业推广作为促销手段时，企业可以根据产品销售的情况，通过随时调整优惠活动的形式增强促销效果。

4. 非连续性

营业推广是其他促销方式的辅助手段，往往通过一次性的优惠刺激顾客，具有明显的非连续性特征。

（二）营业推广的作用

1. 吸引消费者购买

这是营业推广的首要目的，特别是在某些新产品刚上市或者企业要吸引更多的新顾客时，营业推广通过一系列优惠活动对顾客产生较为强烈的刺激，更容易吸引他们的注意，促使顾客采取购买行为。

2. 稳定产品的市场占有率

营业推广中的销售奖励、赠券等优惠形式增加了产品的附加值，大大吸引了经常使用本品牌产品的顾客，从而使他们更乐于长期购买该产品，对企业产品的市场占有率起到稳定的作用。

3. 有利于企业营销目标的实现

营业推广实际上是企业让利于购买者的促销行为，可以在短期内使购买者数量迅速增加，产生一定数量的忠实顾客，从而达到销售本企业产品的目的。

（三）营业推广的不足

1. 影响面较小

它只是广告和人员销售的一种辅助的促销方式。

2. 刺激强烈，但时效较短

它是企业为创造声势获取快速反应的一种短暂促销方式。

3. 顾客容易产生疑虑

过分渲染或长期频繁使用容易使顾客对卖方产生疑虑。

二、营业推广的方式

营业推广的方式多种多样，每一个企业不可能全部使用。这就需要企业根据各种方式的特点、促销目标、目标市场的类型及市场环境等因素选择适合本企业的营业推广方式。

（一）向消费者推广的方式

向消费者推广是为了鼓励老顾客继续购买、使用本企业产品，激发顾客试用本企业产品，其方法主要有：

1. 赠送样品

向消费者免费赠送样品可以鼓励消费者认购，也可以获取消费者对产品的反应。样品可在商店或闹市区或附近在其他商品中有选择地赠送。这是介绍、推销新产品的一种促销方式，但费用较高，对高价值商品不宜采用。

2. 赠送代金券

代金券作为对某种商品免付一部分价款的证明，持有者在购买本企业产品时免付一部分货款。代金券可以邮寄，也可以附在商品或广告之中赠送，还可以向购买商品达到一定数量或数额的顾客赠送。这种形式有利于刺激消费者使用老产品，也可以鼓励消费者认购新产品。

3. 包装兑现

采用商品包装来兑现现金。例如，收集到若干个某种饮料瓶，可兑换一定数量的现金或实物，借以鼓励消费者购买该种饮料，这种方式的有效运用也体现了企业的绿色营销观念，有利于树立良好的企业形象。

4. 提供赠品

对购买价格较高的商品的顾客赠送相关商品（价格相对较低、符合质量标准的商品）有利于刺激高价商品的销售，是有效的营业推广方式。

5. 商品展销

展销可以集中消费者的注意力和购买力。在展销期间，质量精良、价格优惠、提供周到服务的商品备受青睐。可以说，参展是难得的营业推广机会和有效的促销方式。

6. 使用者奖励。以奖金或其他形式奖励那些经常或大量使用本企业产品的消费者。如很多航空公司为那些累计乘坐本公司飞机达到一定里程数的顾客提供免费机票。

此外，还有有奖销售、降价销售等方式。

（二）向中间商推广的方式

向中间商推广，其目的是促使中间商积极经营本企业产品。其方式主要有：

1. 购买折扣

它是指企业为刺激、鼓励中间商大批量地购买本企业产品而对第一次购买和购买数量较多的中间商给予一定的折扣优待，购买数量越大，折扣越多。折扣可以直接支付，也可以从付款金额中扣出，还可以赠送商品作为折扣。

2. 资助

资助是指生产者为中间商提供陈列商品、支付部分广告费用和部分运费等补贴和津贴。在这种方式下，中间商陈列本企业产品，企业可免费或低价提供陈列商品；中间商为本企业产品做广告，生产者可资助一定比例的广告费用；为刺激距离较远的中间商经销本企业产品，可给予一定比例的运费补贴。

3. 经销奖励

经销奖励是指企业对经销本企业产品有突出成绩的中间商给予奖励。这种方式能刺激经销业务突出者，促使其更加积极、主动地经销本企业产品；同时也有利于诱使其他中间商为多经销本企业产品而努力，从而促进产品销售。

三、营业推广的组织和实施

营业推广的组织实施应包括以下几个步骤：

（一）确立营业推广目标

企业根据产品在某一特定时期的营销目标确立具体的营业推广形式，也可以针对不同的对象来确立营业推广目标，如消费者、中间商、推销人员等。

（二）选择营业推广工具

可根据推广目标、产品生命周期、产品特征等选择具体的营业推广的形式，如赠送、优惠券、奖励、现场示范、组织展销等。

任务五　公共关系

一、公共关系的含义及特点

（一）公共关系的含义

微课视频

公共关系策略

公共关系又称公众关系，是指一个组织为改善与公众之间的关系，在公众心目中树立良好形象，增进公众对组织的认识和支持而进行的一系列活动。具体包括以下内容：

(1)公共关系是组织与其相联系的公众之间的关系。

(2)组织形象是公共关系的核心。

(3)组织开展公共关系活动是为了通过改善与公众之间的关系促进商品销售，提高市场竞争力。

（二）公共关系的特点

(1)公共关系是组织建立在平等互利的基础上进行的活动。

(2)公共关系是组织与公众之间双向的沟通和交流活动。

(3)公共关系的目标是塑造组织的良好形象。

(4)公共关系是一种长期活动，着眼于组织长远的发展。

二、公共关系的活动方式

企业开展公共关系活动时，通常是以一定的公关目标作为任务核心，根据不同的公关目标选择不同的活动方式，具体有以下几个方面：

（一）宣传型公关

宣传型公关是指企业主要利用各种传播媒介直接向公众表白自己，以求迅速将组织信息传输出去，形成有利于自己的社会舆论。这是企业经常采用的公关模式，包括发新闻稿、刊登公关广告、召开记者招待会、举行新产品发布会、发行内部刊物等。其特点是：主导性强，时效性强，范围广，能迅速实现组织与公众的沟通，获得比较大的社会反响。它的局限性主要表现为：传播层次浅，信息反馈少，使传播效果一般停留在认知层次。

（二）征询型公关

征询型公关是指企业以采集信息、调查舆论、收集民意为主，目的是通过掌握信息和舆论，为企业的管理和决策提供参谋。其具体工作包括建立信访、接待制度、民意调查等。

（三）交际型公关

交际型公关是指企业以人际交往为主，目的是通过人与人的直接接触，为企业广结良缘，建立起社会关系网络，创造良好的发展环境。其具体内容包括：各种招待会、宴会、专访、个人信函等。交际型公关特别适用于少数重点公众。其优点是：灵活而富有人情味，可使公关效果直达情感层次；但缺点是活动范围小、费用高，不适用于大数量的公众群体。

（四）服务型公关

服务型公关是指企业以提供各种实惠的服务工作为主，目的是以实际行动获得社会公众的好评，树立企业的良好形象。其具体工作包括：售后服务、消费引导、便民服务、义务咨询等。服务型公关能够有效地使人际沟通达到行动层次，是一种最实在的公共关系。

（五）社会型公关

社会型公关是指企业以各种社会性、赞助性、公益性的活动为主，通过对困难行业的实际支持，为自己的信誉投资。其主要形式包括开业庆典、赞助文体活动、救灾扶贫等。

三、开展公共关系活动的程序

公共关系作为一种促销手段，是企业为了搞好与公众的关系，增进公众对企业的信任与支持，树立企业良好的声誉和形象而采取的各种策略和实施的活动。通过各种形式的公关活动，企业本着互惠互利的原则，实现与公众之间的沟通交流，最终在公众心目中树立起自身的良好形象。公共关系活动的基本程序主要包括调查、计划、实施、检测四个步骤。

（一）公共关系调查

公共关系调查是指组织通过运用科学的方法，收集与其相关的社会公众对组织的意见及评价资料，并对组织公关状态进行分析的活动，包括社会环境调查、公众调查、组织形象调查三个方面的调查内容。常采用的调查方法有文献调查法、观察法、访问法、抽样调查法、问卷法等。

（二）制订公共关系计划

公共关系计划的制订是指组织为了达到公关目标，在充分调查研究的基础上，谋划和设计组织的公共关系活动的工作。企业制订公共关系计划时首先要体现公关活动的明确主题，做到有的放矢；其次要深谋远虑、纵观全局；最后要具有创新性。

制订公共关系计划包括以下内容：确定公关目标，确定目标公众，确定公关主题，选择传播渠道，确定公关模式，费用预算，书面报告。

（三）公共关系实施

根据制订的公共关系计划内容，组织下一步的工作就是公共关系实施。

公共关系实施是公关工作程序中最为复杂、最为多变的关键环节，在实施公共关系活动时，应把握好以下几点：

1. 有效排除组织与公众沟通时的障碍

组织与公众沟通时的障碍主要有语言、风俗、观念、心理等。避免这些可能出现的障碍影响组织信息传播的真实性，顺利实现与公众的沟通。

2. 正确选择时机是提高公关方案成功率的必要条件

不同的公共关系方案，时机的选择也不相同。公关时机的选择一方面要服从组织整体公关策划，另一方面要使公众的心理期望得到满足。

（四）公共关系效果检测

公共关系效果检测就是根据特定的标准，检查、评价公共关系计划、实施及效果，以判断其优劣的过程。公共关系效果评估的目的就是取得关于公关工作过程、工作效益的信息，作为决定开展、改进公关工作和制订公关计划的依据。

项目回顾

1. 促销是促进产品销售的简称。促进销售是指企业通过一定的形式（人员或非人员），将商品或劳务的性能、特征等信息传递给顾客，引发、刺激消费者的消费欲望和兴趣，使其采取购买行为的过程。

2. 促销组合是指将人员推销与非人员推销的促销方式（人员推销、广告、营业推广和公共关系）结合起来，有计划、有目的地配合运用，就形成了整体促销作用，也就是促销组合。

3. 人员推销是企业推销人员直接向中间商或消费者推销商品或劳务，使其采取购买行为的一种促销活动，包含推销员、推销对象（消费者）以及推销商品三个构成要素。

4. 试探性策略也称刺激—反应策略，是指在了解顾客的情况下，推销人员运用刺激性手段引发顾客产生购买行为的策略。

5. 针对性策略也称配方—成交策略，是指在推销人员已知顾客某些情况的前提下，有针对性地向顾客介绍和宣传，引起顾客的兴趣，达到实现交易的目的。

6. 诱导性策略也称诱发—满足策略，是指推销人员运用能激起顾客需求的说服方法，诱发、引导顾客产生购买行为。

7. 公式性策略也称公式化—语言法策略，是指产品推销人员用一套排列有序的公式化的语言指导和吸引顾客购买某产品。

8. 竞争对等法是指企业比照竞争者的广告开支来决定本企业广告开支的多少，以保持竞争上的优势。

9. 营业推广是指企业运用各种短期诱因鼓励消费者和中间商购买、经销或代理企业产品或服务的促销活动。营销推广是广告、人员推销和公共关系以外的能刺激需求、扩大销售的各种促销活动。

10. 公共关系又称公众关系，是指一个组织为改善与公众之间的关系，在公众心目中树立良好形象，增进公众对组织的认识和支持而进行的一系列活动。

11. 宣传型公关是指企业主要利用各种传播媒介直接向公众表白自己，以求迅速将组织信息传输出去，形成有利于自己的社会舆论。

12. 征询型公关是指企业以采集信息、调查舆论、收集民意为主，目的是通过掌握信息和舆论，为企业的管理和决策提供参谋。

13. 交际型公关是指企业以人际交往为主，目的是通过人与人的直接接触，为企业广结良缘，建立起社会关系网络，创造良好的发展环境。其具体内容包括各种招待会、宴会、专访、个人信函等。交际型公关特别适于少数重点公众。

14. 服务型公关是指企业以提供各种实惠的服务工作为主，目的是以实际行动获得社会公众的好评，树立企业的良好形象。

15. 社会型公关是指企业以各种社会性、赞助性、公益性的活动为主，通过对困难行业的实际支持，为自己的信誉投资。

16. 公共关系调查是指组织通过运用科学的方法，收集与其相关的社会公众对组织的意见及评价资料，并对组织公关状态进行分析的活动。

思政园地

鸿星尔克一直在做默默奉献的事

2008 年 5 月 14 日，汶川地震，鸿星尔克捐款 600 万元以及大量物资抗震救灾。

2018 年 5 月 1 日，鸿星尔克捐赠价值 6 000 万元的服装，以改善贫困残疾人及其家庭生活条件。

2021 年 1 月，新冠疫情，鸿星尔克捐款约 1 000 万元物资，其中包括口罩、消毒液、防寒服等协助疫情控制的物资。

2021 年上半年，鸿星尔克第一时间发表声明，大力支持新疆棉。

2023 年 12 月 18 日 23 时 59 分，甘肃临夏州积石山县发生 6.2 级地震。灾情发生后，不少企业第一时间捐钱捐物。19 日早晨，运动品牌鸿星尔克官微表示："天灾无情，鸿星有爱，甘肃加油！鸿星尔克向甘肃受灾地区捐赠 2 000 万元物资，将持续关注救灾进展，与受灾同胞们，风雨同舟，共渡难关！"

资料来源：根据网络资料整理。

议一议：

1. 鸿星尔克在经营困难的情况下，为何仍然坚持为社会默默奉献？这种奉献精神背后的动力和价值观是什么？

2. 鸿星尔克坚持为社会奉献的具体做法和成效是什么？这种奉献行为对企业自身的发展和社会的影响有何积极意义？

项目测试

一、单选题

1.（　　）是一种最昂贵的促销方式。

A. 广告　　B. 人员推销　　C. 公共关系　　D. 营业推广

2.（　　）是最古老的促销方式。

A. 广告　　B. 人员推销　　C. 公共关系　　D. 营业推广

3. 对单位价值高、性能复杂、需要做示范的产品，通常采用（　　）。

A. 广告　　B. 人员推销　　C. 公共关系　　D. 营业推广

4. 结构简单、标准化程度较高、价格低廉的产品通常采用（　　）促销。

A. 广告　　B. 公共关系　　C. 人员推销　　D. 营业推广

5. 在促销组合中一般处于辅助地位的促销方式是（　　）。

A. 广告　　B. 人员推销　　C. 公共关系　　D. 营业推广

二、多选题

1. 人员推销的优点有（　　）。

A. 费用小　　B. 双向沟通　　C. 灵活性好　　D. 选择性强

E. 任务完整

2. 理想的推销人员应具备的特征有（　　）。

A. 富有自信，精力充沛，工作热情　　B. 性格外向，能说会道

C. 对工作有献身精神　　D. 具有强烈的顾客导向

E. 了解企业、市场和产品知识

3. 促销的具体方式包括（　　）。

A. 市场细分　　B. 人员推销　　C. 广告　　D. 公共关系

E. 营业推广

4. 实现促销组合的优化必须考虑的因素有（　　）。

A. 产品生命周期所处阶段　　B. 促销目标

C. 产品特点　　D. 市场类型

E. 促销预算

5. 公共关系活动借助的常用工具有（　　）。

A. 新闻　　B. 广告　　C. 演讲　　D. 事件

E. 公益活动

三、判断题

1. 人员推销特别适合向分散于各地的众多目标顾客传递销售信息。（　　）

2. 促销的实质是与顾客建立良好的关系。（　　）

3. 若促销目标为树立企业形象，提高产品知名度，促销重点应在公共关系。（　　）

4.“推”式策略的目的是使中间商产生“利益分享意识”，促使他们向那些打算购买但没有明确品牌偏好的消费者推荐本企业的产品。（　　）

5. 信息收集不属于公共关系的职能范围。（　　）

能力训练

案例研讨

乡村振兴视域下“东方甄选”直播带货助农的策略分析

根据中国互联网络信息中心发布的第 50 次《中国互联网络发展状况统计报告》，截至 2022 年 6 月，我国电商直播用户规模为 4.69 亿，较 2021 年 12 月增长 533 万。互联网的不断普及发展为电商直播行业的发展注入活力。作为互联网时代一项重要的创新助农模式，直播

带货助农的兴起为推动乡村振兴提供了新的发展思路。然而，在日趋复杂的媒介环境下，直播带货助农中所存在的直播模式单一同质、直播质量良莠不齐、产品把控售后不足等问题日渐突出。“东方甄选”凭借其对直播内容、产品IP、用户体验等路径的创新，荣登平台多月直播带货领域榜首，其成功发展策略具有较强的研究价值，为大众带来新的启示与思考。

一、优化直播内容，创新直播模式

1. 知识融合带货，文化营销助农

新东方作为曾经教培行业的头部企业，拥有良好的教育服务产品以及具有良好业务水平的教师。在“东方甄选”正式推出后，以往拥有丰富学识和教学经验的精英教师也纷纷转型成为直播带货助农主播，并一如既往地展现了超高水平的专业素养。与众多乱象频出的直播间不同的是，“东方甄选”不靠“倒计时上链接”等吆喝话术或无底线的低价策略吸引消费者，而是开辟了“知识带货”的直播带货助农形式，“东方甄选”的主播们不但会介绍产品的规格，还会详细阐述产品背后所蕴含的文化、地理、历史等方面的知识，并且全程还会伴随着英文讲解。比如，在售卖陕西桃子时，主播董宇辉不但介绍了陕西桃子的生长环境等特点，还详细讲述了陕西的地域文化；在销售黑龙江五常黑米时，董宇辉对黑米的生产环境及过程娓娓道来；在带货中提到甘肃定西时，他便讲起收复洮西失地的历史故事。这种产品销售与文化知识输出相结合的“知识带货”直播助农模式，不但使消费者感受了双语沉浸式直播体验，还通过讲述诗词歌赋、历史典故等优质内容对顾客提供了知识价值，引得消费者在直播间驻足并心满意足地购买产品。

2. 丰富营销内容，把控直播节奏

在如今的电商直播行业中，快速吸引用户眼球以及高速的直播节奏是实现电商盈利的重要信条。但是“东方甄选”在一开始就开辟了一条独有的路径，选择刻意放慢直播节奏，增加单品的带货讲解时间。团队会提前针对不同带货单品的特性构思预期的兴趣点，并依此精心打造直播节奏与主播话术，从而使直播兼具产品内容和趣味性。比如，主播往往先以脱口秀段子式的话语吸引用户注意力，直播间隙穿插知识讲解和才艺展示等内容，最后以心灵鸡汤式的结尾归纳主题。每一次的直播都像节目一般精彩，使观众如沐春风、印象深刻，最终取得惊喜的直播带货效果。

二、打造产品IP，聚合品牌效应

1. 构建主播矩阵，传递品牌价值

在当前的直播带货中，主播扮演着“意见领袖”的角色，对消费者的影响力和信息传播能力是非常巨大的，其决定了电商直播中消费者对直播品牌的信任度。与其他直播间经过“流水线”培训过的主播不同的是，“东方甄选”的主播从前都是受过良好教育、拥有出众口才的一线名师，每个主播在销售产品时都拥有丰富的知识储备，能够对产品背后蕴藏的知识侃侃而谈，并对不同事物发表自己独到的见解。每个主播都拥有自己独有的风格和特色，从而增加直播带货的吸引力和持续不断的新鲜感，如时常双语弹唱的主播 yoyo、能够用多国语言介绍产品的主播顿顿、时刻出口成章讲述人生哲理的主播董宇辉等。此外，“东方甄选”还根据不同主播的风格特点进行了双人搭配直播，通过特长优势的互补来不断丰富直播内容，营造热烈欢快的直播氛围，碰撞出不一样的火花。与此同时，与其他直播间一直采用固定单一的主播模式不同，“东方甄选”根据不同主播的优势轮流排班，从而更好地保证主播对该时段产品的把握，增强直播效果。“东方甄选”的主播们凭借自信、沉稳、幽默、多才多艺的直播风格形成自己的人格魅力，构成拥有差异化风格的“东方甄选”王牌主播矩阵，不同主播的直播风格切换不但可以增强新鲜感，还会给受众带来新的互动体验，加深受众的记忆点，潜移默化地将“东方甄选”的品牌文化传递到每一位消费者心中。

2. 塑造品牌标签，强化情感共鸣

面对直播电商流量增速放缓，直播内容同质化、过度娱乐化以及直播电商市场秩序混乱等问题，“东方甄选”为直播带货注入新的动能。东方甄选的火爆出圈，得益于其开辟了直播带货助农的新模式——“知识带货，文化助农”，这种别开生面、底蕴丰富的直播模式成功打破了当前带货直播间同质化的僵局，从而优化了拥有不同个性化消费需求的消费者的直播体验。比如，“东方甄选”的直播间采取汉英并存的双语模式，加强对于产品本身及背后扩展知识方面的讲解，将用户个性化消费需求与直播内容、带货产品紧密联系，促成用户消费。与此同时，“东方甄选”迅速出圈的背后也离不开其对于象征性消费的重视，主播从产品出发，逐渐对产品内涵进行情感抒发，加强对于消费者情感价值的供给，实现与用户的情感共鸣，引导消费者自发地实施情感价值消费。“东方甄选”直播账号平均每日发布 20 条短视频，平均分享数为 5 000 次。从选择的短视频内容来看，整体上注重中华传统文化、科普知识以及心灵鸡汤，并结合当前互联网流行趋势，配以近期抖音的热门音乐，引发网友的情感共振，力图使传播内容契合当下的媒介生态环境。这种将产品内容与用户情感需求相联系的直播带货方式，以用户的消费体验为核心关注点，通过与其加强情感上的共鸣来传递品牌的价值。与此同时赋予了直播带货新的活力，促使直播实现转型升级、火速出圈，扩大品牌辐射力。

三、关注用户需求，优化用户体验

1. 建立用户关系，形成产品黏性

作为曾经教培行业的领跑者，新东方集团在教培领域具有极大的影响力，已经累积起一定的粉丝用户，所以“东方甄选”一经推出，就自带一定的原生粉丝。新东方的客户主要是具有一定消费能力的中产家庭的家长或想要提升自己知识能力的人群，他们重视对于知识文化的投资消费，并且平时对生活品质的要求高，消费能力较好。加之，对于新东方的一直信任，这些原生粉丝用户极易成为“东方甄选”的黏性客户群体。随着“知识带货文化助农”标签的不断加深，“东方甄选”凭借独特丰富的直播内容吸引到更多注重生活品质且具有文化需求的中产阶级。所以，剖析目标群体的模拟画像可以看出，“东方甄选”瞄准中高端市场，相较于优惠的价格，其在选品时更注重严选产品的品质，如安格斯牛排、澳大利亚谷饲牛肉饼、泰国黑虎虾等产品都属于较高价位、享受型的消费需求，在直播讲解时主播亦会详细讲解产品的生产环境、生长周期等相关信息，将客户需求与销售产品紧密结合，注重培养客户的消费习惯和品牌认知，形成产品黏性，从而卖给他们更多高溢价的优质产品。与此同时，“东方甄选”不但对于招商选品进行严格把控，还不断根据用户需求调整选品策略。此外，“东方甄选”还建立了自有品牌供应链，以此提高品控和利润。直播虽然作为一种销售模式吸引消费者消费，但是自始至终商品与供应链才是带货助农长久发展最关键的要素。因此，明确自身定位与客户需求，整合供应链资源，严控产品质量，才是将一时爆火的流量转化为忠实消费者的长远发展之道。

2. 重构直播场景，丰富互动体验

“东方甄选”在介绍产品时，主播的才艺和鸡汤金句信手拈来，深深地吸引用户的注意。比如，以弹唱表演为标签的主播 yoyo 和七七一经上线，粉丝便常常会提出点歌需求与其深度互动。在详细讲解产品时，主播们往往带有教师的“职业病”，拿着事先准备好的白板、黑笔，从产品信息延伸至地理、历史、心理学、教育学等拓展知识和观众进行具有发散性思维的互动。不止局限于所售商品，主播与观众对于商品外的问题也会积极讨论，所以直播间经常变成教室，主播与观众一同在线讨论与分享知识。此外,“东方甄选”的直播并不局限于直播间,而是开拓了“户外课堂”这种新颖的户外带货直播模式。在“户外课堂”中,用户不仅可以通过详细了解农产品生产地的优质环境,从而加深对于产品品质的信赖,还可以让观众透过屏幕足不出户就能沉浸式感受农作物丰收之美,学习农业知识,领略山清水秀的乡村美景。这种田园牧歌式的直播带货,不但使消费者获得了“所见即所得”的安心消费体验,还推动了当地农业及旅游文化产业的发展,在潜移默化中助益乡村振兴的长远发展。

四、“东方甄选”直播带货助农的启示与思考

随着直播进入下半场,竞争不断加剧,直播带货迎来了新的挑战,“东方甄选”的成功策略对直播带货助农行业的发展具有一定的启示作用。

1. 聚合渠道资源,形成传播合力

“东方甄选”营销的爆红,基于多媒体渠道联动思路,融合各媒体优势扩散传播,最终形成传播合力,实现出圈。“东方甄选”基于抖音平台进行内容的直播、创作,根据抖音的算法推荐技术和大数据算法实现推送,并且在其他媒介平台上同时发布,做好跨媒介联动引流,鼓励用户自发二次创作并推广。比如,在短视频运营方面,“东方甄选”会选取段子、鸡汤、主播的弹唱表演等备受关注、容易“出圈”的视频内容剪辑成时长60秒以下的短视频,并配以近期抖音流行的BGM发布。随后,在小红书这种主打图文创作并且以女性用户为主的媒介平台,会出现很多带着标签的笔记流广告和符合女性审美的开屏广告,从而迎合小红书的社区氛围和用户感官。在微博等平台上,“东方甄选”会自发创新一些如“董宇辉顿顿交班”“东方甄选山东行”等有趣的话题标签吸引网友,与此同时,一些财经媒体、时政媒体的微博账号和微信公众号也会对“东方甄选”的转型和发展进行深度点评,分析它的转型逻辑、社会意义、未来前景等,并引发网友的点赞转发。所以,在未来的直播带货时代,不应只关注简单的产品直播,应加强带货内容与产品的相容性,注重直播内容的创新,避免与同类直播“撞型”,回归理性直播模式,并结合互联网时代用户的审美和需求,带有发展性融媒体思维,实现多种媒介平台的联动,扩大品牌的传播力与影响力。

2. 把关选品供应,确保“甄选”品质

“东方甄选”从一开始就计划打造选取高价优质农产品的策略。营销只是推动直播助农带货的一部分,产品的品质才是直播带货企业健康持久发展的核心竞争力,对流量的竞争最终会转向产品供应链的竞争。在农产品销售领域,由于供应链主体的多样化,因此农产品的供应链管理通常较为复杂。最初,“东方甄选”所售产品大多是与品牌合作,“东方甄选”只负责直播引流来销售产品,而品牌方负责产品配送和售后服务,如今大多数网络直播带货也都是采取这种形式。然而,这种模式无法确保商品的后续服务,容易导致用户消费体验感不佳。同样,商品质量也会影响企业的声誉口碑,所以拥有完善的供应链才是电商直播企业的立足之本。比如,在2022年6月20日,一条投诉“东方甄选”所售水蜜桃发霉长毛的新闻登上热搜。此外,“东方甄选”还出现过因供应链导致的商品短缺等问题。虽然“东方甄选”第一时间处理了这类问题,但此类事件还是损害了“东方甄选”的品牌形象,降低了客户的信任度。目前,“东方甄选”正在优化供应链管理体系以及开发自有品牌,确保更好的产品质量和售后服务。所以,直播电商助农企业需要针对自身目标客户群体,选择与定位相符的商品,进一步提升内部产品品控,聚合供应链渠道资源,提升供应链管理能力,将受一时热度吸引而来的用户沉淀为忠实的品牌粉丝。

3. 加强协同合作,共助乡村振兴

随着“东方甄选”品牌热度的不断提升，“东方甄选”不止局限于直播间，还应地方政府和当地企业的邀请，走向全国各地开展直播专场活动，通过帮助销售地方特色农副产品，介绍地方特色文化，助推当地融合产业高速发展。比如，在“东方甄选陕西行”中，为了能够充分展示陕西特色，“东方甄选”将陕北特色的窑洞作为直播场地，主播董宇辉、杰西等人更是头上扎着白毛巾、身上穿着羊皮袄等当地服饰，在窑洞现场介绍凉皮、泡馍、陕西黄小米等特色农产品。除此之外，直播间还邀请了安塞腰鼓、皮影戏等陕西当地非遗文化传承人表演，为观众带来一场特色的民俗文化盛宴。“东方甄选”这种入乡随俗的直播方式，不但让观众可以买到优质的地方特色农产品，促进农业经济发展，还使观众沉浸式体验地域特色文化风情，提高地区知名度，促进当地文旅产业可持续发展，落实乡村振兴战略。……所以，直播助农电商企业应加强与全国各地地方政府、地方厂家合作，挖掘地方特色农业资源，打造“一村一品”的优质农产品，并共同创新电商直播助农新形式，带动当地经济可持续发展，全面落实乡村振兴战略。

资料来源：田芊伊，鲁小艳．乡村振兴视域下“东方甄选”直播带货助农的策略分析[J]．商场现代化，2024(3)：17—20，有删改。

思考与分析：

1．“东方甄选”直播带货模式在助农方面具体采取了哪些创新策略和措施，以区别于其他直播带货平台，并有效地促进了农产品的销售与农村经济的发展？

2．结合上述案例，评价其直播带货策略并提出你的意见和建议。

实践训练

直播带货助农：体验与操作

<table>
<tr><td>训练名称</td><td colspan="2">直播带货助农</td><td>训练类别</td><td>团队训练</td></tr>
<tr><td>训练目的</td><td colspan="4">实际体验与操作提高学生的销售技能，帮助其更好地适应市场需求和发展趋势</td></tr>
<tr><td rowspan="5">训练方案</td><td>训练步骤</td><td colspan="2">训练内容</td><td>时　间</td></tr>
<tr><td>1．准备</td><td colspan="2">(1)3～5 人组成一个团队，以团队为单位训练。
(2)收集资料，了解自选农产品信息</td><td rowspan="4">与本项目教学时间同步，课外完成</td></tr>
<tr><td>2．实训中</td><td colspan="2">模拟直播带货场景，进行产品选择、描述、推销和互动等操作。通过实践操作，学生可以更好地掌握销售的技巧和方法</td></tr>
<tr><td>3．分析和评估</td><td colspan="2">(1)分析和评估自身的实践操作，包括观众数量、互动情况等指标。
(2)根据分析和评估结果，调整自己的策略和技巧，提高直播带货效果</td></tr>
<tr><td>3．形成报告</td><td colspan="2">(1)将团队助农直播带货方案制作成 PPT。
(2)展示团队报告</td></tr>
<tr><td>考核方式</td><td colspan="4">团队互评</td></tr>
</table>

实践训练资料

上述“案例研讨”中的案例。

项目十一　营销管理

学习目标

知识目标

1. 了解市场营销管理的主要方面；
2. 掌握营销分析的主要内容；
3. 掌握营销组织的主要构成；
4. 掌握营销执行的过程及常见的问题。

能力目标

1. 能理论结合实际，学会拟定并执行市场营销计划；
2. 初步学会设计营销管理方案。

思政目标

1. 培养学生的团队协作精神；
2. 培养学生的全局意识和战略思维。

案例导入

哈尔滨爆红出圈的背后逻辑

“不是北欧去不起，只是由于冰城更有性价比。”2024 年新年伊始，哈尔滨冰雪游屡登热搜，据哈尔滨市文化广电和旅游局测算，截至 2024 年元旦假日第 3 天，哈尔滨市累计接待游客 304.79 万人次，实现旅游总收入 59.14 亿元。游客接待量与旅游总收入达到历史峰值。携程统计显示，万人蹦迪的哈尔滨冰雪大世界在元旦第二日直接宣布暂停售票，元旦假期内哈尔滨的异地客群占比 75%，主要来自上海、深圳以及北京，3 天假期旅游订单量同比大涨 158%。天南海北的游客纷纷涌入冰城，体验独特的冰雪之旅。

“冰雪大世界”“东北话”“南方小土豆”“尔滨”……多个高热度词条话题联动线下场景爆红，复盘本次事件，是什么让哈尔滨得到了这“泼天的富贵”？

从市场领域的角度看，它是“整合营销思维”做规划，提前整体性布局哈尔滨出圈打法及节奏，并有序执行和控制的营销管理的经典案例。具体如下：

一、营销分析

首先，哈尔滨充分挖掘特色旅游资源，发挥人文底蕴，体现旅游产品的独特性。冬奥会成功举办后，冰雪运动热度持续升高。滑雪、冰球、冰壶等冰雪运动逐渐从专业领域走入大众视野并成为热潮。与此同时，2023 年哈尔滨成功申办第九届亚洲冬季运动会也进一步彰显了哈尔滨在冰雪运动领域的实力和影响力。凭借得天独厚的冰雪资源和优越的冰雪运动环境，刚刚入冬，哈尔滨就成为热爱冰雪运动的年轻人的首选目的地。

其次，哈尔滨结合消费者的认知和需求，以用户思维做营销，以游客思维换位思考，完善哈尔滨各项服务，真正体现了“用户第一”的思维，抓住了在这个泛注意力时代做爆品的真正逻辑。近年旅游业日益复苏，从“特种兵式”旅行，到城市漫游“City Walk”，旅游成为当下流行的生活方式。如阿兰·德波顿的《旅行的艺术》中所描述的：“如果生活的要义在于追求幸福，那么，除却旅行，很少有别的行为能呈现这一追求过程中的热情和矛盾。不论是多么不明晰，旅行仍能表达出紧张工作和辛苦谋生之外的另一种生活意义。”北方的冰雪世界，对于生活在南方的人而言，总是有种天然的向往。哈尔滨洞悉南方人的需求，服务好每个环节，狠狠地把“南方小土豆”宠了一把。

二、营销计划

那究竟是什么撬动了人们的关注？答案是整合营销思维的转变。整合营销是营销学概念，指企业进行市场营销有关的一切传播活动的过程（包括广告、促销、公关、营销、包装等一系列传播活动），核心在于“用一个主体”串联起各个独立的营销节点，达成协同。

哈尔滨以“元旦”这一特定时机为契机，缜密安排营销计划。制定从“识别受众—确定目标—设计传播—选择渠道—确定预算—媒体组合—测量效果—后续管理”的整合营销八大步骤（如图 11—1 所示）。

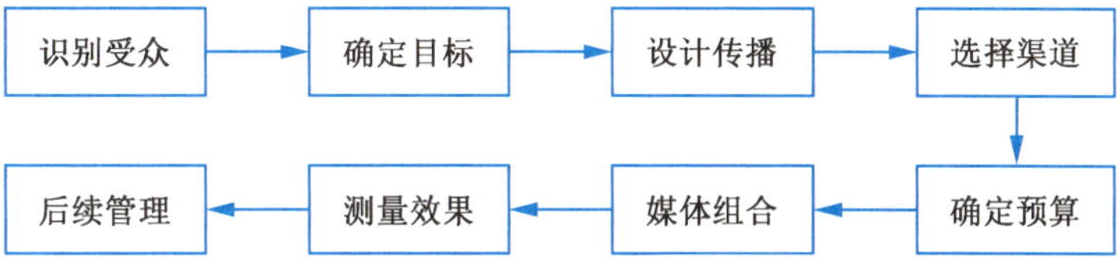

图 11—1　整合营销步骤

三、营销组织

哈尔滨的走红不是偶发性事件，而是一次成功的城市营销，是整个城市、政府、旅游局、文广等部门一起携手共同策划、执行和在开展过程中及时协调，保障计划顺利实施的努力后的最终成果。比如，“哈尔滨冰雪大世界退票事件”本可能引发整体口碑的崩盘，但是出人意料，哈尔滨不仅没有被“恶评”淹没，而是收到大多数人的点赞，除去地区本身带有的纯朴民风外，这和前期准备、宣发铺垫和哈尔滨文旅官方的真诚密不可分，从而让事件进一步发酵，并正向发展。

四、营销执行

哈尔滨走红是“一次成功的传播全案”。复盘其过程，发现整体传播策略可总结为三步（如图 11—2 所示）。

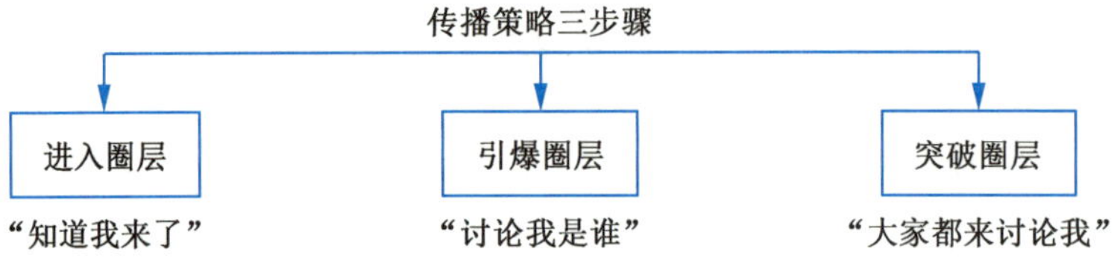

图 11—2 传播策略三步骤

哈尔滨整体传播策略具体执行如图 11—3 所示。

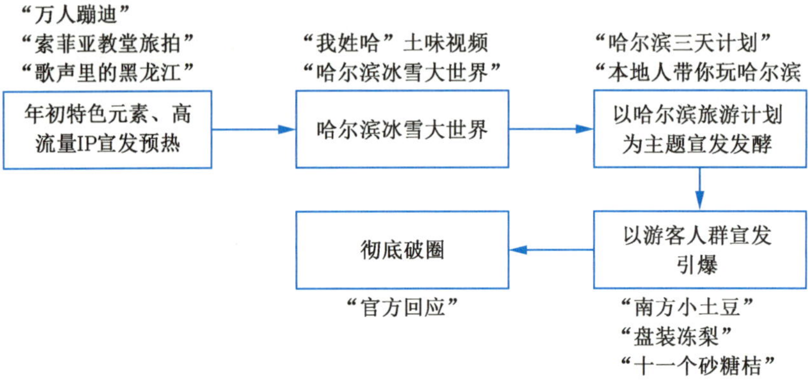

图 11—3 哈尔滨整体传播策略

1. 入圈阶段:KOL+IP,差异化特色宣传

开始阶段可以分为两层,一层是通过头部博主开始介绍哈尔滨有什么特色;二层是通过哈尔滨自带的 IP“冰雪大世界”进行一次事件营销。头部博主+IP 引流,通过“万人蹦迪”“索菲亚教堂旅拍”“早市”等东北元素传播冬季来北方(哈尔滨)是有趣的,是值得来的信息,打破人们冬天去南方的一些惯有思维。

“冰雪大世界”是哈尔滨近些年主打的一个 IP,意在吸引更多的游客而来,今年通过建造时期的有序宣发,让更多人知道了这一地点,为游客提供游玩选择。今年冰雪大世界宣发围绕“工人建造”“功能玩法”“冰雕联名”几个维度开展,但是在过程中突发了“退票”一事,引发高度关注。对于网络环境而言,一次退票事件却因为哈尔滨文旅的真诚,让事件向正向发展。

2. 引爆阶段:视角切换,分层引爆

在引爆阶段,哈尔滨选择通过本地和游客两个维度来发酵,“本地人告诉你哈尔滨 3 天怎么玩”“南方小土豆”等好玩有趣的话题名称结合“冰雪大世界”“中央大街”等特色因素,助力“尔滨,你让我感到陌生”“南方小土豆”“冻梨摆盘”等热梗出现,其中“南方小土豆”抖音播放量已经破 20 亿。

其中点睛之笔在于,通过视角的切换推动由官方自行生成品牌宣传转变为游客自行生出宣传内容,直接推动传播的事半功倍。如果说类似“冰雪大世界”本地特色相关宣传是 PGC 和 OGC,“南方小土豆”则是 UGC 的良好体现,最后出圈的是用户自发生成的内容,是最受大家认可的东西。

说明爆红的最有力证据就是数据,根据相关资料,近三个月小红书哈尔滨相关笔记发布增长 254%；2023 年 12 月抖音新增哈尔滨相关视频 126.6 万个，冻梨摆盘搜索量环比增长 27 668 倍。

3. 突破阶段：官方回应引发共鸣

在破圈后，哈尔滨通过官方回应的方式为整体定调，“爆火不是偶然，是整个哈尔滨的努力集成”，通过官方媒体的公信力进一步彻底突破圈层，让流量正向化突破。同时，央视新闻在抖音端直播“云观赏”哈尔滨冰雪大世界，哈尔滨官方宣布 1 月 5 日举办第 40 届中国哈尔滨国际冰雪节，还宣布 1 月 5 日冰雪节当天哈尔滨全市公休 1 天，届时，冰雪大世界走向世界。

在整体复盘的背后，哈尔滨“产品力”“服务力”“组织力”和“营销力”，组合成哈尔滨的品牌力。它用互联网思维，振兴了东北，又撬动了城市的经济。这是营销管理思路的具体体现，也是城市旅游宣传的经典案例。

哈尔滨成功出圈，让人们看到了旅游业在服务国家战略、带动地方经济发展、重塑城市形象方面的重要作用，看到了真诚待客、品质服务的产业发展至高逻辑，也为其他旅游目的地城市的未来发展提供了全新思路。

资料来源：曹振铭. 下一个淄博？哈尔滨爆红出圈的背后逻辑[R/OL]. https://mp.weixin.qq.com/s/qNPN6HHqyyGmXnxcObizJw，2004 年 6 月 10 日，有删改。

营销管理是指为了实现企业或组织目标，建立和保持与目标市场之间互利的交换关系，而对设计项目的分析、计划、实施和控制。营销管理的实质是需求管理，即有效调节需求的水平、时机和性质。在营销管理实践中，企业通常需要预先设定一个预期的市场需求水平。然而，实际的市场需求水平可能与预期的市场需求水平并不一致。这就需要企业营销管理者针对不同的需求情况，采取不同的营销管理对策，进而有效地满足市场需求，确保企业目标的实现。

任务一　营销分析

一、营销分析的概念

微课视频

营销管理

营销分析是指企业在一定的时间内，对各个营销区域的各项营销活动进行的总结、分析、检讨及评估，并对下阶段的营销工作提出修正建议，局部调整某些区域的营销策略，甚至重新制定某些区域的目标计划。营销分析是企业营销活动的根本性基础，它既是阶段性营销活动的起点，也是阶段性营销活动的终点。

二、营销分析的主要内容

营销分析的角度有很多，包括外部环境与内部环境、产品与消费者、策略与效果、成本与价格等，但营销活动最终目的是实现产品的销售。因此，使用比较普遍的角度依然是从基于经典的 4P 策略维度来拓展分析，即产品、价格、渠道与促销。

（一）产品分析

企业的营销活动最终是为了实现产品与货币的交换，因此，产品分析不应当只是分析产品本身，而应当是基于目标市场的外部环境、针对目标消费者需求、结合竞争对手来进行竞争性分析，预估产品在目标市场的真实状态。

在分析产品时，应当注意以下几个方面：

1. 结合外部环境

任何产品的价值体现都离不开外部环境的映衬，同一产品在不同环境中可能会存在很大的价值差异。例如，由于我国北方地区温度相对较低，而柴油在 0℃以下会产生蜡状物，堵塞过滤芯，因此，家用柴油汽车相对在南方销售得更好，北方多为汽油车。因此，对产品进行分析时一定要结合外部环境，及时调整和适应。

2. 结合消费者的认知

某机构曾对大众旗下的一汽大众与上海大众品牌认可度进行调研，发现尽管一汽大众比上海大众同类型产品的售价稍贵，但是许多消费者却更认可一汽大众的产品，认为其做工、细节更加细致，更为可靠。产品的价值认可最终要符合消费者的认知，因而对产品的分析还是应当结合消费者的消费习惯、价值认知等诸多因素。

3. 结合竞争对手

在分析产品时，产品与当地市场主要竞争产品之间在销售上的差异性也需要重点关注。高度关注已存在的竞争对手，及时发现潜在的竞争对手是把握市场主动性的重要一环，尤其是一些市场占有率高、销售额较高的竞争对手，是营销分析的重点对象。

4. 结合产品以往的销售情况

进入成熟期的产品销售应当具有一定的稳定性，当产品在市场上的销量出现反常的剧烈波动时，往往是存在一定根源性的原因，应当加以重视与分析。特别是一些大起大落的量变现象，更应当加以重视和研究分析。因为任何一种反常现象，一定是由某种原因造成的。如果无法掌握这种量变的原因，就会在变化多端的市场上处于被动地位。

（二）价格分析

产品的价格在市场营销上一直是个敏感点，它是市场与产品之间的一个重要"撬点"，关系到消费者对产品的接受与企业最终的利润。因此，价格的设定与调整必须是基于严谨的调查、周密的分析后得出的，而不是随意而为的。尤其是当产品的同质化程度很高时，企业往往会选择实施价格战。

在分析产品价格时，应注意以下几个方面：

第一，对产品价格做分析时，必须在注重产品价格的稳定性和连续性的前提下，对产品在价格政策实施之中所产生的各种各样的反应做出分析和判断，包括与同类竞争产品的价格对比、价格实施中的优惠折扣策略以及经销商、代理商和终端消费者对价格的反馈。

第二，在产品销售状况不理想的情况下，对产品价格的分析和判断更应当趋于理性而排除感性成分。当产品销售处于良性状态时，对价格的分析会使企业及时了解到竞争对手的价格变化。

第三，在具体分析时，还应当结合当地市场的消费者购买力以及当地市场的销售情况，尤其是同类竞争产品的价格变化（包括对经销商价格政策的变化），进而做出综合分析和判断。

（三）渠道分析

渠道是产品与消费者之间的纽带。国内大部分企业采取经销制和委托代理制的销售方式。这类销售方式的优点是，销售成本相比直接经营要低，销售终端网络的建立也比直接经营容易。但这类销售方式的缺点也是显而易见的，主要体现在终端网络不为自己所掌控，企业做出某些策略调整的，市场反应比较慢。

需要注意的是，渠道的价值不能简单以产品的销售能力来"一刀切"，因为渠道所处的成熟期不同，其发挥的效力也不一样。此外，还应注意渠道的战略性目标，有的渠道是为了长远的战略布局而设计的，虽然短期内所产生的直接收益较低，但还是应当继续维持。

(四)促销分析

广告与营业推广是企业最常见的促销手段，也是营销费用投入最多的两个方面。这两大投入的有效性如何直接影响着企业的营销结果。因此，对广告和营业推广的效果分析是整个营销分析中的重头戏。

对广告部分的分析主要应体现在以下三个方面：

1. 广告表达方式和诉求点选择是否到位

广告的投放要注重效果的跟踪，要及时、客观、量化地评估广告对消费者的影响力与营销力。一般来说，这种广告投放效果调查应当委托第三方执行，以求得客观、公正的评价。

2. 媒体的选择是否准确

传媒行业发展到现在已经非常多元化，传统的电视、移动媒体、互联网媒体、自媒体等，各有各的特点，各有各的优势。需要详细列出当地各类媒体的优劣势，以供企业判断决策。如后续跟踪发现所选媒体效果不理想，就应当及时提出异议，并建议做出调整。

3. 媒体投放量是否适宜

要使企业产品的宣传广告产生一定的效果，除了要有独特的诉求点、良好的创意制作和准确的媒体选择外，其发布的频率和数量也是构成广告效果的重要元素。同时，广告效果还有一个量的沉淀过程，忽略这些客观因素，同样会影响后续的判断和决策。

营业推广活动效果的判断应当根据活动本身所设定的目标不同而有所区别，对营业推广活动的效果分析主要体现在以下两个方面：

1. 活动的受众面

有的推广活动目标是形成消费者对产品、品牌、形象等方面的认知与认可，继而引发后续的间接消费行为，如产品试用、现场演示活动、抽奖等。就这类活动本身而言，往往并不要求活动同时能产生销量，所以评价其效果主要体现在参加活动的消费者的多少以及参与者对活动本身的反应上，消费者对其最终的认可才是衡量效果的指标。

延伸阅读

Aesop 伊索的妇女节营销

相信绝大多数营销人对于“营销日历”都不陌生。这张日历会把一年中重要的节日、节气标注出来，帮助大家开展营销活动。比如，“三八”妇女节，随着“她经济”展现出的消费能力不断提升，孕育出了规模高达万亿元的消费市场。每个品牌也会围绕这些关键的节点做相应的传播。它已成为一个集电商消费、社会议题、品牌价值输出的重要营销节点。

但不少人对“如何将节日与自己的行业结合，与自己的品牌相契合”并不知晓。

针对这个问题，首先我们在找切入点前，须对营销目的有相对清晰的设定，是推广品牌，还是转化销售？其次，节日营销须与品牌的文化和价值主张相契合，才能引发认同与共鸣。

成功的节日营销，能借势传播品牌，形成消费者对产品、品牌、形象等方面的认知与认可，继而引发后续的间接消费行为。Aesop 伊索的节日营销就是以此为目标，也很好地实现了该目标。

Aesop 伊索，成立于 1987 年，是澳大利亚的化妆品品牌。品牌名起源于"伊索寓言"。很少有人知道伊索是以一个讲故事的人的名字命名，他曾是一名奴隶，从奴役中挣脱出来，他编织故事的能力使他成为国王的顾问。对语言、文字的敬畏是 Aesop 文化内在组成的一部分。Aesop 伊索的文学性从其品牌名中生发而来，品牌的创始人丹尼斯·帕菲提斯(Dennis Paphitis)在命名"Aesop 伊索"之际，也是单纯地源于对伊索寓言的喜爱。

2024 年的国际妇女节，Aesop 伊索以文学力量倾诉女性心声与成长故事。它在上海及广州的三家店铺，举办以"双城记"为主题的 Aesop 伊索女性文学图书馆活动。它撤走货架上的产品，代之以一系列由女性创作或与女性主题相关的精选书籍。2024 年的总书单共计 51 部作品，双城三店总书量为 23 000 本，由五位领读人以及 Aesop 伊索中国的员工推荐组成，横跨丰富多元的类型与内容，以女性成长历程的每一个微小时刻为灵感，共分为六大类别——舒缓的时刻、顿悟的时刻、私语的时刻、壮阔的时刻、勇敢的时刻以及上海或广州主题的城市时刻(呈现上海和广州女性生活的不同面貌与维度)。除此之外，活动也邀请多位知名作家进行读书分享，旨在围绕女性的多重身份展开对话。

Aesop 伊索品牌的营销重心显然从促销卖货转变为传递出品牌独特的价值见解，让我们更深刻地认识自己和我们所处的世界，同时也让我们感受到女性生命经验的独特魅力和力量，以唤起我们的情感认同。品牌不仅看到女性消费带来的营销节点，更以真诚的方式触达女性消费者。

Aesop 伊索品牌的此次营销之所以润物细无声，是因为它与品牌文化相契合，体现了品牌一致性的原则。在妇女节营销活动中，它所传达的"女性文学图书馆"，与品牌的承诺和行为相呼应。Aesop 伊索品牌的文学性在品牌的运营和管理中随处可见。比如 Aesop 伊索的招募流程偏好对文学和艺术感兴趣的人。在工作日宝贵的安静时刻，公司的许多部门包括创意团队，都会分享令人兴奋的小说、诗歌、散文和文章。一名财务部的同事在某本小说中发现了一个有趣的想法，然后与文案写手或平面设计师讨论，这个想法可以直接影响品牌向世界展示自己的方式。Aesop 伊索品牌的文学性又与产品的塑造并重。比如坐落于一座维多利亚时代庄园主宅邸中的北墨尔本店，入口处放了许多品牌收集的书籍；纽约的切尔西店与《巴黎评论》一起设计该杂志在巴黎的创刊，后来搬到纽约并焕发巨大生命力，《巴黎评论》的信件、照片和收藏品铺满店内墙壁，天花板上则悬挂着 1 000 多本《巴黎评论》；日本京都店，Aesop 以一些当地符号作为灵感，日式传统住宅町屋，以及日本人垂直的书写方式等，将日本文化日式美学悄然落座街边。品牌还通过定期的主题文学进行店铺装扮，将观念切实落入线下门店。

综上，打破刻板印象，弱化消费着色是妇女节营销的未来发展趋势。它可以类比于社会营销、公益营销的形式呈现，品牌需在此基础之上，寻求新的女性话题达到消费者的情感阈值，在多品牌的妇女节营销下做到差异化突围。

资料来源：根据网络资料整理。

2. 推广效果

有些营业推广活动的目标是直接促发消费者的消费行为，如包装促销、优惠券、限时折扣等。这类活动主要看产品销量的增长与否以及促销活动的投入与产出之比，同时还要看消费者对促销形式的反应及接受程度。如果说 Aesop 伊索的节日促销是以影响受众层面的认知为目的，那么下面的乐万家中秋促销则是以促进销售为目的。

锦囊妙计

乐万家超市中秋促销

乐万家超市位于珠三角地区的大旺镇，经过钟老板多年的悉心经营，已经成为当地最大的超市之一。

钟老板的心结：

2007 年的中秋节，由于负责人王经理没有控制好进口月饼的进货节奏，产品大量积压，超市只好忍痛打折销售，结果亏损了 6 万多元。

2008 年 7 月，乐万家高薪聘请了一位高管张总。张总明白，只有找到 2007 年中秋节失败的原因，才能避免重蹈覆辙。张总通过与供应商、老板、老员工深入交谈，很快找到了 2007 年中秋节月饼销售状况不佳的原因。首先，采购与供应商谈判时只谈费用不谈返利，这降低了供应商合作和促销的积极性；其次，超市在节前没有制订有针对性的促销计划和绩效考核制度；最后，营运部门对月饼(特别是进口月饼)的进、销、存环节控制不力，造成产品积压和利润流失。

制订方案之前，张总带领公司采购部经理和各门店店长到某知名跨国卖场参观学习，让大家对标杆企业有了感性认识。随后，张总派出的市场调查人员深入一线展开市场调研。

调研结果显示：(1)由于人民币升值，进口月饼(主要指我国香港产品)的价格下降，竞争力增强，市场需求也相应增大。(2)由于担心产品积压，月饼制造商普遍比较谨慎，这可能造成中秋促销中后期备货不足(特别是进口月饼)。(3)2008 年的中秋节时值 9 月中旬，气温相对较高，根据以往的经验，月饼销量可能会有所下降。(4)月饼的销售渠道呈现出多样化趋势，酒店、面包店、邮局、小摊贩纷纷加入，极大地分割了月饼市场。

针对调研结果以及以往公司在节日促销过程中缺少计划的毛病，张总拟定了 2008 年中秋节营销工作进度表。从中秋节倒推 45 天，不仅每天的工作计划和进度非常清晰，还明确指定了各部门的工作内容和相关工作的责任人。

张总经过与钟老板及各门店采购负责人、店长反复磋商，最终敲定了 2008 年中秋节月饼的销售目标。

跳出“费用的陷阱”：

尽管钟老板对张总格外信任，但两人还是在引进月饼品牌数量的问题上产生了分歧。钟老板主张在可能的情况下多引进几个品牌，因为多引进一个品牌，超市就可以多一笔收费收入。张总认为，多引进品牌固然可以增加收费，但其负面效应也不容忽视。首先，这将导致超市从每个供应商处的进货量都不大，降低了公司与供应商的议价能力；其次，如果超市选择的品牌滞销，最终也会损失利润。

因此，张总认为，选择一定数量的畅销、次畅销品牌，把注意力放在销量上才是最佳选择。损失的收费可通过销售返点的方法弥补。另外，如果提升销量，还可以换来厂家更多的支持。

张总亲自与负责国产月饼采购的主管沟通并最终确定：将月饼品牌数量控制在 20～25 个，与供应商谈合作条件时采用返利的形式，结合历史数据制订各供应商的销售指标，确保供应商及时送货并提供促销支持。

仅有销量指标是不够的，还必须进一步细化、量化，落实到人。为此，张总不仅亲自拟订了详细的考核方案，还要求营运部出台中秋节销售预算每日跟踪报表，门店和采购部门每日对照计划表分析销售状况，若未能达标，必须及时调整货源和陈列。同时，张总还责令采购部制订了2008年月饼品牌销售预算及利润计划表，并责令其在中秋促销期间每3天向他汇报一次。

“安琪”VS“港琪”：

“安琪”月饼是广东省知名品牌，对卖场的投入力度也比较大，甚至主动提出帮助布置卖场，营造中秋气氛。世上没有免费的午餐，“安琪”对卖场的投入是有条件的，那就是每张海报上必须有“安琪”的标志，这等于借力整个卖场为其做广告。“安琪”因此赢得不少市场，但对卖场而言，如果都引进这种强势品牌，收费的机会就少了。

张总认为，无论厂商关系如何，最终的话语权还是在消费者手里，特别是销售月饼这种季节性产品。虽然张总对“安琪”的“赞助诱惑”不感兴趣，但无奈“安琪”品牌的影响力不容小觑，难道乐万家也只能就范吗？

张总很快想出了解决之道，那就是打出“主推”概念。具体来讲，就是选择次畅销品牌重点推广（如门店做大单推广，终端陈列位置较好，促销员优先介绍等）。当然，乐万家可以从主推品牌中获得更多的利润，经过遴选和谈判，“港琪”等几个国产品牌成为首选。

见招拆招，精彩博弈：

古语云，“知己知彼，百战不殆”。张总在周密部署的同时，也不忘记关注主要竞争对手——人和超市的动向。尽管张总此前对人和超市有一定的了解，但市场调查人员带回的“情报”还是让他吃了一惊。今年，乐万家超市在月饼的品种数上比竞争对手少25个，价格在70～100元的月饼品项比对手少18个。可以说，在这个价格区间，人和超市有很大优势。但事到如今，调整已经来不及了。张总要求采购部门认真记录和跟踪此价格区间产品销量，以供下一年决策时参考。

乐万家超市相比人和超市的优势在于高端产品的品种较多。从知名品牌产品的品项数来看，乐万家超市也比对手有优势。另外，乐万家超市和人和超市共有品牌13个，乐万家超市独有品牌13个，人和超市独有品牌18个。

明确了双方的优势、劣势之后。张总确定了2008年中秋促销的竞争策略，对于双方都有的品牌，在价格上与竞争对手保持一致。对于乐万家超市有而人和超市没有的品牌可适当提高价格，确保利润空间。

大获全胜，业绩辉煌：

忙碌的中秋节促销很快结束。令张总和钟老板感到欣慰的是，尽管2008年乐万家卖场只引进了28个月饼品牌，比2007年少了11个，但乐万家旗下的三家店却实现了月饼销售收入221万元，超过原计划8%。其中，主推品牌“港琪”的销售额远远将“安琪”抛在身后，成为贡献最大的品牌之一。另一个非主推知名品牌“华美”也表现出色，销售收入超过13万元，成为一匹“黑马”。

本次中秋节促销的胜利不仅体现在销量上，也体现在利润上。相比2007年的亏损，2008年仅月饼一项的毛利润（含收费和节后返利）就超过60万元。进口月饼因无任何库存，没有任何利润损失；国产月饼的退货率被控制在5%以内，得到供应商的赞誉，有利于双方明年继续合作。

美中不足的是，乐万家超市在产品数量上落后于竞争对手，70～100元的价格区间的产品数量有待增加。台式月饼的销售状况不佳，可考虑用其他品牌取而代之。

总结经验，着眼未来：

一次成功的节日营销应该做到以下几点：尽早做市场分析，收集和挖掘往年的销售数据，展开市场调研并认真分析结果，控制品牌数量，集中营销资源；制定合理的价格，避免直接竞争,获取合理利润,减少库存,制订详细的业绩考核指标和相关奖惩办法,制订详细的营运计划并强化执行力。

资料来源:根据网络资料整理。

根据乐万家超市的案例,请思考:

1. 根据案例,试分析营销计划的重要性,以及如何制定市场营销计划。
2. 在营销管理中,应该注意哪些问题?如何进行有效的市场营销管理?

任务二　营销计划

一、营销计划的概念

企业的整体战略规划明确了企业的任务和目标,为了使企业的营销努力能够有效地为整体战略服务,应该制订更为详细的、具体操作层面的营销计划,使得企业的目标、资源、环境之间建立一种可行的适应性,从而实现企业的市场战略目标。

企业营销计划是指在对企业市场营销环境进行调研分析的基础上制定企业及各业务单位的营销目标以及实现这一目标所应采取的策略、措施和步骤的明确规定和详细说明。营销计划应当是操作层面的,是战术计划,如果说营销战略对企业而言是“做正确的事”,那么营销计划则是“正确地做事”。

二、营销计划的类型

微课视频

营销计划

按照不同的划分依据,可以将营销计划分为以下几种类型:

(一)按计划时期的长短划分

可分为长期计划、中期计划和短期计划。长期计划的期限一般 5 年以上,主要是确定未来发展方向和奋斗目标的纲领性计划;中期计划的期限 1～5 年;短期计划的期限通常为 1 年,如年度计划。

(二)按计划涉及的范围划分

可分为总体营销计划和专项营销计划。总体营销计划是企业营销活动的全面、综合性计划;专项营销计划是针对某一产品或特殊问题而制订的计划,如品牌计划、渠道计划、促销计划、定价计划等。

(三)按计划的程度划分

可分为战略计划、策略计划和作业计划。战略计划是对企业将在未来市场占有的地位及采取的措施所做的策划;策略计划是对营销活动某一方面所做的策划;作业计划是各项营销活动的具体执行性计划,例如,进行一项促销活动,需要对活动的目的、时间、地点、活动方式、费用预算等做策划。

三、营销计划的编制

(一)营销计划编制的原则

1. 战略性原则

营销计划要从整体性出发,注意全局的目标、效益和效果。在整体规划的前提下,部分服从整体，局部服从全局。营销计划要从长期性出发，处理好项目眼前利益和长远利益的关系。同时，要从层次性出发，总揽全局，系统是有层次性的，大系统下有子系统，子系统下还有子系统，层次分明。因此，考虑下一个层次的策划时，应该同上一层次的战略要求相符合。营销计划要从动态性出发，注意全局的动态发展。

2. 信息性原则

企业营销计划是在掌握大量而有效的营销信息的基础上进行的，否则将导致营销计划的盲目性和误导性。同时，在执行市场营销计划方案的过程中将会出现方案和现实有出入的情况，要在充分调研现有信息的基础上调整方案。因此，占有大量的市场信息是市场营销计划及实施成功的保证。

3. 系统性原则

系统性具体表现为两点：一是营销策划工作是企业全部经营活动的一部分，营销计划工作的完成有赖于企业其他部门的支持和合作，并非营销一个部门所能解决的，如产品质量、产品款式、货款收回等工作需要生产部门、设计部门、财务部门的分工配合。二是制定营销计划时要系统地分析诸多因素的影响，如宏观环境因素、竞争情况、消费需求、本企业产品及市场情况等，将这些因素中的有利方面最大限度地综合利用起来，为企业营销计划工作服务。

4. 时机性原则

市场是动态变化的，营销计划的制定应当结合外部环境的各种时机，以求快速应对市场的变化。某些营销计划必须在特定的时机下才能发挥效用。例如，微信和支付宝的移动支付业务，为了增强用户体验、快速凝聚自己的用户群，两者都以中国春节发红包为契机推出电子红包业务，快速抢占了市场份额。

5. 权变性原则

市场就是战场，竞争犹如战争。现代市场经济中演绎着一场场激烈的竞争，权变性的原则在策划中成为不可或缺的思维因素。所谓权变，就是要求策划在动态变化的复杂环境中及时、准确地把握发展变化的目标、信息，预测事物可能发展变化的方向、轨迹，并以此为依据调整策划目标和修改策划方案。

6. 可行性原则

可行性原则是指策划运行的方案在技术、资源、方法等方面是否具有可操作性，是否达到并符合切实可行的策划目标和效果。可行性原则就是要求策划行为应时刻为项目的科学性、可行性着想，避免出现不必要的差错。营销计划不是一般的理论原则，它要回答和解决企业在现实的市场营销活动中存在的各种疑难问题。市场营销计划不仅要提出开拓市场的思路，更要在创新思维的基础上制定市场营销的行动方案，提出创造市场、开拓市场、扩大市场的整体性、系统性策略和措施，而且必须具有特定资源约束条件下的高度可行性。

7. 创新性原则

营销计划的创新性，是指营销计划必须运用创新思维，提出解决市场问题、实现营销目标的新创意、新方法，甚至创造新的生活方式和消费观念，唤起消费者的购买愿望，把潜在消费者转换为现实消费者。如果营销计划没有独创和新意，那么要在市场竞争中赢得主动地位是不可能的。

(二)营销计划编制的步骤

市场营销计划的编制过程一般包括以下步骤：

(1)分析现状，做到知己知彼，为编制计划做好充分准备。

(2)确定目标,为具体活动程序指明方向。

(3)编制计划草案,交由有关部门讨论。

(4)如果讨论后有异议,要在规定时间内修改计划草案。

(5)编制正式计划,组织企业内部执行。

四、营销计划的内容

(一)计划概要

计划概要是对主要营销目标和措施的简要概括说明。撰写计划概要的目的是让企业主管了解、掌握计划的核心内容。例如,某零售商店年度营销计划的内容概要是:“本年度计划销售额为 5 000 万元,利润目标为 500 万元,比上年增加 10%。这个目标经过改进服务、灵活定价、加强广告和促销努力是能够实现的。为达到这个目标,今年的营销预算要达到 100 万元,占计划销售额的 2%,比上年提高 12%。”

(二)营销状况分析

这部分主要提供与市场、产品、竞争、分销以及宏观环境因素有关的背景资料,可以根据研究目标调整内容,但应当具体、翔实、理性、有针对性,能够反映企业所面临的实际状况,让决策者尽可能避免风险。

知识窗

常见的营销状况分析内容

市场状况:列举目标市场的规模及其成长性的有关数据、顾客的需求状况等,如目标市场近年来的年销售量及其增长情况、在整个市场中所占的比例等。

产品状况:列出企业产品组合中每一个品种近年来的销售价格、市场占有率、成本、费用、利润率等方面的数据。

竞争状况:识别出企业的主要竞争者,并列举竞争者的规模、目标、市场份额、产品质量、价格、营销战略及其他有关特征,以了解竞争者的意图、行为,判断竞争者的变化趋势。

分销状况:描述公司产品所选择的分销渠道的类型及其在各种分销渠道上的销售数量,如某产品在百货商店、专业商店、折扣商店、邮寄等各种渠道上的分配比例等。

宏观环境状况:主要对宏观环境的状况及其主要发展趋势做出简要的介绍,包括人口环境、经济环境、技术环境、政治法律环境、社会文化环境,从中判断某种产品的命运。

(三)机会与风险分析

一个市场机会能否成为企业的营销机会,还要看它是否符合企业的目标和资源。首先,分析计划期内企业营销所面临的主要机会和风险。再系统分析企业营销资源的优势和劣势。在此基础上,企业在制定计划时,对潜在的机会可以通过提前制定计划来把握,对于潜在的风险可以通过制定计划来规避与应对。

(四)拟定营销目标

拟定营销目标是企业营销计划的核心内容,在市场分析基础上对营销目标做出决策。营销计划应建立财务目标和营销目标，目标要用数量化指标表达出来，要符合实际情况，并应有一定的开拓性。

(五)营销策略

拟定企业将采用的营销策略，包括目标市场选择和市场定位策略、营销组合策略、营销费用策略等。明确企业营销的目标市场是什么市场，如何进行市场定位，确定何种市场形象，企业拟采用什么样的产品、渠道、定价和促销策略。

(六)行动方案

对各种营销策略的实施制定详细的行动方案，即阐述以下问题：将做什么？何时开始？何时完成？谁来做？成本是多少？整个行动计划可以列表加以说明，表中具体说明每一时期应执行和完成的活动时间安排、任务要求和费用开支等。使整个营销战略落实于行动，并能循序渐进地贯彻执行。

(七)营销预算

营销活动需要大量的资金支持，营销计划的制定在“抬头”看企业战略需求的同时也要“低头”看企业的财务能力，因此，营销计划预算的测算非常重要。要根据企业实际承受能力与资源水平，实现成本与利润的可持续发展。较为常见的营销预算即开列一张实质性的预计损益表，在收益一方预计出销售收入，在支出的一方预计出支出，然后得出预计利润，即收入和支出的差额。

(八)营销控制

检查和控制营销计划执行情况，用以监督计划的进程。为便于监督检查，具体做法是将计划规定的营销目标和预算按月或季度分别制定，营销主管每期都要审查营销各部门的业务实绩，检查是否完成了预期的营销目标。凡未完成计划的部门，应分析问题原因，并提出改进措施，以争取实现预期目标，使企业营销计划的目标任务都能落实。

五、营销计划的动态调整

营销计划制定后，并不意味着一成不变，因为竞争环境会变化、行业趋势会变化、消费趋势会变化，所以营销计划制定后，要根据市场的变化主动调整营销计划。

这就需要分解营销计划，既保证营销计划的稳定性，又能保证营销计划的适应性。营销计划强调适应性和针对性，并不是说可以任意调整营销计划，而应该在不同层次上进行不同程度的调整。动态调整除了层次性，还有时间性的问题，而时间性就构成了营销计划的稳定性，也就是说，动态调整并不是可以随时调整营销计划。

锦囊妙计

制订市场营销计划常见的十大误区

经过调查发现，90%以上的公司营销高级主管参与了市场营销计划的制订过程，平均每年有45天左右的时间从事这项工作。营销计划的基本框架和产生的过程对营销计划的正确与否起着关键的作用。

最常见的有以下10种错误：

(1)忽视现状的分析，只重视或者强调营销计划的目标和营销组合方案。

(2)营销主管对形成书面的营销计划不重视,或者只是应付公司的要求做出一份象征性的文件。

(3)对制定营销计划的过程过于苛求或者过于草率,从而为公司的经营带来问题。

(4)由公司管理层直接指定目标,不让营销计划的执行人员参与目标制定过程。

(5)营销计划的长度不合适。

(6)营销部门把计划看成营销部门内部的事情,忽视相关职能部门在计划执行过程中的重要作用。

(7)高层经理没有积极参与计划的制定过程。

(8)营销计划看起来没有吸引力。

(9)薪酬没有与公司的核心指标利益连接起来,从而降低了营销计划的有效性。

(10)把战略计划和市场营销计划混为一谈。

资料来源:根据网络资料整理。

任务三　营销组织

一、营销组织的概念

营销组织是指企业内部涉及市场营销活动的各个职位及其结构,是营销管理的重要保证。营销组织从体制与制度的基本层面保证企业有效地进行营销活动。

二、营销组织的目标

营销组织要实现的目标有以下三个方面:

(一)高效协调推进实施营销计划

营销计划的实施是一个牵涉企业多部门的工作,营销组织作为计划实施的主力部门,首先应当承担的就是推进营销计划的开展,并在开展过程中及时协调,保障计划的顺利实施。

(二)将市场与企业营销活动快速衔接

营销组织是企业最直接面向市场的组织,能快速接收到市场需求变化的信息,应当对市场需求做出快速反应,了解市场变化后,企业的反应则涉及整个市场营销活动,从新产品的开发到价格的确定乃至上市经营思路和方法等都要做相应的调整。

(三)平衡消费者利益与企业利益

营销活动从短期来看是实现产品的销售,但从长远来看,营销活动更多的是凝聚高忠诚度的用户群体,构建生态的消费链。在某些时候,企业会在追求短期利润最大化与长期用户最大化之间产生利益矛盾,这就需要营销组织平衡这种关系。

从整体而言,营销组织的上述目标归根结底是帮助企业实现整个市场营销任务,协调、指导企业获得最佳的市场营销效果。

二、营销组织的形式

(一)职能型营销组织

这是最常见的市场营销机构的组织形式,强调营销的各种职能,如新产品开发、广告宣传等的重要性。传统职能型组织结构如图 11—4 所示。

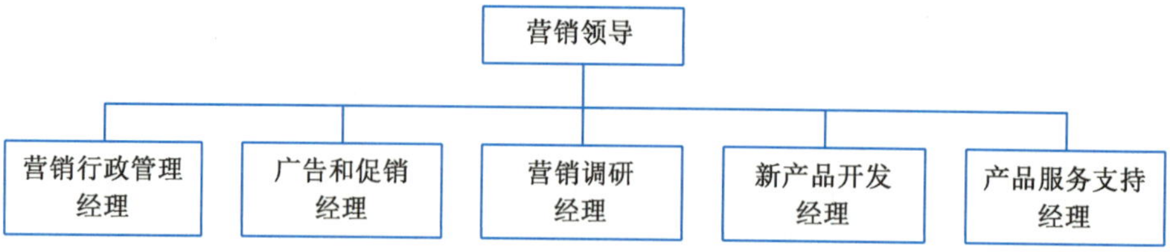

图 11—4 职能型组织结构

职能型组织的主要优点是分工非常明确，管理简单。但是，随着产品的增多和市场规模的扩大，这种组织形式会暴露出很大的缺点。由于没有一个人对一项产品或一个市场负全部的责任，因而每项产品或每个市场制定的计划欠完整，有些产品或市场就很容易被忽略。另外，既然没有一个部门能对产品的整个市场营销活动负全部责任，那么，各部门强调各自的重要性，以便争取更多的预算和决策权力，从而容易导致各个职能部门为了各自的利益而发生纠纷。

（二）地区型营销组织

地区型营销组织是较为常见的营销组织之一，其特点是将市场按区域划分为若干个大小适宜的目标市场片区，如把中国划分为华东、华南、华北、西南等区域，各区域独立配置营销组织团队，实现分区域营销。这种组织结构的优点是更容易应对各分区域的市场的实际特点，应对市场变化能做出更积极的响应，制定的措施也更具有市场针对性。缺点是增加了管理的幅度。

（三）产品型营销组织

产品型营销组织是指在企业内部建立产品经理制度，以协调职能型组织中的部门冲突，生产不同产品或品牌的公司往往需要设立产品或品牌管理组织。这种组织并没有取代功能性管理组织，只不过是增加一个管理层次而已。其基本做法是，由一名产品主管经理领导，下设若干个产品大类（产品线）经理，产品大类（产品线）经理下再设几个具体产品经理。产品管理最初是由美国宝洁公司于 1927 年率先采用的。

产品型营销组织的优点是：(1)可以协调其所负责产品的营销组合策略；(2)能及时反映产品在市场上出现的问题；(3)即使不太重要的产品也不会被忽视掉。

产品型营销组织的缺点是：(1)需要同其他营销部门合作，容易造成部门冲突；(2)很难成为公司其他功能的专家；(3)管理成本往往比预计高；(4)经理的流动导致该产品营销规划缺乏连续性，影响产品的长期竞争力。

（四）市场型营销组织

当企业把一条产品线的各种产品向不同的市场营销时，可采取这种组织形式，例如，生产电脑的企业可以把目标客户按不同的购买行为和产品偏好分成不同的用户类别，设立相应的市场型组织结构。市场型营销组织如图 11—5 所示。

市场型组织的优点是：企业的市场营销活动是按照满足各类不同顾客的需求来组织和安排的，有利于企业加强销售和市场开拓。缺点是存在权责不清和多头领导的矛盾。

（五）产品—市场管理组织

生产多种产品并向多个市场销售的企业，可以采用产品管理型，也可以采用市场管理型，还可以建立一种既有产品经理又有市场经理的两维矩阵组织。

该组织结构管理费用太高，而且容易产生内部冲突。比如各个产品在市场上的定价是由

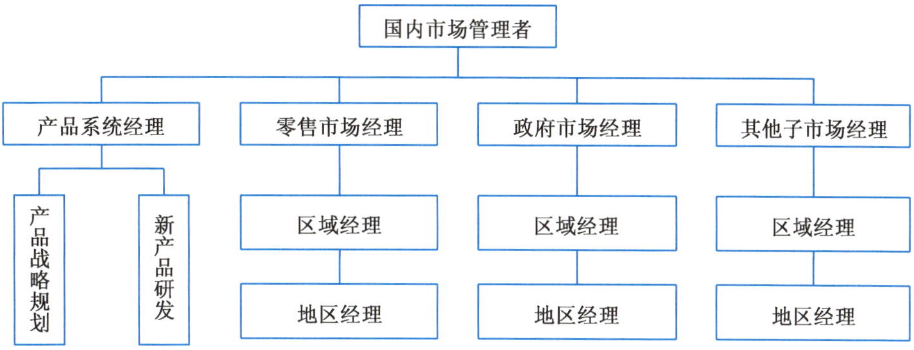

图 11—5　市场型营销组织

市场经理还是产品经理来决定、如何组织销售人员等这些问题都需要解决。

任务四　营销执行

一、营销执行的概念

营销执行是指营销组织将营销计划转化为行动方案的过程，以实现营销计划的既定目标。

二、营销执行管理的内容

（一）目标管理

目标管理就是对营销计划执行成效加以控制，其要点在于透过对目标的管理把握营销计划执行的重点，并掌握评估的依据，使目标可以成为指导营销计划执行或者调整的方向。

1. 分阶段目标管理

根据营销计划的阶段分解实施过程，根据营销计划的要求设置相应的营销目标，并规定完成的时间进度。阶段可以按照市场发展阶段来分解，也可以按照市场推广阶段来分解，比如淡季目标和旺季目标，其目的在于使各个阶段的衡量标准能够统一。

2. 分时期目标管理

将营销计划目标的完成分成不同的时期，在每个时期设定相应的标准，比如月度目标和季度目标，然后管理和评估这些目标。

3. 分项目目标管理

分项目是指设置一些项目类型，比如费用和销量项目，或者是推广项目（如广告和促销），整理统计每类项目的目标完成状况，分析各项目在整个营销计划中所占的比例是否合理以及是否满足了营销计划的要求。

4. 分产品目标管理

对产品实行类别目标管理，衡量每类产品为企业带来的利益，可以按新老产品分类，也可以按产品性质分类。衡量的目标有销量、利润、费用、时间、完成率等。

5. 分渠道目标管理

对不同性质的渠道实行分类管理，衡量不同渠道为企业带来的效益，比如批发渠道和零售渠道、商业渠道和特殊渠道、超市和杂货店等，评估各种渠道的价值，为企业制定渠道开发策略和管理政策提供依据，同时也为营销计划的有效实施提供一种工作指导。

(二)营销执行的过程管理

1. 销售报表

销售报表可以反映营销计划执行过程的详细情况，通过报表可以看出销售人员有无抓住营销计划实施的重点，在实施过程中存在的问题，同时还可以通过报表了解营销目标的完成情况，掌控营销计划实施的进度。

2. 销售工作程序

这是正确执行营销计划的保障，比如要完成既定的终端铺货计划和铺货率目标，就要提高拜访客户的效果，如果对销售人员的铺货工作建立一个规范的程序或步骤，就可以在不用增加任何资源的情况下达成目标。比如规定销售人员必须按照以下程序开展工作：整理客户资料、选择客户目标、选择拜访路线、做好拜访准备工作、拜访客户、检查客户卡、检查海报张贴、整理仓库和货架、收集竞争信息、填写客户卡、建议客户订货量、道谢离开等，这一系列步骤将会为销售人员提供良好的工作规范，增强他们的信心，提高营销计划的实施效率。

3. 销售会议

这项内容将会对营销计划的执行状况进行双向沟通，及时发现销售人员工作中出现的问题，并提供帮助和指导，同时也教给销售人员一些销售技巧和方法，提高他们的应变能力。另外，对于营销计划在实际过程中碰到的困难，也要通过销售人员的反馈信息给予重新审视，动态调整营销计划。

4. 销售培训

销售培训是激励销售队伍、提高工作效率的最佳方法，包括培训执行营销计划所需要的技能，同时灌输营销计划的核心思想、营销策略，使销售人员能充分领会营销计划的要求，把握营销工作的重点。

三、营销执行过程的评估

(一)目标评估

评估营销计划执行过程的综合目标、硬性目标和软性目标的完成程度，随时掌握营销计划的实施进度。

(二)过程评估

评估销售人员的工作方式和效率，了解销售工作中存在的问题，为销售人员提供销售指导。

(三)投入产出评估

评估营销计划执行的效率，同时衡量营销计划给企业带来的效益，并且判断这种效益所体现的价值程度。

(四)推广效果评估

评估实际执行过程中销售人员在营销战术的创造性方面，衡量现行推广方式对营销计划所起的作用，并且评估推广方式的价值，有无可能在更大范围内推广。

(五)执行政策评估

评估销售人员执行营销计划的到位程度，一方面是了解销售人员对营销计划的认同程度，另一方面则是了解销售人员对营销计划的重点有无把握，同时也评估政策是否有助于营销业务活动的开展。

(六)竞争对比评估

评估竞争对手的营销工作,重点是树立标杆,与竞争对手对比营销计划的各个环节,找到真正的差异或差距,进一步提高营销计划的针对性。

四、营销执行中的问题

(一)计划脱离实际

企业的市场营销战略和市场营销计划通常是由上层的专业计划人员制定的,而执行则要依靠市场营销管理人员,这两类人员之间往往缺少必要的沟通和协调,导致出现下列问题:

(1)企业的专业计划人员只考虑总体战略而忽视执行中的细节,结果使计划过于笼统和流于形式。

(2)专业计划人员往往不了解计划执行过程中的具体问题,所定计划脱离实际。

(3)专业计划人员和市场营销管理人员之间没有充分的交流与沟通,致使市场营销管理人员在执行过程中经常遇到困难,因为他们并不完全理解需要他们执行的战略。

(4)脱离实际的战略导致计划人员和市场营销管理人员相互对立和不信任。现在,许多西方企业已经认识到,不能光靠专业计划人员为市场营销人员制定计划。因为市场营销人员比计划人员更了解实际,让他们参与企业的计划管理过程会更有利于市场营销执行。因此,许多西方企业削减了庞大的集中计划部门的人员。

(二)长期目标和短期目标相矛盾

市场营销战备通常着眼于企业的长期目标,涉及今后三至五年的经营活动,但具体执行这些战略的市场营销人员通常是根据他们的短期工作绩效,如销售量、市场占有率或利润率等指标进行评估和奖励。因此,市场营销人员常选择短期行为。对美国大公司的一项调查表明,这种情况非常普通。

(三)因循守旧的惰性

企业当前的经营活动往往是为了实现既定的战略目标,新的战略如果不符合企业的传统和习惯就会遭到抵制。新、旧战略的差异越大,执行新战略可能遇到的阻力也就越大。要想执行与旧战略截然不同的新战略,常常需要打碎企业传统的组织机构和供销关系。

(四)缺乏具体明确的执行方案

有些战略计划之所以失败,是因为计划人员没有制定明确而具体的执行方案。实践证明,许多企业面临困境就是因为缺乏一个能够使企业内部各有关部门协调一致作战的具体实施方案。

任务五　营销控制

一、营销控制的概念

市场营销计划确定了组织活动的目标,市场营销队伍建设确定了组织的运行方式,为了确保营销活动能够按计划执行,必须监控营销计划执行过程。营销控制是指为了实现营销目的,监控营销计划执行过程,确保各项活动按计划执行,并修正执行中出现的重要偏差的过程。

二、营销控制的必要性

(一)环境变化的需要

环境的变化是快速的,也是多样化的,不仅企业外部环境会变化,企业内部的环境也会变化,也正是如此,对营销计划的执行提出了很高的要求。面对复杂而动荡的市场环境,每个企业都面临着严峻的挑战,各种变化都可能影响企业已定的目标,甚至有可能需要重新修改或变动以符合新情况。高效的营销控制系统能帮助营销管理者根据环境变化情况及时对自己的目标和计划做出必要的修正。一般来说,目标的时间跨度越大,控制也越重要。

(二)需要及时纠正执行过程中的偏差

营销计划的执行本身就是对于市场的探索性实施,在实施的过程中,会存在各种内部或者外部、有意或者无意、主观或者客观的干扰因素。为了实现最终的营销目标,需要控制企业营销过程本身,而对过程本身的控制更是对结果控制的重要保证。因此,营销管理者必须依靠控制系统及时发现并纠正小的偏差,以免给企业造成不可挽回的损失。

控制与计划既有不同之处,又有密切的联系。一般来说,营销管理程序中的第一步是制订计划,然后是组织实施和控制。从另一个角度看,控制与计划又紧密联系。控制不仅要按原计划目标监控执行情况,纠正偏差,在必要时,还将检查原计划目标,判断其是否合理,也就是说,要考虑及时修正战略计划,从而产生新的计划。

三、营销控制的内容

(一)年度计划控制

年度计划控制是由企业高层管理人员负责的,旨在检查年度计划目标是否实现。一般可用以下四种方法检查计划执行绩效。

1. 销售差异分析

衡量并评估企业的实际销售额与计划销售额之间的差异情况。

例如,某公司在苏州、无锡、常州三个地区的计划销售量分别是 2 000 件、1 500 件、1 000 件,总计 4 500 件,而实际总销量是 3 800 件,三个地区分别是 1 200 件、1 400 件、1 200 件,与计划的差距分别为−40%、−6.7%、20%。通过分析可知,苏州是造成困境的主要原因,因而应进一步查明苏州地区销量减少的原因。

2. 市场占有率分析

衡量并评估企业的市场占有率情况。根据企业选择的比较范围不同,市场占有率一般分为三种:

(1)全部市场占有率:企业的销售额(量)占行业销售额(量)的百分比。

(2)目标市场占有率:企业的销售额(量)占其目标市场总销售额(量)的百分比。

(3)相对市场占有率:企业的销售额(量)和几个最大竞争者的销售额(量)的百分比。

3. 营销费用率分析

衡量并评估企业的营销费用对销售额的比率,还可进一步细分为人力推销费用率、广告费用率、销售促进费用率、市场营销调研费用率、销售管理费用率等。

4. 顾客态度追踪

企业通过设置顾客抱怨和建议系统、建立固定的顾客样本或者通过顾客调查等方式,了解顾客对本企业及其产品的态度变化情况,从而进行衡量并评估。

(二)盈利能力控制

盈利能力控制一般由财务部门负责，旨在测定企业不同产品、不同销售地区、不同顾客群、不同销售渠道以及不同规模订单的盈利情况的控制活动。

盈利能力指标包括资产收益率、销售利润率和资产周转率、现金周转率、存货周转率和应收账款周转率、净资产报酬率等。

企业要取得较高的盈利水平和较好的经济效益，一定要有效控制直接推销费用、促销费用、仓储费用、折旧费、运输费用、其他营销费用以及生产产品的材料费、人工费和制造费用，全面降低支出水平。

(三)营销效率控制

假如盈利分析发现公司在某些产品、地区或市场方面的盈利不佳，那接下来要解决的问题是寻找更有效的方法来管理销售队伍、广告、促销和分销。

1. 销售人员效率

各销售经理可用以下指标考核和管理销售队伍，提高销售人员的工作效率：

(1)销售人员日均拜访客户的次数。

(2)每次访问平均所需时间。

(3)每次访问的平均收益。

(4)每次访问的平均成本。

(5)每百次销售访问预定购的百分比。

(6)每月新增客户数目。

(7)每月流失客户数目。

(8)销售成本对总销售额的百分比。

2. 广告效率

为提高广告宣传的效率，经理应掌握以下统计资料：

(1)每种媒体接触每千名顾客所花费的公告成本。

(2)注意阅读广告的人在其受众中所占的比率。

(3)顾客对广告内容和效果的评价。

(4)广告前后顾客态度的变化。

(5)由广告激发的询问次数。

3. 营业推广效率

为了提高促销效率，企业应注意的统计资料有：

(1)优惠销售所占的百分比。

(2)每一单位销售额中所包含的陈列成本。

(3)赠券回收率。

(4)因示范引起的询问次数。

4. 分销效率

主要是分析和改进分销渠道的业绩、企业存货控制、仓库位置和运输方式的效率，提高分销的效率。

四、企业营销审计

营销审计是对一个企业或一个业务单位的营销环境、目标、战略和活动所做的全面的、系统的、独立的和定期的检查，其目的在于确定问题的范围和机会，提出行动计划，以提高企业的营销业绩。营销审计既可由企业内部人员来做，也可聘请外部专家进行。

营销审计是营销战略控制的主要工具。一次完整的营销审计活动的内容是十分丰富的，概括起来包括以下六个方面：

（1）营销环境审计，主要包括宏观环境如人口统计、经济、生态、技术、政治、文化；任务环境如市场、顾客、竞争者、经销商、公众等。

（2）营销战略审计，包括企业使命、营销目标和目的、战略等。

（3）营销组织审计，包括组织结构、功能效率、部门间联系效率等。

（4）营销制度审计，包括营销信息系统、营销计划系统、营销控制系统、新产品开发系统。

（5）营销效率审计，包括盈利率分析、成本效率分析等。

（6）营销职能审计，对营销的各个因素如产品、定价、渠道和促销策略的检查评价。

项目回顾

1. 营销分析应当首先基于消费者与市场环境的状态，可以从“4P”策略的角度实施。

2. 营销计划制订要注意可分解性，计划的制定在符合企业战略目标时，要注重计划的可操作性；计划一旦制定并不是不可变的，在实施过程中应当根据市场变化及时做出适应性调整。

3. 营销组织分为职能型营销组织、地区型营销组织、产品或品牌管理组织、市场型营销组织、产品—市场管理组织，掌握各营销组织的优势与劣势，根据企业实际情况合理调整。

4. 营销执行过程中常见的问题包括计划脱离实际、长期目标和短期目标相矛盾、因循守旧的惰性、缺乏具体明确的执行方案，要及时关注计划实施的有效性。

5. 营销控制是企业营销管理中必不可少的一环，常见的内容包括年度计划控制、盈利能力控制、营销效率控制。

思政园地

中国新能源汽车出海：东南亚成首站，澳大利亚追赶激烈

据中汽协最新数据，2023 年 1 至 11 月，新能源汽车出口 109.1 万辆，同比增长 83.5%。在整车出口前十企业中，比亚迪出口 21.6 万辆，同比增长 360%，奇瑞出口 83.7 万辆，同比增长 110%，长城出口 28.3 万辆，同比增长 84.8%。另有上汽、长安等品牌数据亮眼。

中国新能源汽车在海外市场上“遍地开花”，从“产品出海”到“产业链出海”“技术出海”，中国品牌正向国际展示中国“力量”。

1. 东南亚：新能源出海首站

若问中国新能源汽车出海，首站选哪？多家中国车企会直接给出答案——东南亚。

中国新能源汽车在东南亚井喷始于 2022 年。首先，东南亚部分国家紧邻中国，占据独家地理优势；其次，该地区主要国家均于 2022—2023 年推出针对新能源汽车购买的税收补贴政策，也提出充电桩数量目标和汽车电动化率的路线图。双重优势之下，泰国起步最快，印度尼西亚市场基数大，马来西亚及印度尼西亚已有初步布局。

在泰国当地，比亚迪、长城、名爵、广汽埃安等新能源纯电或混动车型已初露头角，EqualOcean创始合伙人黄渊普曾带领团队到泰国考察当地中国新能源汽车品牌出海现状，在泰国当地，广汽埃安的旗舰店十分气派和敞亮，埃安部分车型在店铺正中摆放，供消费者进店参观。

EqualOcean分析师陈志亨告诉《IT时报》记者，东南亚是目前中国新能源汽车出海最大的市场，无论是开店还是建厂，东南亚的本土及成本优势都令其成为中国汽车出口的首站，"东南亚的消费水平不算太高，中国本土很多价低但极具性价比的车型确实在当地更畅销"。

中国汽车在东南亚走俏，品牌在当地建厂也是大势所趋。公开资料显示，比亚迪在泰国曼谷罗勇府伟华工业园新建工厂，占地面积近600万莱(1莱约1 600平方米)，并预计2024年开始投产，年产能约15万辆。

长安汽车将投资200亿泰铢在泰国罗勇府建厂，总规模为20万辆/年，一期产能为10万辆/年，将于2025年一季度正式投产。

2. 澳大利亚：比亚迪、特斯拉你追我赶

长城汽车销售朱先生向《IT时报》记者坦承，虽然长城汽车旗下油车及新能源混动车型在澳大利亚十分畅销，但纯电车型欧拉的销售量并不算理想，"澳大利亚市场纯电要看比亚迪，它是目前可以和特斯拉一较高下的国产纯电车型"。

目前，比亚迪在澳大利亚最大的竞争对手仍是特斯拉，"近一段时间，澳大利亚纯电销量前三名都被比亚迪和特斯拉包揽，竞争很激烈。"比亚迪员工李琦(化名)提到，虽然比亚迪于2013年已在澳大利亚销售商用大巴车，但其纯电车型却在2022年2月才进入澳大利亚市场，特斯拉model 3及Y车型则入局更早，"比亚迪纯电刚入澳大利亚市场时品牌影响力并不大，即使现在，与特斯拉也有一定差距，但我们通过一年半时间追至前三，已经证明了比亚迪的品牌形象及产品质量"。

3. 非洲：等待中国品牌出征的蓝海

非洲或许更是一片蓝海，等待中国品牌"挥剑出征"。

EqualOcean团队于2023年10月远赴埃及考察，在当地鲜少见到中国品牌，"同事看到比亚迪在当地只有代理商门店，并没有直营店，当地人也并不了解中国品牌，新能源汽车仅停留在概念上"。陈志亨认为，中国新能源汽车未来市场前景广阔，仍有很多国家等待中国品牌来"垦荒"，"尤其是国内新能源汽车，价格、性能、内饰、技术各有千秋，能满足不同市场的个性化需求"。

"百花齐放"一直是中国特色，更是中国优势。不单是新能源汽车，新能源充电桩在国际市场上也有巨大缺口。中国企业的出海布局也需将眼光放得更加长远，方能为中国品牌长期、持续、高效的出海奠定更扎实的基础。

资料来源：毛宇. 中国新能源汽车出海：东南亚成首站，澳大利亚追赶激烈[R/OL]. https://baijiahao.baidu.com/s?id=1785616460250197179&wfr=spider&for=pc，2024年6月10日，有删改。

议一议：

1. 中国新能源汽车出口海外市场有何重大意义？

2. 中国新能源汽车从"产品出海"到"产业链出海""技术出海"对其他产业有何启示？

项目测试

一、单选题

1. 市场营销组织是为了实现(　　),制订和实施市场营销计划的职能部门。

A. 企业计划　　B. 营销计划　　C. 企业目标　　D. 利润目标

2.(　　)是最常见的市场营销组织形式。

A. 职能型组织　　B. 产品型组织

C. 地区型组织　　D. 产品/市场管理型组织

3. 企业的市场营销组织随着经营思想的发展和企业自身的成长,大体经历了(　　)典型形式。

A. 四种　　B. 五种　　C. 六种　　D. 七种

4. 营销控制过程的首要环节是(　　)。

A. 分析偏差原因　　B. 设置控制目标

C. 确定控制对象　　D. 建立控制标准

5. 当企业经营的产品种类多、产品项目之间关联性不强且需要一定技术服务时,企业应设置(　　)的营销机构。

A. 地区型　　B. 产品型

C. 市场型　　D. 产品/市场管理型

二、判断题

1. 生产多种产品或拥有多个品牌的企业,通常设置产品/市场管理型组织。(　　)

2. 在正常情况下,市场占有率上升表示市场营销业绩提高,在市场竞争中处于优势。(　　)

3. 年度计划控制是为了确认在各产品、地区、最终顾客群和分销渠道等方面的实际获利能力。(　　)

4. 目标不能只是概念化,应当尽量量化表达,转化为便于衡量的指标。(　　)

5. 营销按照计划的程度划分,可以分为总体营销计划和专项营销计划。(　　)

能力训练

案例研讨

华为:三种模式赋能车企,打造中国智能汽车品牌

1. 华为汽车产业模式与定位

华为通过作为零部件供应商、提供 HI(Huawei Inside)全栈智能汽车解决方案以及鸿蒙智行三种模式,为车企提供强大的技术支持,而并不直接涉足整车制造,而是专注于零部件和软件技术的研发与创新。华为的高关注度和广泛流量优势,对提升合作车企的品牌影响力和市场认知度起到了积极的推动作用。

2. 技术布局与核心竞争力

华为在智能汽车领域深耕 ICT(Information and Communication Technology)技术及网

联汽车增量部件，通过云—管—端一体化的架构布局，成功跻身为网联汽车增量部件的核心供应商。华为的智能车云、网联、智能驾驶、智能座舱、智能电动等解决方案，与多家车企建立了深度合作，显著提升了车企产品的市场竞争力。

3. 营销优势与战略部署

华为凭借自身的高流量、高曝光特性，为合作车企提供了强大的营销支持，推动了其销量的增长。通过全球商场手机门店的布局，华为为合作车企提供了产品展示、品牌宣传以及消费者教育的平台，进一步提升了合作车企的品牌影响力。

4. 产品进展与未来展望

鸿蒙智行作为华为智能汽车业务的核心模式，其合作车型的销量持续攀升，预计未来几年将实现更为显著的增长。华为与多家车企合作推出的新车型，覆盖了多个细分市场，进一步完善了其在智能汽车业务领域的布局。华为将持续加大投入，致力于推动智能汽车业务的创新与发展。

华为通过其独特的三种模式，为车企提供了强大的技术支持和营销助力，在智能汽车领域展现出卓越的技术实力和营销优势，为中国智能汽车品牌的崛起贡献了重要力量。

资料来源：根据网络资料整理。

问题：

1. 与之前相比，华为的企业战略有何调整？
2. 华为制定智能汽车战略的依据是什么？

实践训练

市场营销管理：营销计划制定

训练名称	华为智能汽车营销计划制定		训练类别	团队训练
训练目的	学会根据公司战略制订基本的营销计划			
训练方案	训练步骤	训练内容		时　间
	1. 准备	仔细阅读上述“案例研讨”中的案例，进一步搜寻相关资料		与本项目教学时间同步，课外完成
	2. 分析思考	根据材料，制订华为智能汽车营销计划		
	3. 形成报告	将上述分析与思考形成文字报告		
考核方式	依据团队提交的报告评定成绩			

实践训练资料

上述“案例研讨”中的案例。

项目十二　网络经济下的市场营销

学习目标

知识目标

1. 了解网络营销的基础理论；
2. 了解常见的网络营销方法。

能力目标

1. 能够运用网络营销相关理论分析企业网络营销案例；
2. 能够根据企业情况选取合适的网络营销方法。

思政目标

1. 引导学生实事求是，培养学生的诚信意识；
2. 引导学生遵守平台规则，培养良好的职业素养。

案例导入

“疯狂星期四”：肯德基的营销魔法与文化现象

“疯狂星期四”的起源可以追溯到2018年，当时肯德基为了与麦当劳竞争，推出了一个常态化的促销活动。肯德基是在1987年的一个星期四进入中国开店的，所以为了纪念这个日子，以后每周的周四，中国消费者都可以只花9.9元，就买到9块黄金鸡块。

然而，在头几年，这个促销活动并没有引起太大的关注。直到2021年，肯德基改变了营销策略，开始允许网红和段子手们自由发挥。

当肯德基开放了网红和段子手的自由发挥后，社交媒体上开始出现了第一代拿“疯狂星期四”来恶搞的段子。这些段子手们以各种创意的方式将“疯狂星期四”与日常生活相结合，为人们带来了出人意料的幽默和乐趣。这些段子不仅让人们捧腹大笑，还引发了人们对生活的思考和感悟。许多网友们纷纷表示：“虽然有些段子没看懂，但是不妨碍我觉得它们很有趣！”“这些段子让我觉得生活充满了惊喜和创意！”。

肯德基通过精心策划和执行，成功地将品牌与消费者的日常生活紧密相连，提高了品牌的知名度和美誉度，同时也增加了消费者的黏性和忠诚度。

资料来源：小德聊车．肯德基的疯狂星期四到底怎么来的？疯狂的到底是谁呢？[R/OL]．https://mp. weixin. qq. com/s/aGgNNmJlBzH8MFQVuzcTJg，2024 年 6 月 10 日。

在新经济时代，经济活动的网络化是必然趋势，它代表着新时代经济形态的发展方向。人们不仅要从网络上获取大量经济信息，依靠网络信息预测和决策，而且许多交易行为直接在信息网络上进行，并受到网络行为的影响。在网络经济中，信息不仅是生产资料，更是生产产品和消费商品，它在未来经济中具有举足轻重的作用，网络正在使整个世界发生翻天覆地的变化，它不仅改变了人们的思维和生活方式、企业的经营和管理模式，同时也影响着整个社会经济的发展。市场营销活动是企业应对社会经济发展的重要活动，更应当重视网络经济所带来的挑战与机遇。

任务一　认识网络经济

一、网络经济的概念

从国内外专家的研究看，网络经济被称为信息经济、知识经济、数字化经济或新经济，但无论哪种称谓，其核心含义都是指由于计算机互联网络在经济领域中的普遍应用，使经济信息成本得以急剧下降，从而导致信息替代资本在经济中的主导地位，并最终成为核心经济资源的全球化经济形态。

亚马逊创始人贝佐斯认为："互联网的真正价值在于它将人们连接起来。"因此，我们可以将网络经济视为一种通过电子网络形成的联结经济。电子网络的联结性是网络经济的本质属性，网络经济的任何问题都要受到这一本质属性的规定和制约。

在这里，我们可以把网络经济概括为一种建立在计算机网络(特别是互联网)基础之上，以现代信息技术为核心的新的经济形态，包括以计算机为核心的信息技术产业和以现代计算机技术为基础的整个高新技术产业的崛起，更包括由于高新技术的推广和运用所引起的传统产业、传统经济部门深刻的革命性变化和飞跃性发展。

因此，绝不能把网络经济理解为一种独立于传统经济之外、与传统经济完全对立的纯粹的"虚拟"经济。它实际上是一种在传统经济基础上产生的、经过以计算机为核心的现代信息技术提升的高级经济发展形态。

延伸阅读

《中华人民共和国国民经济和社会发展第十四个五年规划和 2035 年远景目标纲要》中写道："迎接数字时代，激活数据要素潜能，推进网络强国建设，加快建设数字经济、数字社会、数字政府，以数字化转型整体驱动生产方式、生活方式和治理方式变革。"

二、网络经济的基本特征

(一)快捷性

消除时空差距是互联网使世界发生的根本性变化之一。首先，互联网突破了传统的国家、地区界限，被网络连为一体，使整个世界紧密联系起来，把地球变成一个“村落”。其次，信息网突破了时间的约束。再次，网络经济是一种速度型经济。最后，网络经济从本质上讲是一种全球化经济。因此，在网络经济下，市场营销活动的影响变得辐射面更广、力度更强、反馈更快。

（二）高渗透性

高渗透性主要表现为新技术对传统行业所带来的冲击。例如，传统制造商企业正逐步从线下经营转为线上的电子商务，企业已绕过传统的经销商转而直接与客户沟通，客户的需求将直接转化为企业的生产指令，新技术的出现使得传统企业的众多需求转变为现实，正是这种现实让作为网络经济的重要组成部分——信息产业——已经广泛渗透到传统产业中。对于商业、银行业、传媒业、制造业等传统产业来说，迅速利用信息技术、网络技术实现产业内部的升级改造，以迎接网络经济带来的机遇和挑战，是一种必然选择。

（三）自我膨胀性

网络经济的自我膨胀性突出表现在四大定律上：

1. 摩尔定律

摩尔定律是由英特尔（Intel）创始人之一戈登·摩尔（Gordon Moore）提出的。其内容为：当价格不变时，集成电路上可容纳的元器件的数目每隔 18～24 个月便会增加一倍，性能也将提升一倍。换言之，每一美元所能买到的电脑性能，将每隔 18～24 个月翻一倍以上。这一定律揭示了信息技术进步的速度。

2. 梅特卡夫法则

梅特卡夫法则是指网络价值以用户数量的平方的速度增长。如果一个网络中有 n 个人，那么网络对于每个人的价值与网络中其他人的数量呈正比，这样，网络对于所有人的总价值与 $n^2-n[n\times(n-1)]$成正比。如果一个网络对网络中每个人价值是 1 元，那么规模为 10 倍的网络的总价值等于 100 元；规模为 100 倍的网络的总价值就等于 10 000 元。网络规模增长 10 倍，其价值就增长 100 倍。

3. 马太效应

在网络经济中，由于人们的心理反应和行为惯性，在一定条件下，优势或劣势一旦出现并达到一定程度，就会导致不断加剧而自行强化，出现“强者更强，弱者更弱”的垄断局面。马太效应反映了网络经济时代企业竞争中一个重要因素——主流化。“非摩擦的基本规律其实很简单——你占领的市场份额越大，你获利就越多，即富者越富。”

4. 吉尔德定律

据美国激进的技术理论家乔治·吉尔德预测：在可预见的未来（未来 10 年），通信系统的总带宽将以每年 3 倍的速度增长。随着通信能力的不断提高，吉尔德断言，每比特传输价格朝着免费的方向下滑，费用的走势呈现出“渐进曲线”的规律，价格点无限接近于零。

（四）边际效益递增性

边际效益随着生产规模的扩大会显现出不同的增减趋势。在工业社会物质产品生产过程中，边际效益递减是普遍规律，因为传统的生产要素——土地、资本、劳动——都具有边际成本递增和边际效益递减的特征。与此相反，网络经济却显现出明显的边际效益递增性。

1. 网络经济边际成本递减

信息网络的平均成本随着入网人数的增加明显递减，其边际成本则随之缓慢递减，但网络的收益却随入网人数的增加而同比例增加；网络规模越大，总收益和边际收益就越大。

2. 网络经济具有累积增值性

一条技术信息能以任意的规模在生产中加以运用。在信息成本几乎没有增加的情况下，信息使用规模的不断扩大可以带来不断增加的收益。这种传递效应也使网络经济呈现边际收益递增的趋势。

(五)外部经济性

一般的市场交易是买卖双方根据各自独立的决策缔结的一种契约，与契约无关却又受到影响的经济主体可统称为外部，它们所受到的影响就被称为外部效应。契约履行所产生的外部效应可好可坏，分别称为外部经济性和外部非经济性。通常情况下，工业经济带来的主要是外部非经济性，如工业“三废”，而网络经济则主要表现为外部经济性。增加了成员就增加了价值，反过来又吸引更多的成员。

(六)可持续性

信息与知识具有可分享性，这一特点显然与实物不同。一般实物商品交易后，出售者就失去了实物，而信息、知识交易后，出售信息的人并没有失去信息，而是形成出售者和购买者共享信息与知识的局面。

(七)直接性

由于网络的发展，经济组织结构趋向扁平化，处于网络端点的生产者与消费者可直接联系，降低了传统中间商存在的必要性，从而显著降低了交易成本，提高了经济效益。信息网络化在发展过程中会不断突破传统流程模式，逐步完成对经济存量的重新分割和增量分配原则的初步构建，并对信息流、物流、资本流之间的关系进行历史性重构，压缩甚至取消不必要的中间环节。

三、网络经济的竞争原则

网络经济有着与传统经济迥然不同的特征、原理和规律。在网络经济中，企业必须顺应环境的变化，采取全新的竞争原则和竞争策略，方有可能在激烈的竞争中取胜。下面提出的五大竞争原则，勾画出一家公司由弱变强的若干重要途径。

(一)主流化原则

网络公司相信，要使软件在市场中获得成功，必须激发大量需求。通过快速形成巨大的市场占有率，导航者成为这个领域的标准。这种为了赢得市场最大份额而赠送第一代产品的做法被称为主流化原则。主流化原则有助于吸引顾客，迅速提高市场份额，使企业在市场上占有主流地位。

主流化原则可以推广为：企业降低价格并锁定特定的用户群，发展长远的顾客。所谓锁定，是指通过吸引顾客，使顾客无法放弃你的产品以占领市场的过程。由于惯性、懒惰与时间的珍贵，人们愿意始终只与一个相对固定的公司交易。低价推动的正反馈机制是主流化原则的灵魂。微软公司通过每六个月发行一个新版本的方法，从用户身上获取大量利润。原用户不但本身被锁定在微软产品上，通过重复购买产生累积效应，而且会向其亲戚朋友推荐，使微软产品的影响迅速扩大，在消费者心目中逐步变成一种时尚，一种非买不可的产品。这时，该产品已取得主流地位。

(二)个人市场原则

在传统经济中，通行以全体顾客为对象的大批量生产、大众化销售方式。在网络经济中，出现了“柔性生产”技术。由于互联网的互动作用，企业易于了解消费者的个人偏好，可以借助于网络和计算机，适应个人的需要，有针对性地提供低成本、高质量的产品或服务。个体化产品的售价要比大批量生产的产品价格高，这不但因为支出的成本较高，而且因为它更容易激起顾客的购买欲望。Broad Vision 可在网上向人们提供经过剪裁的个人报纸。只要说出你感兴趣的新闻的范围、类型和侧重点，以及对于版面设计或其他方面的基本要求，你就能得到一份充满个人色彩的、图文兼茂的报纸。

（三）特定化原则

与个人市场原则密切相关的是特定化原则，即挖掘个人市场，然后瞄准市场中某类特定顾客。公司必须首先找出具有代表性的个人习惯、偏好和品位，据此生产出符合个人需要的产品。然后，公司找出同类型的大量潜在客户，把他们视作一个独立的群体，向他们出售产品（服务）。瞄准特定客户，是弱小公司的最佳策略。由于小公司的资源和能力有限，只能瞄准范围有限的特定客户群。随着锁定一部分客户并不断扩大战果，公司可遵循主流化原则迅速提高市场占有率。但是，随着市场份额的上升，瞄准特定市场的效果也就逐步下降，因为未受控制的份额在迅速缩小。当然，随着公司的发展，它所瞄准的客户的范围将会不断扩大。

（四）价值链原则

一种产品的生产经营会有多个环节，每个环节都有可能增值，我们将其整体称作价值链。价值链原则包括三层含义：

（1）公司不应只着眼于价值链某个分支的增值，而应着眼于价值链的整合，着眼于整个价值链的增值。

（2）公司应尽可能多地拥有或控制价值链上的分支，并从中赚取尽可能多的利润。

（3）公司应缩短价值链，获取由被砍掉的价值链分支曾经获取的收入。

（五）适应性原则

由于互联性的存在，市场竞争在全球范围内进行，市场呈现出瞬息万变之势。精心制定的发展计划很可能在转眼间就成为一堆废纸。因此，对公司的经营策略及时做出调整，或使公司的组织结构具有足够的弹性以适应市场的急剧变化，已成为任何公司必须遵循的最基本的竞争原则之一。

公司的适应性原则包括以下三方面内容：

（1）公司产品的适应性，即公司产品（服务）能适应消费者不断变化的个人需要。

（2）公司行为的适应性，即公司行为要适应市场的急剧变化。

（3）企业组织的适应性，即企业组织要富于弹性，能随着市场的变化而伸缩自如。

任务二　认识网络营销

网络营销是网络经济、技术发展起来后又一个令时代关注的营销模式，是以互联网为核心平台，以网络用户为中心，以市场需求和认知为导向，利用各种网络应用手段实现企业营销目的的一系列行为。虽然网络营销以互联网为核心平台，但也可以整合其他的资源形成整合营销，比如销售渠道促销、传统媒体广告、地面活动等。

互联网拥有其他任何媒体都不具备的综合营销能力，网络营销可进行从品牌推广到销售、服务及市场调研等一系列工作。其内容主要包括电子商务、企业展示、企业公关、品牌推广、产品推广、产品促销、活动推广、挖掘细分市场、项目招商等方面。这里所指的网络不仅包括互联网（Internet），还应该包括外联网（Extranet）以及内联网（Intranet），即应用互联网技术和标准建立的企业内部信息管理和交换平台。

一、网络营销的理论基础

微课视频

网络经济

网络营销的产生是有其理论依据的。在网络营销出现之前，人们已经在电子商务经济学、直复营销、关系营销、软营销、整合营销、体验营销、长尾理论等方面进行了探索，这些理论为网络营销的产生和发展奠定了理论基础。

（一）电子商务经济学

电子商务经济学是研究因电子商务而引发的各种经济现象及其规律的一门经济学分支学科，主要讨论同电子商务有关的重要的微观和宏观经济学问题。前者主要涉及消费者和企业在电子化市场和传统市场（跨市场）上的行为，后者主要关心电子商务对一个经济体在宏观上的影响。由于网络营销是电子商务的重要组成部分，电子商务经济学理所当然地也把有关网络营销的经济学问题作为研究的一个重点。例如，电子商务经济学研究的数字产品定价问题就对网络营销实践至关重要；有关网上广告特点和规律的理论对网络营销也有直接的指导意义。作为研究电子商务这一全新商业模式的经济学理论，电子商务经济学是网络营销基础理论中理论性最强的一个，其对网络营销的指导意义也最大。这种指导作用更多集中在战略层次而不是操作层次，所以电子商务经济学对网络营销战略的制定最具意义，在许多时候，电子商务经济学向我们指明：在网络营销领域，哪些事情可为，哪些事情不可为。

（二）直复营销理论

直复营销是为了在任何地方产生可量度的反应和达成交易而使用一种或多种广告媒体的相互作用的市场营销体系。网络营销是一种典型的直复营销。借助互联网，企业与顾客之间可以实现直接的一对一的信息交流和直接沟通。互联网的方便、快捷使得顾客可以方便地通过互联网直接向企业提出建议和购买需求，也可以直接通过互联网获得售后服务。这也是“网络营销虽然是直复营销各种方式中出现最晚的一种，但却是发展最为迅猛、生命力最强”的原因。

由于直复营销最重要的一个特性就是营销活动的效果是可测量的，因此，网络营销是可测试、可度量、可评价的。有了及时的营销效果评价，企业就可以及时改进以往的网络营销方式，不断地提高网络营销效果。

（三）关系营销理论

所谓网络关系营销，是指企业借助联机网络、电脑通信和数字交互式媒体的威力来实现营销目标。它是一种以消费者为导向、强调个性化的营销方式，适应了定制化时代的要求；它具有极强的互动性，是实现企业全程营销的理想工具；它还能极大地简化顾客的购买程序，节约顾客的交易成本，提升顾客的购物效率。关系营销的核心是保持顾客，为顾客提供高度满意的产品和服务价值，通过加强与顾客的联系，提供有效的顾客服务，保持与顾客的长期关系，并在与顾客保持长期关系的基础上开展营销活动，实现企业的营销目标。

（四）软营销理论

软营销理论是针对工业经济时代以大规模生产为主要特征的“强式营销”提出的新理论，该理论认为顾客在购买产品时，不仅满足基本的生理需求，还满足高层的精神和心理需求。因此，软营销的一个主要特征是对网络礼仪的遵循，通过对网络礼仪的巧妙运用获得希望的营销效果，网络软营销就是在遵循网络礼仪规则的基础上巧妙运用达到一种微妙的营销效果。软营销产生的另一个原因就是消费者个性化需求的回归。它使消费者在心理上要求自己成为主动方，而网络的互动特性又使消费者有了成为主动方的真正可能。他们不欢迎不请自到的广告，但他们会到网上寻找自己需要的信息，企业只需在那儿静静地等待消费者的寻觅即可。

（五）整合营销理论

网络整合营销是基于信息网络（主要是互联网）之上，近年来新发展起来的一种营销模式。在深入研究互联网各种媒体资源（如门户网站、电子商务平台、行业网站、搜索引擎、分类信息平台、论坛社区、视频网站、虚拟社区等）的基础上，精确分析各种网络媒体资源的定位、用户行为和投入成本，根据企业的客观实际情况（如企业规模、发展战略、广告预算等）为企业提供最具性价比的一种或者多种个性化网络营销解决方案就称为整合式网络营销，也叫网络整合式营销，或者称为个性化网络营销。简单地说，就是整合各种网络营销方法，有效配比客户的客观需求，给客户提供最佳的一种或者多种网络营销方法。其主要有三个方面的含义：

（1）传播资讯的统一性，即企业用一个声音说话，消费者无论从哪种媒体所获得的信息都是统一的、一致的。

（2）互动性，即公司与消费者之间展开富有意义的交流，能够迅速、准确、个性化地获得信息和反馈信息。

（3）目标营销，即企业的一切营销活动都应围绕企业目标来进行，实现全程营销。

（六）体验营销理论

体验营销（experiential marketing）是通过看、听、用、参与的手段，充分刺激和调动消费者的感官、情感、思考、行动、关联等感性因素和理性因素，重新定义、设计的一种思考方式的营销方法。体验营销理论认为，消费者消费时是理性和感性兼具的，消费者在消费前、消费中和消费后的体验，是研究消费者行为与企业品牌经营的关键。

网络营销中体验营销的应用主要体现在两个方面：一是网络虚拟体验的构建与呈现需要企业充分利用网络多媒体技术来提高视觉感官、浏览操作、交互参与、安全信任等多方面的用户体验；二是部分商品通过线下体验来辅助网络营销，如珠宝、家居类电商在线下开设实体店，有助于缓解由于网络虚拟性带来的直接体验缺失问题，从而促成线上交易的达成。

（七）长尾理论

长尾理论是网络时代兴起的一种新理论，由克里斯·安德森于 2004 年在美国《连线》杂志提出。长尾理论认为，只要产品的存储和流通的渠道足够大，需求不旺或销量不佳的产品所共同占据的市场份额可以和那些少数热销产品所占据的市场份额相匹敌甚至更大，即众多小市场汇聚可产生与主流相匹敌的市场能量。也就是说，企业的销售量不在于传统需求曲线上那个代表"畅销商品"的头部，而是那条代表"冷门商品"经常被人遗忘的长尾。举例来说，一家大型书店通常可摆放 10 万本书，但亚马逊网上书店的图书销售额中，有四分之一来自排名 10 万以后的书籍。

长尾理论是对传统主流营销思想"二八法则"的一次颠覆，也对互联网企业的营销思路有很大的冲击，从而对整个网络营销发展有一定的影响作用。实际上，亚马逊、亿贝、谷歌、阿里巴巴、百度、腾讯等互联网企业的崛起，自觉或不自觉、或多或少都有基于长尾理论的应用。企业开展网络营销时，在利基市场（需求很小的细分市场）寻找、搜索引擎营销的关键词选择、品牌多样化、渠道整合、网络推广宣传等领域应用到长尾理论的思想。

微课视频

长尾理论

二、网络营销的优势

目前，互联网正迅速渗透到社会政治、经济、文化各个领域，进入人们的日常生活，并带来社会经济、人们生活方式的重大变革，为企业营销带来新的契机。越来越多的企业认识到互联网对企业经营发展不可替代的重要作用。作为一种全新的营销方式，网络营销具有传统市场营销方式无可比拟的优越性，客观上决定了网络营销必然具有强大的生命力，也必将成为21世纪企业营销的主流，全球企业竞争的锐利武器。

（一）营销范围扩大

网络时代的一大特点便是强大的覆盖性与到达率，与传统营销相比，依托网络的网络营销能够更为快捷地覆盖市场，尤其是对于全球性的企业而言，通过它企业可方便快捷地进入任何一国市场，推销自己的产品和服务，网络营销为企业架起了一座通向国际市场的桥梁。

（二）大幅度降低成本

网络营销能够快速降低成本，尤其是推广成本与渠道成本，无论是对于买方还是卖方而言，效果都是巨大的。网络营销加强了企业与供应商的信息交流，减少了采购费用；建立了企业与消费者之间的直接联系，减少了交易环节及销售费用；完成了企业内部信息的共享和交流实时化，实现统一管理，减少了管理费用；网络营销使企业和消费者即时沟通供需信息，使无库存生产和无库存销售成为可能，从而降低库存费用。

（三）高效便捷的信息沟通

网络就是信息高速公路，企业可以借助网络多方面收集顾客的需求信息，尤其是个性化的信息，并迅速做出反应，同样可以通过网络平台把产品或服务传递给消费者，这些信息传递不仅数量大、迅速和快捷，而且几乎不受时间和地点的限制。以网络为媒体的信息内容十分丰富，网络虚拟市场的信息往往是多媒体，有图片、动画、文字和声音等，不仅有产品和价格信息，还有相关的知识文化信息。

（四）消费者个性化需求得以满足

互联网上的促销不仅是一对一的、理性的、消费者主导的、非强迫性的、针对性的、循序渐进式的，而且是一种低成本与人性化的促销，避免推销员强势推销的干扰，并且通过信息提供和交互式交谈与消费者建立长期良好的关系。消费者在满足自己个性化需求时的可选择性会更多，用户的消费欲望会放大，发挥用户更多的主动性，从而让部分推广任务直接在满足消费者个性化的过程中消化。

（五）竞争更公平

网络为企业提供了一个真正平等、自由的市场体系，使其具有面对消费者的机会和获取世界各地信息的机会，竞争在网上变得透明而清晰，信誉成了网络竞争新的焦点。企业构建网络平台的成本相对较小，这就给实力雄厚的大企业和新兴创业的企业同样的机会，通过网络进入共同的市场。任何企业都不受自身规模的绝对限制，都能平等地获取世界各地的信息，平等地发展自己。因此，网络营销成为刚刚起步且面临强大竞争对手的中小企业的一个强有力的竞争武器。

三、网络营销的基本职能

网络营销的职能不仅表明网络营销的作用和网络营销工作的主要内容，同时也说明了网络营销可以实现的效果，对网络营销职能的认识有助于全面理解网络营销的价值和网络营销的内容体系，因而网络营销的职能是网络营销的理论基础之一。

（一）网络品牌

与传统营销模式一样，企业品牌的建立是大多数企业所追求的目标。网络营销的重要任务之一就是在互联网上建立并推广企业的品牌，知名企业的线下品牌可以在线上得以延伸，一般企业则可以通过互联网快速树立品牌形象，并提升企业整体形象。网络品牌建设是以企业网站建设为基础，通过一系列的推广措施，达到顾客和公众对企业的认知和认可。在一定程度上，网络品牌的价值甚至高于通过网络获得的直接收益。

（二）推广宣传

无论是网址的推广还是促进用户的访问，其最终都是为了企业依托网络平台实现推广与宣传的作用，帮助企业快速将营销信息传递到目标市场与目标用户。信息发布也是网络营销的基本职能，无论哪种网络营销方式，结果都是将一定的信息传递给目标人群，包括顾客/潜在顾客、媒体、合作伙伴、竞争者等。微信公众号的出现实现了对用户主动推送宣传信息，微信朋友圈广告模式更是进一步实现了精准营销。国内众多厂商的新车发布已经采用网络直播。

（三）销售促进

营销的基本目的是帮助增加销售，网络营销也不例外，大部分网络营销方法都与直接或间接销售促进有关，但销售促进并不限于促进网上销售。事实上，网络营销在很多情况下对于促进线下销售十分有价值。例如，鹏斯是美国著名的机油品牌，由于其在国内传统媒体上从不做广告宣传，导致其在国内的知名度非常低，很多人都认为这是个小众品牌。事实上，在美国，鹏斯机油的知名度完全不逊色于美孚、壳牌等品牌，国内有代理商通过在汽车论坛上发布研究性广告软文，让许多中国车主了解到这一品牌，提高了国内的知名度。

（四）销售渠道

具备网上交易功能的企业网站本身就是个网上交易场所，网上销售是企业销售渠道在网上的延伸，网上销售渠道建设也不限于网站本身，还包括建立在综合电子商务平台上的网络商店及与其他电子商务网站不同形式的合作等。许多大型厂商甚至将网络销售渠道作为自身业务的核心渠道，国内电子商务平台产品的迅猛发展正是对其渠道价值的证明。

（五）顾客服务

互联网提供了更加方便的在线顾客服务手段，互联网的统计数据显示，通过网络平台渠道，如互联网、微信、微博、QQ 等，开展的顾客服务比重正在不断提升，传统的门店服务、电话服务等的比重在 40 岁以下人群中所占的比重正在逐年走低。良好的顾客关系是网络营销取得成效的必要条件，通过网站的交互性、顾客参与等方式在开展顾客服务的同时，也增进了顾客关系，如微博互动、微信公众号服务等。

（六）营销辅助

网络营销还能开展其他营销辅助功能。例如，可以依托在线调查等方式开展市场调研，具有成本更低、覆盖面更广、调研目标更精准、数据处理更高效等优点。企业通过分析消费习惯与消费模式来研究新产品的开发。许多电子产品现在已经支持用户通过在网站对材质、颜色、款式的自定义下单定制，而企业通过对“有效”用户的定制数据，研究目标用户对这些产品属性的取向，从而在新产品研发时及时调整。

任务三 网络营销的主要方法

网络营销职能的实现，需要通过一种或多种网络营销手段。随着网络技术的发展，近年来出现了多样化的网络营销手段，如电子邮件营销、搜索引擎推广、自媒体营销、大数据库营销、事件营销、病毒式营销、网络广告营销、软文营销以及直播带货营销等。

一、电子邮件营销

电子邮件即E-mail，是最早的一种营销工具，诞生于20世纪70年代早期，盛行于20世纪80年代。当时由于互联网技术不够发达，使用人数较少，电子邮件只能发送简短的信息，连图片也不能发送；到了20世纪80年代中期，随着互联网技术的进步，尤其是个人电脑的兴起，使电子邮件大范围普及开来；到20世纪90年代中期，电子邮件已在全球范围内普及，各个国家和地区的网民都开始使用这种工具，电子邮件被广为运用。

电子邮件营销是利用电子邮件与受众客户进行商业交流的一种营销方式，是在用户事先许可的前提下，通过电子邮件向目标用户传递价值信息的一种网络营销手段。

电子邮件营销是网络营销方法中最古老的一种，可以说电子邮件营销比绝大部分网站推广和网络营销方法都要早。电子邮件营销的起源可以追溯到1994年4月12日，移民签证律师坎特和西格尔夫妇把一封“绿卡抽奖”的广告信发到他们可以找到的新闻组，这在当时引起了轩然大波，他们的“邮件炸弹”使很多服务商的服务器处于瘫痪状态。这两位律师在1996年还合作编写了一本书，书名是《网络赚钱术》，书中介绍了他们的这次辉煌经历：通过互联网发布广告信息，只花了不到20美元的上网通信费用就吸引了25 000名顾客，赚了10万美元。他们认为，通过互联网进行电子邮件营销是前所未有的几乎无须任何成本的营销方式。

随着电子邮件应用的飞速发展，有些企业开始萌发借助电子邮件展开营销的信息传播的设想。并且，随着电子邮件群发技术的产生，将这种信息传播方式推向了极致。企业只要以很低的成本，经过简单的技术处理，就可通过电子邮件群发方式向市场大量地发送产品、服务、营销或商务信息，并且效果也很好。

二、搜索引擎推广

网络平台实现了聚合效应，把企业和消费者聚合到一张隐形的大网中，实现了资源的集中，但同时也带来了一个共性的问题，就是如何在海量的资源中快速找到有效的目标资源。为此，以百度等为代表的搜索引擎公司提供了一种解决方案，即帮助企业和消费者实现快速寻找和筛选目标资源，也就是搜索引擎推广业务，通过这种方法，即便是微小型企业也能比大型公司更为快速地接近消费者，抢占消费者认知领域，赢得市场先机。

延伸阅读

搜索引擎营销的特色

(1)搜索引擎营销方法与企业网站密不可分。

(2)搜索引擎传递的信息只发挥向导作用。

(3)搜索引擎营销是用户主导的网络营销方式。

(4)搜索引擎营销可以实现较高程度的定位。

(5)搜索引擎营销的效果表现为网站访问量的增加而不是直接销售。

(6)搜索引擎营销需要适应网络服务环境的发展变化。

三、自媒体营销

自媒体营销是基于移动网络发展而兴起的，是大众通过数字科技平台，发布、分享自有信息的载体。近些年，“自媒体”热度持续升温，从最早的论坛、贴吧、博客到今日的微博、微信、抖音、小红书等，每一个新兴的自媒体平台的出现都在营销界掀起一番新的混战。自媒体平台具有人际传播快、产品说服力大、粉丝聚拢效应强等特点。其中，微博营销涉及的范围包括认证、有效粉丝、朋友、话题、名博、开放平台、整体运营等。2011 年 1 月 21 日，腾讯推出微信，随后 2012 年微信公众号推出，让大众传播的属性变得更强。2013 年，微信发展迎来鼎盛期，全行业由 PC 端向移动端转移，手机自媒体已然成为不可逆的趋势。2014 年，直播平台开始建立，微信公众号也正式开启了商业变现的摸索。到了 2015 年，网红概念兴起，全网近 200 家直播平台涌现，自媒体从业人员已经突破 200 万人。

延伸阅读

抖音平台发展史

2016 年，抖音以“音乐表情神器”为名正式上线，初期以用户制作、分享和观看 15 秒短视频为主要功能。在这个阶段，抖音的用户规模逐渐扩大，用户群体以 90 后和 00 后为主，通过短视频展示自己的才艺和生活，获得了广泛的关注和认可。

2017 年，抖音推出了全新的版本，将短视频和社交功能更加紧密地结合在一起。用户可以关注其他用户、点赞评论短视频，与他人交流和互动。这种社交互动的方式吸引了更多的用户加入，并且在用户之间形成了更加活跃的社区氛围。

2018 年，抖音开始在全球范围内展开推广和拓展。在这一年，抖音的用户规模迅速增长，尤其在海外市场取得了巨大的成功。抖音的短视频内容魅力和创新的推广方式吸引了大量的用户，使抖音成为全球最受欢迎的短视频应用之一。

2019 年，抖音推出了一系列创新功能，包括“抖音挑战”“抖音直播”“抖音火山版”等，进一步增加了用户的参与度和黏性。抖音的内容创作和传播方式也得到了进一步的优化和改进，为用户提供了更好的使用体验和更多的娱乐选择。

2020 年，抖音进一步拓展了电商业务。抖音电商平台的推出，为用户和商家提供了一个交流和购物的全新场景。用户可以通过短视频形式展示和推广商品，与粉丝互动和交流。直播带货的功能也得到了加强，用户可以通过直播方式实时展示和推销商品。抖音电商平台的推出，进一步提升了抖音的商业价值和用户活跃度。

资料来源：玖零年代. 抖音整体平台发展史[R/OL]. https://mp.weixin.qq.com/s/kX4hHRRgkrBbuE5SFeIssg，2024 年 6 月 10 日，有删改。

四、大数据库营销

所谓大数据库营销，是指企业通过收集和整理消费者信息，经过分析消费者习惯与模式等数据，挖掘营销契机。该营销可以实现用户行为与特征的分析，分析出用户的喜好与购买习惯，甚至做到“比用户更了解用户自己”，引导产品及营销活动投用户所好，而在信息传递时，比传统营销更加精准地推送营销信息，降低推广成本。此外，通过数据监测分析，企业可以随时了解自身的营销状态，如竞争对手监测与品牌传播、品牌危机监测及管理支持、重点客户筛选、改善用户体验、客户分级管理支持、发现新市场与新趋势、市场预测与决策分析支持等。

延伸阅读

嘉豪食品锁定顾客群

广东嘉豪食品有限公司是以研发、生产、销售调味品及饮料为主的实业有限公司。该公司拥有劲霸、嘉豪、詹王、金蝉、三番等品牌，产品品类有鸡汁、青芥辣酱、汤皇、鸡粉、辣鲜露、果汁、辣椒酱等 60 多种，在国内优先成功研制并生产青芥辣酱、超浓缩鸡汁、超浓缩果汁、辣椒汁。

为应对市场变化，嘉豪食品实施了多种营销策略：

1. 积分豪礼大回馈活动

这是公司回馈客户的一项优惠活动。无论新老客户，只要使用嘉豪食品旗下主要产品，即可获得并积累积分，积分可即时兑换对应分值的礼品或其他等值服务。

2. 开卡有礼

首次注册申请为嘉豪食品 VIP 会员并通过审核后，在 30 天限期内可点击“领取”按钮领取积分。

3. 幸运大抽奖

单击“进入游戏页”后，将会看到游戏规则和幸运抽奖盘，点击“马上抽奖”即可开始抽奖，每玩一次只扣取 15 分，即小积分抽大奖。

4. 每日签到

只要每天登录积分系统签到，即可赚取积分。

5. 分享送积分

单击“参加游戏”后，把“分享地址”发送给自己的好友，当好友首次打开“分享地址”，那么你将获得 6 分。

6. 生日祝福

生日当天单击“领取”，将收到嘉豪食品为您送出的祝福。

资料来源：根据网络资料整理。

五、事件营销

事件营销是国内外十分流行的一种公关传播与市场推广手段，集新闻效应、广告效应、公共关系、形象传播、客户关系于一体。企业通过策划、组织和利用具有新闻价值、社会影响以及名人效应的人物或事件，吸引媒体、社会团体和消费者的兴趣与关注，以求提高企业或产品的知名度、美誉度，树立良好的品牌形象，并最终促成产品或服务的销售。事件营销需要在短时间内实现快速传播，快速集中注意力，话题效应越强烈，其效果越明显。网络为市场提供了一个低成本、传播迅捷、具有参与感的信息传播渠道，一个典型的特征便是几乎人人都可参与，这为事件营销模式提供了快速发展的平台。

六、病毒式营销

病毒式营销是指社会人际网络使信息像病毒一样传播和扩散，利用快速复制的方式传向数以千计、数以百万计的受众；也就是说，通过提供有价值的产品或服务，“让大家告诉大家”，通过别人为你宣传，实现“营销杠杆”的作用。病毒式营销已经成为网络营销最为独特的手段，被越来越多的商家和网站成功利用。病毒式营销是由信息源开始，再依靠用户自发的口碑宣传，达到一种快速滚雪球式的传播效果。病毒式营销是自发的、扩张性的信息推广，它并非均衡的、同时的、无分别地传给社会上每一个人，而是通过类似于人际传播和群体传播的渠道，产品和品牌信息被消费者传递给那些与他们有着某种联系的个体。它传播速度快、感染性强。例如，乐事推出一个向网友征集薯片口味的竞赛活动 Do us a flavor（乐味一番），谐音取自“Do me a favor（帮我个忙）”，如果乐事最终决定选择某位网友推荐的薯片口味，这位获胜者将获得100 万美元大奖，或得到这款口味薯片销量净利润 1%的提成。2012 年，活动吸引了大批“垃圾食品爱好者”参与，通过 Facebook 应用和短信息两种渠道，收集了 400 万个口味创意。随后，乐事组织厨师、著名美食家、食品口味专家成立评审团仔细挑选并最终选中了三个最佳口味：芝士蒜香面包味、炸鸡华夫味、甜辣酱味。2013 年 5 月，经过 100 余万名消费者在 Facebook、Twitter 上和短信中的投票评选，乐事的母公司菲多利宣布，芝士蒜香面包味获得了最终大奖，获奖人卡伦·韦伯·门德姆（Karen Webber Mendham）来自威斯康星州蓝多湖，是一名儿童图书管理员。

七、网络广告营销

广告是通过一定的传播媒介向受众传达特定信息的活动。与电视、报纸广告一样，网络广告只是广告的一种形式，它与其他广告形式的区别是传播媒介的不同。网络广告是指在互联网站上发布的以数字代码为载体的经营性广告。

网络广告的传播内容是通过数字技术进行艺术加工和处理的信息，广告主通过互联网传播广告信息，使广告受众认同和接受其产品、服务或观念等，并诱导受众的兴趣和行为，以达到推销产品、服务和观念的目的。

2022 年中国网络广告市场规模达 10 065.4 亿元。未来几年，中国网络广告市场在度过了互联网带来的红利期后，增长将逐渐趋于平稳。

八、软文营销

软文是相对于硬性广告而言，由企业的市场策划人员或广告公司的文案人员负责撰写的“文字广告”。它是基于特定产品的概念诉求与问题分析，对消费者进行针对性心理引导的一种文字模式，从本质上说，它是企业软性渗透的商业策略在广告形式上的实现，通常借助文字表述与舆论传播使消费者认同某种概念、观点和分析思路，从而达到宣传品牌、销售产品的目的。网络软文特指以互联网作为传播平台，主要以文字为载体的软文，目前已经成为企业网络宣传的一种惯用方式。

软文营销是一种营销方式，它通过撰写含有广告性质的文章来宣传产品或服务，但文章的形式和内容与传统硬性广告不同。较之通常以故事、新闻报道、评论等形式出现，目的是在不引起读者反感的情况下，潜移默化地影响其购买决策。软营销理论是相对于工业化大规模生产时代的强势营销而言的。强势营销往往用不断地广告轰炸和销售人员的死磨硬缠向顾客强行灌输信息。软营销强调的是消费者个性化需求的回归，企业在进行市场营销活动的同时，必须更注重消费者的感受和体验。以“拉”的方式，让消费者舒服地主动接受企业所传播的信息，强调的是相互尊重和沟通。借助网络这个双向平台，软文营销广泛运用于各大综合新闻类网站，并取得了理想的营销效果，是目前企业广泛应用的一种软营销策略。

九、直播带货营销

直播带货是通过互联网平台，使用直播技术近距离展示商品、答复咨询、导购的新型营销方式。

直播带货可以由店铺自己开设直播间，也可以由职业主播推介，成为电商行业蓬勃发展背景下大众关注的“焦点”。

直播带货营销，可以让消费者更好地了解产品、提高产品的知名度；也可以展现产品的功能和作用，让消费者更好地认识产品，提高消费者的购买欲望，增加消费者的购买动机。

项目回顾

1. 网络经济的基本特征：快捷性、高渗透性、自我膨胀性、边际效益递增性、外部经济性、可持续性、直接性。

2. 网络营销的理论基础主要是电子商务经济学、直复营销理论、关系营销理论、软营销理论和整合营销理论、体验营销理论、长尾理论。

3. 网络营销的基本职能归纳为：网络品牌、推广宣传、销售促进、销售渠道、顾客服务、营销辅助。

思政园地

加快发展数字经济，促进数字经济和实体经济深度融合

党的二十大报告强调，“加快发展数字经济，促进数字经济和实体经济深度融合，打造具有国际竞争力的数字产业集群”。当前，新一轮科技革命和产业变革正在重构全球创新版图、重塑全球经济结构，数字技术、数字经济作为世界科技革命和产业变革的先机，日益融入经济社会发展各领域全过程，全球经济数字化转型已是大势所趋。抢抓数字经济发展之先机，促进数字经济和实体经济深度融合，是把握新一轮科技革命和产业变革机遇、加快推动实体经济高质量发展和建设以实体经济为支撑的现代化产业体系的战略选择。要深入学习领会习近平总书记重要论述精神，全力做好促进数字经济和实体经济深度融合这篇大文章，推动实体经济发展壮大，在激烈的国际竞争中不断构筑国家竞争新优势。

数字经济是实体经济高质量发展的重要引擎。习近平总书记强调，数字经济具有高创新性、强渗透性、广覆盖性，不仅是新的经济增长点，而且是改造提升传统产业的支点，可以成为构建现代化经济体系的重要引擎。数字经济全面渗透和深刻影响生产、分配、流通、消费等各个环节，有力推动实体经济提质增效和动能转换。这有利于提高实体经济供给质量，加快质量变革。数字生产力快速发展，将引领生产主体、生产对象、生产工具和生产方式变革调整，驱动实体经济体系重构、范式跃迁，提高供给体系适应消费需求升级的能力，推动供需在更高水平

上实现动态平衡。比如，数字经济发展使大规模定制化生产成为可能，将增加优质供给，减少低效和无效供给。这有利于提高实体经济运行效率，加快效率变革。数据要素引领劳动力、资本、土地、技术、管理等要素网络化共享、集约化整合、协作化开发和高效化利用，将推动各类资源要素快捷流动，有效降低交易成本，提升资源配置效率。比如，数字经济发展催生“黑灯工厂”制造模式，劳动和资本重新组合，生产率大幅提高。这有利于提高实体经济创新能力，加快动力变革。数字技术创新活跃、应用广泛，推动各类产业技术融合创新、各类模式业态跨界发展，将引领经济发展动力从主要依靠资源和低成本劳动力等要素投入加快向创新驱动转变，拓展发展新空间、迸发发展新活力。比如，数字技术驱动的众包、众筹平台使企业更容易获取外部知识、信息和资源，提供了开放式创新舞台。这有利于提高实体经济安全水平，增强经济韧性。数字经济促进不同要素、产业和区域连通，提升企业间协同水平，将打破产业、地域限制，打通经济循环堵点卡点，提高产业链供应链适应环境变化的能力，更好保障实体经济平稳运行。

资料来源：国家数据局.党的二十大报告强调：加快发展数字经济，促进数字经济和实体经济深度融合[R/OL]. http://www.national-traffic.cn/article/184.html，2024年6月10日，有删改。

议一议：

1. 发展数字经济对于经济高质量发展有何重要意义？
2. 如何平衡数字经济和实体经济发展之间的关系？

项目测试

一、单选题

1. 网络营销的本质是（　　）。

A. 抓住客户，满足客户　　B. 降低产品成本
C. 构建网络渠道　　D. 促销产品

2. 网络营销是一种直复营销，下列关于直复营销的说法中错误的是（　　）。

A. 交流跨时空性　　B. 活动效果不可测定
C. 双向信息交流　　D. 为顾客提供直接的反应渠道

3. 下列不属于搜索引擎营销特色的是（　　）。

A. 搜索引擎营销方法与企业网站密不可分
B. 搜索引擎传递的信息只发挥向导作用
C. 搜索引擎营销可以实现较高程度的定位
D. 搜索引擎营销的效果表现为直接销售

二、多选题

1. 以下属于网络营销理论基础的有（　　）。

A. 直复营销理论　　B. 关系营销理论
C. 整合营销理论　　D. 计划营销理论
E. 长尾理论

2. 网络营销的实现方式包括（　　）。

A. 企业网站　　B. 搜索引擎营销
C. 许可 E-mail 营销　　D. 博客/微博营销

E. 微信营销

3. 网络广告的主要特点有(　　)。

A. 非强迫性　　B. 实时性与交互性

C. 广泛性　　D. 易统计性和可评估性

E. 视听效果的综合性

三、判断题

1. 网络营销是以用户为中心,以市场需求和认知为导向的。(　　)

2. 长尾理论认为只要存储和流通的渠道足够大,需求不旺或者销量不佳的产品所能占据的市场份额可以和那些少数热销产品所占据的市场份额相匹敌甚至更大。(　　)

3. 在互联网上,由于信息交流是平等、自由、开放和交互的,因而企业在网上采用强势营销方式展开营销活动,能得到较好的效果。(　　)

4. 事件营销需要在短时间内实现快速传播,快速集中注意力,话题效应越强烈,其效果越明显。(　　)

能力训练

案例研讨

贵州榕江:"新媒体+产业"助力乡村振兴

如何让手机变成新农具,让数据变成新农资,让直播变成新农活?近年来,榕江县积极发展短视频、直播电商、线上营销等新业态,将非遗传承人、种养殖户、文化志愿者、基层工作者、易地扶贫搬迁群众等培训成为"数字新农人",促进实体经济发展,促进群众就业增收。

榕江县组建了新媒体助力乡村振兴工作领导小组和新媒体工作专班,在20个乡镇设立新媒体服务中心,在250个村级建立新媒体服务站。同时,成立新媒体协会和网络人士协会,组织监督全县网红主播、村寨代言人等,并将全县1.2万余个新媒体账号开展实名集中管理,为走好网上群众路线提供了方法路径、净化了网络环境。

为增强网上生力军,榕江县将新媒体教学内容纳入党校培训课程,培养和发展全县各级干部带头为家乡代言。在榕江职校开设直播电商服务班,结合产业发展实际,订单式培养电商主播和直播运营人才,推动直播电商人才向职业化、专业化方向发展。此外,成立榕易职业技能培训学校,开展"万人计划"等免费培训活动,提高主播带货能力和创作水平。截至目前,全县已开展新媒体人才培训3.5万余人次。

为做好引流带货,促进群众就业增收,榕江县吸引明星、网络大咖以公益节目录制、直播带货等方式推介榕江旅游资源、民族文化,带动农特产品和文旅产业月均网上曝光率超亿次。此外,榕江县依托新媒体电商企业打造本地网络直播团队,延伸创造"村播""村EO"等新岗位,并吸引返乡大学生从事新媒体电商工作。不仅如此,榕江通过组织邀请网络达人和村寨代言人参加节庆活动和短视频直播电商营销,进一步助推了"黔货出山"。

当前榕江"村超"足球比赛正在火热进行,开赛第一天相关短视频内容就火爆全网。下一步,榕江县将深耕农村电商"新三变"新路,提高通过互联网组织群众、宣传群众、引导群众、服务群众的本领。抢抓榕江"村超"火爆出圈契机,加强网络策划,顺势推出更多榕江乡村振兴好故事、好产品、好景区。

资料来源：人民网—贵州频道. http://gz.people.com.cn/n2/2023/0519/c222152-40423150.html，2024年6月10日。

思考与分析：

1. 你如何看待基于网络的新媒体营销？
2. 榕江县“新媒体+产业”助力乡村振兴的做法有何借鉴意义？

实践训练

网络营销广告分析

训练名称	网络营销效果分析	训练类别	个人训练
训练目的	学会根据公司战略制定基本的营销计划		
训练方案	训练步骤	训练内容	时间
	1. 准备	仔细阅读实践训练所附资料，并通过各种途径进一步搜寻相关资料	与本项目教学时间同步，课外完成
	2. 分析思考	对微信朋友圈广告进行分析	
	3. 形成报告	将上述分析与思考形成文字报告	
考核方式	依据学生提交的报告评定成绩		

实践训练资料

上述“案例研讨”中的案例。

参考文献

1.[美]菲利普·科特勒,凯文·莱恩·凯勒.营销管理[M].王永贵,于洪彦,何佳讯,陈荣,译.上海:格致出版社、上海人民出版社,2009.

2.张晋光,等.市场营销[M].北京:机械工业出版社,2010.

3.[美]罗杰·A.凯林,史蒂文·W.哈特利,威廉·鲁迪里尔斯.市场营销[M].董伊人,史有春,何健,等译.北京:世界图书出版公司,2011.

4.[美]菲利普·科特勒,凯文·莱恩·凯勒.营销管理[M].王永贵,等译.北京:中国人民大学出版社,2012.

5.[美]菲利普·科特勒等.市场营销原理[M].李季,赵占波,译.北京:机械工业出社,2012.

6.[美]菲利普·科特勒,大卫·赫斯基尔,南希·R.李.正营销[M].科特勒咨询集团(中国),译.北京:机械工业出版社,2013.

7.钱旭潮,王龙.市场营销管理[M].北京:机械工业出版社,2013.

8.[美]迪克·马丁.营销大师[M].杨丽艳,译.北京:企业管理出版社,2014.

9.林小兰.营销基础与实务[M].北京:电子工业出版社,2020.

10.许春燕,王雪宜.新编市场营销[M].北京:电子工业出版社,2020.

11.吴勇,燕艳.市场营销 [M].北京:高等教育出版社,2020.

12.高凤荣.市场营销基础与实务[M].北京:机械工业出版社,2021.

13.陈楠,张亮,张建玲.市场营销实务 [M].北京:北京工业大学出版社,2021.

14.孙国忠,陆婷.市场营销实务[M].北京:北京师范大学出版社,2022.